EL ESPACIO EN L

MARÍA TERESA ZUBIAURRE

EL ESPACIO EN LA NOVELA REALISTA

REALISTA

Paisajes, miniaturas, perspectivas

FONDO DE CULTURA ECONÓMICA

MÉXICO

Primera edición, 2000

D. R. © 2000, Fondo de Cultura Económica
Carretera Picacho-Ajusco, 227; 14200 México, D. F.
www.fce.com.mx

ISBN 968-16-5969-4

Impreso en México

A FERNANDO, a mis padres y a mi hijo NICOLÁS

AGRADECIMIENTOS

Para la escritura de este libro he tenido la fortuna de contar con el estímulo y el apoyo de varios de mis profesores y colegas. Fue fundamental, durante todo el proceso de redacción, la guía alentadora y entusiasta de Félix Martínez-Bonati; sin sus lecturas exactas, sus oportunos comentarios y sus críticas certeras las ideas contenidas en este estudio nunca se hubieran materializado. Igualmente imprescindible fue el asesoramiento y la generosa dedicación de Gonzalo Sobejano, a quien debo el análisis siempre minucioso del texto y la riqueza y oportunidad de sus sabias sugerencias.

Estoy en deuda también con Henri Mitterand, cuyo seminario sobre el tiempo y el espacio fue importante fuente de inspiración. A él, así como a Phillip Silver, Alfred McAdam, Luz Aurora Pimentel y Nora Rosenfeld de Pasternac agradezco la cuidadosa revisión de la versión inicial, generadora de valiosas propuestas.

La estimulante atmósfera académica y las excelentes bibliotecas que hallé en las universidades de Columbia (Nueva York), de Texas (Austin), de Berkeley (California), así como en la Universidad Nacional Autónoma de México y en el Instituto Tecnológico Autónomo de México (México, D. F.), contribuyeron en gran medida al progreso del proyecto. Encontré, en los cinco centros universitarios, magníficos compañeros y amigos, a los que debo la fuerza vivificadora de la conversación amistosa y del intercambio intelectual.

9

Finalmente, quiero agradecer a mis alumnos de doctorado de la Universidad Nacional Autónoma de México y a mis estudiantes de licenciatura del Instituto Tecnológico Autónomo de México lo mucho que aprendí de ellos. Sin duda, sus preguntas y reflexiones contribuyeron decisivamente a la maduración del libro.

INTRODUCCIÓN

El presente estudio, *El espacio en la novela realista. Paisajes, miniaturas, perspectivas,** quiere ser un análisis detenido de la construcción, funcionamiento e implicaciones semánticas del espacio narrativo en los realismos latinoamericano (Argentina, Cuba, México, Chile, Venezuela) y europeo (Alemania, España, Francia, Inglaterra). El primer capítulo ("Hacia una metodología del espacio narrativo") pretende llenar, con brevedad, un vacío metodológico y sintetizar los diferentes acercamientos críticos al espacio novelesco. Aunque se ha escrito con alguna abundancia sobre la función del espacio en la novela y en otros géneros narrativos, se echaba de menos una metodología que aglutinara y organizase los distintos enfoques. El espacio como recurso narrativo no ha merecido nunca la atención que de forma tan insistente y destacada ha monopolizado la categoría temporal de la novela. Por ello, entre los objetivos del presente trabajo crítico está precisamente el de remediar esa omisión. La primera sección del capítulo I se ocupa de los aspectos semiológicos y narratológicos del espacio. Se concede especial atención a las relaciones semánticas y estructurales que el espacio mantiene con los demás componentes narrativos (personajes, narrador o punto de vista, trama o acción, tiempo), así como a la descripción y sus funciones.

La segunda sección analiza los aspectos temático-simbólicos

---

* Aunque el título sólo menciona la novela realista, dentro de esa categoría quedan incluidas igualmente las novelas del naturalismo latinoamericano y europeo.

del espacio e incluye las aportaciones de Lotman, de los teóricos de la Escuela de Ginebra y de la teoría del cronotopo de Bajtin. El enfoque temático, que tras un silencio relativamente prolongado ha vuelto a surgir con fuerza en el panorama crítico actual (Sollors), servirá de sólido punto de partida metodológico para una serie de reflexiones sobre aquellos temas espaciales o *cronotopoi* que con sintomática frecuencia aparecen en la narrativa del realismo. El tema, sostienen los tematistas, es dinámico y plurisémico (su significado se transforma de un texto a otro, de un periodo a otro) y constituye, además, un principio concreto de organización. "La condición del tema es activa y pasiva a la vez. Aliciente integrador, por un lado, objeto de modificación, por otro" (Guillén, 1985, 254). Por su capacidad estructuradora, por su doble habilidad de integración y de modificación, los temas espaciales o *cronotopoi* son poderosos instrumentos epistemológicos. A través de ellos y de su sintomática recurrencia, el espacio narrativo revela los mecanismos de su funcionamiento y se manifiesta como importante fuerza estructuradora y homogeneizadora del relato decimonónico. Pero, sobre todo, el espacio narrativo, entendido como compleja galaxia de temas y de *cronotopoi,* habla con singular elocuencia de la particular ideología y modo de hacer de la novela realista, que coincide con el sentir y el pensamiento de la burguesía: su ansia de totalidad, su afición por la miniatura, el *bibelot* y el coleccionismo, la extraña fascinación que sobre ambas (novela y burguesía) ejerce el caos, el amor-odio que le inspira la metrópolis, la obsesión de enmarcar la realidad y domesticar la naturaleza, la admiración que siente por las perspectivas complejas, los espacios intersectivos, los planos superpuestos.

Todos estos factores y aficiones se vuelven especialmente visibles y sintomáticos en los temas espaciales o *cronotopoi* en los que, de alguna manera, se materializa la transición de un modo de vida rural a las nuevas formas urbanas de convivencia. El panorama, el jardín, la cartografía urbana, el entorno doméstico, la ventana, los temas sobre los que versa el *corpus* del presente estudio, simbolizan con especial elocuencia esta transición, así como la complejidad de las relaciones que se establecen entre la esfera pública y el ámbito privado.

Tras la aparente inocencia del paisaje y de la organización espacial de la narrativa decimonónica se esconde, pues, una serie de complejas implicaciones ideológicas, culturales, antropológicas y estéticas. Importa notar que entre estas implicaciones resalta la que atribuye a los personajes femeninos una comprensión y ocupación distinta del espacio. El género (el sexo de los personajes) constituye uno de los más esenciales condicionamientos de las coordenadas espaciales. El tema espacial, por ser recurrente, se transforma con facilidad en estereotipo en el seno de la novela realista, y entre estos estereotipos abundan sobre todo los marcados por una visión androcéntica de la realidad y del espacio.

El tema espacial, que, al ser repetitivo, acaba siendo afianzador y continuador de tradiciones y de convencionalismos, también es, por esencia, dinámico y hasta rupturista. Por ello, al propio realismo le está dado jugar metafictivamente con ese cliché que él mismo contribuyó a afianzar. En ciertos casos, el cronotopo abandona su significado inicial y desvía con audacia el curso de la costumbre. Y, al sacar a la luz su escondida complejidad, muestra una serie de recursos metafictivos y de piruetas subversivas que los lectores están más acostumbrados a encontrar en la narrativa contemporánea.

El análisis de la reiterada creación, recreación y subversión de estereotipos espaciales constituye la espina dorsal de este trabajo crítico. A través de ese juego incesante y sutil de construcciones y de rupturas, el espacio reclama para sí el dinamismo y la importancia argumental y estructural que tradicionalmente se le atribuye al tiempo (a la instancia temporal como componente narrativo) en el seno de la novela realista.

I. HACIA UNA METODOLOGÍA DEL ESPACIO NARRATIVO

"*TOUT roman a partie liée avec l'espace: même si le romancier ne décrit pas, l'espace est de toute façon impliqué par le récit*" [Toda novela está estrechamente vinculada con el espacio. Incluso si el novelista no lo describe, el espacio, de forma implícita, está ya incluido en el relato] (Raimond, 168).[1] Así es: el espacio, descrito o no, está siempre presente en el texto fictivo. Su definición o acotación terminológica, no obstante, no resulta fácil. Falta, en lo que al espacio como recurso narrativo se refiere, esa visión general y profunda que se tiene, por ejemplo, de los recursos temporales operantes en la novela. Son numerosos los críticos que insisten todavía en que la novela es un género genuinamente temporal. Y hasta esos otros estudiosos interesados en el espacio narrativo corroboran con frecuencia que éste, en la novela, se temporaliza, que todo objeto espacial, al convertirse en sistema de signos, viene a formar parte inevitablemente de una estructura gobernada por el tiempo. Esos objetos "estáticos" que en el mundo se ofrecen a la percepción del hombre en su simultánea totalidad, han de someterse, sin embargo, en el texto narrativo, al doble procedimiento de selección y de sucesión, sacrificando, con ello, la redonda simultaneidad que los caracteriza no sólo en el mundo real sino también en el pictórico y en el cinematográfico.

[1] Las traducciones de las citas son mías, siempre y cuando no se indique lo contrario y se registre, a nota de pie de página, al autor o la autora de la traducción.

15

No obstante, y a partir del iluminador trabajo de Frank publicado por primera vez en 1945, pero que posteriormente ha merecido no sólo reediciones sino que ha creado escuela (Smitten y Daghistany), se ha creído observar una tendencia en la novela moderna hacia la simultaneidad y, por tanto, hacia la atemporalidad. Asegura Frank que la poesía moderna suprime la linealidad cronológica propia del lenguaje y obliga de esta forma al lector a contemplar los elementos del poema yuxtapuestos en el espacio, sin desarrollarse nunca en el tiempo. Esto se logra mediante la supresión de vínculos causales y temporales, de esas palabras o expresiones, pues, que conectan el texto literario con la realidad exterior y la tradición de la mímesis.

Pero también el texto narrativo y no poético ofrece ejemplos parecidos de yuxtaposición y de simultaneidad en los que la colaboración creativa del lector se hace muchas veces imprescindible. Frank escoge como ejemplo pertinente la memorable escena de *Madame Bovary* que despliega ante los ojos del espectador-lector la feria campestre de Yonville y de su descomposición en tres planos "espaciales" distintos y simultáneos: a ras del suelo se nos ofrece el espectáculo del bullicio y risueña agitación del pueblo, mezclado con el mugir y cocear del ganado; en un segundo plano destaca el estrado sobre el cual discursean las autoridades de la localidad; finalmente, el lector identifica ese tercer nivel representado simbólicamente por la ventana desde la que Emma y Rodolfo observan la escena, ocupado este último simultáneamente en ironizar sobre lo que se ve allí abajo y en seducir con encendidas palabras a su acompañante.

Lo que aquí se manifiesta en unos pocos párrafos y constituye de hecho sólo una mínima parte del texto narrativo puede, sin embargo, representar la esencia, el esqueleto estructural de toda una novela. Es el caso de *A Rebours*, novela estática, "espacializada", en la que nada ocurre, construida a fuerza de episodios sueltos que se agrupan alrededor de la figura central del protagonista. El tiempo poco importa, ocurre todo en un presente eterno, apenas si tiene la novela argumento. La decadencia física de Des Esseintes, por ejemplo, no se describe como proceso, sino como resultado acabado, como realidad·cuya génesis desconocemos. Nos hallamos, pues, ante una especie de *roman a tiroirs,* cajones que el lector abre casi al azar o, si se prefiere la acertada metáfora de Gottfried Benn, ante una "novela naranja", novela circular y de gajos apretados e iguales que revierten todos sobre el protagonista, personaje contemplativo y ensimismado, narciso egocéntrico que se espeja en la estructura novelesca, igualmente reconcentrada, obsesiva e inmóvil (Mickelsen, 65).

El concepto de "forma espacial", no obstante, no agota el espacio novelesco. Ha cumplido, eso sí, con el importante cometido de revitalizar y sacar a la luz un asunto un tanto marginado y, en todo caso, subordinado a la categoría temporal. Pero, por otra parte, su efecto ha sido nocivo, en cuanto refuerza esa impresión tan extendida entre los críticos de que el espacio es entidad estática desprovista de movimiento. Como objeta Zoran, el espacio no se reduce a esa atemporalidad y simultaneidad promulgada por Frank y sus seguidores. De hecho, la forma espacial, tal y como la entienden éstos, es más un término metafórico aplicado a un rasgo estilístico o narrativo (el de la simultaneidad) que una verdadera preocupación por el espacio literario interpretado sencillamente como *setting,* como el lugar en el que se manifiesta la acción. El espacio, pues, no implica ausencia de tiempo, sino todo lo contrario. Sólo a través del espacio logra el tiempo convertirse en entidad visible y palpable. Éste es, sin duda, el gran acierto de Bajtin y de su teoría del cronotopo como la materialización del tiempo en el espacio. Con ello, no sólo se libra a la categoría espacial de ese estigma de inmovilidad, sino que por primera vez —por primera vez, claro está, desde un punto de vista teórico o metodológico— espacio y tiempo se hermanan y se entremezclan.

Insiste además Bajtin en que el cronotopo, compuesto tomado inicialmente de la teoría de la relatividad de Einstein y aplicado posteriormente por el crítico ruso al estudio de la literatura, no se reduce a una categoría abstracta sino que viene necesariamente teñido de emoción, de tal forma que no puede en ningún caso renunciar a un componente evaluativo o temático, sujeto a intensas transformaciones históricas. Recordemos, a ese respecto, el estudio bajtiniano que realiza Poulet del círculo como categoría espacial de significado cambiante a lo largo de la historia de la literatura, desde el Renacimiento hasta nuestros días, o la famosa aportación antropológica de Bachelard, que ofrece una detallada reflexión sobre el "espacio feliz", ese espacio-refugio (símbolo y añoranza del claustro materno, asegurarían los psicólogos) que acompaña persistentemente la imaginación humana y, en consecuencia, también las manifestaciones literarias del hombre. Enumera más tarde Bajtin una serie de temas espaciales, de *cronotopoi* recurrentes: el encuentro, el camino, el castillo, el umbral, etc. Y lo acompaña Bachelard con categorías topofílicas más recogidas y menos a la intemperie, como son la casa, el nido, la concha, el armario, etcétera.

Finalmente, otros estudiosos hacen abstracción de nuevo de estas poéticas concreciones. Habla Lotman de "polaridades espaciales", de lo que está dentro y de lo que está fuera, de lo que está arriba y de lo que está abajo, de lo que está cerca y de lo que está lejos, de espacios clausurados y de espacios infinitos. Y se extienden Weisgerber y Zoran, Bourneuf y Robbe-Grillet en la definición de esas polaridades espaciales, en los conceptos de línea y de círculo, en la peculiar geometría novelesca de las novelas en forma de espiral o laberinto en que se manifiesta el espacio opresivo (Gullón, Bourneuf) de la literatura moderna. El espacio, pues, como resistencia, en *Das Schloss*, de Kafka, en el Berlín que retrata Doeblin, o los "laberintos punitivos", como los llama Ronse, que pueblan la creación narrativa de Robbe-Grillet, de Benet, de Borges, o el espacio cárcel en *The Lord of the Flies*, de Golding, frente a esa otra isla-aventura habitada por Robinson Crusoe, etcétera.

Hasta aquí, he querido ofrecer un rápido esbozo de los aspectos temáticos y simbólicos del espacio narrativo, tal y como los analiza y categoriza la crítica literaria: el espacio antropológico (a lo Bachelard, Durand y Richard, con los comentarios posteriores de Frenzel, García Berrio, Gullón, Weisgerber y Zumthor) y su dosis de filosofía y de mitocrítica; el espacio material (la peculiar geografía o topografía propia de cada novela, como señalan Lotman y Mitterand, la cual se construye mediante la dialéctica que se establece entre los distintos contrastes o polaridades espaciales); la forma espacial (los fenómenos de yuxtaposición y simultaneidad observados por Frank y sus seguidores) y, por fin, la conciliación de las categorías espacio y tiempo gracias al cronotopo de Bajtin. Estos distintos aspectos del espacio narrativo, empero, no se suman arbitrariamente, sino que obedecen a una rigurosa evolución. Así, a la tradicional convicción de que la novela es un género gobernado por el tiempo, se le opone el revolucionario concepto de la forma espacial, que hace de la novela moderna y contemporánea un ente estático, dominado por complicados mecanismos de simultaneidad y más cercano, por ello mismo, a la lírica que a la épica. Con razón habla Sobejano de "novela poemática" (1989, 26) cuando se refiere a la ficción contemporánea. Bachelard añade una dimensión antropológica al espacio narrativo y se convierte en el gran descubridor de los sencillos lugares míticos, de los espacios símbolo o *cronotopoi* que se repiten, incansables, a lo largo de la historia de la literatura. Bajtin, finalmente, destierra con carácter definitivo el extremo teórico de la atemporalidad espacial y, ayudado de su teoría del cronotopo, logra hermanar espacio y tiempo dentro del género novelesco.

ASPECTOS SEMIOLÓGICOS Y NARRATOLÓGICOS: SINTAXIS NARRATIVA Y FUNCIONES DEL ESPACIO

La dimensión temática y simbólica se complementa con los aspectos semiológicos y narratológicos del espacio. En ese sentido, señala Mitterand la necesidad, todavía no satisfecha por los estudios críticos, de que el aspecto temático del espacio fictivo se integre dentro de un sistema más amplio y se establezca de esa forma la índole de las conexiones que lo vinculan a los restantes componentes narrativos. El espacio, entendido en su forma más sencilla como el escenario geográfico y social donde tiene lugar la acción, no se reduce a una categoría aislada, temática o referente al contenido, ni a un simple mecanismo estilístico que instaura la simultaneidad narrativa y paraliza el transcurso cronológico. Es, antes que nada, parte fundamental de la estructura narrativa, elemento dinámico y significante que se halla en estrecha relación con los demás componentes del texto.

Hoffmann establece en la introducción a su voluminosa obra que la situación épica o narrativa, en su forma más característica y habitual, se compone de cuatro categorías bien definidas: espacio, tiempo, personajes y acción o argumento. Con esa referencia, aunque superficial y sin afán de profundización, a las cuatro categorías reseñadas, señala ya el teórico alemán la dirección correcta que nos llevará hacia la construcción de un modelo narratológico.

Uno de los intentos más logrados es sin duda el de Bobes Naves, que en su volumen titulado *Teoría general de la novela,* pero dedicado en realidad a un análisis semiológico de *La Regenta* de Clarín, aventura una sugestiva interpretación del espacio fictivo y sus funciones semánticas. Como Hoffmann y como Bourneuf, piensa que

> el espacio es con el tiempo, los actantes y las funciones, uno de los elementos estructurantes de la sintaxis narrativa. La acción (sea funcional o no) implica personajes y tiempo, pero también espacio. El personaje se concreta como sujeto de acciones, o atributos en el espacio, y los cuatro elementos resultan irreductibles en una sintaxis narrativa [203].

"El espacio, como el tiempo, puede entenderse como una categoría gnoseológica que permite situar los objetos y a los personajes por referencias relativas" (Bobes Naves, 196). Pero además, el espacio es una noción histórica, de tal forma que sus características e importancia semántica dependen en gran medida de las diferentes épocas literarias. Así, como ejemplifica la estudiosa, en la novela pastoril abundan los espacios abiertos y los retratos (estereotipados y convencionales, es claro) de las riberas de los ríos. La novela picaresca (con el motivo del viaje como elemento estructurador), por otra parte, introduce los frecuentes cambios de escenario; en la novela realista, por fin, predominan los interiores, etc. Asimismo, el tratamiento del espacio fictivo no es igual en la novela decimonónica, por ejemplo, que en la ficción moderna y contemporánea. La distinción acuñada por Forster entre personaje "plano" y personaje "redondo" puede atribuirse también a las coordenadas espaciales. En el caso de las descripciones en profundidad, "el autor describe el exterior y penetra además en las motivaciones de los actos. Las novelas que describen en superficialidad, al modo del *Nouveau Roman* francés, recogen las sensaciones (y los espacios, añadimos nosotros), negándose sistemáticamente a interpretarlas" (Bobes Naves, 201). La novela decimonónica en general, y *La Regenta* en particular, al ajustarse a un realismo de tipo "causal", hace uso de las descripciones "profundas". El espacio, dotado de un fuerte contenido semántico, habla indirectamente de los personajes y contribuye metonímicamente a su definición. El valor metonímico del espacio, empero, y con ser esencial y característico sobre todo de un tipo determinado de novela, no debe hacernos olvidar su carácter muchas veces redundante. La sed de dominio y de conquista de don Fermín se materializa en el elocuente cronotopo de la torre de la catedral, que, al igual que el ambicioso sacerdote, impone su presencia y poderío a la ciudad de Vetusta. El espacio, pues, rara vez añade información nueva. Con frecuencia, su misión es claramente enfática.

Una vez que el espacio se empapa de significado simbólico, éste, por así decirlo, se independiza y, al alejarse de lo que sería el mero diseño de un escenario, queda convertido en "metalenguaje". Hemos desembocado, pues, en las polaridades espaciales descritas por Lotman. La frontera, ciertamente, que separa el espacio "físico" de ese otro espacio simbólico o temático es apenas perceptible. Con gran facilidad el lector se olvida del escenario y de sus características puramente físicas o geográficas y no halla en él sino un segundo significado implícito: la referencia inevitable a otra realidad no presente.

Otro de los aspectos vinculados con el espacio fictivo es el de la percepción: "Es interesante comprobar que, en general, los espacios están presentados en la novela de una forma subjetiva, es decir, por medio de las sensaciones y las subsiguientes interpretaciones de los personajes" (Bobes Naves, 204). El complicado sistema de percepciones y sensaciones operantes en el seno de la literatura ha sido estudiado con gran detenimiento por Matoré, quien se ha centrado fundamentalmente en las sensaciones visuales y auditivas. No obstante, el sentido que predomina en la novela, y en la ficción en general, es el de la vista. Con ello, la mirada se convierte en la verdadera responsable de la organización (subjetiva) del espacio (Bobes Naves, 196-197).

Pero la mirada no interesa sólo en la ficción de carácter fenomenológico, a lo *Nouveau Roman,* sino que desempeña un papel igualmente trascendente en la novela realista. La "mirada semántica" de la que habla Bobes Naves necesita, para ser efectiva, encarnarse en el narrador o en un personaje:

Tanto los objetos como los personajes son vistos en la novela tradicional —ya lo hemos dicho— con "mirada semántica", es decir, como signos que dan coherencia a una historia y a las relaciones que en ella se establecen. La presencia de un entorno susceptible de ser captado con la mirada adquiere significado si alguien lo destaca, si alguien lo relaciona con contenidos precisos o vagos. En *La Regenta,* como en casi todas las novelas realistas, los objetos no aparecen en su discurso de forma ingenua, no son vistos con mirada simplemente testimonial, sino que, al contrario, tienen una carga significativa que la mirada descubre o añade. Por esta razón se explica que los espacios estén humanizados, que sean los personajes que se mueven entre objetos y los miran los que den testimonio de ellos, y se eludan las descripciones impersonales y objetivas [213-214].

Falta explicar, no obstante, el valor, no ya psicológico o sub-
jetivista, sino funcional y estructural de la mirada en el contexto de una situación narrativa. La mirada sirve como mecanismo
de engarce, puesto que, gracias a ella, la descripción encuentra
cabida natural y no forzada en la narración novelesca. Hay personajes incluso, afirma Hamon, que en el texto no cumplen
otra misión que la de mirar. Una vez visto, y por tanto descrito, el entorno físico, el escritor ya no necesita de sus servicios
y los hace desaparecer con la misma facilidad con que los trajo
a escena.

Las reflexiones de los críticos han ayudado a delimitar el
campo de acción del espacio novelesco y su importancia semiológica y estructural. Sabemos que el espacio es con frecuencia
prolongación metonímica de los personajes, que la mirada de
éstos es uno de los recursos más corrientes para la inserción
descriptiva y que toda presencia espacial, por culpa de su so-
brecarga semántica, inevitablemente se trasciende a sí misma y
se hace metalingüística. Pero también hemos aprendido que la
noción de espacio es noción histórica, puesto que cada época
muestra una predilección topográfica distinta, y que el espacio
subjetivo (tan común en la novela decimonónica y tan deseo-
so de profundizar en las cosas) va a ser sustituido por el espacio
"objetivo" de la novela moderna (de un tipo de novela moderna, para ser justos), el cual tan sólo roza la superficie de objetos, personas y acciones.

Las observaciones de Bobes Naves son sugestivas y lo suficientemente generales como para no descuidar —en el contexto del comentario de una novela determinada— ninguna
de las facetas más destacadas del espacio fictivo. La profesara
española pertenece a los estudiosos que han pretendido ofrecer
un modelo de organización del espacio novelesco. Entre éstos,

Bourneuf destaca entre los pioneros, pero además hay que decir que su modelo espacial no ha sacrificado nada de su actualidad. El teórico francés, tras denunciar lo que él califica de "laguna inexplicable en la bibliografía crítica de la novela" (a saber, la ausencia o escasez de textos críticos dedicados al espacio fictivo [77]), pretende enfocar el análisis del espacio fictivo desde tres ángulos o perspectivas diferentes:

> *Ce problème de l'espace dans le roman peut être abordé sous trois angles différents selon qu'on considère l'espace dans sa relation avec l'auteur, avec le lecteur, avec les autres éléments constitutifs du roman. Perspectives qui dans la pratique de l'analyse se recoupent et se combinent souvent, mais que l'on peut au moins retenir comme hypothèse de recherche* [80].

[La significación del espacio en el seno de la novela puede abordarse desde tres perspectivas distintas, según se considere el espacio en relación con el autor, el lector o los demás elementos constituyentes del relato. Estas perspectivas, aunque con frecuencia se mezclan y combinan en la práctica del análisis, pueden, no obstante, servir de hipótesis a un trabajo de investigación.]

El espacio novelesco como categoría literaria vinculada a la figura del autor es asunto estudiado por la Escuela de Ginebra, como veremos más adelante. El espacio, por otra parte, en su relación con la figura del lector requiere la mención obligada a Butor, quien en un breve ensayo titulado sencillamente "L'Espace du roman" se pregunta acerca de la naturaleza del espacio narrativo y de su carácter dinámico en el seno de la novela. Butor comienza sus reflexiones refiriéndose a esa distancia inevitable que, en un esfuerzo de recrear el espacio fictivo, ha de separar al lector de la realidad circundante: *"Ce 'volume', comme*

on dit, que je tiens à la main, libère sous mon attention des évo-
cations qui s'imposent, qui hantent le lieu où je suis, me dépaysent"
[Este "volumen", como se dice, que sostengo entre las manos,
libera dentro de mí una serie de evocaciones que se imponen,
que asedian el lugar en que me encuentro y me obligan al des-
tierro] (49-50). En este punto, el novelista francés no hace sino
repetir, con otras palabras, la famosa hipótesis orteguiana sobre el "apueblamiento" del lector: "La táctica del autor ha de
consistir en aislar al lector de su horizonte real y aprisionarlo
en un pequeño horizonte hermético e imaginario que es el ámbito interior de la novela. En una palabra, tiene que 'apueblar-
lo'" (53-54).

Tras el empleo sintomático, pues, de términos tales como
"distancia", "alejamiento", e incluso "huida", no es de extrañar
que Butor asegure que la novela, así como el propio proceso de
leer, es, antes que nada, viaje, periplo: *"Toute fiction s'inscrit donc*
en notre espace comme voyage, et l'on peut dire à cet égard que c'est
là le thème fondamental de toute littérature romanesque" [Toda
ficción se inscribe en nuestro espacio como viaje; tanto es así,
que el viaje puede considerarse como el tema fundamental en
la historia de la novela] (50). La novela cuyo argumento gira explícitamente alrededor de un viaje, añade, pues, automáticamente un acento redundante a ese otro viaje o forma de distanciamiento que es el acto de leer.

Butor, como Ortega, parte de la premisa de que todo espacio novelesco, para insertarse en el espacio "real", necesita crear
primero una distancia con respecto a éste. Se trata de la creación, por parte del narrador, así como de la recreación, por parte del lector, de un universo separado y autosuficiente, que obedece a sus propias leyes de organización y de dinamismo. La
novela no reproduce pasivamente un espacio exterior, sino que

diseña un espacio "activo", sin referencialidad externa explícita, y por ello mismo obligado a la interacción constante con los demás componentes narrativos del relato novelesco (Bourneuf, 81).

Uno de esos recursos de activación y dinamismo espaciales es precisamente el punto de vista. El narrador, al igual que el pintor, lejos de estar sujeto a un escenario fijo, puede, gracias a las técnicas perspectivistas, dar realce al ángulo espacial que más convenga a sus fines (Butor, 53). Pero a la construcción del espacio fictivo contribuye no sólo el punto de vista del narrador (sito o no en uno o varios de los personajes) sino también el movimiento que éstos protagonizan, sus numerosos itinerarios, sus frecuentes entradas y salidas, las cuales inevitablemente imponen la presencia de nuevos escenarios.

La trascendencia que el escritor francés concede al punto de vista y a los personajes y, sobre todo, a la relación dinámica, amén de potenciadora del movimiento, que estos componentes narrativos mantienen con la coordenada espacial, nos conduce ya sin rodeos a ese tercer acercamiento al estudio del espacio novelesco propuesto por Bourneuf y que constituye el objetivo fundamental del presente capítulo: "la relación del espacio con los demás elementos constitutivos de la narración novelesca" (Bourneuf, 82).

El espacio narrativo y los personajes

Se considera, por regla general, que el espacio sirve de escenario o de telón de fondo a los personajes, como si se tratase de una realidad geográfica ya dada, sobre la que se asientan con firmeza los actantes y en la que llevan a cabo sus acciones, ya sean éstas de índole física (desplazamientos y movimientos "reales") o espiritual (itinerarios y trayectorias mentales u oníricas). El espacio novelesco parece simplemente "estar ahí", con independencia de que los que lo ocupan se dignen o no reconocer y resaltar su existencia. No obstante, esto no es cierto, o al menos no lo es en numerosas ocasiones. El espacio puede perfectamente crearlo el propio personaje y es éste muchas veces el encargado de introducir de forma plausible nuevos panoramas y de clausurar o, al menos, suspender temporalmente escenarios caducos. Quiere decir esto, pues, que el espacio no es necesariamente anterior al personaje, sino que puede manifestarse a la vez que él. Como asegura Bourneuf, en consonancia con las reflexiones de Hamon: *"l'introduction de personnages inconnus dans un espace clos peut avoir pour effet de l'ouvrir, ou du moins d'en laisser entrevoir d'autres. […] Le personnage étranger apporte avec lui un parfum d'aventure, un insolite qui ouvre la porte à la rêverie des personnages 'enfermés' et du lecteur"* [La introducción de personajes desconocidos en un espacio cerrado puede tener como efecto el ver o, al menos, dejar entrever, otros espacios. El personaje extranjero llega envuelto en un aroma de aventura. Lo insólito abre la puerta a la ensoñación de los personajes "encerrados" y del lector] (86-87). La presente cita obliga a pensar en uno de los aspectos más relevantes y reveladores del espacio narrativo: las grandes diferencias que sobre todo en la novela decimonónica separan el espacio masculino del espacio femenino y los mecanismos (mejor sería decir "clichés") tan radicalmente opuestos que contribuyen al diseño de uno y otro. La imagen que evoca Bourneuf, materializada en ese "personaje extranjero" a quien acompaña un aroma de aventura y que abre nuevas puertas a la fantasía de los "personajes encerrados y del lector", no hace sino reproducir una escena modelo, que se repite *ad infinitum* en toda suerte de relatos realistas: la escena del personaje femenino "inserto" en un lugar siempre clausurado que espera con ansiedad la llegada de ese "personaje-ventana" el cual, en la mayoría de los casos, pertenecerá al sexo masculino. Aquí, pues, la metáfora del acto de leer introducida por Bourneuf con su referencia al lector como ese personaje recluido ansioso de novedad (y de la cual es portador ese otro personaje misterioso que llega de fuera), admite una nueva ampliación. Efectivamente, toda lectura es, a la vez, un acto de espera y una profesión de fe. Queremos que algo ocurra, que algo exterior y ajeno penetre nuestras conciencias y nos abra nuevos horizontes, y no sólo lo queremos, sino que, además, lo creemos. Tanto la espera como la esperanza se materializan en el lector, pero son perfectamente atribuibles también al personaje femenino. La mujer que en la novela aguarda con diferentes grados de impaciencia la llegada de ese personaje (masculino) acarreador de novedades se convierte, por tanto, en metáfora consumada del lector y del acto de leer. A los dos (lector y mujer/personaje femenino) la tradición les ha atribuido, desde siempre, un papel fundamentalmente pasivo. Sólo a partir de la segunda mitad de este siglo, con la definitiva consagración de la Teoría de la Recepción y de la crítica literaria feminista, semejante atribución ha ido poco a poco sacrificando su carácter de dogma.

Pero la relación lector-personaje femenino (o, mejor dicho, lector-espacio femenino) se vuelve aún más compleja. No se trata únicamente de equiparar a uno y otro, sino de observar el grado de expectativa o de libertad interpretativa del lector ante una escena como la diseñada por Bourneuf. El espacio femenino, con ser esencialmente pasivo, funciona, sin embargo, en el seno de la ficción realista a modo de fuerza anticipatoria y propulsora del argumento. La mujer y su espacio, en su papel in-

ver p. 30

evitablemente auxiliar y decorativo, rara vez puede resultar autosuficiente ni puede la trama agotarse con ella. Pero se transforma con frecuencia en signo profético, el cual indica al lector
que muy pronto va a introducirse un cambio. La monotonía e
inactividad del gabinete femenino no son, en realidad, sino mero
prolegómeno o antesala de la acción.

Las funciones del espacio, no obstante, no se reducen a su capacidad de anticipación, encarnada sobre todo en el espacio femenino, o de renovación, materializada en el "personaje-ventana"
que ofrece la vigorosa visión de nuevos espacios dinámicos. En
sus reflexiones sobre el espacio proustiano, registra Poulet la presencia de ciertos personajes que en la memoria del lector se
perfilan siempre vinculados a ese lugar que los vio aparecer por
primera vez y que, a partir de ese instante, los rodea siempre,
como si de un aura se tratara (1963, 35-36). El espacio, esta vez,
se manifiesta como *leitmotiv*, como acompañante permanente
del personaje. Importa aquí sobre todo esa referencia al espacio
como elemento imborrable que ocupa un lugar fijo en la memoria. Aun cuando el personaje recorra otros lugares, se rodee
de otros paisajes, ese primer entorno, no obstante, lo seguirá a
todas partes. Dicho en otras palabras: el acto de lectura no recorre o ensarta los distintos espacios, sino que, ayudado de su
capacidad memorística, los simultanea, y superpone al espacio
presente en que se mueve el personaje ese otro espacio-sombra
que nunca lo abandona. Indudablemente, esta capacidad simul-
taneadora de la que dispone el lector contribuye a la complejidad
espacial y añade nuevas virtudes expresivas a la novela. Es necesario introducir, empero, una matización a las observaciones
de Poulet. Nótese que el ejemplo con que pretende ilustrar su
razonamiento se refiere (y no es casualidad) a un personaje femenino: *"Comment se représenter, par example, Gilberte, ou plutôt*

l'image que le héros se forme d'elle, sinon sous l'aspect d'une petite fille, accompagné par un vieux monsieur, et se silhouettant avec lui contre le fond des cathédrales?" [¿Cómo recordar, por ejemplo, a Gilberte, o, mejor aún, la imagen que el héroe se forma de ella, sino como una muchachita, acompañada por un anciano señor, recortándose ambas siluetas contra el fondo de la catedral?] (35). El motivo que justifica esta elección es que los personajes femeninos son mucho más proclives a ir acompañados de un espacio-aura que los masculinos. Estos últimos, puede aducirse, desde el principio son retratados "en movimiento", de tal forma que lo que verdaderamente los define no es un entorno estático sino un continuo ir de un lugar a otro, un constante dinamismo. No es de extrañar, pues, que el viaje sea un cronotopo clásicamente masculino, cuyos efectos beneficiosos raramente recaen sobre el otro sexo.

El espacio narrativo y el punto de vista

Hablar de los personajes obliga inmediatamente a la mención del punto de vista o perspectiva en la novela, puesto que con frecuencia la responsabilidad de narrar recae de modo total o parcial sobre ellos. Sabemos que el punto de vista o perspectiva es un aspecto al que la narratología ha dedicado numerosísimos estudios, desde los primeros ensayos de James, Lubbock, Pouillon, Brooks, Warren, Friedman y Weimann, hasta esos otros desarrollos posteriores llevados a cabo por Genette, Dolezel, Chatman y Stanzel (Stanzel, 9-10). Carece de sentido realizar un repaso exhaustivo de los diferentes acercamientos a este importante aspecto narratológico, porque ya se ha hecho repetidas veces en manuales y recapitulaciones. Basta recurrir a las reflexiones que ayuden a comprender la importancia del punto de vista o perspectiva en la percepción y constitución del espacio ficticio.

El punto de vista es el ángulo de visión, el foco narrativo, el punto óptico en que se sitúa un narrador para contar su historia (Bourneuf y Ouellet). Esta focalización, no obstante, lejos de ser una e inmóvil, admite diversas posiciones. Pouillon, por ejemplo, habla de una triple focalización, un concepto que más adelante ganará en diversidad y complejidad con las aportaciones genettianas. Pouillon distingue entre *"vision avec"*, *"vision par derrière"* y *"vision du dehors"*, tres conceptos que en la terminología de Genette equivalen respectivamente a "focalización interna", "focalización cero" y "focalización externa":

> *1.* La visión "por detrás": el narrador lo sabe todo acerca del personaje (o los personajes); se separa de él para ver, desde esta posición, los resortes más íntimos que lo llevan a obrar. Como un demiurgo, ve los hilos que mueven la marioneta, lee en el corazón y en la idea de sus criaturas y nos coloca en disposición de conocer sus secretos más íntimos, incluso sabe, interpreta y nos dice las cosas que los mismos personajes no se atreven a decirse de sí mismos o a decir a los demás [Segre, 338].

Ésta es, pues, la perspectiva del autor omnisciente, que todo lo ve y todo lo sabe. No obstante, llama la atención que Segre, en esta explicación que ofrece de la "visión por detrás", se refiera exclusivamente a cómo son percibidos los personajes, sin hacer nunca referencia al espacio en que éstos actúan. Indudablemente, el entorno geográfico tampoco existe de forma apriorística, sino que su aparición en el texto (al igual que la de los personajes) depende de esa instancia capacitada para ver y percibir una realidad. Como es obvio, la naturaleza de esta realidad física o espacio geográfico se transformará a la vez que se modifica la perspectiva desde la cual es observada. El narrador omnisciente tendrá siempre mejor acceso espacial que cualquier personaje y su visión necesariamente limitada. Aquél no precisa de puertas ni ventanas para trasladarse de un espacio a otro, pero además, se le abren esos otros espacios misteriosos (de ensoñación, de anticipación) que se gestan en la psique de los personajes. Es más: muchas veces, el espacio exterior (ése que presuntamente la novela decimonónica toma de la realidad) no es sino producto derivado y mero reflejo de esos otros "paisajes del alma".

El espacio psíquico, pues, engendra con frecuencia el espacio físico. Pero aún así, la impresión que prevalece ante una novela es que el espacio ya está ahí, como si de un escenario teatral se tratara, a la espera de que salgan los personajes y lo habiten. La culpa de ello la tiene la propia estructura de la novela decimonónica, que sigue constituyendo el modelo "ortodoxo" sobre el cual inevitablemente se apoyan las premisas lectoras. Casi todas estas novelas se inician con una extensa descripción topográfica, aparentemente apriorística y objetiva, ajena y anterior a los personajes y a cualquier modo subjetivo de percepción.

La observación, el diseño y la constitución del espacio por parte del narrador omnisciente plantea numerosas interrogantes. Ya hemos visto que predomina esa impresión de la existencia apriorística del espacio fictivo. Pero, una vez que éste aparece en el texto, el narrador ha de llenarlo con personajes. Sobre ellos (y dentro de ellos) seguirá paseándose su mirada abarcadora y, sin embargo, ésta no será ya tan poderosa ni tan ilimitada. Una vez más, el sexo (así como la condición social) de los personajes pondrá trabas al diseño del espacio en la novela. El *setting* de un personaje femenino es ciertamente restringido y con gran facilidad se convierte en ese "espacio aura" del que habla Poulet. Tan severa es esa restricción y tan escasa, en el ámbito concreto del diseño espacial, la libertad de acción del narrador omnisciente, que en no pocas ocasiones esa *"vision par derrière"* apenas si supera en capacidad perspectivista y perceptiva a la *"vision avec"* o "focalización interna":

> La visión "con": el narrador sabe lo mismo que los personajes, y lo sabe con ellos; no conoce con anticipación la explicación de los acontecimientos. [...] Esta visión "con" se caracteriza por la elección de un persönaje como centro del relato: "es con él con quien vemos a los otros personajes, y con él vivimos los acontecimientos relatados" [Pouillon] [Segre, 338].

Un aspecto fundamental de la "focalización interna" es que no tiene por qué limitarse a un solo personaje: "En una novela puede variar de un momento a otro el personaje elegido para que veamos con él, produciéndose lo que Bajtin llama plurivocidad" (Segre, 338). Ello, es claro, da movilidad y amplitud al relato, aumenta sus posibilidades de perspectiva y lo acerca a la omnisciencia, encarnada esta vez no en uno sino en varios "focos". La pregunta obligada es en qué medida afecta la "focalización interna", en su variante heteroglósica, al diseño del espacio narrativo. Y esa misma pregunta sugiere esa otra perspectiva "externa" que Pouillon llama visión "desde fuera". En ese caso,

> el narrador sabe menos que los personajes, porque se limita únicamente a describir lo que ve desde el exterior, a ser testigo ocular de los hechos. Es la posición del narrador naturalista o behaviorista del siglo XIX, reasumida de un modo aún más riguroso por algunas escuelas narrativas recientes *(l'école du regard)* con la intención de ofrecer una objetividad absoluta, un realismo total [Segre, 338].

El espacio narrativo y la trama o acción

El estudio del espacio fictivo como parte integradora y propulsora del argumento obliga a hacer referencia a su vertiente temática o cronotópica. Por de pronto, hay un tema, el del viaje, que (recordemos las reflexiones de Butor) no solamente determina la estructura y motivación de ciertos subgéneros novelescos —el relato de viaje, la novela picaresca, la novela de aprendizaje o *Entwicklungsroman*— sino que en cierta manera constituye la materia intrínseca con que se construye cualquier texto narrativo. El motivo de viaje se emplea aquí en su sentido más amplio: ese movimiento, ya sea lineal o circular, que transporta al lector de una situación a otra. El argumento, pues, avanza precisamente porque cambia el entorno y son las diferentes situaciones o paisajes los que, al menos en el relato clásico y decimonónico, determinan la progresión de la trama. Lotman (1975) observa, por ejemplo, que *"in the language of a spatial model we define the plot event as a transition from one structure to another"* [según el lenguaje de los modelos espaciales, todo nuevo acontecimiento de la trama se define como la transición de una estructura a otra] (120). El espacio, pues, entendido fundamentalmente como propulsor del argumento. También para Van Holk (1979) el texto avanza *"from situation to situation, and the latter conversely figure as resting points in the narration, where the results of preceding events are surveyed and new events prepared"* [de situación en situación. Estas situaciones constituyen momentos de descanso dentro de la narración, durante los cuales se revisan los acontecimientos ocurridos y se prepara el terreno para sucesos venideros] (149).

Van Holk introduce aquí un concepto que en el ámbito de la crítica literaria ha adquirido valor de dogma: el de la situación o nuevo entorno espacial como remanso de la acción, como interludio que sirve a la vez para reflexionar sobre los acontecimientos pasados y prepararse para sucesos venideros. Van Holk se refiere primordialmente al teatro. Pero su comentario sirve igualmente trasladado al género narrativo y afecta sobre todo al recurso de la descripción, ya que es evidente que en la novela esos lapsos presuntamente estáticos que siguen a los periodos dinámicos de la narración se rellenan fundamentalmente con pasajes descriptivos. Éstos, no obstante, y precisamente por su capacidad rememorativa y presagiadora, nunca son de verdad estáticos, a pesar de lo que junto con Van Holk aseguren Genette y otros muchos estudiosos. No lo son, al menos, a los ojos del lector, que sabe que las descripciones anticipan grandes dosis de información esencial.

No obstante, con independencia de que las situaciones y sus dosis de descripción posean o no un dinamismo escondido, lo cierto es que la progresión del argumento, tal como apunta Baak, necesita de lo que él llama "la dinámica de las transiciones que llevan de una situación a otra": *We can distinguish three fundamental types of transition [...] between narrative situations: I. The introduction of new persons into a situation [...] II. Removal (departure) of persons present in a situation. III. A change in the relations between the persons in a situation or between persons and their environment"* [Podemos distinguir tres tipos fundamentales de transición entre situaciones narrativas: I. La introducción de nuevos personajes en una situación. II. El ausentamiento de personajes respecto de una situación. III. Un cambio en las relaciones que, dentro de una situación dada, mantienen los personajes, o entre los personajes y su entorno] (102).

En los tres casos, el espacio contribuye activamente a la construcción de la trama. En las dos primeras transiciones, sobre todo, ciertos temas espaciales o *cronotopoi* actúan con mucha frecuencia como línea fronteriza y otras veces como nexo entre dos situaciones narrativas distintas: *"Therefore, it is not surprising that overt boundary chronotopes like doors, windows, roads, walls or river banks, but also chronotopes like the city or even entire countries, play such a literally, pivotal role in the spatial demarcation of plot segments"* [Por tanto, no sorprende que *cronotopoi* tan abiertamente transitivos como lo son puertas, ventanas, carreteras, paredes o riveras fluviales, pero también otros temas espaciales, como la ciudad e incluso países enteros, desempeñen tan importante papel y constituyan, literalmente, un pivote en la demarcación espacial de los distintos segmentos de la trama] (Baak, 102-103).

En el tercer caso señalado por Baak, la función propulsora del espacio con respecto al argumento es igualmente evidente. Los personajes cambian de lugar y modifican su posición dentro de los límites de la situación narrativa. El nuevo organigrama espacial, la nueva organización de personajes y objetos que ofrece la escena, produce una transformación dentro del sistema semántico del texto.

El espacio narrativo y la categoría temporal

La relación espacio-tiempo ha de interpretarse fundamentalmente como un binomio que, dentro del contexto narrativo, y tal y como demuestra la teoría del cronotopo de Bajtin, resulta imposible de desglosar en sus dos componentes. Sin embargo, y aun después de las poderosas razones aducidas por el crítico ruso, ciertas vertientes teóricas se empeñan todavía en separar y enfrentar tiempo (entendido como categoría dinámica) y espacio (interpretado como categoría estática), como si de dos fuerzas antagónicas se tratase. Recuérdese a Frank y su encendida defensa de la simultaneidad narrativa como anuladora del proceso temporal, o la definición de la descripción, propuesta por Genette, en la que no sólo se le niega a ésta todo ingrediente dinámico, sino que se la califica además de *ancilla narrationis* (1976, 6), es decir, sierva o subordinada de la narración.

Bajtin ofrece la solución conciliadora del cronotopo, que resulta, en el panorama de la teoría literaria, la más convincente, por la sencilla razón de que el análisis de los textos confirma una y otra vez sus deducciones. Hasta un tema tan esencialmente dinámico como es el del viaje, y en el cual la categoría temporal parece haber encontrado su metáfora más adecuada, sólo puede representarse narrativamente mediante imágenes espaciales. Con frecuencia, éstas llegan incluso a borrar la sensación de movimiento y de progresión cronológica. Baste recordar dos ejemplos ilustrísimos de novela viajera y peripatética, como son el *Lazarillo de Tormes* y el *Quijote*. En ambas, lo que el lector recuerda son las diferentes escenas y espacios, los diferentes altos en el camino. Pero aún hay otro dato importante: al lector le resulta muy difícil acordarse del orden exacto en que en el *Quijote* se suceden las aventuras y los paisajes. Poco importa, pues, a la memoria lectora el proceso cronológico y, a cambio, a ella se adhieren con fuerza esas imágenes o temas espaciales que la tradición ha elevado a categoría de símbolo.

Todo esto, desde el punto de vista del lector. Pero hasta la perspectiva del personaje se parece a la de aquél: *"Geographical names, places, landscapes, etc. [...] can be observed to spatialize the time involved in the journey process"* [Los topónimos, así como ciertos lugares y paisajes, etc., poseen la capacidad de "espacializar" el tiempo vinculado con el viaje] (Lyons, 718). Las experiencias de los personajes, lo que éstos ven y lo que les acontece, se materializa inevitablemente en imágenes espaciales. Entran en juego, por otro lado, las polaridades espaciales, porque ese complicado proceso espaciotemporal que es la aventura narrativa simbolizada en el viaje sugiere inmediatamente un mayor nivel de abstracción semántica. Como ya observamos en relación con la novela picaresca y, en general, con la novela de aprendizaje, toda idea de trayecto, aunque éste se resuelva a lo largo de un camino o sendero horizontal, sugiere la idea de verticalidad o de ascenso espiritual o social. En no pocas ocasiones, al ascenso metafórico lo acompaña el acento redundante de una elevación "de verdad", de un accidente geográfico o arquitectónico que presupone altura. Conviene notar, no obstante, que para dar esa sensación de ascenso no siempre hace falta subir efectivamente a la torre o llegar a la cumbre de la montaña, sino que basta muchas veces con que el protagonista mire y dirija la mirada tan sólo hacia uno de estos puntos sobresalientes de la geografía natural o urbana. Hasta aquí, pues, es el personaje quien avanza y traduce el movimiento en imágenes espaciales.

Pero hay otra segunda forma de indicar el paso del tiempo, sin necesidad de que el personaje eche a andar. O bien se mueve éste y se traslada, física y emocionalmente, de un entorno espacial a otro (ambos factores, el emocional y el físico, suelen ir juntos en la novela) o es el espacio, en cambio, el que se "mueve" y muestra indicios de transformación. Las ruinas, los viejos edificios de paredes que se desmoronan, los lugares que denotan descuido y olvido —esos *cronotopoi*, finalmente, a los que tan aficionado es Balzac— son las imágenes espaciales en las que con más eficacia se materializa el proceso temporal.

[nota manuscrita margen derecho: altura real y altura metafórica]

[nota manuscrita inferior: Los lugares que muestran el paso del tiempo, que se mueven.]

El espacio narrativo y la descripción

Aunque la descripción no sea la única responsable del efecto espacial, puesto que a ello contribuyen igualmente la narración, el movimiento de los personajes y sus diálogos, es cierto que en los pasajes descriptivos el espacio novelesco se consolida y adquiere su forma más definitiva y precisa. De las diferentes modalidades descriptivas (la topografía, la prosopografía, la etopeya [Segre, 94]) interesa sobre todo la primera, de la cual Pingaud ofrece una definición tan sencilla como precisa: *"J'emploie le mot 'description' au sens banal que lui donne la critique: mise en place d'un décor [...], évocation des objets et des lieux qui jouent un rôle dans l'action"* [Empleo la palabra "descripción" en el sentido banal que le atribuye la crítica: puesta en escena de un decorado, evocación de aquellos objetos y lugares que desempeñan un papel en la acción] (165).

La topografía, empero, no ha merecido el mismo tratamiento en los diferentes periodos literarios. Aunque tradicionalmente se le atribuyan unas características que parecen fijas e inalterables (su presunto estatismo, su función auxiliar con respecto a la narración, su carácter de "motivo libre" y, por tanto, "eliminable sin perjuicio para la fábula" [Segre, 94]), lo cierto es que estas características, así como la propia naturaleza y las distintas funciones de la descripción, se han transformado con el paso del tiempo y con las sucesivas metamorfosis de la narrativa occidental. La descripción llega incluso a convertirse, en cierto momento de la historia literaria, en eje o pivote que hace cambiar de orientación a la narrativa moderna. Basta pensar en el empleo revolucionario de los pasajes descriptivos en el *Nouveau Roman* francés, que, además de servir de comentario metafictivo a la descripción decimonónica, señalan el camino hacia la "espacialización" (o "poematización", según la categorización de Sobejano) de la ficción contemporánea.

Bobes Naves observa que "la noción de espacio es una noción histórica" (197). Un mismo tema o motivo espacial, pues, admite varios grados y modalidades de descripción, según el periodo literario en que se manifieste. Como apunta Bourneuf, la evocación escénica de un baile de gala sirve de ejemplo de todas estas variantes, que señalan con gran exactitud la dirección en que avanza el modo descriptivo:

Mme de La Fayette réduit à un bruit de foule la description du bal qui aurait pu donner lieu deux siècles plus tard à un rutilant tableau, riche en matière et en couleur, comme les aimaient Balzac, Flaubert, Zola, alors que les phrases de Robbe-Grillet semblent fournir l'énoncé d'un problème de géométrie. Ces trois exemples marquent les limites entre lesquelles évolue au cours de son histoire, et à notre époque même, la description romanesque, du refus quasi total à une recréation exhaustive de la réalité, du large tableaux harmonieux à la précision sèche d'un inventaire [Bourneuf y Ouellet, 105].

[Mme. De La Fayette redujo la descripción de un gran baile de gala al ruido de la muchedumbre. Esa misma escena podría haber dado lugar, dos siglos más tarde, a un cuadro rutilante, lleno de materia y de color, al gusto de Balzac, Flaubert y Zola. Por otra parte, las frases de Robbe-Grillet recuerdan, antes que nada, al enunciado de un problema de geometría. Estos tres ejemplos marcan los límites dentro de los que, a lo largo de su historia, e incluso de nuestra época, evoluciona la descripción novelesca. Del rechazo casi total de la realidad, a la recreación exhaustiva de ésta, del cuadro amplio y armónico a la seca precisión de un inventario.]

La sinopsis histórica que propone Reuter servirá para comprender esta tendencia del pasaje descriptivo hacia un creciente grado de complejidad y de eficacia semántica.

Durante la Edad Media, la descripción desempeña un papel secundario. El decorado tiene, antes que nada, un valor simbólico. La expansión descriptiva es suplida por los mecanismos de enumeración, y su función es meramente externa, social: se trata de apelar a los "lugares comunes". La mención del lugar activa los símbolos, las acciones, los *topoi*. En los siglos xv, xvi y xvii predomina la descripción ornamental. A ésta no la mueve un prurito de verosimilitud, sino que busca ofrecer una imagen de lo bello. No hay todavía originalidad manifiesta y los textos, por lo general, siguen fielmente a sus modelos. No obstante, la descripción va ganando poco a poco en expresividad. Aparece la noción de "genio creador" (junto con los conceptos de originalidad e inspiración) y la imaginación entra en conflicto con la imitación. A partir del siglo xviii, apunta Reuter, *"la conscience narrative se développe sous l'effet d'une tradition scripturale qui s'établit mais aussi d'une autonomisation des auteurs et d'un élargissement du public"* [La conciencia narrativa se desarrolla bajo la influencia de una tradición escritural que se afianza, pero también sufre los efectos de la creciente autonomía de los escritores y de un aumento del público lector] (25). La consecuencia inmediata es que la descripción es interpretada por este público lector cada vez más numeroso como un lastre que entorpece, que roba velocidad y dinamismo a la narración y que, por tanto, atenta contra la finalidad placentera de novelar. Se pone en duda el valor de las descripciones ornamentales. Su número y su longitud se le reducen considerablemente. En cambio, se les atribuye una función documental, didáctica (enseñar al lector) y una función metonímica: las descripciones añaden información sobre el lugar y sus habitantes, los objetos hablan sobre el personaje. Con la segunda mitad del siglo XIX, se inicia lo que Reuter llama *"le triomphe du modèle représentatif, qui imprègne encore nos conceptions de la description romanesque"* [El triunfo del modelo representativo, que todavía impregna nuestra concepción de la descripción novelesca] (26). Este modelo se apoya sobre numerosos pilares, entre los que destaca esa voluntad mimética que aspira a que el objeto descrito parezca "de verdad". No hay, pues, necesidad de embellecerlo ni de pasarlo por el tamiz de los *topoi* o convenciones literarias. El narrador, convertido en sabio, ha de ofrecer un retrato objetivo del mundo exterior. Lo "verdadero" remplaza a lo pintoresco, las descripciones se vuelven detalladas en su afán de abarcar y agotar la realidad. Con el siglo XX, el prurito objetivista pierde gran parte de su fuerza inicial. Lejos de interesarse en la realidad objetiva, lejos, sobre todo, de creer en ella, el relato construye un universo fictivo basado en las sensaciones y percepciones subjetivas. La realidad se presenta, pues, como fragmentada y multiforme, y muchas veces decepcionante y engañosa. André Breton y los surrealistas, contagiados del psicoanálisis, pretenden, no ya reproducir, sino crear las emociones, y se burlan con áspera ironía de esa sed de verosimilitud. El *Nouveau Roman,* finalmente, se lanza, vigoroso, a la crítica de la descripción decimonónica, por su carácter convencional, su idealismo y su "ingenua" voluntad didáctica. Propone, a cambio, un nuevo modo descriptivo, que contradice, punto por punto, el patrón realista y exige la participación activa del lector.

Además de la evolución histórica de la descripción, interesa cotejar cuáles son sus funciones en la novela. Varios estudiosos se han ocupado de ese aspecto del pasaje descriptivo, en un esfuerzo de sistematización que, sin embargo, presenta siempre ausencias e inexactitudes. Por tanto, se vuelve imprescindible cotejar las diferentes clasificaciones, con intención de suplir las carencias y crear una reestructuración nueva y más completa. Conviene apuntar, en primera instancia, que cuando se habla de pasajes descriptivos se piensa automáticamente en la novela decimonónica. En ella, ciertamente, se basa la mayoría de las reflexiones que giran alrededor de la descripción. Hablar de las funciones descriptivas es hacer referencia implícita a la novela realista y, de alguna forma, también al *Nouveau Roman,* por una razón muy sencilla: éste frecuentemente subvierte y anula las propiedades atribuibles a la descripción realista y añade un signo de negación a sus funciones. Así, si decimos que una de las propiedades esenciales de la descripción es su función metonímica, hemos de suponer inmediatamente que la "nueva novela" rechaza por sistema cualquier referencia espacial que pudiera interpretarse como prolongación sinecdótica, por ejemplo, del estado de ánimo del personaje.

La descripción, pues, y con independencia de su evolución histórica, puede agruparse en dos grandes bloques: el decimonónico o de signo realista (recuérdese que muchas novelas, aun sin pertenecer cronológicamente al realismo, lo son por naturaleza e intención) y el "antirrealista" o "antirreferencial", nacido de ese nuevo programa estético e ideológico propagado por el *Nouveau Roman* y la novela experimental.

Reuter observa que la descripción, en primer lugar, puede desempeñar una función mimética (108). A la función mimética le añade una función informativa y transmisora del saber *(fonction mathésique)* a la que Hamon da especial importancia y que alcanza su máximo desarrollo en el siglo XIX: *"Les descriptions deviennent, par excellence, le lieu textuel où se diffuse le savoir, accumulé dans les dossiers et les enquêtes des romanciers. La*

description 'naturalise' le discours documentaire" [Las descripciones se convierten en el lugar textual por excelencia en el que se
difunde el saber, acumulado en los *dossiers* y las búsquedas de los
novelistas. La descripción da "carta de naturaleza" al discurso
documental] (108). La descripción cumple además con una
clara función narrativa: *"[Elle] fixe et mémorise un savoir sur le*
lieux et le personnages [...], donne des indications d'atmosphere,
[...] dramatise en ralentissant la narration à un moment crucial,
dispose des indices pour la suite de l'intrigue" [Fija y memoriza
los conocimientos sobre el espacio y los personajes, ofrece una
serie de indicaciones acerca del ambiente, añade drama al relato,
al hacer que, en el instante crucial, la narración se demore y,
por último, da una serie de pistas que ayudan a seguir el argu-
mento] (108). Finalmente, importa hacer referencia a la función
estética, que imprime a la descripción un sello cronológico.
Cada periodo tiene sus propias preferencias o gustos descriptivos. El surrealismo, observa Reuter, llega incluso a sustituir las
descripciones con dibujos o fotografías, los románticos abusan
de la metáfora, los realistas, en cambio, de la metonimia y de la
sinécdoque (108-109), etcétera.

A la función o postura estéticas, a las que el estudioso francés
da un carácter esencialmente histórico, le corresponde esa otra
función, llamémosla lúdica (y atemporal), del acto de describir.
Toda escritura fictiva encierra tres disfrutes: narrar, dialogar y
describir. (Y aún queda un cuarto: comentar.) Éstos no son
en ningún caso actos o placeres inventados, no son siquiera
realidades puramente novelescas. Tienen su fundamento en el
mundo, son operaciones vitales del más sencillo rudimentaris-
mo. Narrar no es otra cosa que observar la realidad en movimiento, es conocer el valor del tiempo, es ensayar y reproducir la enseñanza heraclitana de que todo pasa y todo fluye;

describir es asombrarse ante la inmovilidad de las cosas, ante ese universo que va a durar más que nosotros; dialogar, por fin, es comprobar la presencia de los otros, aceptación reconfortante de un destino común. Estos tres actos, no obstante, aún obedecen a una necesidad o afán más simples, a saber: la mera necesidad tanto física como espiritual de moverse (narración), de descansar y posar la mirada en el entorno (descripción) y de establecer una comunicación con los demás (diálogo).

Pero, regresemos a la función narrativa, que merece sin duda un desarrollo más exhaustivo. Para Ouellet y Bourneuf, que se preguntan con laconismo "¿Por qué la descripción?" (104), ésta puede servir para crear un ritmo en el relato. La descripción, al interrumpir el transcurso de la trama, contribuye de esa forma a la creación de *suspense* y aumenta la tensión narrativa. En otras ocasiones, el pasaje descriptivo "representa una obertura que anuncia el tono e intención —a veces las claves del descifra-miento— de la obra" (Marchese, 94). Finalmente, en ocasiones llega la descripción a prolongar las perspectivas narrativas y adquiere valor de símbolo, de pausa emblemática: *"Par exemple, les descriptions de Paris dans* Une page d'amour *et l'évocation des pins que clôt* Le Mystère Frontenac *établissent cette 'complicité rythmique, entre le climat physique et le climat humain"* [Por ejemplo, las descripciones de París en *Une page d'amour* y la evocación de los pinos que habitan *Le Mystère Frontenac* establecen esa complicidad rítmica entre el clima físico y el clima humano] (Bourneuf y Ouellet, 114).

La función musical o rítmica viene acompañada necesariamente de una función pictórica, puesto que la descripción, fundamentalmente, nos ayuda a ver. Pero ello no significa en absoluto que resulte necesaria siempre esa suerte de minucio-sísimas descripciones que se esfuerzan por no dejar escapar un solo detalle: *"Malraux a pue faire remarquer à propos de Balzac que plus le descriptions sont longues, moins le lecteur 'voit'"* [Malraux ha señalado, a propósito de Balzac, que cuanto más largas son las descripciones, menos "ve" el lector] (Bourneuf y Ouellet, 114).

Pingaud, refiriéndose también a Balzac, atribuye otro cometido adicional a la descripción. Ésta es a la vez "anticipatoria y englobante": *"Elle dresse un décor dans lequel nous savons qu'il va se passer quelque chose. [...] D'autre part la description englobe ce décor dans l'action, non moins qu'elle sert à définir la situation réelle du héros"* [La descripción anticipatoria monta un decorado en el cual sabemos que va a ocurrir algo. Por otra parte, la descripción engloba ese decorado dentro de la acción, de la misma forma que sirve para definir la situación real del héroe] (167).

La descripción desempeña, por tanto, una función semantizante o significadora del personaje, a la que nosotros llamamos función o finalidad "desplazada" del acto de describir. La función "centrada" sería la que describe el paisaje por el paisaje, la interesada, pues, exclusivamente en el entorno geográfico descrito, sin trascender en forma alguna esa intención: *"La description peut nous astreindre à regarder la réalité qu'elle 'prétend' placer devant nos yeux et cette réalité seule* [función 'centrada'], *ou bien elle peut vouloir suggérer plus: à la limite, elle montrerait autre chose que ce qu'elle feint de montrer* [función 'desplazada']" [La descripción puede obligarnos a contemplar exclusivamente la realidad que "pretende" colocar ante nuestros ojos (función "centrada") o puede, por otro lado, sugerir algo más: en el caso extremo, la descripción mostrará algo totalmente distinto de lo que pretende mostrar (función "desplazada")] (Bourneuf y Ouellet, 118). La función centrada caracteriza fundamentalmente al modo descriptivo instaurado por el *Nouveau Roman,* mientras que la descripción desplazada se manifiesta primordialmente en la novela de signo realista. Sea como fuere, lo cierto es que toda función desplazada se acompaña de esa otra función centrada. La descripción, como observan Bourneuf y Ouellet, antes que nada, "hace ver". Lo que ocurre, no obstante, es que la larga experiencia del realismo ha enseñado al lector a buscar siempre más allá de esta última (la función centrada) y de poner toda su atención en la primera (la función desplazada).

La descripción decimonónica más ortodoxa se halla gobernada por dos importantes factores, a saber: el efecto de realidad y las exigencias del objeto para con el pasaje descriptivo. Llega un momento en que la descripción se vacía de contenido y cesa de aportar datos útiles. Pero, una vez agotado el valor semántico de la descripción, ésta, sin embargo, continúa muchas veces. Los episodios descriptivos se llenan de objetos que "sobran", que nada añaden, en realidad, al diseño del ambiente ni satisfacen ninguna necesidad narrativa o estructural. Este fenómeno ya lo explicó Barthes: la inclusión, dentro de los pasajes descriptivos, de objetos superfluos contribuye al "efecto de realidad".

Se asombra el estudioso francés ante la presencia, en la novela de corte realista, de esos detalles aparentemente gratuitos que no es difícil encontrar en los pasajes descriptivos: *"These details are scandalous (from the point of view of structure) or, even more disturbingly, they seem to be allied with a kind of narrative 'luxury' profligate to the extent of throwing up 'useless' details and increasing the cost of narrative information"* [Estos detalles son escandalosos (desde el punto de vista de la estructura), sobre todo porque parecen estar aliados con una suerte de "lujo" narrativo, el cual semeja hallarse dispuesto a llenar el texto de detalles "inútiles" y de poner en peligro la información narrativa] (11). Barthes concluye que es la imperiosa necesidad de ofrecer esa sensación de realidad la que empuja al escritor (en este caso, Flaubert) a añadir esos detalles para cuya presencia en el texto no hay explicación estructural ni funcional: *"All this demonstrates that the 'real' is assumed not to need any independent justification, that it is powerful enough to negate any notion of 'function', that it can be expressed without there being any need for it to be integrated into a structure, and that the 'having-been-there' of things is a sufficient reason for speaking of them"* [Todo ello demuestra que lo "real" no parece necesitar en forma alguna una justificación independiente, que es suficientemente poderoso como para negar todo concepto de "función", que puede manifestarse sin necesidad de integrarse en una estructura y que, a la postre, el "haber estado ahí" de las cosas es suficiente razón como para hablar de ellas] (15).

Pero hay otro motivo que justifica el exceso: toda descripción realista, una vez comenzada, continúa impulsada por una necesidad inherente de armonía y de unidad. El afán de totalidad tan característico de la novela decimonónica se manifiesta también en los pasajes descriptivos y alcanza en ellos un alto grado de perfección, a pesar de la amenaza latente de dos graves obstáculos: los límites que impone la perspectiva, cuando el que "mira" es el personaje, y el agotamiento, no ya del tema u objeto, sino del vocabulario de que dispone el autor. Para sortear el primer obstáculo, el autor realista recurre frecuentemente al narrador omnisciente o puebla la novela con una serie de personajes expertísimos y especializados en el arte de mirar. Y, en el caso del segundo inconveniente, de todos es sabido que los escritores del siglo XIX se documentaban con

sumo esmero antes de tratar un asunto que rebasara sus conocimientos.

Hamon sigue siendo el estudioso que con más rigor y detenimiento se ha ocupado de la descripción, no tanto en su aspecto diacrónico (para el que se cuenta con aportaciones valiosas de diferentes críticos), como en esa faceta sincrónica que se
interesa por el papel que la descripción desempeña dentro del
contexto de la estructura narrativa.

Hamon señala que si bien el lector reconoce e identifica con
facilidad un pasaje descriptivo es, sin embargo, incapaz de ofrecer una definición precisa de lo que es una descripción (1972,
465). El crítico francés parte, pues, de las rudimentarias intuiciones del lector medio, con ánimo de perfeccionarlas y de añadirles cierta solidez metodológica. Estas intuiciones pueden
enumerarse de la siguiente manera: *"La description forme un
tout autonome, une sorte de 'bloc sémantique'. Est plus ou moins
un 'hors-d'œuvre' au récit. S'insère librement dans le récit. Est
déporvue de signes ou de marques spécifiques. N'est l'objet d'aucune contrainte a priori"* [La descripción forma un todo autónomo, una especie de "bloque semántico". Constituye, en cierta
forma, el "aperitivo" del discurso narrativo. Se inserta libremente en éste. Está desprovista de marcas o signos específicos.
No es el objeto de ninguna restricción *a priori]* (1972, 465).

Hay que decir que Hamon no concede igual importancia a
estas observaciones. Sólo se extiende en dos de ellas, a saber: *1)* los
modos de inserción de los pasajes descriptivos en el relato, y
2) el papel que la descripción desempeña en el contexto de la
narración. El primer punto es quizá su aportación más original y útil. Hamon utiliza como ejemplo la descripción de una
locomotora, descripción que ha de ser insertada más tarde en
el discurso narrativo, y nota a ese respecto que

chez Zola (et chez bon nombre de romanciers) la description préexiste souvent à la narration. Le texte va récupérer et insérer un texte antérieur, celui de la "fiche" du romancier que a déjà réuni les matériaux de son roman. Le problème de l'insertion d'une description est donc souvent lié à cette habitude d'écriture et de composition, un problème analogue à celui de l'insertion d'une "citation", ou d'un "discours antérieur", dejá organisé, un problème de raboutage de textes dont il va falloir gommer et effacer au maximum les sutures [1972, 467].

[En el caso de Zola (y de un buen número de novelistas) el pasaje descriptivo existe con anterioridad a la narración. El texto va a recuperar y a insertar un texto anterior, el de la "ficha" del escritor, el cual ya ha reunido los materiales para su novela. El problema de la inserción de un pasaje descriptivo se halla, pues, vinculado con frecuencia a la costumbre de escritura y de composición de un texto, un problema análogo al de la inserción de una "cita" o de un "discurso anterior" y ya construido. Se trata, en el fondo, de juntar y pegar textos, haciendo lo posible por borrar y disimular las suturas.]

La presente cita contiene, en realidad, la esencia de las reflexiones de Hamon sobre la descripción literaria. Por de pronto, la afirmación de que con frecuencia la descripción existe con antelación a la narración, es ya un dato revelador. Zola, observa el estudioso francés, *"désire avant tout 'décrire', c'est-à-dire transmettre une information sur une societé (ses décors, ses lieux, ses paysages, ses objets). 'Ah! Toute voir et tout peindre', s'écrie le peintre Claude dans* L'Oeuvre. *'Chez moi le drame est tout à fait secondaire', écrit-il dans le dossier préparatoire de* Nana" [Zola desea, antes que nada, "describir", es decir, transmitir información sobre una sociedad (sobre sus decorados, sus lugares, sus paisajes, sus objetos). "¡Ah, verlo todo, pintarlo todo!", exclama Claude, el pintor, en *L'Oeuvre.* "Para mí, el argumento es siempre secundario", escribe Zola en los apuntes preliminares a *Nana]* (1972, 466).

Efectivamente se trata de un dato revelador, porque concede a la descripción un valor independiente y "anterior" al del discurso narrativo. El pasaje descriptivo, por de pronto, ha dejado de ser esa *ancilla narrationis* de la que habla Genette. Pero además, ello acerca el texto realista a los postulados de la ficción contemporánea, que presuntamente contravienen la normativa estética de la novela decimonónica. La trama —como en la novela poemática— pasa a un segundo plano y se vuelve morosa, como ya se anticipaba en las reflexiones de Ortega y Gasset sobre la novela. Los elementos presuntamente "secundarios", en cambio, se convierten en protagonistas indudables. Ahí está, para demostrarlo, la fundamental importancia que el *Nouveau Roman* concede a la descripción.

Pero el segundo aspecto contenido en la cita de Hamon aún interesa más. Observa éste que para que la inserción de un pasaje descriptivo en la narración se realice con éxito, "hace falta borrar y difuminar al máximo las suturas". Para ello, ha de recurrir el escritor realista a una serie de "personajes calificados", cuya misión primordial (y a veces única) consiste precisamente en insertar con la suficiente habilidad las descripciones. No son infrecuentes, en la novela decimonónica, las abiertas intrusiones del narrador omnisciente. El narrador de *La de Bringas* es probablemente uno de los ejemplos más representativos de ese autor-testigo que se pasea libremente por las páginas. Pero en otras muchas ocasiones el narrador omnisciente, para acentuar la sensación de verosimilitud —para disimular de alguna forma que es él quien dirige la narración hacia un determinado propósito sólo conocido por él— prefiere esconderse tras un personaje y ver a través de sus ojos (Hamon, 1972, 468).

El novelista puede recurrir a dos tipos de personajes destinados a "hacer ver" al lector: un personaje fijo e inmóvil que presencia una escena o paisaje en movimiento o un personaje móvil que avanza ante "un decorado estático pero complejo" (Hamon, 1972, 468). Los personajes, para introducir sin violencia la descripción, pueden limitarse muchas veces a mirar. Pero hay otros dos mecanismos de inserción descriptiva: hablar (hablar con conocimiento de causa del objeto sujeto a descripción) y, finalmente, actuar en relación con el objeto descrito.

La descripción, "antes incluso de su comienzo, debe saber justificar su presencia" (1972, 472). Para ello, recurre a una serie de temas que Hamon califica de obligados e imprescindibles a la hora de insertar eficazmente un pasaje descriptivo:

a) Les milieux transparents: fenêtres, serres, portes ouvertes, lumière crue, soleil, air transparent, larges panoramas, etc.

b) Des personnages-types comme: le peintre, l'esthète, le badaud, le promeneur, l'espion, la commère, le néophyte, l'intrus, le technicien, l'informateur, l'explorateur d'un lieu, etc.

c) Des scènes-types comme: l'arrivé en avance à un rendez-vous, la surprise d'un secret, la visite d'un appartement, l'intrusion dans un lieu inconnu, la promenade, la pause, le moment de répit, l'accoudement à une fenêtre, la montée à un lieu élevé, l'aménagement d'un local ou d'un décor, etc.

d) Des motivations psychologiques comme: la distraction, la pédanterie, la curiosité, l'intérêt, le plaisir esthétique, la volubilité, le désœuvrement, le regard machinal, la fascination, etc. [Hamon, 1972, 473].

[a) Los espacios transparentes: ventanas, puertas abiertas, luz directa, sol, aire transparente, panoramas abarcadores, etcétera.

b) Personajes-tipo, al modo del pintor, el esteta, el paseante, el

espía, la comadre, el neófito, el intruso, el experto, el infor-
mante, el explorador de un lugar, etcétera.

c) Escenas tipo, al modo de la llegada con antelación a una cita,
el descubrimiento de un secreto, la visita a un domicilio, la in-
trusión en un lugar desconocido, el paseo, la pausa, el momento de descanso, el acodarse a una ventana, la subida a un promontorio, la organización de un local o de una decoración,
etcétera.

d) Motivaciones psicológicas, como la distracción, la pedantería,
la curiosidad, el interés, el placer estético, la volubilidad, la mirada maquinal, la fascinación.]

La lectura de una novela decimonónica revela en seguida que
gran parte de lo que consideramos su contenido semántico es,
no obstante, "temática vacía". Así califica Hamon los temas o
motivos referidos arriba, porque sólo están en el texto para
facilitar la armónica inserción de los pasajes descriptivos y para, de
esa forma, garantizar la verosimilitud del relato.

Pero la capacidad de anulación semántica de la descripción
aún llega más lejos: todo pasaje descriptivo orienta nuestra lectura del discurso narrativo, aportando indirectamente información sobre el futuro de los personajes (la función anticipatoria de la que hablamos antes). Por lo tanto, el papel de la
descripción es, por un lado, organizar la narración y, por otro,
y gracias a la redundancia que introduce en ésta (función
metonímica), actuar a modo de memoria o almacén de datos
(Hamon, 1982, 168). Estas conclusiones a las que llega el estudioso francés confirman, por tanto, nuestra propia hipótesis:
la descripción nunca llega a ser, en realidad, ese "remanso en el
relato" sobre el que tanto se ha dicho y escrito. Gracias a ella,
el signficado del texto se afianza y anticipa otras unidades
semánticas.

ASPECTOS TEMÁTICOS Y SIMBÓLICOS:
EL LENGUAJE METAESPACIAL

Polaridades espaciales y geometría del espacio

En la novela, resulta imposible hablar de espacio, resulta imposible, sobre todo, diseñar un espacio "físico" sin referirse inevitablemente a otra cosa, sin hacer referencia a otro significado. Baak, al sostener que *"the literary space not just conveys information about a locus, but typically develops indirect, symbolical and non-spatial connotations"* [el espacio literario no sólo brinda información sobre un *locus,* sino que necesariamente implicará connotaciones simbólicas y extraespaciales] (51), está parafraseando a Greimas. Éste habla de *"un véritable langage spatial, […] une 'logique spatiale' a la fois naturelle et formelle, permettant de parler 'spatialement' des choses sans rapport avec la spatialité"* [de un verdadero lenguaje espacial, de una lógica espacial a la vez natural y formal, que permite hablar "espacialmente" de cosas que no guardan relación alguna con la espacialidad] (1979, 6). También para Lotman el espacio es, antes que nada, un metalenguaje,[2] que se manifiesta en categorías abstractas o en un "sistema de relaciones o polaridades espaciales".

Los críticos ponen especial énfasis en el carácter universal de estas polaridades espaciales como modo de significación simbólica, porque gracias a él las oposiciones espaciales significan y, de un modelo de mundo estándar y heredado de la tradición

---

[2] El concepto de "lenguaje metaespacial" ha merecido la atención de Cassirer, Hillebrand, Meyer, Koschmal y, sobre todo, de Greimas y de Lotman. Remitimos a la bibliografía.

cultural, derivan otros patrones. Éstos pueden ajustarse con
mayor o menor fidelidad a la estructuración topológico-sim-
bólica convencional o pueden, por el contrario, buscar la manera más radical de subvertir el modelo heredado. Pero lo cierto
es que tanto la fiel adaptación a éste como los distintos esfuerzos por imponer una nueva distribución espacial del significado, no hacen sino dotar de mayor consistencia y solidez al prototipo. Es más, la eficacia semántica de todo diseño
topográfico-simbólico queda garantizada si puede establecerse
una comparación fructífera con el patrón modelo. El lector, en
todo caso, lo utilizará como punto inevitable de referencia y, a
partir del modelo prototipo y de su comparación con los otros
modelos identificados durante la lectura, extraerá el significado del texto.

La idea de que el significado —tanto espacial como metaespacial— de un texto deriva de la oposición de las polaridades
espaciales es una idea rigurosamente estructuralista, contra la
que reaccionan con fuerza la deconstrucción y el feminismo.
Cixous, sobre todo, censura ese binarismo estéril, que considera
especialmente perjudicial para la mujer. En todos los grandes
binomios culturales (instinto-razón, naturaleza-cultura, etc.), el
extremo menos considerado (a saber, la fuerza primitiva e inferior del instinto y de la naturaleza *versus* la forma evoluciona-
da y superior de la razón y de la cultura) se adorna siempre con
el signo de lo femenino. Naturalmente, esta circunstancia peyorativa se reflejará en los espacios de la novela realista. No es
casualidad que los espacios "naturales" e irracionales (la naturaleza, los jardines como réplica de ésta) estén, en su mayoría,
reservados a los personajes femeninos. El propio Derrida dirá
que la distribución polarizada de la realidad y de sus significados, de la que es responsable el lenguaje, es todo menos ino-

cente. Es tan poco inocente, de hecho, como inevitable: no hay forma de escapar, como dice Derrida, a "la cárcel del lenguaje". La única alternativa, según los deconstruccionistas, es hallar, dentro del sistema, el germen de su propia subversión y deconstrucción.

En todo caso, la cárcel del lenguaje la habita, también, el espacio. Los modelos topográfico-simbólicos se instalan cómodamente en los textos literarios y, ayudándose de mecanismos tanto de confirmación como de subversión, manifiestan, a través de las polaridades espaciales, su compleja realidad ideológica, cultural y antropológica. Los estudiosos han propuesto diferentes clasificaciones de las polaridades espaciales creadoras de modelos topográficos de carácter universal, pero lo cierto es que todas tienen cabida en el sistema simplificado que ofrece Baak y en el que se distingue entre seis oposiciones fundamentales y recurrentes: verticalidad-horizontalidad, dentro-fuera, cerrado-abierto, cercano-lejano, izquierda-derecha, delante-detrás.

El índice de verticalidad, por ejemplo,

besides giving neutral spatial orientations, and particularly when contrasted with horizontality, appears to be the universal axis for the ideological modelling of hierarchies and hierarchical or graded values. The basic semiotic importance of this dimension can be gathered from a wide range of interrelated cultural and linguistic phenomena including on the one hand cultural facts like the typically elevated position of castles, thrones, altars, sanctuaries, chairs, platforms, balconies, as against possible low correlates, like villages and valleys in relation to a castle, kneeling-stools, the dock in a criminal court, and the dungeon [Baak, 56].

[además de ofrecer una serie de orientaciones espaciales de carácter neutral, se constituye (sobre todo cuando se contrasta con el índice de horizontalidad) en el eje universal que modela ideológicamente las jerarquías y los valores jerárquicos. La importancia semiótica de esta dimensión puede deducirse de un amplio espectro de fenómenos culturales y lingüísticos interrelacionados. Éstos incluyen, por un lado, factores culturales, como la construcción, sobre promontorios elevados, de castillos, tronos, altares, santuarios, sillas, plataformas, y balcones, frente a lugares "bajos", al modo de aldeas y valles en relación con fortalezas y castillos, reclinatorios, el banquillo del acusado, la mazmorra.]

Estas oposiciones o significados universales, sin embargo, pueden sufrir notables alteraciones y metamorfosis (Baak, 57), como ocurre con gran frecuencia en la ficción contemporánea o posmoderna, tan afanosa de parodiar y de deconstruir el complejo sistema simbólico heredado del realismo. Pero incluso durante los primeros estadios de la novela, estas contraposiciones admiten sutiles variaciones. En el caso, por ejemplo, de la novela picaresca, la horizontalidad se resuelve en una forma peculiar de verticalidad: el viaje lineal, la aventura peripatética a lo largo del camino se convierte, para el pícaro, en laborioso ascenso social; y más tarde significará ascenso espiritual, copioso alimento intelectual para el protagonista de la novela de aprendizaje.

También en una novela modernista como *Nuestro Padre San Daniel,* de Gabriel Miró, las polaridades espaciales (esas abstracciones simbólicas con cuyo contraste y oposición se contribuye al argumento, al desarrollo de la narración, haciendo de los elementos espaciales categorías redundantes, refuerzos semánticos del contenido) se resuelven en eficacísimas inversiones del paradigma tradicional. Cuando en la pequeña ciudad de provincia retratada en la novela se desborda el río, amenaza éste con inundar el barrio rico y con adentrarse en las casas solariegas. El arrabal, empero, encaramado a la montaña, se salva.

Aquí, la oposición ortodoxa propuesta por Lotman (el reino de abajo = los hombres, el reino de arriba = los dioses) nos sirve para llegar a la siguiente conclusión: que la pobreza se halla muy arriba (geográfica y simbólicamente) y cerca de Dios, mientras que los vicios de la aristocracia (nunca censurados explícitamente en el texto) la hacen descender (geográfica y moralmente), hasta que sobre ella cae la maldición bíblica. Desde un punto de vista geométrico y de contraste espacial, la ciudad (la totalidad, pues, del espacio fictivo de la novela de Miró) no sólo se distribuye alrededor de los ejes de horizontalidad y de verticalidad, sino que se resuelve en círculos o, por decirlo con la terminología propuesta por Lotman y Greimas y recogida por Baak, en espacios cerrados que admiten, sin embargo, cierta apertura. Un círculo (un espacio cerrado) es la hacienda de don Daniel rodeada de su jardín, otro lo es el barrio noble, tan alejado de todo, encasillado en la vega, y otro, volandero y colgante, lo es el arrabal de San Ginés. Muchos son los personajes que permanecen recluidos en su círculo, en su "hábitat" y en su *"habitus"* (costumbre) según la distinción propuesta por Bourdieu. Pero otros, en cambio, actúan como intersección entre esos espacios clausurados. La novela incluye dos personajes cuya misión fundamental es conectar los varios mundos fictivos: don Magín, el sacerdote, y *el Cara rajada,* mezcla de mendigo y de pícaro. El primero realiza sus visitas periódicas al arrabal, desde donde contempla la ciudad, y desde la ciudad y a través de la ventana de su despacho escudriña las miserables callejas del suburbio. *El Cara rajada,* por último, personaje siniestro, retratado con el trazo descarnado de la técnica naturalista, pasea su odio a lo largo de los vectores de un triángulo: del arrabal a la ciudad, de la ciudad al jardín de don Daniel, y de allí de regreso a San Ginés.

La oposición "dentro-fuera" (o "interior" *versus* "exterior"), pues, también se ha mostrado particularmente útil a la hora de representar el mundo y los complejos valores individuales y culturales que lo gobiernan. *Nuestro Padre San Daniel,* desde luego, no es una excepción, sino una tan sólo de las muchísimas novelas que saben aprovecharse con gran ingenio de esta polaridad espacial. El ejemplo clásico en literatura es el de la cálida protección del hogar frente a la fría hostilidad del mundo exterior. Pero también este sistema semántico ha sufrido peculiares transformaciones. El concepto de "interior", tan estrechamente vinculado, desde una perspectiva semántica, a lo recluido y hermético, puede muy fácilmente transmitir significados negativos. Las novelas de Kafka, los experimentos narrativos de Robbe-Grillet y ciertos relatos de Borges constituyen ejemplos apropiados, pero hay otros muchos, como observan Gullón y Bourneuf, para quienes los espacios opresores parecen predominar en la ficción contemporánea. Ronse, en su estudio sobre "El laberinto como espacio significativo" llega a parecidas conclusiones. Y Poulet, por su parte, en *Las metamorfosis del círculo,* refiere cómo la vida de Emma Bovary evoluciona en círculos concéntricos y opresivos.

Pierre et Jean ofrece un ejemplo revelador de la profunda significación simbólica que se atribuye a la casa, al hogar, como espacio reservado a los personajes femeninos. Haría falta un estudio más detallado (quizá de carácter semiológico), como el que ha emprendido Greimas con otro texto de Maupassant, *Les deux amis.* Habla Greimas en extenso de la organización espacial de la narración y distingue, en primer lugar (y siguiendo la tradición de los semióticos rusos), entre "espacio familiar-espacio extraño", oposición que marca la separación del héroe de su hogar y la penetración en un "allá" *(ailleurs)* desconocido y hostil. En el caso de *Pierre et Jean,* lo verdaderamente notable es que tres miembros de la familia (Pierre, Jean y, sobre todo, Madame Roland) viven en un espacio presuntamente amigo y cercano (la casa) que, a medida que avanza la narración, se va revelando paulatinamente como ese "espacio enemigo" señalado por los semióticos rusos. Madame Roland nunca se sintió "en su casa" y, como averiguaremos ya hacia el final de la novela, ello se debe a que su "verdadero" matrimonio estaba fuera del vínculo legal. El repudio del "hogar falso" se manifiesta en los raros momentos de felicidad que le procuran los paseos en barco. El proceso de extrañamiento de Pierre (el hijo extramatrimonial) es aún más patente y también se revela con antelación en el placer que también a él le procuran las travesías marítimas. El doloroso descubrimiento de la infidelidad de su madre le hace aborrecer su casa, que no considera verdadero hogar porque en ella falta la figura maternal en su sentido ortodoxo y aceptado por la sociedad. La imagen del hogar falso se repite a lo largo de la novela. Pierre, que cree por fin haber encontrado un hogar en donde refugiarse, descubre con desaliento que se le ha adelantado su hermano Jean: el alquiler ya está apalabrado, y el piso lo habitará muy pronto la pareja de recién casados. Una vez más, adquiere aquí el fenómeno de la descripción especial capacidad semántica y significadora. Así como la casa de la familia Roland no se describe en forma alguna (la ausencia de descripción, pues, como mecanismo redundante de denuncia moral), se dedica, en cambio, un buen número de páginas a la descripción del flamante piso de Jean; una prueba más de que éste sí es considerado hogar. Para reforzar esa impresión, muy pronto ingresará en él una esposa "legítima".

La antítesis casa-barco simboliza el significado último de la novela. Pero esta antítesis (que puede parafrasearse con la opo-

sición espacial "dentro-fuera" recogida por Baak) invierte nuevamente el paradigma convencional. Aquí, el barco (símbolo
tradicionalmente de riesgo, libertad y aventura) ofrece el bienestar y la seguridad que no brinda la casa. Y, sin embargo, en la
"extraña" predilección de Madame Roland por los espacios des-
guarecidos se esconde una clara denuncia moral. Una mujer,
una madre y esposa *comme il faut* difícilmente habría preferido
la peligrosa incertidumbre del barco-aventura al apacible recogimiento que ofrece el hogar. El lector, que sólo hacia el final
de la novela averigua, de la mano de Pierre, que éste es hijo natural y no legítimo, no puede, sin embargo, escapar a la lace-
rante sospecha que le persigue desde el principio. El retrato de
Madame Roland contradice con demasiada insistencia la ima-
gen-prototipo que se tiene de la mujer "honrada". Tampoco
Pierre responde al estereotipo masculino. El objeto de sus ensoñaciones no son el viaje y la aventura, sino el puerto, y la silenciosa quietud de las gabarras amarradas al muelle.

Las polaridades espaciales, pues, contribuyen (semántica y re-
dundantemente) al argumento, al ofrecer al lector un denso sistema de símbolos que preconiza, resume y ofrece, por duplica-
do, el significado profundo de la trama. El espacio o descripción
novelesca, en este caso, ya no es, como aseguran Genette (1969,
5-7) y Boves Naves (198), un remanso en el transcurrir narrativo,
sino una intensificación del argumento, una forma de insistir
en el contenido del relato y una manera también, como dirían los
deconstruccionistas, de encarcelar al personaje femenino en la
irreductible fortaleza del binarismo occidental.

Queda claro, por tanto, a la luz de las polaridades espaciales,
que las descripciones no se aplican con el exclusivo propósito
(el que tradicionalmente le concede la narratología) de levantar el decorado en que más adelante se desarrollará la acción y

de diseñar los componentes "estáticos" de la novela. El propio concepto de estatismo resulta discutible. El texto, por de pronto, y ya en su mero aspecto "gráfico", nunca se detiene. Pero, por debajo de su dinamismo textual, prevalece siempre otro dinamismo más profundo: el de la incansable capacidad asociativa y rememorativa del lector, espoleada por el simbolismo, a la vez denso y restrictivo, de las oposiciones espaciales.

El tema o motivo espacial: del tematismo de la Escuela de Ginebra a la teoría del cronotopo de Bajtin

Las polaridades espaciales son categorías abstractas que organizan geométricamente el espacio fictivo. Pero éste, en realidad, nunca se presenta ante los ojos del lector como ente abstracto, sino que se materializa necesariamente en temas, motivos o símbolos. Ya los someros análisis de los textos de Miró y de Maupassant exigieron la mención del símbolo concreto y la referencia a motivos (el barco, la casa, el arrabal, etc.) que con sintomática obstinación aparecen una y otra vez en las novelas comentadas y que, por así decirlo, constituyen la carne, la materia que cubre la fría osamenta de la geometría espacial.

El espacio, pues, además de ser un componente fundamental dentro de la estructura narrativa (aspecto sincrónico) es, por otra parte, un contenido, un tema que evoluciona tanto "dentro" del texto como intertextualmente (aspecto diacrónico del espacio) y que a lo largo de la historia literaria presenta particulares transformaciones, muchas veces de carácter paródico y metafictivo.

Ha llegado el momento de recurrir a una corriente teórica

que se ocupa precisamente del estudio de motivos y temas. Tradicionalmente, la "mitocrítica" y el "tematismo" (ambos términos son, hasta cierto punto, intercambiables) han gozado de poco reconocimiento en el ámbito anglosajón.[3] Sin embargo, de forma más o menos solapada, se siguen practicando en Europa e incluso están adquiriendo una nueva popularidad en los Estados Unidos (Sollors). Su origen, como apunta Eagleton, ha de rastrearse en la Escuela de Ginebra y en sus investigaciones de marcada orientación fenomenológica (58). La Escuela de Ginebra se separa del formalismo ruso y del estructuralismo, preocupados ambos de la forma o estructura narrativas, y se ciñe fundamentalmente al estudio de la conciencia autoral y a la cuidadosa recomposición de ésta a través de las "huellas" o temas recurrentes que el escritor va dejando en su obra literaria. Ello, en cierta forma, ya predetermina todos los demás supuestos teóricos a los que se adhieren los estudiosos ginebrinos. Porque, si lo que interesa realmente es esa constelación intelectual y estética privativa de cada autor, la búsqueda de motivos repetitivos no se limitará a un texto específico, sino que se hará extensiva a la "obra completa". A esto hay que añadir, además, que el interés de la Escuela de Ginebra por la historia literaria le induce a superar incluso ese otro límite que impone la obra autoral. Recuérdese, a este respecto, a Poulet y su estudio sobre el círculo como tema espacial recurrente desde el Renacimiento hasta nuestros días. Primera divergencia, pues, respecto de los estudios formalistas o estructuralistas: el crítico se "sale" del texto y busca referencias externas.

---

[3] Jean-Yves Tadié (1987) nota que Northrop Frye, en su *Anatomy of Criticism* (1947), se acerca mucho a *"la critique de l'imaginaire chez Gaston Bachelard et ses disciples"*. Y, sin embargo, apunta que no sólo no los menciona, sino que muy probablemente ni siquiera los conoce (128).

Estas referencias, por otra parte, son siempre temáticas y de contenido, e ignoran deliberadamente todo problema formal. El "tema" (y no la forma) es el centro de organización del texto: "Es tarea de este enfoque llamado temático descubrir y describir ese centro, que constituye su núcleo genético fundamental" (Marchese, 398). Pero, además, la Escuela de Ginebra se ha caracterizado siempre por su acendrado subjetivismo: "En esta crítica, por lo demás idealista, el 'tema' se determina de un modo absolutamente impresionista, y su descubrimiento depende en gran medida de las condiciones del lector" (Segre, 398). La identificación con la conciencia autorial se produce, pues, a través de una cuidadosa lectura crítica, que ha de interpretarse como una variante más perfeccionada (y más "activa") del acto de leer. Gracias a ella, el estudioso consigue ordenar y dotar de la necesaria transparencia a esos temas que con frecuencia se presentan repartidos de forma caprichosa a lo largo de los diferentes textos.

Sin embargo, aquí no interesa tanto este objetivo fundamental de la Escuela de Ginebra (a saber, la reconstrucción del espíritu del autor a través de la lectura de sus obras completas) como esas otras realidades literarias y, en gran medida, sociohistóricas y miticoantropológicas que, gracias a la minuciosa labor de desbrozamiento de un Poulet o de un Rousset, van ganando relieve, hasta emerger como entes significativos autónomos y de nítida silueta entre la compleja estructura textual. Me refiero a esos temas, motivos o símbolos (cualquiera de los tres conceptos reseñados nos sirve por igual) insertos en todo texto, pero que ya existieron, con otro significado, con otra forma, fuera de él (en textos anteriores, en momentos culturales pretéritos) y, de hecho, volverán a reaparecer, aunque metamorfoseados, en textos futuros: el tema espacial, pues, entendido fundamentalmente como entidad literaria de carácter repetitivo, evolutivo e histórico.

Estas unidades semánticas recurrentes que determinan la índole, no ya de la conciencia individual del autor, sino muchas veces de toda una época o periodo culturales, adquieren autonomía y trascendencia verdaderas con Bachelard y sus seguidores más afines. Con ellos, la atención se desvía definitivamente de la conciencia del autor hacia la "materia" como potencia imaginadora. Ya sólo los títulos del gran fenomenólogo francés (*La Psychanalyse du feu, La Terre et les rêveries de la volonté, La Terre et les rêveries du repos,* etc., así como su volumen probablemente más conocido y de gran influencia, *La Poétique de l'espace*) señalan sobradamente la dirección de la senda por la que se aventurarán sus discípulos. Entre éstos, es probablemente Jean-Pierre Richard el que con más precisión ha acuñado el concepto de "tema". Él mismo se pregunta en el prólogo a su obra *L'Universe imaginaire de Mallarmé* (1961): *"Qu'est-ce que c'est un thème? Rien, semble-t-il, de plus fuyant et de plus vague [...] Comment en fixer les contours? Comment en dégager l'essence?"* [¿Qué es un tema? Nada hay tan huidizo y tan vago... ¿Cómo fijar sus límites? ¿Cómo extraer su esencia?] (24). Richard ofrece en seguida una detallada definición y destaca una serie de características que más adelante han sido confirmadas y comentadas extensamente por la crítica actual: el tema como principio concreto de organización (24); su carácter repetitivo (24-25); su aparición estratégica y siempre significante en el ámbito del texto (26); su dimensión a la vez "fijadora", "dinamizadora" y por tanto histórica; su capacidad (diacrónica) de metamorfosearse en numerosas variantes tanto fuera como dentro de un mismo texto (25); su asombrosa energía que, aun cuando convertido en estereotipo o cliché, le ayuda a cambiar y a renovarse. Todas estas propiedades que se atribuyen al tema en general caracterizan en igual medida a los motivos espaciales. En relación con éstos, interesa, sobre todo, su faceta dinámica y la reasimilación y renovación a lo largo de la historia (y ya sea o no mediante la parodia y el comentario metafictivo), de esos clichés y estereotipos con los que se expresa muchas veces el espacio novelesco.

Si bien es cierto que el tematismo de la Escuela de Ginebra supo devolverle al motivo literario su historicidad y su derecho a la diacronía, el verdadero descubridor o inventor de la temporalidad en los temas y motivos literarios es, sin embargo, Bajtin, con su revolucionaria teoría sobre el cronotopo en la novela. La predilección que muestra el crítico ruso por los grandes temas y motivos recurrentes de la literatura y de la cultura hace pensar inmediatamente en la Escuela de Ginebra. Trae a la memoria, sobre todo, las reflexiones antropológicas de Bachelard y su cuidadosa descripción de los objetos símbolo que pueblan el espacio feliz del hombre. Sin embargo, Bajtin da un enérgico paso hacia adelante —ese paso que los ginebrinos sólo aventuraron con timidez— y se instala definitivamente en la historia. Su gran acierto, sin duda, es haber reconocido que el espacio fictivo, encarnado en esos temas y símbolos espaciales a los que tanta importancia conceden Bachelard, Durand, Richard, Poulet, etc., no puede prescindir de la categoría temporal, y viceversa:

Le temps et l'espace sont deux catégories fondamentales du roman. Chacune d'elles a déjà fait l'objet de multiples travaux. Gérard Genette a proposé une terminologie devenue classique pour l'étude de la temporalité narrative. On a vu paraître, ces dernières années, de nombreux ouvrages et articles sur les lieux romanesques. Mais bien rares sont les tentatives de saisir ensemble, dans leurs connexions mutuelles, le temps et l'espace. C'est-à-dire le mèrite des analyses de Mikhaïl Bakhtine sur le "chronotope", c'est-à-dire, selon ses propres termes, sur "ce qui se traduit littéralement par temps-espace: la corrélation essentielle des rapports spatio-temporels, telle qu'elle a été assimilée par la littérature [Mitterand, "Chronotopies…", 89].

[El tiempo y el espacio son dos categorías fundamentales de la novela. Cada una de ellas ha sido objeto de múltiples trabajos. Gérard Genette ha propuesto una terminología ya consagrada para el estudio de la temporalidad narrativa. En los últimos años han aparecido numerosos volúmenes y artículos sobre los lugares novelescos. No obstante, son escasos los esfuerzos por estudiar el espacio y el tiempo como compuesto, y teniendo en cuenta sus mutuas vinculaciones. En ello consiste, precisamente el mérito de los análisis de Mijail Bajtin sobre el "cronotopo", es decir, según sus propios términos, sobre "eso que se traduce literalmente por tiempo-espacio (en español diríamos espacio-tiempo): la correlación esencial de las dos categorías, tal y como ha sido asimilada por la literatura.]

En su ensayo "The Forms of Time and the Chronotopos in the Novel: from the Greek Novel to Modern Fiction" (1978) define Bajtin con gran precisión y claridad el concepto de cronotopo que tanto impacto ha causado en la teoría literaria contemporánea:

The essential conjunction of temporal and spatial relationships artistically asimilated into literature shall be called the "chronotopos" (in literal translation "timespace"). This term is used in the natural sciences and comes from Einstein's theory of relativity. For our purposes the special sense which it has in the theory of relativity is not important; we shall transfer it here —to the study of literature—

almost as a metaphor (almost, but not quite). What is important for us is that it expresses the indissoluble connection between space and time (time as the fourth dimension of space). We understand the chronotopos as a form-content category in literature (we will not deal here with the chronotopos in other spheres of culture) [493].

[La conjunción esencial de las relaciones temporales y espaciales artísticamente asimiladas a la literatura deberá llamarse "cronotopo" ("tiempo-espacio", en su traducción literal). Este término se usa en las ciencias naturales y proviene de la teoría de la relatividad de Einstein. Para nuestros propósitos, no interesa el sentido que se le da en la teoría de la relatividad. Lo emplearemos, en relación con el estudio de la literatura, casi como una metáfora (casi, pero no del todo). Lo que nos importa aquí es que el cronotopo expresa la vinculación indisoluble entre espacio y tiempo (el tiempo, pues, como la cuarta dimensión del espacio). Entendemos como cronotopo una categoría que, en literatura, es tanto forma como contenido. (No vamos a ocuparnos del cronotopo en otras esferas de la cultura.)]

Bajtin dedica gran parte de su ensayo crítico a la novela griega y a sus diferentes manifestaciones cronotópicas, pero el capítulo seguramente más sugestivo y dilucidador es aquel que dedica a las conclusiones teóricas y a una serie de ejemplos extraídos de la novela moderna. Insiste aquí sobre todo en el "elemento evaluativo-emocional" que caracteriza al cronotopo:

The chronotopos defines the artistic unity of the literary work in its relationship to reality. Therefore, the chronotopos in the work always includes a value element which can be separated from the whole artistic chronotopos only in an abstract analysis. All temporal and spatial definitions in art and literature are inseparable from one another, and they are always emotionally and evaluatively colored [515].

[El cronotopo define la unidad artística de la obra literaria en relación con la realidad. Por tanto, el cronotopo contenido en el texto siempre incluye un elemento de valor que sólo mediante un análisis abstracto puede separarse de la totalidad artística del cronotopo. Todas las definiciones temporales y espaciales en el arte y en la literatura son inseparables la una de la otra. Además, aparecen siempre teñidas de algún matiz valorativo y emocional.]

Al valor espacio-tiempo del "encuentro", analizado con ayuda de la novela griega, le suma ahora Bajtin esa serie de *cronotopoi* que caracterizan, según él, la ficción moderna: el camino (presente ya en el *Satiricón* de Petronio y en *El asno de oro* de Apuleyo, pero, sobre todo, en la novela picaresca y en la de aprendizaje, así como en la novela histórica inglesa y rusa), el castillo, el salón de costura, la pequeña ciudad provinciana (estos dos últimos *cronotopoi* característicos del realismo), el umbral, etcétera.

El cronotopo, pues, puede definirse brevemente como la materialización del tiempo en el espacio:

Thus, the chronotopos, as the primary materialization of time in space, is the center of representational concretization, of embodiment, for the whole novel. All the abstract elements of the novel —philosophical and social generalizations, ideas, analyses of causes and effects and so on— gravitate towards the chronotopos and through it are filled with flesh and blood, become parts of artistic imaginery. Such is the representational significance of chronotopos [522].

[Por tanto, el cronotopo, como la principal materialización del tiempo en el espacio, constituye el centro de todo esfuerzo de concreción de la representación literaria. Es, de hecho, la forma de dotar de cuerpo y de materia a toda la novela. Todos los elementos abstractos de la novela —generalizaciones filosóficas y sociales, ideas, análisis de causas y efectos, etc.— gravitan hacia el cronotropo y, a través de él, se hacen carne y hueso y vienen a formar parte de la imaginería artística. Tal es la importancia del cronotopo en relación con la representación literaria.]

El tematismo francés bien se merece, desde la actual perspectiva, un análisis detallado y audaz. Sin duda alguna vertería nueva luz sobre esos aspectos ignorados por la crítica de signo marxista y que, sin embargo, revelan la firme vinculación del tematismo con la diacronía y con la historia. Vistas desde ese nuevo ángulo, las reflexiones de Bajtin sobre el cronotopo dejan repentinamente de ser un islote aislado en medio del panorama de la crítica literaria y vendrían a completar y a enriquecer los estudios temáticos de los fenomenólogos franceses. La diferencia entre unos y otros es tan sólo de grado. La crítica de la conciencia estudia los temas y motivos movida por su afán de reconstruir la conciencia del autor y más adelante centra sus esfuerzos en la materia (en los temas en sí) y se interesa por el dinamismo y la fertilidad de las imágenes y los motivos poéticos. Bajtin, finalmente, recoge estos mismos temas y motivos y realza sobre todo su "temporalidad" y, por ende, su dimensión histórica. Pero tanto el crítico ruso como los estudiosos franceses hacen del tema espacial y del símbolo espaciotemporal objeto primordial de sus investigaciones. Todos ellos le reconocen su universalidad y su historicidad o capacidad de transformación a lo largo de las distintas etapas culturales de Occidente.

Las transformaciones temáticas con toda certeza hablan de cambios históricos y sociopolíticos, aunque no con esa prístina claridad y sencillez que promulga el marxismo más "primitivo" y deudor todavía de las teorías miméticas y reflejantes. Pero, sobre todo, hablan de la propia literatura y de su peculiar modo de evolución. Toda referencia a un tema que cambia o se presenta con un significado distinto —toda referencia, pues, a motivos y símbolos espaciales entendidos como sustancia dúctil y flexible que cambia con el paso del tiempo y se metamorfosea al calor de los textos— irremediablemente trae a la memoria del estudioso los complejos mecanismos metafictivos e intertextuales operantes en literatura. Un tema desarrollado a lo largo de la historia se vuelve multisignificante, nos habla continuamente de ésta, pero, sobre todo, se acuerda de sus antepasados literarios y, voluntaria o involuntariamente, explícita o implícitamente, a ellos se refiere y en ellos reconoce sus raíces.

II. EL REALISMO LITERARIO: NACIONALIDADES Y TEORÍAS

EL ESTUDIO de la novela decimonónica y su estructura espacial obliga a operar con esos dos grandes sistemas teóricos que son el espacio y el realismo. Este último se entiende, en su sentido cronológico, como movimiento literario que ocupó un momento determinado dentro de la historia cultural de Occidente, y no como un estilo o un modo de escribir que viola toda frontera temporal. Pero esta restricción terminológica no logra acallar la polémica. En verdad, le ha ocurrido al concepto de realismo histórico lo mismo que al término espacio: ambos están cargados de "ideología" y arrastran tras de sí una larga y pesada cadena de comentarios. Ante esta nueva constelación teórica habrá de responderse como ya se hizo ante el espacio, a saber: con un eclecticismo meditado, que pretenda extraer de cada enfoque lo que tiene de más sugestivo e innovador. En este caso, sin embargo, no se trata ya de ordenar un pensamiento disperso, puesto que los diferentes acercamientos al "dilema" del realismo se suceden con perfecto método. El objetivo presente será más bien contribuir con nuestras reflexiones sobre las diferentes estructuras espaciales a la rica controversia sobre la narrativa del siglo XIX.

Pocos términos parecen necesitar de tan poco esfuerzo aclaratorio como el de realismo. Incluir el adjetivo "realista" en un artículo, en una conferencia o en una conversación informal no constituye obstáculo alguno a la comprensión. Todos entendemos lo que significa y (casi) todos pensamos automáticamente en algo (un estilo, un cuadro, una novela, etc.) cuya cualidad esencial es que sabe reproducir fidedignamente la realidad. La "falacia de la mímesis" tiene sobre el público y la audiencia lectora un poderío enorme, del cual nadie, tampoco los expertos en la materia, puede sustraerse.

Sin embargo, los estudiosos de la literatura insisten en que el concepto de realismo, una vez analizado con un mínimo de detenimiento y a pesar de su presunta transparencia, encierra muchas interrogantes. "Realismo. ¡Terrible, incómoda palabra!", exclama ya Ortega y Gasset en las *Meditaciones del Quijote*. Medina corrobora la opinión del filósofo español: *"Few words in the literary critic's vocabulary are more ambiguous, more nebulous, and indeed, more dangerous than the term 'realism'"* [Pocas palabras, en el vocabulario de la crítica literaria, son más ambiguas, más vagas y, en realidad, más peligrosas, que el término realismo] (7). Tantos son, de hecho, los obstáculos y los peligros, que se siente uno tentado a aceptar la resignada solución propuesta por Levin: *"[Realism] is a general tendency and not a specific doctrine [...] no hard and fast definitions of realism will cover all the manifestations occuring under its name"* [El realismo es una tendencia general y no una doctrina específica; (...) definiciones de realismo no fidedignas cubrirán todas las manifestaciones que se produzcan bajo su nombre] (64). También Lázaro Carreter aboga por la "polisemia del término 'realismo'", propone que se renuncie "para siempre a su presunta univocidad" y cree que su sentido ha de repartirse "en tantas acepciones, [...] en tantos realismos sin comillas ni cursiva como sea preciso" (1979, 141). La base del conflicto está probablemente en que con el concepto de realismo no solamente se define un periodo, sino que se trata de dar respuesta a una de las más difíciles y universales preguntas que plantea la estética, a saber, la relación y el grado de cercanía que se establecen entre la literatura y, en general, el arte y la realidad (Demetz, 1).

Una manera de contrarrestar el justificado escepticismo de Levin y de Lázaro Carreter es regresar nuevamente a un acercamiento histórico y contemplar el realismo, no ya como tendencia estética general, sino como periodo específico y acotado en la historia de la literatura. Lo cierto, por otra parte, es que la novela decimonónica supo, si no definir, al menos ofrecer una sólida versión de escritura realista, y esta versión precisamente es la que con más fuerza ha sabido adherirse a la memoria del lector. Se da, pues, la curiosa paradoja de que, si bien resulta casi imposible proponer una definición de lo que es la narrativa realista, puede, sin embargo, muy fácilmente identificarse una novela de ese periodo. Y ello, sin tener en cuenta que a este primer obstáculo se le suman otras circunstancias que contribuyen a oscurecer el cristal presuntamente límpido y reflejante del realismo decimonónico.

Al revés que otros movimientos culturales de parecida importancia histórica y cultural (surrealismo, expresionismo, etc.), el realismo no cuenta con un programa organizado de acción. Los comentarios y definiciones se encuentran diseminados en prólogos y artículos de periódico, y no llegan a condensarse, como ocurre con otras manifestaciones artísticas, en las declaraciones, con carácter definitivo, de un manifiesto (Furst, 1-2, 27). A esta dificultad inicial hay que añadirle una segunda: el realismo, a pesar de su talante universalista, se materializa de muy distintas maneras una vez traspasadas las fronteras francesas. Las novelas alemana, española, inglesa y latinoamericana reaccionan ante la veta "antimetafísica" de la literatura gala

y rescatan, para sus propias creaciones, la desdeñada espiritualidad de la que tanto abusó el romanticismo. Así y todo, el realismo francés —mucho menos materialista, por otra parte, y
mucho más espiritual, sobre todo en su estadio más avanzado,
de lo que proclama el resto de Europa— será el que marque la
pauta en Occidente y en aquellas culturas influidas de alguna
forma por él. Con los ensayos de Champfleury, publicados en
1857 bajo el título de *Le Réalisme,* se consagra el nuevo movimiento estético y se aceptan las posibilidades artísticas del
positivismo.

La palabra que se repite y usa como estandarte es la de "verdad". Balzac, en su famoso prólogo a *La Comédie humaine* se
bautiza a sí mismo "secretario" de su siglo, y en ese otro prólogo igualmente memorable a *Père Goriot* incluso asegura al lector
que *"ce drame n'est ni une fiction, ni un roman. 'All is true', il est
si véritable, que chacun peut en reconnaître les éléments chez soi"*
[Este drama no es ni una ficción ni una novela. 'All is true', es
tan verdadero que cada uno puede encontrar dentro de sí sus
elementos] (Furst, 30). La literatura y el arte han de ser verdaderos y garantizar la fidedigna reproducción del mundo real.
Para ello, el escritor y el artista han de contemplar con objetividad desapasionada, afán analítico y exactitud científica la
realidad contemporánea, la sociedad y sus costumbres. El realismo, como observa Auerbach, elimina la rígida jerarquía que
la separación de estilos imponía al texto y a su contenido. No
hay ya un "estilo elevado" reservado exclusivamente al tratamiento literario de ciertos temas. Todo asunto merece, con el
nuevo movimiento estético, ese tratamiento "digno", y el estilo, en lógica consecuencia, pierde ampulosidad, se allana y se
hace más transparente (Klaus-Detlef Müller, 19). El espectro
social, pues, se ensancha bajo la pluma del escritor, ya que para

éste las clases populares adquieren inusitado interés artístico y documental. La realidad cotidiana, lejos de activar, en literatura, el manido resorte de la comicidad, se convierte en materia seria y merecedora de estudio: *"Realismus* —según la consagrada definición de Auerbach— *als ernste Darstellung der zeitgenössischen alltäglichen gesellschaftlichen Wirklichkeit auf dem Grunde der ständigen geschichtlichen Bewegung"* [El realismo como representación seria de la realidad social cotidiana y contemporánea, sobre la base del incesante movimiento histórico] (460).

A estas características fundamentales que Auerbach recoge en su estudio aún hay que añadir otras, no menos notables. Importa señalar, en cuanto a la metodología empleada por los escritores realistas, que ésta se ayuda del documento (científico, periodístico, estadístico, etc.) y se nutre primordialmente de la observación directa de los hechos (Medina, 30). En cuanto al contenido o material novelesco, éste se construye respetando rigurosamente las leyes de la causalidad. El azar (tan prodigioso e inverosímil, por ejemplo, en *Wilhelm Meisters Wanderjahre)* es considerado reminiscencia romántica y por ello mismo obsoleta. El tema central —verdadero paradigma del encadenamiento causal de los acontecimientos— se materializa, con frecuencia, en el fracaso del héroe frente a las imposiciones de la sociedad. *Les Illusions perdues,* de Balzac, no es sino un ejemplo entre muchos.

> *The subject matter of the realistic novel, then, became the conflict between a dynamically envisioned, historically concrete social background and a hero who must experience disillusionment and loss of innocence in his futile attempts to realize his "unrealistic" ideals. Levin's theory of the "novel of disillusionment" and the synthesis of romance and reality, Ortega's idea of demythification, and Lúkacs*

concept of quixotic tension between romance and reality all can be
seen to relate to a basic Hegelian dialectic, a general conflict between
the individual and the whole; this is the very essence of subject matter
and theme of realistic literature [Medina, 30].

[El conflicto entre un entorno social, dinámico a la vez que limitado a un periodo histórico, y un héroe que ha de experimentar
la desilusión y la pérdida de inocencia en sus fútiles esfuerzos por
alcanzar unos ideales poco realistas, constituye el tema fundamental de la novela realista. La teoría de Levin sobre "la novela de la
desilusión" y la síntesis de mundo novelesco y realidad, la idea
de Ortega y Gasset sobre la desmitificación, el concepto de Lukács
sobre la tensión quijotesca entre ficción y realidad, todo ello se
reduce al principio básico de la dialéctica hegeliana, a saber, un
conflicto general entre el individuo y la totalidad; ésta es la verdadera esencia del argumento y del tema en la literatura realista.]

Pero seguramente la meta más ambiciosa del autor decimonónico es esa objetividad a la hora de retratar el mundo a la
que ya nos referimos, una objetividad que inevitablemente ha
de reflejarse en el estilo, transparente e impasible, tras el que se
diluye del todo la voz del narrador.

Todos estos aspectos y aspiraciones, que constituyen la doctrina más ortodoxa y más sabida del realismo literario, han
sido discutidos y rebatidos por las diferentes escuelas teóricas.
Está claro, desde la perspectiva de nuestro siglo, que muchos de
los objetivos que se imponían los autores decimonónicos eran
inalcanzables y acababan revelándose como falacias. Incluso
los propios novelistas terminaron por dudar del poder mimético de la literatura y concedieron primacía a lo que en la novela hay de artístico y de creativo. Ahí está, para probarlo, el famoso prólogo de Maupassant a su novela *Pierre et Jean* y su

encendida defensa del arte como ilusión, en la que se reconocen las limitaciones que el arte impone a la reproducción de la realidad. El escritor, pues, lejos de copiarla, la corrige, la completa, escoge ciertos elementos y rechaza otros. Por eso, dictamina Maupassant, *"Faire vrai consiste donc à donner l'illusion complète du vrai [...] J'en conclus que les Réalistes de talent devraient s'appeler plutôt des Illusionistes"* [Hacer (escribir) lo verdadero consiste en ofrecer la ilusión completa de lo verdadero. Concluyo, pues, que los realistas de talento deberían más bien llamarse ilusionistas].

Realistas "en estado puro", pues, hay pocos, y aun escasean más fuera de las fronteras francesas. En Inglaterra, el realismo literario viene a coincidir, en su mayor parte, con la prolongada era victoriana. Como señala Williams, los artistas y escritores victorianos eran, fundamentalmente, "sentimentalistas". Ello quiere decir que, aun cuando se esforzaban en combatir los tenaces resabios del subjetivismo romántico, nunca lo lograron del todo en sus novelas. Para el novelista victoriano, "la vida, cualesquiera sean sus condicionamientos particulares, ha de interpretarse como un todo unitario y coherente" (Williams, xiii). Ese organicismo —herencia, nuevamente, del espíritu romántico— está presente en las ambiciones estéticas (de armonía, de "redondez") de los franceses. Pero, al revés de lo que ocurre con la novela decimonónica inglesa, resulta inaceptable cuando afecta al orden social o moral. Wheeler (6) reconoce que sólo en los últimos años del XIX y a punto de comenzar el nuevo siglo surge una nueva novela que se atreve a desafiar ese mensaje moral, ese organicismo ético tan enquistado en la narrativa victoriana.

También en España, el escritor realista sigue siendo, en muchos aspectos, un romántico. Sobre él pesan con fuerza pareja el idealismo y el regionalismo, amén de la influencia siempre presente del genio cervantino (Medina, 64). Importa notar que el alejamiento del modelo francés es, en el escritor español, voluntario y consciente: "Aceptemos —dice la Pardo Bazán— del naturalismo de Zola lo bueno, lo serio, el método, y desechemos lo erróneo, la arbitraria conclusión especulativa, antimetafísica que encierra". Y aun pide la escritora gallega a los críticos que "por caridad no me afilien al realismo transpirenaico, sino al nuestro, único que me contenta, y en el cual quiero vivir y morir" (Blanco Aguinaga, 162-163).

En Alemania continúa la sólida influencia de la novela de aprendizaje, ilustre "despojo" del romanticismo que atenta contra el *Gesellschaftsroman,* modelo narrativo por excelencia del realismo francés (Auerbach, 480). A ello hay que sumarle la larga tradición del idealismo alemán, que es la que añade a la novela decimonónica germana su dosis de poeticidad. No en vano se sigue empleando el término de *Poetischer Realismus* (realismo poético) para designar la variante alemana del realismo europeo. Siente, además, el novelista germano una gran inclinación, similar a la de Pereda, hacia lo idílico y localista, lo que ha llevado a los críticos a acuñar el expresivo término de *Winkelidylle* (idilios de "rincón", de lugar retirado) para las numerosas "novelas-idilio" nacidas en ese país durante el siglo XIX (Auerbach, 399). *"Den deutschen Erzählern fehlen die Radikalisierungen der gesellschaftlichen Gegensätze und Aufspaltungen, welche die übrige europäische Romanliteratur, zumal in Frankreich und Russland, schilderte"* [Los narradores alemanes están libres de esas radicalizaciones de los contrastes y divisiones sociales que aparecen, en cambio, en las novelas de las demás literaturas europeas, fundamentalmente la francesa y la rusa] (Martini, 67).

No obstante, aparte de las justificaciones literarias, hay también, en el caso concreto del realismo germano, una serie de razones políticas y sociales que explican esa falta de dinamismo social en la novela alemana y su refugio en el idilio y en la contemplación poética. Basta pensar en la lenta constitución de Alemania como nación y en la ausencia, en su territorio nacional, de una gran metrópolis que actúe de fuerza unificadora así como de campo de cultivo para una burguesía naciente. Sin grandes ciudades, no hay vida pública y, sin ésta, no hay burguesía activa y activista, ni una literatura dinámica y radical que la represente (Habermas, 13, 28, 60).

La novela realista latinoamericana constituye, probablemente, uno de los casos más intrigantes y más difíciles de catalogar. Para Brushwood, *"there is no way to indicate a beginning point for realism in Spanish-American fiction, though it is possible, of course, to point to novels that are realist"* [no hay forma de fijar una fecha inicial para el realismo en el seno de la narrativa latinoamericana, aunque sí es posible, ciertamente, identificar las novelas que pertenecen a esa tendencia literaria] (8). Brushwood indica más adelante que *"if costumbrismo is realism —and it may be reasonably understood that way, if we think of realism as mimesis— then it has been present in Spanish-American fiction throughout the century"* [si se equipara el realismo con el costumbrismo —relación perfectamente justificable, si entendemos el realismo como mímesis— entonces la novela realista ha existido en la literatura hispanoamericana de ficción a lo largo de todo el siglo XIX] (9). Este argumento, por cierto, puede aplicarse con parecida facilidad al realismo español: los propios escritores, sobre todo Clarín y la Pardo Bazán, hicieron notar que la novela realista peninsular debe más al ilustre e intenso realismo de la novela picaresca y de Cervantes que al modo decimonónico "importado" de Francia. Brushwood completa su razonamiento al apuntar que *"if, on the other hand, we require an explicit narrative procedure set forth —if not always followed— by Gustave Flaubert, we must wait until the last decades of the century. According to this definition, the probable best candidate for designation as the first realist novel is* La gran aldea (Argentina, 1884), *by Lucio V. López"* [si, por otro lado, al hablar de realismo nos referimos a la hechura narrativa concreta (al *"modus narrationis"*) promulgado (aunque no siempre respetado) por Gustave Flaubert, habremos de localizar los orígenes del realismo latinoamericano en las dos últimas décadas del siglo pasado. La primera novela realista latinoamericana, según el modelo de Flaubert, sería *La gran aldea* (1884), del argentino Lucio V. López] (9).

La tendencia generalizada de la crítica es hacer notar "los problemas que plantea la periodización de las tendencias narrativas" de la literatura latinoamericana (Madrigal). Según Madrigal, la persistencia de los distintos metagéneros románticos (la novela indianista, la abolicionista, la sentimental, la histórica, etcétera)

retrasa el salto desde los círculos de la subjetividad, el sentimentalismo, la desilusión y la nostalgia del pasado, al descubrimiento de los círculos de la realidad, de la verosimilitud, del intento de lograr una "figuración realista". La nueva concepción del relato deriva de la corriente costumbrista y de la difusión de los realismos europeos. Pero su desarrollo está favorecido por las múltiples posibilidades que ofrecen las nuevas estructuras contextuales: la consolidación del equilibrio político, por lo menos en algunos países; la reforma legislativa, y el despegue económico [106].

Al igual que Brushwood, Madrigal hace notar la estrecha vinculación, en la literatura latinoamericana, entre realismo y costumbrismo. Sin embargo, ninguno de los dos estudiosos señala el importante factor del fructífero eclecticismo del realismo hispanoamericano. Efectivamente, la novela realista de Latinoamérica se apoya, para su crecimiento, en las circunstancias favorables de la política y de la sociedad, y se abreva tanto en el costumbrismo como en los realismos europeos. Pero costumbrismo y realismo europeo no son, con mucho, las dos únicas fuentes. La narrativa realista latinoamericana, además de que sigue nutriéndose de lo que Madrigal llama "metagéneros románticos", acoge, entre sus páginas, movimientos en apariencia tan opuestos como son el naturalismo y el modernismo. *Santa*, la novela del mexicano Federico Gamboa, es, quizá, uno de los ejemplos más representativos de esta lograda hibridación. La rica imaginería del modernismo se mezcla, sin complejos, con la crudeza naturalista, el sentimentalismo romántico y la intervención moralista y sermoneadora del narrador realista y omnisciente.

El realismo latinoamericano y las variantes inglesa, alemana y española del realismo europeo, probablemente por ser más tardíos (el español y el alemán) y por una serie de razones vinculadas con la idosincrasia cultural y nacional, se ajustan, desde sus comienzos, a los postulados presuntamente antirrealistas del idealismo y de la escritura poética. Esa tendencia, de la que Clarín y la Pardo Bazán se muestran decididos partidarios en sus reflexiones teóricas y en su obra literaria, sigue defendiéndose en la España de la segunda mitad de nuestro siglo. Así, para Menéndez Pidal, el realismo es "la transubstanciación poética de la realidad" (Albadalejo, 103). Para Giner (1876), según cita de Lázaro Carreter (1979, 122), "el realismo no es posible sin una dosis de idealismo, el cual consiste en presentar la realidad extirpando los accidentes perturbadores que contiene y disponiéndola de modo que el artista pueda introducir en ella su vida espiritual propia". Unamuno exclama: "La realidad no es lo que llaman los críticos realismo. En una creación, la realidad es una realidad íntima, creativa y de voluntad". Para Fernando Ossorio, por último, el personaje barojiano, "el arte es el espíritu de las cosas, reflejado en el espíritu del hombre".

Pero también en Francia, el concepto stendhaliano de la novela entendida como ese "espejo que se pasea a lo largo del camino" será puesto en duda por los propios escritores realistas. El ilusionismo, la "voluntad de estilo", se manifiestan con particular eficacia en la obra de Flaubert, así como en el testimonio directo de su correspondencia epistolar. Lo inventado, para Flaubert, no es menos real que lo observado:

Everything that one invents is true, you can be sure of that. Poetry is as precise as geometry. Inference is as good as deduction, and then after a certain point there is no mistaking what goes on in the soul. My poor Bovary is doubtless suffering and weeping in twenty French villages at this very moment [Furst, 41].

[Todo lo que uno inventa es real, de eso puedes estar segura. La poesía es tan precisa como la geometría. La inferencia es tan valiosa como la deducción, de tal forma que a partir de cierto momento ya no puede haber duda de lo que ocurre dentro del alma. Es claro que en este instante estará mi pobre Bovary sufriendo y llorando en veinte aldeas diferentes de Francia.]

De Balzac a Flaubert ha habido, pues, un cambio sustancial en la manera de comprender el modo realista. A medida que se va consagrando éste, la forma, el estilo, adquiere creciente importancia y se instala como "obstáculo" entre la realidad y el contenido de la novela. Lo mismo ocurrirá más adelante con el aparato teórico de nuestro siglo. A la fe, que ahora se considera de una gran ingenuidad, en el poder mimético de la novela (representado por el humanismo de Auerbach y el marxismo de Lukács), le sigue el escepticismo ante la referencialidad y la historia. El estructuralismo propone el análisis sincrónico, frente a la diacronía, y se concentra en el propio texto, en los signos que lo conforman y su sistema de oposiciones binarias como verdadero y único modo de significación. Entre los formalistas que se ocupan del género realista destaca Jakobson con su conocido ensayo "On Realism in Art", uno de los primeros que se atreve a proponer un sistema organizativo de las propiedades formales del texto decimonónico. Pero son realmente los postestructuralistas quienes resucitan el género que nos ocupa (a los estructuralistas el texto decimonónico les resultaba excesivamente "diáfano" desde el punto de vista de la forma) y creen descubrir, tras la aparente transparencia del estilo, todo un complejo entramado de contradicciones y sentidos ocultos. Por otra parte, la deconstrucción, al aplicarse a los textos literarios, aprovecha muchos de los métodos y conclusiones del estructuralismo. Hillis Miller se suma a la diatriba contra la "falacia de la mímesis" y, tras un detenido análisis de *Sketches by Boz*, de Dickens, concluye que *"they are not 'mimesis' of an externally existing reality, but the interpretation of that reality according to highly artificial schemas inherited from the past"* [la obra de Dickens no es mímesis de una realidad exterior, sino la interpretación de esa realidad de acuerdo con esquemas en extremo artificiales, heredados de la tradición] (309).

El complejo entramado teórico desarrollado durante el siglo XX gira alrededor de uno u otro de los dos componentes tradicionales del texto narrativo: "contenido" (humanismo, marxismo, feminismo) y "forma" (formalismo, estructuralismo, estudios de retórica, deconstrucción). En el primer caso, se ensalza el poder mimético de la literatura, en el segundo, se le niega al texto su referencialidad. A la luz de estas dos modalidades teóricas de realismo literario, Villanueva distingue entre

> un realismo "concienzudo", de correspondencia, que nosotros hemos preferido denominar "genético", y un realismo "consciente", de coherencia, al que calificábamos de inmanente y formal. [...] Para el primero, la realidad que precede a la obra encuentra su reflejo transparente en ella con la intervención de un arte literario que consiste fundamentalmente en el paradójico adelgazamiento de los medios que lo evidenciarían, sacrificados a aquel objetivo prioritario de recrear el referente exterior. Para el segundo, por el contrario, de la única realidad de la que se puede hablar es de la inherente y simultánea a la obra en sí, pues en ella nace y se constituye en ella *ex novo* [69].

La "verdad", probablemente, se encuentre en un acercamiento menos radical al problema teórico del realismo, un acercamiento dispuesto, en todo caso, a beneficiarse de ambas perspectivas. Aunque es cierto que la teoría de la mímesis no puede, a estas alturas, defenderse con el aplomo de un Balzac, resulta igualmente arbitrario negarle a la novela realista todo contenido referencial. La prueba está en que hay géneros que el público lector espontáneamente identifica como "menos" realistas y más alejados del mundo real. Por tanto, la intención y la innegable capacidad de la novela realista de reflejar (con sus limitaciones) la realidad, merece cierto reconocimiento, a pesar de lo que tiene de sueño cumplido sólo a medias y condicionado, claro está, por una ideología.

It seems to me that "realism" can be defined basically, though somewhat vaguely, in the terms Aristotle uses in his Poetics to define correct imitation. Aristotle's concept can be explained this way: A correct imitation presents a succession of ficticious events that, to the immediate sensibility and understanding of the spectators, and seen according to their generic nature, are at least always possible, and preferably probable or necessary [Martínez-Bonati, 1992, 183].

[Creo que el concepto de "realismo" puede definirse, en esencia, aunque con cierta vaguedad, con los términos que Aristóteles emplea en su *Poética* para establecer en qué consiste una imitación correcta. La idea de Aristóteles puede explicarse de la siguiente manera: Una imitación correcta presenta una sucesión de acontecimientos ficticios que, de acuerdo con la inmediata sensibilidad y comprensión de los espectadores y contemplados según su naturaleza genérica, son, por lo menos, siempre posibles, y, preferiblemente, probables y hasta necesarios.]

Ciertamente, el grado de verosimilitud (y, por ello, de lo que es posible, probable o necesario) es más elevado en la novela realista que en otras variantes narrativas menos interesadas en reflejar la realidad. La "suspensión voluntaria de la desconfianza" *("the willing suspension of disbelief")* que, según Martínez-Bonati, "permite al espectador aceptar como 'verdaderos' ciertos acontecimientos que en la realidad son improbables e incluso imposibles" (1992, 184), lógicamente se ejercita menos durante la lectura de una novela realista. La realidad que en ésta aparece retratada es, la mayoría de las veces, perfectamente "posible", y casi nunca "improbable" o "imposible".

Con todo, la escritura y la lectura alejan irremediablemente del mundo real. La ficción nunca logrará copiar la realidad, puesto que, como ya apuntaba Hamon en 1973, "no se puede reproducir por una mediación semiológica (esto es, con signos) un conjunto de fenómenos no semiológicos" (Lázaro Carreter,

1990, 130). Esa imposibilidad, no obstante, es la principal generadora de la novela realista. La aspiración, tan infructuosa como obstinada, de reproducir fielmente la realidad contribuye de manera notable a la génesis del artefacto fictivo, ya que éste nace precisamente de esa tensión entre un ideal utópico y las limitaciones que el texto y el propio acto de escribir imponen al novelista. Por eso sigue vigente, a pesar de su simplismo y de su inexactitud, la definición ortodoxa y balzaquiana de realismo que recogemos en páginas anteriores. Es necesario precisar, sencillamente, que con ella se esboza tan sólo un ideal, unas aspiraciones literarias y estéticas ciertamente desproporcionadas e inalcanzables, y nunca ese producto acabado y concreto que es la novela realista. Así, la objetividad realista es, para Albadalejo, "una meta a cuya consecución se aplica la voluntad de configuración del artista que quiere crear una obra con un alto grado de apariencia de realidad [...]. La tendencia a la objetividad preside la configuración realista" (109). Se trata únicamente de una tendencia, de "un punto de atracción y de guía para la actividad poética" del escritor y nunca de un objetivo plenamente conseguido. Y, sin embargo, gracias a que es sólo tendencia o ensayo de realidad, se logra ese "equilibrio entre el mundo ficcional y el mundo real efectivo" encargado de generar "el efecto de realidad de la ficción realista". (García Berrio, Hernández, 1988, 137-138). Albadalejo habla de una "tensión equilibrada" entre la "sensación de ficción" y esa otra "sensación de realidad" a la que aspira toda novela decimonónica.

La tensión que siente el escritor, la imposibilidad de ver realizadas sus aspiraciones a una copia exacta y objetiva de la realidad, también la sufre o, más bien, disfruta el lector. Para él, el desafío y por tanto el verdadero placer está en observar y analizar los modos de acercamiento a la realidad empleados por el autor, los infinitos recursos de los que éste hace uso para intentar reproducir el mundo. La emoción estética que provoca en el lector un lugar descrito queda atenuada si se ignora que tras este espacio incompleto, mucho más literario que real, se esconde, sin embargo, un severo propósito de objetividad, la obstinada intención de reproducir con científica exactitud la realidad topográfica. Entran aquí en juego dos mecanismos de lectura de singular importancia. El primero es el reconocimiento, vivencia antes que mecanismo, que ya Aristóteles calificaba de especialmente placentera. Pero el disfrute de detectar en el universo fictivo huellas inconfundibles del mundo real viene acompañado necesariamente de ese otro disfrute que procura el extrañamiento. La realidad plasmada en el texto fictivo interesa y emociona no solamente porque es identificable, sino sobre todo porque el narrador nos la ofrece, muchas veces a su pesar, modificada, distinta. Al placer del reconocimiento se le suma el placer del aprendizaje y de la novedad. El estilo y los imperativos de la creación literaria, tenaces transformadores de todo lo real, se imponen implacables a la voluntad mimética del autor y mantienen viva la curiosidad de los lectores. No obstante, todo lector interesado y, por ello mismo, inmerso en el texto, es un lector prisionero (o "apueblado", como lo llama Ortega y Gasset). El acto de leer lo aleja irremediablemente de la realidad, de la misma forma en que el acto de escribir levantó un muro entre el escritor y el mundo. Ciertamente, tanto la lectura como la escritura son actos herméticos y absorbentes. Sus normas son las del juego (otra instancia que encapsula y aísla de la realidad) porque, al igual que éste, no admiten intromisiones, son autosuficientes y autocontemplativos, se rigen por sus propias normas y escapan a las responsabilidades del mundo exterior. Como afirma Iser, *"play does not have to con-cern itself with what if may stand for, (nor) does it have to picture anything outside itself"* [El juego no tiene por qué preocuparse acerca de lo que significa, ni tiene que representar nada más allá de sí mismo] (208).

Lo que aquí se ha dicho sobre la escritura y la lectura realis-tas puede aplicarse con igual fundamento al espacio narrativo. Éste, una vez sito en el texto, se convierte en espacio "repre-sentado", exento de las responsabilidades del espacio "real" y sometido, en cambio, a las leyes de la escritura poética. Su sig-nificado, por otra parte, nacido de esa tensión entre lo real y lo fictivo, sólo se manifestará a través del acto de la lectura. Ello no quiere decir, hechas estas salvedades, que el espacio no mantenga relación alguna con la realidad. La novela decimo-nónica declara sus intenciones de reflejar el mundo real y, den-tro de sus limitaciones —esas limitaciones en las que tanto énfasis pone la crítica contemporánea—, lo consigue, al menos comparada con otros subgéneros novelescos y aun con otros pe-riodos de la literatura. En el espacio de la novela realista abun-dan los mecanismos de extrañamiento. Pero éstos nunca llegan a anular del todo ese otro disfrute que el lector deriva del reco-nocimiento y de la identificación del espacio real en los *crono-topoi* del relato decimonónico.

III. ESTRUCTURA Y POÉTICA DEL ESPACIO: INVENTARIOS Y PINACOTECAS

LA NOVELA REALISTA nace de la inevitable tensión entre ficción y realidad, una tensión que se activa con cada acto de lectura y a la que contribuye eficazmente el diseño espacial. El espacio potencia por un lado la verosimilitud —todo escenario "real" e identificable acentúa la sensación de realidad— y por otro añade artificialidad a la novela realista, ensalza y enfatiza lo que en ella hay, no ya de imitación, sino de creación literaria, de transformación artística del mundo real. El espacio novelesco es, antes que nada, un artificio fictivo, un complejo mecanismo estilístico que se muestra tanto sincrónica como diacrónicamente. En la primera parte de este estudio nos referimos ya a estas particularidades del espacio novelesco, a su sincronía, que se muestra en las relaciones semánticas y sintácticas que mantiene con los demás componentes narrativos, y a su diacronía o dimensión temática e histórica. Esta última dimensión precisamente es la que ha hecho del espacio narrativo un estereotipo o, mejor dicho, un conjunto de estereotipos o clichés, cuya organización y aparición en el texto es igualmente convencional. El espacio, pues, y tal y como supieron entenderlo Bajtin y los teóricos de la Escuela de Ginebra, se manifiesta en forma de temas o *cronotopoi* con frecuencia recurrentes y, a pesar de evidentes transformaciones, firmemente asentados en una sólida tradición cultural.

Ciertamente, la tipología del espacio fictivo en la doble vertiente temática y narratológica que proponemos y diseñamos en la introducción no pretende ser una mera abstracción teórica. La validez y utilidad de ésta reside precisamente en sus cualidades epistemológicas e interpretativas, una vez que se le presenta la ocasión de ejercitarse en la materia novelesca. ¿Y qué mejor oportunidad que la que le brinda la novela decimonónica? Porque con ella, y tras la relativa parquedad espacial de la novela del siglo XVIII, el espacio se multiplica (tanto es así que más valdría hablar de espacios, de territorios plurales y vírgenes) y se aventura por nuevos derroteros. El lector con instinto geográfico y expansionista pensará acaso en esos espacios remotos y, por ello mismo, muchas veces misteriosos, en esas comarcas legendarias y de poderoso magnetismo que desde siempre han enriquecido la imaginación del hombre. Sin embargo, en la novela realista, los espacios "de fuera" no son novedad, sino que constituyen antes bien el escenario, ya sea real u onírico, más común y más explorado por la novela anterior al siglo XIX. La novela, de hecho, nace en la calle —basta acordarse del género picaresco o del *Bildungsroman* de los románticos alemanes— y es, en su origen, vagabunda y viajera. El tema o cronotopo del viaje constituye, como ya señaló Butor, su sello más característico y, en muchos sentidos, su verdadera esencia: *"Every story is a travel story—a spatial practice"* [todo relato es un relato de viajes: una práctica espacial] (Certeau, 115). El hecho novelesco, por otra parte, corrobora la realidad histórica: antes del siglo XIX se suceden los grandes descubrimientos geográficos, las grandes conquistas y colonizaciones.

Pero… llega el siglo XIX, y con él, la novela pierde gran parte de su impulso aventurero. Decide, como conviene al ánimo del buen burgués, "quedarse en casa". Su verdadero descubrimiento son los espacios domésticos, la descripción detallada y riquísima, por primera vez en la historia de la literatura occidental, de los interiores y sus objetos. Demetz habla de las "novelas amuebladas" del siglo XIX, frente a esos otros relatos "sin amueblar" del Siglo de las Luces: *"Die Romanfiguren des 19. Jahrhunderts sind die ersten (naiv gesprochen) die Kleider haben und in sichtbaren Zimmern leben; und es ist sinnvoll, wie es die Franzosen gelegentlich tun, von den unmöblierten* Contes *des 18. und den möblierten* Romanen *des 19. Jahrhunderts zu sprechen"* [Los personajes del siglo XIX son, dicho con ingenuidad, los primeros que llevan ropa y que viven en habitaciones visibles; tiene sentido, pues, hablar, como hacen a veces los franceses, de los *contes* sin amueblar del XVIII, frente a las novelas amuebladas del siglo XIX] (34). Hillebrand, por otra parte, asegura que *"Raum meint mehr als nur Natur, (er meint) auch die vom Menschen geschaffenen Räumlichkeiten, wie sie im 19. Jahrhundert konkret ins Blickfeld rückten"* [el concepto de "lugar" no se refiere tan sólo a la naturaleza, sino también a los habitáculos construidos por los hombres, tal y como los dibuja, con trazos concretos, el siglo XIX] (30). Para este último crítico, la novela realista y su tendencia a la acotación e interiorización espaciales ha de interpretarse como una reacción defensiva ante la pujanza expansionista que se inicia con el Renacimiento. El realismo constituye una respuesta a esa sensación de desguarecimiento, una rememoración nostálgica de ese sistema cerrado que es la concepción medieval del mundo.

Mit der Renaissance erst beginnt jenes Gefühl für den offenen Weltraum, das die Neuzeit von Grund auf geprägt hat, das Gefühl grenzenloser Unendlichkeit. Der Mensch ist nicht mehr eingeschlossen und umfangen von bergenden Schalen des Räumlichen. [...] Wenn das Biedermeier-Haus, ja eigentlich das Wohnzimmer dieses Hauses

[...] im Rahmen eines einzigen Raumes oft den ganzen bürgerlichen Kosmos umspannt, ist das —so seltsam es klingen mag— noch eine Antwort auf die Unbehausung, in die der Mensch nach Auflösung der mittelalterlichen Ordo entlassen wurde [Hillebrand, 30].

[Sólo con el Renacimiento comienza esa sensibilidad para el universo abierto e inconmensurable, esa sensación de infinitud sin fronteras que ha marcado profundamente nuestra época moderna. El hombre ya no se halla arropado y rodeado por la cápsula protectora de lo doméstico. Cuando la casa del Biedermeier, en realidad, el salón de esa casa, alberga, en el marco de una sola habitación, todo el cosmos de la burguesía, ello viene a ser, por extraño que parezca, una respuesta más al desguarnecimiento que desde la disolución del orden medieval, sufre la humanidad.]

Y, sin embargo, esta respuesta será tan sólo pasajera, puesto que muy pronto la literatura en general y la novela en particular volverán a enfrentarse a lo que Hillebrand califica de la falta de raíces, la sensación de no pertenecer a ningún lugar del hombre moderno (*"die Raumentfremdung und Raumverlorenheit des modernen Menschen"*), retratada por primera vez en las novelas de Kafka o, en palabras de Lutwack, a la ausencia de lugares y de espacios (*"placelessness"*) de la realidad y literatura contemporáneas. El realismo ha de interpretarse, desde la perspectiva del siglo XX, como un último y ansioso esfuerzo de sistematización del mundo. Se trata de hacerlo abarcable, de apropiarse, mediante un complicado proceso de interiorización y de "domesticación", de la realidad exterior.

Este proceso de interiorización no se limita, no obstante, al espacio. Con el "amueblamiento" del entorno doméstico se inaugura ese otro amueblamiento y descripción de los objetos y sucesos que pueblan la psique de los personajes, su mundo o espacio interiores. Entre los dos espacios internos, el físico y el psíquico, se establece una estrechísima vinculación. Los objetos, inevitablemente, dicen de la psicología de los personajes y ésta, con toda seguridad, determina la índole de aquéllos, su distribución espacial, su presencia o ausencia en el inventario novelesco. "Uno de los principios definidores del modelo [narrativo, de la novela realista decimonónica] reside en la exigencia de situar a los personajes en un marco físico, estableciéndose entre el individuo y el medio una relación de necesidad" (Beser, 47). En la narrativa decimonónica impera la redundancia: objeto y psique se reflejan mutuamente en el ámbito cerrado del espacio doméstico. *"Le texte réaliste se caractérisa donc par une forte redondance et prévisibilité des contenus [...] et l'on sait que la maison bourgeoise est un lieu particulièrement saturé et redondant"* [El texto realista se caracteriza por una fuerte redundancia y previsibilidad de los contenidos. Se dice de la casa burguesa que es un lugar especialmente saturado y redundante] (Hamon, 1972, 432).

Sin embargo, en la novela realista el concepto de "interior" debe tomarse en un sentido laxo, ya que muchas veces incluye espacios exteriores. Un jardín, un balcón, un parque y hasta la propia naturaleza, cuando reducida a estampa, adquieren esos aires de intimidad y de reclusión que caracterizan al espacio doméstico. Para la sensibilidad burguesa, todo lo que es abarcable, comprensible y, por ello mismo, descriptible, todo lo que se deja domesticar, ya sea con la mirada, ya sea mediante la acción o la pluma, se adorna automáticamente con las cualidades del espacio casero. En esto, sin embargo, no todos los realismos nacionales son iguales. La novela inglesa, pero sobre todo la alemana, se caracterizan por una afición desmedida y nostálgica a lo "hogareño". La *Stimmung* —término que se ocupa de

definir Hillebrand (22-23) y antes que él, Baudrillard (34)—
impregna, nos dice Praz (56), con especial intensidad el realismo germano y anglosajón. Hay otros espacios, sin embargo,
que no se dejan "interiorizar", que se resisten a todo intento de
apropiación. El ejemplo más sugestivo es el de los distintos
paisajes urbanos.

Los espacios domésticos y su correlato psicológico captan con
intensidad hasta entonces desconocida la atención del novelista
decimonónico. Ello sin duda enriquece enormemente el texto
y su potencial semántico. Pero lo que realmente abre nuevos
horizontes al arte de narrar no es tanto la riqueza cualitativa y
sobre todo cuantitativa del espacio doméstico o "domesticado"
como esa oposición entre lo interior (o conquistado) y lo exterior (o ingobernable) que de manera obsesiva se manifiesta en
la novela del realismo.

Esta polaridad espacial (lo interior *versus* lo exterior) que
viene a constituir el símbolo más eficaz de la burguesía y su
forma de vida y de pensamiento se materializa en una serie de
cronotopoi (el jardín, la ventana, el panorama, el entorno doméstico, la cartografía urbana), a los que dedicamos un detenido comentario en páginas posteriores. Pero, antes, hemos de
señalar que, en la novela realista, el espacio y sus temas tienen
dos fundamentales formas de manifestación textual, la descripción y el inventario. Con ambos recursos, se ejerce control
sobre la realidad, se acota un espacio y se le da nombre a las
cosas que lo habitan y constituyen. El minucioso pasaje descriptivo tan característico sobre todo de la escritura decimonónica impone al objeto una importancia y unos límites muy
precisos. Constituye una manera de ponerle bridas a una realidad desbordante y hasta de encauzar la imaginación. Nótese
que el grado de libertad y subjetividad del lector aumenta con

la parquedad descriptiva. Señala Hillebrand que cuanto más detallada una descripción, en cambio, más limitada se vuelve la labor imaginativa del lector (6). Por otra parte, todo pasaje descriptivo, aun el más elaborado, al no ser nunca exacto ni preciso (Schor habla del carácter no referencial del relato) siempre dejará al lector un amplio espacio de ensoñación.

La aspiración del texto realista es la de contener el mundo entero o, mejor dicho, la de ofrecer una impresión de totalidad, la de encarnar una idea principal y que alrededor de ésta se organice la galaxia de ideas o realidades imaginarias adyacentes y diversas. Por ello mismo, la pregunta acerca de la importancia o necesidad de las descripciones en el texto decimonónico puede responderse, al menos parcialmente, como se responde a esa otra pregunta acerca de la "gratuidad", en el *Quijote*, de los relatos intercalados. El mundo contenido en el texto no es sólo el real y físico, sino también ese otro universo que aúna las manifestaciones culturales y artísticas de un periodo. Los episodios intercalados de la novela de Cervantes, como señala Martínez-Bonati, ofrecen un muestrario completo de los géneros literarios de aquel periodo:

> These stories not only lack a casual link among themselves and with the adventures of the protagonists, but they emerge [...] by virtue of diverse and irreconcilable principles of stylization (comic-realistic, chivalric, pastoral, picaresque, Byzantine, and so on). [...] This display of heterogeneous regions of the imagination bases its unity on the fact that these various styles of poetic vision represent "all" of existing styles, all of those that existed in the tradition of Cervantes' times [1992, 96].

[Los relatos intercalados no solamente carecen de todo vínculo causal que los relacione entre ellos o con las aventuras de los protagonistas, sino que surgen en el texto impulsados por una serie de principios, diversos e irreconciliables, de estilización (cómico-realista, caballeresca, pastoral, picaresca, bizantina, etc.). Ese muestrario heterogéneo de regiones de la imaginación fundamenta su unidad en el hecho de que los diferentes estilos de visión poética representan "todos" los estilos existentes, todos aquellos que pervivían en la tradición durante la época de Cervantes.]

Así como la presencia de los relatos intercalados garantiza el panorama completo de los géneros literarios de la época dentro del *Quijote,* las descripciones, en el texto realista, sirven igualmente de muestra del estilo pictórico al uso. Es claro que la novela decimonónica no sólo pretende abarcar la sociedad, sino también las distintas disciplinas científicas y el panorama general del arte y de la cultura. Por ello, las descripciones realistas, cuando no se convierten en extensas especificaciones de carácter científico y tecnológico, con gran frecuencia son cuadros, retratos muchas veces enmarcados de un interior o de un paisaje. Es cierto que estas muestras pictóricas no rompen la armonía del texto. No obstante, ello no quita que durante la lectura se tienda a eludirlas o pasear por ellas una mirada tan sólo superficial y distraída. No olvidemos que la descripción realista es redundante, estereotipada a su modo, y que por tanto encierra muy pocas sorpresas para el lector versado.

Todo espacio descrito en la novela realista es también "pintable". Se observa, en general, una fácil transferencia de un género artístico a otro. El propósito, tan esencial a la ideología de la novela decimonónica, de limitar la realidad y de hacerla tanto abarcable como tangible, se refleja fundamentalmente en esa distribución del espacio en cuadros o escenas perfectamente acotadas. Ciertamente, la lectura de una novela realista sugiere con frecuencia la visita a una pinacoteca, en donde los grandes panoramas paisajísticos se alternan con minuciosos esbozos de espacios interiores, con retratos y hasta con bodegones y naturalezas muertas. Todo diseño espacial, por tanto, presenta unos límites fijos, un marco que impide que los distintos paisajes y escenas se mezclen y confundan. Este esquematismo espacial reproduce la severa distribución, dentro del texto, del diálogo, la descripción y la narración. "Paisaje" equivale aquí a "pasaje" textual; en ninguno de los dos niveles (contenido y forma) se admite una difuminación de los límites. Las fronteras borrosas son patrimonio casi exclusivo de la novela posmoderna y metafictiva. Ello no quiere decir, sin embargo, que no pueda el lector trasladarse de una escena a otra. Como en la novela realista el narrador prefiere permanecer invisible, son los personajes muchas veces los encargados de traspasar las fronteras espaciales y, por tanto, también los límites sociales, morales y económicos. Sin embargo, hace falta un tipo determinado de personaje para desempeñar esta misión traslaticia. La responsabilidad suele recaer sobre médicos, sacerdotes, funcionarios policiales o de la justicia, puesto que a todo ellos les está permitido, dada su profesión, adentrarse en los diferentes estratos sociales. En otras ocasiones, es toda una "clase" y no un personaje aislado la que sirve de lazarillo al lector. Nos referimos a esa pintoresca aglomeración de bohemios, artistas y gentes de la prensa que nace con las grandes urbes y que con tanta predilección retrata la novela realista. En el caso de los personajes femeninos, la movilidad social y geográfica inevitablemente va acompañada de un claro matiz peyorativo. Sólo a la mujer "pagada" y pública, nunca a la mujer "honesta", le está dado hacer de personaje gozne. El espacio en la novela decimonónica, pues, no sólo

está distribuido por clases sociales, sino sobre todo por sexos.
Hay un espacio claramente femenino y, por regla general, estático y un espacio masculino, en el que se materializan la
movilidad y el cambio. La inmovilidad, por otro lado, es característica que los personajes femeninos comparten con la
descripción. El hecho de que lo que en una novela se considere
como intercalado y, por ello mismo, prescindible, sean los pasajes descriptivos y no la parte narrativa (y aun cuando las descripciones sean mucho más numerosas y ocupen más páginas
que la narración) indica que nos hallamos ante un sistema de
valores que da más importancia al tiempo y, por ende, a la historia que al espacio. Todo esto, desde la perspectiva del lector.
Porque por esa misma razón y esta vez, según el punto de vista
del autor, la inclusión de tantas y tan minuciosas descripciones demuestra que el novelista, en un gesto evidente de nostalgia y de desengaño, quiere detener el proceso histórico. Esta
hipótesis se confirma con otro dato no menos significativo: el
interés que por primera vez en los anales de la literatura suscita
en el artista la vida cotidiana, la intrahistoria unamuniana, ese
apartado vital, tan frecuentemente protagonizado por personajes femeninos, que no parece cambiar nunca y que forma esa
superficie pausada y quieta bajo la que se precipitan los grandes acontecimientos.

Hasta aquí, algunas reflexiones sobre el espacio y su descripción. Y, sin embargo, no todo puede describirse en una novela. Ésta necesariamente contendrá objetos no descritos, que
tan sólo aparecen nombrados en el texto. La ficción decimonónica, al igual que la burguesía que retrata, siente verdadera
fascinación por las cosas. Por ello mismo, cuando no las puede
describir, y como el orden y la coherencia es su principio más
sólido, las enumera y las clasifica. La prodigiosa colección de

obras de arte que *"le cousin Pons"*, en la novela de Balzac del mismo nombre, atesora en sus salones es una clara muestra de ese universo cosístico cuidadosamente ordenado. Pero también en España y en Alemania se aficionan los personajes al coleccionismo. Bringas colecciona cabellos para sus absurdos cuadritos, su mujer almacena con verdadera fruición retales, botones, cintas, adornos de sombrero; Frígilis, en *La Regenta,* cuida amorosa y sabiamente ese museo vegetal que son los jardines de don Víctor; el marqués del Stechlin, en *Der Stechlin,* dedica un enorme salón de su estrambótico palacio a su no menos estrambótica colección de roñosas veletas. Cuando no hay un principio organizativo, cuando las cosas parecen amontonarse y juntarse de forma caprichosa, la naturaleza del lugar o de las circunstancias explica el caos y restituye el principio de la coherencia (Grange, 47, 66-67). Basta pensar en el famoso anticuario de *La Peau de chagrin* o en el aparador de palisandro descrito en *Der Stechlin,* donde la viuda Schickedanz guarda con gran reverencia diversas pertenencias de su marido. En el primer ejemplo, el desorden está legitimado por tratarse de un anticuario; en el caso segundo, la absurda mezcla de objetos se justifica porque en todos ellos se encarna el recuerdo.

Con el inventario y la descripción, el espacio se convierte en arma eficaz para el control y organización de la realidad. Pero el espacio existe aun sin estos dos recursos, ya que su verdadero creador es, sin duda, el movimiento. Incluso un escenario estático presupone movimiento y en él se materializan no sólo ese espacio presente y cuya existencia queda garantizada con el simple "estar ahí" de algún personaje o del narrador, sino también esos otros espacios "posibles" a los que el espacio connotado se opone semánticamente. En ese caso, el que se mueve mentalmente es el lector, para quien no hay nunca interiores

—ya estén o no descritos o inventariados— sin exteriores, ni un arriba que no presuponga automáticamente un abajo, etc. Hay que añadir a este movimiento mental intrínseco a todo acto de lectura, bien la presencia, bien la esperanza o expectativa de un movimiento real. Éste incluye el movimiento "físico" protagonizado por los personajes, el itinerario que ellos trazan con la mirada (para el diseño de un espacio nuevo no es preciso que el personaje se mueva, basta con que mire) y, por último, el recorrido onírico, recapitulador de paisajes pretéritos o soñados.

El escritor realista, pues, crea un espacio con sólo nombrarlo. Su mención inmediatamente presupone movimiento, puesto que todo escenario obliga al lector a imaginarse su opuesto. No sólo el acto de escritura, sino también el de lectura son rígidamente estructuralistas. Pero muchas veces, este movimiento intrínseco a todo acto de lectura se complementa con otro dinamismo mayor. El espacio se enriquece y multiplica en la imaginación lectora con la entrada y salida de los personajes, con el recorrido (físico, visual, onírico) que hacen éstos de los distintos escenarios. La descripción y el inventario contribuyen igualmente al diseño del espacio, aunque no sean imprescindibles para su constitución. Por ello mismo, a veces su función no es otra que la de asegurar la redundancia. A la novela realista le gusta la repetición, le gusta ver las cosas varias veces, asegurarse, al modo burgués, siempre pragmático y conservador, de que la realidad está ordenada y de que, efectivamente, "está ahí". La repetición, en la novela realista, no es sólo intratextual, sino también intertextual. A la impermeabilidad y clausura, al orden y clara delimitación de los distintos objetos y escenarios contribuye notablemente la intertextualidad. Los diferentes cuadros o escenas se repiten con regularidad a lo largo de la narrativa decimonónica y el lector, inevitablemente, se hallará rodeado de paisajes que le resultan familiares e incluso visitará interiores en los que ya pudo penetrar en otras novelas. El carácter estereotipado del espacio permite al lector traspasar las fronteras del texto, a la vez que lo aísla de esos otros *settings* o cuadros intratextuales que presentan un escenario distinto.

IV. EL PANORAMA:
PERSPECTIVA ESPACIAL E IDEOLOGÍA

Visión panorámica y perspectiva masculina
en "La Regenta", "Cecilia Valdés" y "Der Stechlin"

Tanto la intertextualidad (aspecto diacrónico) como la distribución del espacio en escenas claramente delimitadas (aspecto sincrónico) hacen de éste una categoría que invita a la sistematización. El cronotopo bajtiniano, ciertamente, establece ya un principio organizativo y lo mismo cabe decir de los temas espaciales que recogen y comentan los teóricos de la Escuela de Ginebra. El panorama, sin duda, constituye uno de esos *cronotopoi* paradigmáticos de la novela realista.

El realismo literario siente especial predilección por los interiores. Éstos son el verdadero descubrimiento de la novela decimonónica, su aportación más notable al espacio narrativo. No obstante, en la ficción del realismo el espacio interior o doméstico suele aparecer engarzado en un paisaje exterior y más amplio, que con frecuencia es presentado al lector en forma de vista panorámica. Las novelas cuya acción transcurre con naturalidad y sin preámbulos panorámicos en un solo espacio o en varios espacios clausurados pertenecen a otra mentalidad y a otra literatura: la nuestra contemporánea. Pero lo cierto es que el realismo todavía se alimenta de los contrastes espaciales como materialización semántica de esa "dialéctica de la mostración y de la ocultación, de la actuación pública y de la intimidad doméstica" que Brüggemann considera característica de la burguesía decimonónica y que en tan estrecha conexión se halla con la experiencia urbana.

Litvak insiste en la frecuencia con que, en la literatura y la pintura del siglo XIX, se discierne la imagen de "una figura a espaldas de nosotros, sumida en la contemplación del paisaje [...] y que actúa como nuestros sustitutos, adentrándonos en la contemplación de una sublime vista llena de luz" (1998, 15). La vista panorámica es, en efecto, una de las estrategias espaciales predilectas de la novela realista. Sólo falta añadir a la cita de Litvak que esa figura que contempla el paisaje es siempre, y salvo en contadas excepciones, masculina. Además, la apropiación visual de un espacio por parte de ese personaje o narrador masculinos, rara vez se aleja, en la ficción decimonónica, de la siguiente trayectoria estereotipada: del panorama abarcador, al recorte, a la parcela, del espacio público y desguarnecido, a los espacios recoletos y privados de la existencia burguesa. La consecuencia inevitable es que la visión panorámica se vaya estrechando y que el narrador, haciendo uso de un catalejo imaginario, acerque una determinada sección del paisaje y la reproduzca con todos sus detalles. En el caso memorable de *La Regenta*, el anteojo no es imaginario o metafórico, sino real, artefacto codiciado del que se sirve sistemáticamente don Fermín y, "en alguna ocasión, Celedonio, aprovechando un descuido del Provisor". Clarín se ensaya con ese pasaje en el ejercicio metafictivo y hace del catalejo metáfora expresiva del modo decimonónico, ya entonces estereotipado y convencional, de mirar y de escribir.

Ocurre con los paisajes extraídos de la naturaleza, y plasmados ya sea con el pincel o con la pluma, que no despiertan la curiosidad de saber lo que hay más allá de su horizonte. No incitan al lector-espectador a introducirse en el cuadro, a traspasar la superficie refractaria de la descripción o del lienzo. El paisaje, cuando es natural en su totalidad, refleja, las más de las veces, el estado emocional del personaje que lo contempla; es, pues, superficie estática que no invita al movimiento ni a la pesquisa. Potencia el ánimo contemplativo del lector, satisface su curiosidad estética, pero no esa otra curiosidad más activa, que le impulsa a buscar, en el espacio descrito, otros espacios nuevos, enérgicos propulsores de la acción en vez de mero espejo de emociones. La huella, en un entorno espacial, de la presencia del hombre es realmente la que dota de profundidad al paisaje, la que hace de éste promesa y antesala del conocimiento. Un camino, una ventana iluminada, las estribaciones de una ciudad, son todo temas espaciotemporales, *cronotopoi* que automáticamente sugieren la presencia prometedora de otros espacios. El paisaje urbano, sobre todo, es terreno fertilísimo para la expectativa lectora, pero constituye también una amenaza para el autor decimonónico, quien vislumbra en la posibilidad y convivencia de tantos escenarios el fantasma de la dispersión y del caos. Por ello, la novela decimonónica tiende a enfrentarse con el paisaje urbano como se enfrenta con el paisaje natural, a saber: insistiendo en esa visión panorámica que restablece el orden, dibujando, ya sea desde las alturas o desde la lejanía abarcadora, un paisaje "completo", en armonía con su entorno.

Cualquiera de las dos perspectivas —la que da la altura o la que concede la lejanía— se ajusta a su propósito de poetización del entorno urbano. No pocas veces el conjunto citadino aparece con esa intención engarzado en un medio natural, al que llega en ocasiones a servir de realce y aun de confirmación. La ciudad, cuando aparece convertida en estampa poética, es un elemento paisajístico más, que se somete, sin ánimo de desafío, a la naturaleza. La descripción de Verrières con que se inicia *Le Rouge et le Noir* constituye ejemplo paradigmático de esa imagen estereotipada de pequeña ciudad provinciana encuadrada armónicamente en un entorno campestre: *"La petite ville de Verrières peut passer pour l'une des plus jolies de la Franche-Comté. Ses maisons blanches avec leur toits pointus de tuiles rouges s'étendent sur la pente d'une colline, dont des touffes de vigoureux châtaigniers marquent les moindres sinuosités"* [La pequeña ciudad de Verrières puede pasar por ser una de las más bonitas del Franco-Condado. Sus casas blancas, con tejados puntiagudos de tejas rojas, se extienden sobre la ladera de una colina en donde unos macizos de vigorosos castaños acentúan hasta las menores sinuosidades (7)] (29).[1]

El tema espacial de la ciudad engarzada en un medio natural se convierte irremediablemente en un cliché que invita a la reacción y a la subversión. La historia de la literatura, por de pronto, avanza imparable hacia una progresiva "despoetización" de la ciudad, cuyo inicio se manifiesta ya tímidamente con el realismo. En la ficción decimonónica, el concepto de visión panorámica comienza a sufrir notables transformaciones. El horizonte que no incita a traspasarlo y que sirve de marco a una escena campestre tiende a ser desplazado por esos otros horizontes (en plural) que reclaman con impaciencia la transgresión de sus límites. El paisaje urbano, cuando no se integra en un paisaje natural ni es poetizado desde las alturas o la lejanía, se llena de perspectivas miopes, de horizontes cercanísimos: las paredes de las casas, la angostura de las calles, los retazos de cielo ponen límite a la mirada. Pero a la vez, constituyen un reto a la curio-

---

[1] Traducción de Emma Calatayud.

sidad lectora y autoral que, afanosa, busca la manera de adentrarse en los interiores. La novela decimonónica es ejemplo paradigmático de esa insuficiencia sentida ante el mero exterior y del anhelo pertinaz de adentrarse en los paisajes domésticos.

En *La Regenta* se conjugan con rara perfección las dos visiones panorámicas que nos interesan, la campestre y la urbana, pero además se le brinda al lector la oportunidad de vislumbrar, desde el campanario catedralicio, ciertos espacios interiores. El primero que sube a la torre de la catedral es Celedonio, "acólito en funciones de campanero" (95), quien viene acompañado de Bismarck, "pillo ilustre de Vetusta" (94). La mirada de ambos desciende, desdeñosa, "sobre algún raro transeúnte que les parecía del tamaño y de la importancia de un ratoncito. [...] Aquella altura se les subía a la cabeza a los pilluelos y les inspiraba un profundo desprecio de las cosas terrenas" (96). El espectáculo de la ciudad que se extiende a sus pies no despierta en ellos sentimientos de grandeza, sino desdén por la ridícula pequeñez de sus habitantes. Nótese que se evita toda descripción de la geografía urbana. Una vez que el sonido de las "campanas graves, poderosas" acalla la mezquina conversación entre el acólito y el delantero, toma el narrador la palabra y prescinde igualmente de la ciudad. A cambio, y tal y como exige la estricta disciplina estética del realismo, se extiende en una larga descripción del paisaje natural que rodea a Vetusta. La hora solemne del laudes merece ese apoyo estético del paisaje otoñal. La belleza, tanto visual como auditiva, del cuadro está sin duda destinada a restablecer la armonía rota por la mezquina presencia de los dos personajes y su chata visión del mundo. Se le sigue atribuyendo a la naturaleza y su recreación narrativa propiedades higiénicas de restauración y de elevación poética. Pero hay otra explicación: la experiencia literaria de la ciudad es todavía demasiado endeble como para justificar el retrato de un entorno urbano no engarzado en un espacio más amplio. La mirada, hasta el momento, sólo ha sabido ser vertical —Celedonio y Bismarck miran exclusivamente a la plazuela— o perfectamente llana, hasta toparse con la línea campestre del horizonte. Entre ambas coordenadas visuales queda aprisionado, ignorado, ese otro espacio que es la dormida ciudad de Vetusta. El narrador, que se acerca en lentos círculos a la ciudad, se detiene en sus umbrales: la descripción de Vetusta le está reservada al Magistral. Esta distribución de los diferentes espacios no es casual. A los personajes de segunda fila, representantes, en este caso, del espíritu mezquino de la capital provinciana, les está vedada toda visión panorámica. Su privilegiado emplazamiento acentúa aún más su innata incapacidad de ver y de abarcar una totalidad. La descripción convencional del entorno campestre le corresponde al narrador, que de esta forma coloca el marco espacial requerido, no tanto por el argumento, como por las severas normas estéticas e ideológicas que dicta la novela decimonónica. El espacio urbano, finalmente, ese espacio que exige una mirada equilibrada, que no caiga en vertical ni se diluya en la lejanía, se despliega ante los ojos del lector gracias al poderoso catalejo de don Fermín.

El Magistral no recorre la ciudad distribuida alrededor de la torre con esa vista remansada y lírica que el narrador pasea por los campos. Ya adelantamos que el espacio urbano en la novela del siglo XIX no es intrínsecamente poético, como sí lo es el espacio natural. Si acaso, toma prestado de éste aquellas cualidades o virtudes que lo hacen accesible a la idealización estética. El espacio urbano se resiste —todavía— a su asimilación literaria y artística. Ello explica que el panorama urbano no predisponga al Magistral a la contemplación ensoñadora, sino que sea la suya una actitud fundamentalmente agresiva, empeñada en la conquista. "Con [la] aparición [de Fermín de Pas] en el campanario, el espacio de la novela asume su carácter característicamente agresivo. Bajo su despiadado y despreciativo escudriñamiento, Vetusta se convierte en un verdadero campo de batalla de intereses en conflicto y desconfianza mutua" (Rivkin, 375).

Pero además, en el personaje de don Fermín se encarna la figura, el comportamiento del escritor. Sus actos son muchas veces metáforas explícitas del acto de escribir ficciones. El ademán desafiante y colonizador del Magistral ante la ciudad de Vetusta es símil también de esa otra colonización todavía pendiente, que es la colonización definitiva y general del espacio urbano en el seno de la novela decimonónica. El talante "batallador" y guerrero de don Fermín se manifiesta ya en su primer gesto:

> Bismarck, oculto, vio con espanto que el canónigo sacaba de un bolsillo interior de la sotana un tubo que a él le pareció de oro. Vio que aquel tubo se dejaba estirar como si fuera de goma y se convertía en dos, y luego, en tres, todos seguidos, pegados. Indudablemente aquello era un cañón chico, suficiente para acabar con un delantero tan insignificante como él. No; era un fusil porque el Magistral lo acercaba a la cara y hacía con él puntería [103].

La ingenua interpretación del delantero no es tan errónea como parece. "Celedonio —observa el narrador— era un monaguillo de mundo […] y si supiera que Bismarck tomaba un anteojo por un fusil, se le reiría en las narices" (104). Pero el lector no se ríe porque intuye que tras la metáfora del catalejo-fusil se esconde una faceta de la personalidad del Magistral y, sobre todo, se retrata ya su relación con Vetusta. Los indicios van acumulándose en concentrada sucesión a lo largo de las páginas introductorias. "Vetusta —nos dice el narrador— era su pasión y su presa" (105). Unos párrafos más adelante, vuelve a insistirse en esa misma idea: "Don Fermín contemplaba la ciudad. Era una presa que le disputaban, pero que acabaría de devorar él solo. [...] ¿Qué habían hecho los dueños de aquellos palacios viejos y arruinados de la Encimada que él tenía allí a sus pies? ¿Qué habían hecho? Heredar. ¿Y él? Conquistar" (107). Importa notar que la primera conquista del ambicioso canónigo, prolegómeno indudable de otras victorias, es siempre la conquista visual: "Uno de los recreos solitarios de don Fermín de Pas —nos dice explícitamente el texto— consistía en subir a las alturas. [...] No se daba por enterado de cosa que no viese a vista de pájaro, abarcándola por completo y desde arriba" (104). Tanto el adjetivo "solitario" como la referencia a "las alturas" encierran en este contexto una importancia sobresaliente que, junto con las "ansias [...] de ver muchas leguas de tierra, columbrar el mar lejano, contemplar a sus pies los pueblos como si fueran juguetes" (104), apunta hacia el propio acto de escribir. Recreo solitario es también el ejercicio de la escritura, y muy propio del narrador decimonónico ese anhelo de ver las cosas a vista de pájaro, abarcándolas por completo. El primer paso, ciertamente, se manifiesta en ese ademán totalizador, pero viene seguido prontamente de un segundo paso, que es el de la acotación espacial: "No miraba [don Fermín] a los campos, no contemplaba la lontananza de montes y nubes; sus miradas no salían de la ciudad" (105). Como no mira, pues, el Magistral a los campos, mira por él el narrador, y pone marco, horizonte poético al entorno urbano. Una vez abarcado el espacio y sometido a una severa acotación, queda pendiente su exploración y su conquista: "El Magistral, olvidado de los campaneros, paseaba lentamente su mirada por la ciudad escudriñando sus rincones, levantando con la imaginación los techos, aplicando su espíritu a aquella inspección minuciosa, como el naturalista estudia con poderoso microscopio las pequeñeces de los cuerpos" (105). Sánchez pone una convincente objeción a esa comparación que en la novela se hace entre la labor escudriñadora y analítica de don Fermín y la misión y trabajo del naturalista o del biólogo: "De Pas conoce su ciudad al dedillo. Pero si se enorgullece de ser un anatomista experto, su 'ciencia' de Vetusta no es la de un naturalista. Llega a hacerse inmediatamente evidente, tanto por manifestaciones directas como metafóricas, que De Pas utiliza sus conocimientos simplemente para apoyar sus propios fines. Se describe su actitud con imágenes que sugieren a un predador acechando su presa con la intención de devorarla" (375).

No obstante, "naturalista", aquí, puede aceptarse fácilmente en su segundo sentido, a saber, el del narrador adscrito al movimiento literario del naturalismo. Éste, al igual que el biólogo, estudia con poderoso microscopio (o catalejo) las pequeñeces de los cuerpos y, como el científico, no se conforma con la mera superficie exterior de las cosas, sino que busca la manera de escudriñar su interior, de levantar, como hacía ya el diablo cojuelo, los tejados de las viviendas. La urgente necesidad, sentida por la novela decimonónica, de complementar el exterior con los espacios interiores, se evidencia en las mágicas cualidades del "anteojo del provisor":

Sabía [Celedonio] que [éste] era de poderosa atracción: desde los segundos corredores, mucho más altos que el campanario, había él visto perfectamente a la Regenta, una guapísima señora, pasearse, leyendo un libro, por su huerta que se llamaba el Parque de los Ozores; sí, señor, la había visto como si pudiera tocarla con la mano, y eso que su palacio estaba en la rinconada de la Plaza Nueva, bastante lejos de la torre [...]. ¿Qué más? Con aquel anteojo se veía un poco el billar del casino, que estaba junto a la iglesia de Santa María; y él, Celedonio, había visto pasar las bolas de marfil rodando por la mesa [104-105].

Tras la mera exterioridad hecha de edificios y la nervatura de las calles, así como de los conjuntos discernibles de los diferentes barrios, tras la fisiología urbana puramente superficial y cartográfica, se vislumbra súbitamente, con una nitidez y una concreción que parece milagro, el cuadro intimista y recogido de una mujer paseándose por el jardín con un libro en la mano. El dominio de lo privado, no obstante, necesita para su equilibrio narrativo y estético una imagen en que se retrate con tangibilidad similar la vida pública. El mapa urbano se diluye, se pierde en piruetas geométricas y abstractas. No sirve, pues, de contrapeso a la admirable concreción de la escena del jardín. Por ello, el catalejo, después de adentrarse en el Parque de los Ozores, ensaya una incursión en el dominio público del Casino y ve rodar sobre la mesa del billar las bolas de marfil. El libro y el jardín se erigen en símbolo de la intimidad y recogimiento de la mujer y, por extensión, del ámbito privado; en las bolas de billar y en el casino se materializa el universo masculino y su presencia pública. Ambas escenas, deliberadamente antitéticas, cumplen con un mismo propósito: combatir la tendencia a la abstracción y a los espacios generales y satisfacer con la presencia palpable de dos escenas, de dos cuadros insertados, esa necesidad, tan urgente en la novela realista, de lo concreto, del pequeño detalle, del *bibelot,* de la miniatura.

La acotación del espacio no es nunca, en la ficción decimonónica, un proceso acabado, sino que, impulsado por el inevitable afán de acercamiento, sinónimo aquí de profundización, invita siempre a nuevas compartimentaciones. Observamos cómo el Magistral, al concentrar intencionalmente la mirada en el recinto urbano, ponía ya fronteras a su reino. Pero Vetusta, lejos de formar un todo uniforme y compacto, se compone a su vez de diversos subespacios. La Encimada, "estrecha zona alrededor de la catedral que compone el primitivo recinto de Vetusta", aparece flanqueada, hacia el noroeste y el sudeste, por otras barriadas. Don Fermín contempla con recelo el "Campo del Sol" en donde, hacinados alrededor de la "blanca fábrica que con sumas fabulosas construyen las Salesas", viven "los rebeldes, los trabajadores sucios, negros por el carbón y el hierro amasados con sudor". La "Colonia", en cambio, "la Vetusta novísima, [...] la ciudad del sueño de un indiano", es mirada por el Magistral "con más codicia que antipatía". Para él, constituye en verdad una "América abreviada", un "Perú en miniatura", del cual pretende ser el "Pizarro espiritual". El imperio natural, no obstante, de don Fermín sigue siendo la Encimada, y será, por tanto, el barrio viejo el que sufrirá nuevas acotaciones espaciales. En él se engarzan los dos pequeños cuadros que nos revelan dos interiores, uno público y otro privado, y en él se hundirá con creciente "apetito" la mirada del Magistral: "Conocía [la Vetusta vieja] palmo a palmo, por dentro y por fuera, por el alma y por el cuerpo, había escudriñado los rincones de la conciencia y los rincones de las casas. Lo que sentía en presencia de la heroica ciudad era gula; hacia su anatomía, no como el fisiólogo que sólo quiere estudiar, sino como el gastrónomo que busca los bocados apetitosos; no aplicaba el escalpelo sino el trinchante" (105-106). Se multiplican, en esta cita, los indicios metafictivos. Sin duda, el paralelismo establecido entre "los rincones de la conciencia y los rincones de las casas" nos remite sin demora al procedimiento sinecdótico y metonímico que caracteriza las descripciones de la novela realista, así como a la función reflejante del carácter y destino de los personajes que se le atribuye al entorno espacial. El orgullo, la ambición del Magistral de conocer su ciudad "palmo a palmo, por dentro y por fuera, por el alma y por el cuerpo", de "levantar, a la postre, el tejado de las casas", coincide exactamente con las más ortodoxas aspiraciones, aspiraciones de colonización espiritual y estética, del poeta épico y del narrador realista. El legendario anteojo del magistral es, además de catalejo-fusil, catalejo-pluma. Con él, nuestro personaje-metáfora —metáfora del narrador del siglo XIX— remeda con matemática exactitud el proceso escritural de la novela decimonónica. Amparado por la soledad y las alturas, abarca un espacio, determina más adelante las fronteras geográficas de su dominio y, tras acotarlo, lo conquista intelectualmente, se adentra, hambriento y audaz, en los espacios físicos (un adentramiento hecho posible gracias al entorno urbano) y aun rastrea las más recónditas comarcas espirituales de sus habitantes. El ansia de dominio lleva al narrador decimonónico a querer combinar dos categorías difícilmente conciliables: la visión general (el panorama) del entorno espacial, así como el minucioso desbrozamiento de todos sus aspectos (el detalle).

El cronotopo de la visión panorámica, tal y como lo entiende la novela realista, hunde sus raíces en el Renacimiento. El concepto de "horizonte", según Koschorke (11), es un fenómeno reciente. Puede interpretarse como sinónimo de panorama o, al menos, en cuanto requisito imprescindible para que éste pueda existir como tal. Durante la Edad Media, la distribución de los diferentes elementos sobre la superficie del cuadro obedece a un criterio jerárquico o simbólico, y nunca perspectivo o panorámico: *Im Mittelalter hätte die Darstellung eines empirisch fernen Gegenstandes geradezu eine* contradictio in adjecto *bedeutet; Gegenstände sind gross oder klein nach Massgabe ihres ontologischen Ranges; etwas Wesentliches kann nicht durch eine ihm unwesentliche empirische Lokalisierung vermindert erscheinen"* [Durante la Edad Media, la representación de un objeto situado empíricamente en la lejanía habría constituido literalmente una *contradictio in adjecto*. Los objetos son grandes o pequeños de acuerdo con la medida de su rango ontológico. Algo esencial no puede aparecer rebajado y como de menor importancia por obra de una localización empírica que le resulta irrelevante] (Koschorke, 60).

Con el Renacimiento y el hombre como medida de todas las cosas, éstas pierden su importancia simbólica y se vuelven dúctiles a la voluntad humana. El cielo no es ya un muro, un rígido toldo azul que se apoya sobre la tierra, sino un espacio abierto que sugiere la infinitud y espolea el ansia de aventura, la sed de conocimiento de los hombres. Con el cielo traslúcido hecho de aire y no de ideas, surcado, si acaso, de nubes y no de ángeles, se instaura el concepto novísimo que se tiene hasta nuestros días del horizonte: una línea óptica y desplazable que retrocede, sumisa, ante la mirada todopoderosa del hombre. Sin embargo, la distribución jerárquica de los objetos, su colocación "ideológica" en el espacio, no se ha abolido del todo. Nótese que quien aparece ahora en primer plano es la persona que observa, y ésta es, sin duda, personaje de insuperable importancia para la filosofía del Renacimiento. Su mirada reemplaza la mirada de Dios, y sus proporciones, como las de los santos y vírgenes representados en los lienzos medievales, son igualmente exageradas y desafían con arrogancia las leyes de la perspectiva espacial. *"Das Fehlen (im panoramatischen Sehen) des Vordergrunds* —resume Koschorke— *hat zur Folge, dass der Betrachter selbst den Vordergrund einnimmt"* [La ausencia, en una vista panorámica, del primer plano, tiene como consecuencia que sea el propio observador el que ocupa ese primer plano] (167).

El realismo ha heredado de la estética y filosofía renacentistas esa importancia superlativa concedida al hombre. Durante el siglo XIX, y tras las enseñanzas impartidas por la Ilustración, el arte de mirar alcanza un alto grado de refinamiento y de precisión científicas. Pero se apaga, en cambio, el júbilo ante la inconmensurabilidad del universo. Éste se ha vuelto, a los ojos de los realistas, estrecho, y el horizonte, una raya mezquina, un mero efecto óptico, un espejismo rico en falsas promesas. El optimismo de los románticos y aun de los ilustrados ante ese horizonte ilimitado, ante esas nuevas tierras vistas desde las alturas y que el hombre, impaciente, coloniza ya con la mirada, se manifiesta en la siguiente reflexión de Goethe: *"Ein solcher frischer Anblick in ein neues Land, in welchem wir uns eine Zeitlang aufhalten sollen, hat noch das Eigne, so Angenehme als Ahnungsvolle, dass das Ganze wie eine unbeschriebene Tafel vor uns liegt. [...] Aber eine Ahnung dessen, was kommen wird, beunruhigt schon das junge Herz, und ein unbefriedigtes Bedürfnis fordert im stillen dasjenige, was kommen soll und mag..."* [Una mirada nueva que abarca, por primera vez, esa tierra desconocida en la que vamos a morar durante cierto tiempo, produce todavía esa sensación, tan agradable como llena de presagios, de que el panorama completo se extiende ante nosotros como una superficie no escrita. Pero la sospecha de lo que va a venir inquieta ya el corazón juvenil, y una necesidad insatisfecha lo impulsa a querer saber lo que puede y ha de llegar] (Koschorke, 172). El paisaje, por tanto, aparece ante los ojos del joven viajero como *tabula rasa*, como un espacio todavía vacío de impresiones, cuya superficie, sin embargo, muy pronto recogerá la huella de quien se dispone a habitarlo. El espacio, pues, está aún por hacer, se presenta como potencial ilimitado y llama a la conquista. Su creación se inicia con la mirada abarcadora del hombre y se completa con sus acciones y experiencias vitales: *"Die Überschau des Menschen vollzieht die Schöpfung der Welt zum zweitenmal. Der Auftrag des Bürgertums im 18. Jahrhundert ist die Natur dem Menschen zuzueignen und vom Menschen her zu durchdringen"* [La vista abarcadora del hombre crea, por segunda vez, el mundo. El cometido de la burguesía del siglo XVIII consiste en apropiarse de la naturaleza y, partiendo del ser humano, penetrarla] (Koschorke, 143). Sin embargo, la burguesía del siglo XIX es muy distinta a la del Siglo de las Luces. Y distintos son también su novela y los paisajes que la pueblan. La llegada de Emma Bovary a Yonville nada tiene de la emprendedora expectación que siente Goethe en *Dichtung und Wahrheit*. Las exactas indicaciones geográficas del narrador, el exquisito esmero con que, desde las alturas, ofrece una vista panorámica del valle, dejan bien patente que los viajeros llegan a un mundo ya construido y poco dúctil, más acostumbrado a moldear a sus habitantes que a dejarse moldear por ellos. Hacia el este, los campos de trigo se pierden en la lejanía. Pero el horizonte que interesa a Emma y hacia el cual avanza el carruaje, se cierra, adusto, con la oscura masa del bosque de Argueil y el relieve escarpado de la costa de Saint-Jean.

Sin embargo, la cerrazón del horizonte panorámico en *Madame Bovary* admite otra explicación, amén de la histórica. No es sólo que el pesimismo moderno y realista haya desplazado al optimismo romántico e ilustrado: es también que el paisaje lo contempla un personaje femenino, y a los personajes femeninos de la literatura decimonónica no les está permitida la visión abarcadora y totalizante de la realidad y de sus espacios. La justificación es suficientemente sencilla, aunque se desdoble en tres razones. Dominar, con la vista, un panorama es, en primer lugar, una ostentación de poder, una forma de conquista, antesala muchas veces de otras colonizaciones y apropiaciones violentas. Por otra parte, para dibujar, ya sea literaria o pictóricamente, un panorama, se requiere de dotes de abstracción, de organización y de síntesis. Estas virtudes intelectuales, así como el derecho legítimo al poder y a la conquista, rara vez se atribuyen a los personajes femeninos, razón que justifica sobradamente el que el cronotopo del panorama lleve la casi exclusiva impronta del signo masculino. Finalmente, como indica Eric J. Leed, el hecho de que tradicionalmente el viajero haya sido el hombre, y no la mujer, tiene como consecuencia literaria y cultural que la llegada de éste a un nuevo lugar se haya metaforizado con persistencia como la "absorción o asimilación del extranjero a un espacio nativo feminizado" (112). Al "afeminarse" el espacio, se espacializa también la mujer. Ambos, espacio y personaje femenino, se convierten, por ello mismo, en agentes pasivos e intercambiables. No es de extrañar que la conquista de una ciudad se haya equiparado en tan numerosas ocasiones con la conquista de una mujer. Tampoco sorprende que los espacios más dados al "descanso del guerrero" (el jardín, el ámbito doméstico) lleven la huella permanente del género femenino. Las mujeres no pueden ver, porque están destinadas a ser vistas. Las mujeres no pueden abstraer, porque en ellas se materializa, sobre todo, el encanto de lo concreto, de lo palpable y contemplable. Las mujeres no pueden conquistar, porque ellas son, precisamente, el territorio que reclama esa conquista. En la novela realista, la visión panorámica —que exige el triple ejercicio de la contemplación, de la abstracción y de la apropiación— está reservada, por tan poderosas razones, a los personajes masculinos.

Los primeros dos tercios de *Cecilia Valdés,* la novela del cubano Cirilo Villaverde, transcurren en las calles y viviendas de La Habana. El paisaje urbano se describe sin excesivo detalle y con algún grado de "invisibilidad", aunque también es cierto que el lector nunca se pierde, porque el narrador lo orienta con indicaciones precisas del callejero. Ese detalle que le falta a la cartografía y paisaje urbanos y que se reserva para el retrato costumbrista de sus habitantes, también se manifiesta en la descripción, mucho más minuciosa, del campo. Aquí, la visión panorámica, al modo típicamente realista, se alterna con el cuidado minucioso de lo concreto. Lo primero, sobre todo, permite que al lector, oprimido por la angostura de las calles y el aire sofocante de los salones de baile, se le ensanchen, con delicia, los pulmones. Pero, muy pronto, las convenciones literarias volverán a viciar la atmósfera. Leonardo Gamboa, hijo de un español que se ha enriquecido con la trata de esclavos, se dirige a caballo, acompañado de su amigo Diego Meneses, al cafetal La Luz, propiedad de la familia de su futura mujer. Escenario prometedor de escenas amorosas, el paisaje se convierte muy pronto en una interminable sucesión de jardines:

Mientras más se alejaban de Hoyo Colorado, más cafetales encontraban a uno y otro lado del camino; como que ésas eran las únicas fincas rurales de cierta importancia en la porción occidental de la mesa, al menos hasta el año 1840. Hablamos ahora del famoso jardín de Cuba circunscrito entre las jurisdicciones de Guanajay, Guira de Melena, San Marcos, Alquízar, Ceiba del Agua y San Antonio de los Baños. No se fundaban entonces ahí granjas para la explotación agronómica, sino verdaderos jardines para la recreación de sus sibaritas propietarios, mientras se mantuvo alto el precio del café [392].

La Luz es uno de esos cafetales-jardín, y en él reina, con dulce rigor y soberanía indiscutible, Isabel Ilincheta, la novia de Leonardo. A esa soberanía llena de ternura se someten el anciano padre y la nutrida población de esclavos. Cirilo Villaverde dibuja en pocas páginas un paraíso terrenal, en el que se suprimen el látigo del contramayoral, los castigos crueles y las arbitrariedades. El denso simbolismo desplegado por el novelista cubano recuerda la novela romántica, pero también la naturalista de Zola, tan llena de símbolos, particularmente *La Faute de l'abbé Mouret,* que alberga entre sus páginas otro paraíso de parecida limpieza e ingenuidad.

Pero el destierro del paraíso terrenal sucede con premura. Isabel, perseguida por los lamentos de sus esclavos y la tristeza de su padre, acompaña a su novio a la propiedad que la familia de éste tiene en una comarca cercana. El acercamiento a La Tinaja, el moderno ingenio azucarero, se describe mediante una extensa visión panorámica que se divide, por así decirlo, en tres fases, que corresponden a tres perspectivas distintas. La primera descripción corre a cargo de un narrador distanciado, que contempla a vista de pájaro el paisaje. Se trata de una descripción que podemos fácilmente calificar de objetiva, precisa, digna de figurar en un manual de geografía:

Figuraos una aparente planicie, limitada al Oeste por las brumas del lejano horizonte, al Norte por las colinas peladas que corren a lo largo de la costa, y al Sur por las ásperas y alterosas sierras que forman parte de la extensa cordillera de montañas de la Vuelta Abajo. Y hemos dicho aparente llanura, porque de hecho es una serie sucesiva de valles transversales, estrechos y hondos, formados por otros tantos riachuelos, arroyos y torrentes que descienden de las laderas septentrionales de los montes y, después de un curso torcido y manso se pierden en las grandes e insalubres cuencas paludosas del Mariel y de Cabañas [422].

La visión panorámica, en su segunda fase, llega al lector a través de los ojos de Isabel: "A la vista del grandioso cuadro, Isabel, que era artista por sentimiento y que amaba todo lo bueno y bello en la naturaleza, mandó parar los caballos a los bordes de la rampa y echó pie a tierra, sin aguardar que se aceptara la proposición por sus compañeros" (422). Muy pocas veces, como ya señalamos, el autor decimonónico permite a un personaje femenino la audacia de servir de agente mediador entre un panorama y la instancia lectora. Sin embargo, conviene notar que, en este caso, la labor principal —ésa que requiere de un mayor esfuerzo de abstracción y de organización del espacio— ya fue realizada durante la primera fase por la respetable y masculina entidad del narrador omnisciente. Por otra parte, Isabel aparece retratada, en la novela, con una serie de rasgos —tanto físicos como espirituales— que el narrador cree más propios del hombre que de la mujer. Su mismo prometido dice de ella que "está hecha un moderno virago" (157) y poco después averiguamos que Isabel

era alta, bien formada, esbelta, y vestía elegantemente, conque siendo muy discreta y amable esté dicho que debía llamar la atención de la gente culta. [...] No había nada de redondez y, por supuesto, ni de voluptuosidad en las formas de Isabel. Y la razón era obvia: el ejercicio a caballo, su diversión favorita en el campo; el nadar frecuentemente [...]; las caminatas casi diarias en el cafetal de su padre y en los de los vecinos, su exposición frecuente a las intemperies por gusto y por razón de su vida activa, habían robustecido y desarrollado su constitución física al punto de hacerle perder las formas suaves y redondas de las jóvenes de su edad y

estado. Para que nada faltase al aire varonil y resuelto de su persona, debe añadirse que sombreaba su boca expresiva un bozo oscuro
y sedoso, al cual sólo faltaba una tonsura frecuente para convertirse en bigote negro y poblado [233].

En cuanto a su personalidad y comportamiento, sostiene su
padre que Isabel "es mi mayordoma, cajera y tenedora de libros,
y cree que primero es la obligación que la devoción. Lleva cuenta
del café que se recolecta, del que se descascara, del que se remite
a La Habana. Cuando se vende, glosa ella las cuentas del refaccionista, cobra y paga. Todo como un hombre" (397).

Isabel, pues, por lo que hay en ella de "hombre", parece po-
seer la visión abarcadora y conocedora del personaje masculino. Pero como, antes que nada, es mujer, le corresponde añadir al primer retrato del panorama realizado por el narrador, a
ese entramado abstracto y objetivo de la geología, el adorno
impresionista y subjetivo de la flora. Ésta, por el sencillo hecho
de que de su descripción se encarga un personaje femenino, no
podrá nunca alcanzar la categoría ortodoxa de ciencia botánica. El propio estilo del párrafo se hace eco de esta circunstancia, y se vuelve florido y metafórico donde antes era técnico y
cientificista:

Asombrosa era la vegetación. A pesar de lo avanzado de la estación
invernal, parece que había vestido sus mejores galas y que orgullosa sonreía a los primeros rayos del almo sol. Do quiera que no
había hollado la planta del hombre ni el casco de la bestia, allí
brotaba, por decirlo así, a raudales el modesto césped o rastrera
grama, el dulce romerillo, el gracioso arbusto, el serpentino bejuco
y el membrudo árbol. Hasta de las ramas verdes y gajos secos,
cual cabellera de seres invisibles, pendían las parásitas de todas clases y formas [...]. El suelo y la floresta, en una palabra, cuajados

de flores, ya en ramilletes, ya en festones de variada apariencia y diversidad de matices, formaban un conjunto tan gallardo como pintoresco [422].

Con la incursión del lenguaje poético, resurge el tan característico simbolismo de *Cecilia Valdés*. Las "puertas" de Vuelta Abajo, el paisaje que los personajes contemplan, "no podían ser más espléndidas: pero ¿qué pasaba allí abajo? ¿Habría dicha para el blanco, reposo y contentamiento alguna vez en su vida para el negro, en un país insalubre y donde el trabajo recio e incesante se imponía como un castigo y no como un deber del hombre en sociedad?" (423-425). El norte, comarca de los ingenios azucareros, se opone al sur, el eterno vergel de los cafetales. Las regiones bajas y de tierra dura se oponen a la provincia alta, airosa, de verdura y fertilidad tropicales. Súbitamente, la magnífica vista panorámica se apaga ante los ojos de Isabel. La fuerza atemorizadora del contraste entre los dos paisajes ha obligado a la muchacha a refugiarse en ese otro paisaje que es el de los temores y de los recuerdos. Veremos, en el capítulo dedicado a la ventana, como ese fenómeno refractario de un espacio presente y "real", que repele la mirada y la lanza con fuerza hacia espacios ficticios, pretéritos o soñados, ocurre con llamativa frecuencia entre los personajes femeninos. En el caso de la novela que comentamos, se sigue fielmente el modelo ortodoxo: tras retirar la mirada del paisaje exterior, Isabel contempla y se inventa, temerosa, el entorno del ingenio azucarero: "Y le ocurrió naturalmente que si se casaba con Gamboa, tarde que temprano tendría que residir por más o menos tiempo en el ingenio de La Tinaja, adonde ahora se dirigían en son de paseo" (424). Acto seguido, la mirada prospectiva se vuelve retrospectiva: "Naturalmente también, se agolparon a su mente, como en procesión fantástica, los rasgos principales de su breve existencia" (424). La fuerza violenta de esta revelación epifánica acaba de borrar el presente. Éste guarda silencio ante la elocuencia redoblada de la infancia recordada y de la existencia futura.

No obstante, Isabel ha de regresar, por la fuerza, a la realidad. La descripción de Leonardo —la tercera fase de esta prolongada visión panorámica— añade al retrato geográfico y botánico del paisaje el retrato del progreso industrial y tecnológico del ingenio azucarero. La visión poética de Isabel —hecha de flores y de pájaros, de dulces recuerdos de niñez y de oscuros presagios— queda comprimida entre las dos imágenes objetivas y sobriamente masculinas de la geografía y de la industria. Sin embargo, tras la fachada aparentemente real del presente y de los hechos científicos, se esconde la verdad de Isabel, que es más profunda y más auténtica, porque es premonitoria y porque con la ayuda de una serie de símbolos poderosos muestra la cara oculta de las cosas. Ya en su útimo paseo en el cafetal de su padre, antes de la excursión a La Tinaja, una serie de circunstancias lanzan sobre el futuro presagios funestos. El canto plañidero de los esclavos que resuena con fuerza elegiaca y ritmo de estribillo ("La niña se va / prove cravo llorá"), así como la tristeza del padre son los signos más visibles. Pero está, ante todo, el símbolo del pozo, a cuya siniestra oscuridad Isabel se asoma, sin alcanzar a ver el fondo (416). Nuevamente, nos hallamos ante el estereotipo, presente sobre todo en la literatura romántica, pero que se perpetúa en la novela decimonónica, a saber: el de la mujer que, según una perspectiva masculinista y esencialista, pertenece a una clase superior y espiritualizada. Es una nueva pitonisa, que ve e interpreta los símbolos, y que, enlazando el pasado con el futuro, lee el presente y adivina la desgracia. Su intuición, su alma poética y su sólida vinculación con la naturaleza conforman esa energía que supera en fuerza y clarividencia a la razón del hombre.

Der Stechlin, última novela del realista alemán Fontane, se inicia con un rigor geográfico muy similar al que se manifiesta en las visiones panorámicas de *Madame Bovary* y de *Cecilia Valdés.* En la novela alemana, el verdadero objeto de la descripción lo constituye el palacio. Pero, como en el caso de la pequeña ciudad normanda de Yonville, en *Madame Bovary,* y del ingenio azucarero de La Tinaja, en *Cecilia Valdés,* el acercamiento al lugar de destino es moroso. Al viejo y memorable edificio le anteceden, en el extenso pasaje descriptivo, una larga cadena de lagos, el propio lago Stechlin, el bosque que lo rodea, la aldea de forma alargada del mismo nombre, la iglesia, el convento de Wutz, el río, y aun otros detalles geográficos y topográficos de los que se sirve nuestro narrador para diseñar con mano experta la cartografía de la comarca. No hay sitio aquí tampoco para la evocación de extensiones infinitas y poco surcadas. Fontane presenta un paisaje fosilizado, en el que la historia ha dejado la huella indeleble y tenaz de sus monumentos arquitectónicos, de sus lagos, aguas para siempre estancadas, y de sus rancias estirpes aristocráticas. Al peso de la geografía, a esos lagos, montañas y bosques que atenazan con férrea dureza el palacio del Stechlin, se le suma, pues, el lastre de la tradición.

Las miradas de Flaubert y de Villaverde son ambas sombrías, desesperanzadoras; la de Fontane, en cambio, profundamente irónica y sonriente en su resignación. Por eso, en el rincón perdido tan profusamente descrito a vista de pájaro, se encuentra acomodo a la broma: el lago del *Stechlin* se hace eco de las grandes catástrofes que suceden allá en el mundo, y ante las erupciones volcánicas, los grandes movimientos de tierra, responde con un potente chorro de agua. Si el acontecimiento es verdaderamente trágico, como el terremoto de Lisboa, *"dann brodelts hier nicht bloss und sprudelt und strudelt, dann steigt statt des Wasserstrahls ein roter Hahn auf und kräht laut in die Lande hinein"* [entonces, no sólo hierve el lago, y bulle, y rebulle, entonces, en vez del chorro de agua, se alza un gallo rojo y da un quiquiriquí ronco y fuerte que penetra por los campos (12)] (7).²

Esta presunta conexión con el mundo exterior no logra en forma alguna ampliar el espacio. El horizonte, antes bien, se achata ante la leyenda y la superstición, máxime cuando ésta no logra arrancar del lector sino una burlona sonrisa. El chorro de agua es un gesto estéril e ineficaz, una reacción de asombro ingenuo y pueblerino, y el gallo rojo y su quiquiriquí, una figura y un canto muy poco airosos e irritantes por su cotidianidad campestre. Dos símbolos, pues, que lejos de introducir la novedad, la destierran con energía y ponen énfasis en la monotonía rural. El recurso irónico se manifiesta con idéntica intención en el museo de veletas —oxímoron inconfundible— que alberga el palacio Stechlin. La veleta es signo de movilidad, símbolo de mudanzas y de cambio. Destinada a coronar, airosa y solitaria, torres y tejados, permanece, en *Der Stechlin,* encerrada en la planta baja de un caserón ruinoso, retirada de las alturas y de la soledad, condenada a vivir en gregaria compañía y sin el impulso del viento.

Pero, regresemos a la visión panorámica como modo característico de diseño espacial en la novela decimonónica. Es claro que con esa nueva visión aérea o distanciada que respeta las dimensiones físicas y no ideológicas de los objetos, los límites del mundo se amplían y aun sugieren la idea de un universo no aca-

---

² Traducción de María Teresa Zubiaurre.

bado, de un espacio sin límites. Sin embargo, el concepto de
infinitud, tan tentador para el romanticismo y el pensamiento
ilustrado, no seduce al novelista decimonónico. Para éste, el
horizonte, antes que una línea huidiza y expansible, es un marco, cuyo carácter provisional no le resta, no obstante, rigidez,
y del cual el narrador se sirve temporalmente para delimitar un
espacio, para seleccionar un fragmento al que quiere dar carácter
de totalidad. La ficción realista demuestra gran predilección
por lo ya hecho y ya conquistado, por las formas y paisajes fijos
y duraderos. No es de extrañar, pues, que en *Der Stechlin* el
paisaje se presente siempre igual ante la mirada y la percepción
de los distintos personajes. La uniformidad es un modo de fijación de la realidad, una forma, sin duda, de afianzar esa impresión
de mundo "total" y nunca fragmentado e incompleto. Koschorke, en clara consonancia con las reflexiones de Hillebrand y de
Glaser habla de la *"Wiederverschlossenheit der Welt"* (La nueva cerrazón y clausura del mundo) como característica fundamental
del espíritu burgués. La primera imagen que el lector recibe del
condado de Stechlin es una imagen aérea y cartográfica, pre-
sentada con la voz impersonal del narrador. La segunda impresión
se la debemos ya a Waldemar, hijo del viejo conde, y a dos de
sus amigos, quienes a medida que se acercan al palacio, van co-
mentando el paisaje. Ni que decir tiene que el comentario, lejos
de añadir un acento subjetivo y modificador al primer diseño,
lo confirma y si acaso completa. Obsérvese que el catalejo imaginario que mencionábamos ya en páginas anteriores se ha ido
acercando con esta segunda versión del espacio: ahora el lector
no lo contempla desde arriba, sino de esa lejanía menor que procura el lento acercamiento horizontal. El siguiente grado de
aproximación se consigue mediante una tercera visita. A través
de la mirada de las dos condesas Barby, el lector reconoce el pai-

saje que le ha sido presentado ya en dos ocasiones, pero esta vez lo ve desde más cerca, no ya como conjunto panorámico, sino como armónica suma de detalles. No es casualidad que el ejercicio desbrozador, la paulatina labor de concreción, se realice a través de la percepción de dos personajes femeninos. Entre los numerosos convencionalismos decimonónicos, de los que la novela, de modo inevitable, es reflejo y confirmación, destaca precisamente ese que atribuye al hombre superiores dotes de abstracción y, a la mujer, el limitado entendimiento y disfrute de lo concreto, de lo palpable e intrascendente. Pero lo cierto es que en este caso el espacio no logra transformarse a través de la percepción subjetiva y concretizadora del entorno geográfico y su descomposición en fragmentos. Un simple ejercicio de suma bastará para recomponer el paisaje y hacerlo coincidir con las dos primeras versiones. Ello se debe, sin duda, a que la mirada de las dos condesas es en todo momento convencional y aduladora y, como conviene al estereotipo de la docilidad femenina, se muestra afanosa de coincidir con la percepción masculina.

Un paisaje, que es visto tres veces desde ángulos distintos y cada vez más cercanos y que, sin embargo, no cambia, contribuye a reforzar esa idea de un mundo ya hecho, de un horizonte que, en vez de abrirse a otros universos, abraza un espacio limitado y lo acepta como totalidad. El espacio contemplado en *Der Stechlin* es, además, espacio añejo, destinado a la desaparición. El verdadero multiperspectivismo, sinónimo de movilidad y de progreso temporal, no puede aplicarse a un escenario que el propio conde sabe moribundo y caduco. El condado de Stechlin, pues, se convierte en un gran museo al aire libre, del cual el viejo Dubslav es celador y guía nostálgico. El palacio necesitado de restauración, el convento semiderruido y la fábrica abandonada son sus piezas más valiosas. Pero hasta el paisaje campestre, el propio bosque corre el riesgo —lo corrió ya en su día— de convertirse en mito, de adquirir visos de leyenda. La atalaya, torre desde la cual se disfruta de una vista panorámica de la comarca, resultaba, en el pasado y según la opinión de las gentes, mucho más vistosa que ahora: *"Der Aussichtsturm (ist) noch eine Anlage von meinem Vater her, die sich, nach Ansicht der Leute hier, vordem noch viel schöner ausnahm als jetzt. Damals waren nämlich noch lauter bunte Scheiben da oben, und alles, was man sah, sah rot oder blau oder orangefarben aus"* [La atalaya es una construcción que data aún de la época de mi padre y que, según la opinión de la gente de aquí, resultaba por aquel entonces mucho más vistosa que ahora. Y es que antaño la parte de arriba tenía ventanas de colores, y todo lo que desde allí se contemplaba veíase rojo, o azul, o color naranja (62)] (56).[3] El viejo conde, en un vano intento de desmitificar el paisaje y de recuperarlo para la realidad, manda quitar los cristales. *"Ich empfand es wie eine Naturbeleidigung. Grün is grün, und Wald ist Wald…"* [A mí aquello me parecía una ofensa a la naturaleza. Lo que es verde, verde ha de ser, y el bosque, bosque es (62)] (56-57).[4] Tanto la insistencia en que los cristales de colores alteran la percepción de las cosas como esa referencia específica al verde dejan vislumbrar tras las palabras del viejo Dubslav la opinión literaria del propio Fontane. Su comentario metafictivo es un estandarte agitado en defensa del realismo, particularmente de ese realismo germano tan reacio a desasirse del pasado y, por ello mismo, tan aficionado a la atemporalidad del paisaje-idilio: *"Das Idyll als Ort einer für kurze Zeit aufgehobenen Vergänglichkeit* —apunta con suave ironía Glaser— *ist ein 'grüner Ort'. Grün ist die Leit-und Leidfarbe des Realismus"* [El

[3] Traducción de María Teresa Zubiaurre.
[4] Traducción de María Teresa Zubiaurre.

idilio como el lugar de una transitoriedad ignorada durante un breve lapso, es, siempre, un "lugar verde". El verde es el principal color del realismo, y el indicado para simbolizar el sufrimiento] (281). Sin embargo, y a pesar del esfuerzo conjunto del conde de Stechlin y de Fontane, la imagen del bosque coloreado permanece, indeleble, en la memoria del lector. Resulta todo tan irreal, tan caduco, se aferran las cosas y sus dueños con tanto ahínco al pretérito, que también a la naturaleza, inevitablemente, se le marchita el verde y se tiñe con los colores de la nostalgia y de la leyenda.

El motivo espacial de la torre, símbolo poderoso en la novela decimonónica, recurso topográfico con el que se pretende reforzar la impresión de verosimilitud y se legitima la veracidad del testimonio visual, se convierte, bajo la pluma de Fontane, en objeto transformador e idealizador de la realidad. Recuérdese que también el lago posee propiedades mágicas y adivinatorias y, como la atalaya, introduce un elemento fantástico en un marco que quiere ser realista. El mismo fenómeno se produce en otra novela del realismo alemán, *Prinzessin Fisch*. Raabe sitúa al protagonista sobre la cima de un monte para que desde ella contemple la pequeña ciudad provinciana en donde transcurrió su infancia y su juventud. La descripción presenta un paisaje rígidamente convencional, un panorama-idilio, tal y como propone el *Biedermeier*: *"Von dieser Höhe (schaute er nieder) auf die Türme und Dächer und das rauschende Flüsschen, auf die Gärten, Wiesen und Ackerstreifen"* [Desde aquella altura contemplaba las torres, los tejados, el riachuelo cantarín; miraba también los jardines, las praderas, las franjas de los sembrados] (382). Raabe excluye deliberadamente esos otros retazos paisajísticos que son prueba de la lenta industrialización de la comarca, así como todo detalle particularizador o subjetivo que dotara a la ciudad de un carácter propio. El protagonista no ve la tierra removida por las grandes obras ferroviarias, porque sus ojos miran nostálgicamente hacia el pasado. La ciudad que se extiende a sus pies es el pequeño lugar rememorado de sus días de infancia y no esa ciudad presente, "real", transformada por el paso del tiempo y de la historia: *"Da unten lag seine Kindheitsstadt; aber in ihr lag auch eine Leiche: seine unbefangene Kindheit, seine glückselige, schuldlose, vertrauensvolle, märchenvolle, wundervolle Jugend!"* [Ahí abajo descansaba la ciudad de su infancia; pero también yacía en ella un cadáver: ¡el de su infancia despreocupada, el de su maravillosa juventud, que parecía sacada de un cuento, tan libre de culpa, tan llena de confianza, tan dichosa había sido!] (382). El monte, al igual que la torre, se asoma aquí también a un espacio imaginario, ensombrecido y alterado por el paisaje "de verdad". Y, al igual que en *Der Stechlin,* ese espacio rememorado e imaginario sirve de eterno descanso a los años irrecuperables de una vida y de todo un periodo histórico. Los escenarios panorámicos de la novela decimonónica, pues, lejos de ampliar la perspectiva, con frecuencia la reducen y la congelan en una estampa fija, de naturaleza pictórica antes que narrativa, destinada a retratar paisajes pretéritos.

La dinamización del paisaje panorámico: "Le Médecin de campagne"

El concepto de "imagen pintada" no aparece de forma gratuita en el presente contexto. Importa notar que la novela decimonónica se inspira constantemente en el arte pictórico para el diseño del entorno espacial y aun pretende provocar en el lector las mismas sensaciones que un cuadro suscitaría en los que lo contemplan. *"Gegen Ende des 15. Jh. bezeichneten die Begriffe 'lantschaft' und 'paysage' den Ausschnitt eines Naturraums, der im Beobachter angenehme Empfindungen hervorrief"* [Durante las postrimerías del siglo XV, los términos "lantschaft" y "paysage" designaban el recorte de un espacio natural que producía en el espectador sensaciones placenteras] (Daemmrich, 207). La ficción realista permanece fiel al precepto renacentista de ofrecer una reproducción paisajística siempre estética y sugerente. Los elementos retratados han de formar un conjunto armónico y abarcable, orlado de un marco invisible que refuerza la sensación de totalidad y perfección de la imagen evocada. De Balzac se dice que, "para la reescritura de su *Chef d'œuvre inconnu*, se sirvió de un manual de divulgación, el *Manuel Roret*, publicado en 1833, en el cual se recogen las teorías pictóricas de los maestros clásicos" (Michel, 147). La tradición pictórica defiende dos principios fundamentales. La reproducción paisajística ha de ser, sobre todo, *imitatio naturae*. Pero a la vez, la pintura es un ejercicio de retórica que busca contener y transmitir un significado. *"Dans les formes s'incarne l'idée, c'est l'essence du monde qui attent d'être formulée par le peintre"* [En la forma se encarna la idea, es la esencia del mundo que quiere ser formulada por el pintor] (Michel, 147). Ambos principios pictóricos coinciden fundamentalmente con los axiomas realistas, a saber: la fiel reproducción de la realidad y la presencia del mundo físico plasmado en el texto fictivo como traducción material de un pensamiento o de una idea.

Los panoramas de Balzac, al modo realista, imitan la naturaleza y convierten esa imitación en transmisora eficaz de la "esencia" del paisaje. Hasta aquí, el realista francés parece ejercer solamente sus habilidades pictóricas. Recuérdese que Fontane, en *Der Stechlin*, reproducía con trazo siempre igual la geografía de la comarca. Lo mismo cabe decir de Raabe, y aun de Keller y de Stifter, tan aficionados a los escenarios inalterables, que se mantienen intactos en la memoria y en la nostalgia. El realismo alemán es, en ese sentido, mucho más pictórico que narrativo, mucho más interesado en conservar una realidad, en fijar un momento, que en estudiar su evolución histórica o las simples transformaciones de la percepción humana. El cambio, la alteración acarreada por la historia —ya sea nacional, o personal— se presenta siempre como amenaza, como funesta sorpresa que amaga con hacer tambalear el orden "natural" de las cosas.

Balzac, sin embargo, y aun siendo gran pintor, es antes que nada narrador. Su interés genuino no se centra en el espacio *per se*, sino en la huella que el tiempo deja en éste como ha señalado repetidamente la crítica. La afición del novelista por retratar esas casas, esas calles, esos cultivos y aun esas gentes y profesiones que son recuerdo, rastro a punto de borrarse del pasado, entraña, es cierto, su dosis de nostalgia. Pero refleja sobre todo la fascinación que el paso del tiempo ejerce sobre Balzac, su predilección por los "espacios-umbral", por esos espacios fugitivos que se desintegran con rapidez y apuntan hacia el futuro. A nadie asombra, pues, que Balzac recurra, para la plasmación descriptiva de sus paisajes, a esos elementos que añaden movilidad al conjunto y superan el estatismo: *"Balzac est coloriste, passioné par la lumière, par les métamorphoses que la lumière fait subir aux couleurs et aux formes"* [Balzac es colorista, un verdadero apasionado de la luz, de las metamorfosis que, bajo el efecto de la luz, experimentan los colores y las formas] (Michel, 114). El paisaje es, para el novelista francés, una realidad fundamentalmente subjetiva y, por ello mismo, fácilmente transformable. La distinta percepción del mundo físico por parte de cada uno de los personajes y aun la alteración que el estado de ánimo produce en la capacidad perceptiva son otra garantía de movilidad y de dinamismo. No sólo cambia la luz atmosférica: la coloración del paisaje depende en gran medida de la opacidad o luminosidad de ese prisma incorporado en cada personalidad y aun en cada fase o estadio de la emoción humana.

Puede argumentarse que el realismo alemán también es subjetivo y cambiante, y que la presunta verdad que retrata carece igualmente de objetividad. Sin embargo, la diferencia radica en que la percepción del espacio en la narrativa germana del siglo XIX suele ser experiencia colectiva y compartida, antes que individual o individualista. La comarca del Stechlin es vista y percibida de la misma forma por distintos personajes porque constituye antes que nada un "espacio-símbolo", que refleja una realidad histórica sentida de manera semejante por todo un estrato social. La comarca del *Stechlin* simboliza la lenta desintegración de la aristocracia y es contemplada precisamente a través de los ojos de esa nobleza solidaria y en decadencia. Las distintas perspectivas individuales se aúnan en un mismo esfuerzo de rememoración nostálgica. Como consecuencia de ello, la narración, así como la percepción del espacio, se simplifican, se estandarizan, pierden profundidad psicológica y se acercan a la alegoría medieval.

Este mismo fenómeno se observa en *Prinzessin Fisch*. El espacio mágico de la infancia del protagonista, un espacio antes soñado que verdaderamente visto, que se materializa en el recinto cerrado del jardín, viene a representar ese otro espacio idealizado de la pequeña ciudad provinciana. Jardín y ciudad constituyen, pues, dos escenas-idilio sometidas a una misma amenaza: el paso irremisible del tiempo, tanto en su dimensión individual —el fin de la infancia, la destrucción de los sueños

y de los espacios encantados— como en su dimensión socio-
lógica e histórica: la ferocidad invasora de la industrialización
—metaforizada en las obras ferroviarias que "arañan" cruel-
mente la faz de la tierra— y la impertinente llegada del turismo,
peligroso diseminador de ideas foráneas. La ciudad retratada
en *Prinzessin Fisch* se presenta ante los ojos del protagonista
como un "cromo", como una estampa a la que el convencionalismo descriptivo y la falta de detalles particulizadores roba
todo dinamismo. En *Le Médecin de campagne*, en cambio, se da
constancia del paisaje cambiante y del poder transformador de
la luz: *"A tout moment le pays changeait d'aspect et le ciel de lumière; les montagnes changeaient de couleur, les versants de nuan-
ces, les vallons de forme: images multipliées par des oppositions
inattendues, soit un rayon de soleil à travers les troncs d'arbres,
soit une clairière naturelle"* [A cada momento variaba el paisaje
de aspecto y el cielo de luz; las montañas cambiaban de color,
las vertientes de matices y los valles de formas: imágenes mul-
tiplicadas por contrastes inesperados, bien sea un rayo de sol
deslizándose a través de los troncos, bien un claro natural del
bosque (10)] (12).[5] Más adelante, en el capítulo titulado "La con-
fession du médecin de campagne", Balzac hace referencia explícita a esa otra luz, la del alma y del sentimiento, que ilumina de
forma cambiante el paisaje. Evelina, que conoce sobradamente
la comarca, se deja inspirar por su corazón enamorado y encuentra cada vez nuevos atractivos en la naturaleza: *"Pendant le
voyage, Evelina trouvait à la nature des beautés dont elle parlait
avec admiration. [...] 'Vous avez passé vingt fois dans cette vallée,
ma chère enfant, sans paraître l'admirer, lui dit (sa mère) après
une phrase un peu trop chaleureuse d'Evelina'"* [Durante el viaje,

---

[5] Traducción de Aurelio Garzón del Camino.

Evelina encontraba en la naturaleza unas bellezas de las que hablaba con admiración. —Habéis pasado veinte veces por este valle, mi querida hija, sin parecer admirarlo, le dijo después de una frase un tanto calurosa de Evelina (169)] (276).[6] El amor como nueva forma de percepción, como revelación mágica de bellezas insospechadas en un paisaje o entorno familiar y cotidiano, es recurso empleado hasta la saciedad por Balzac y al que se hace referencia explícita en las confesiones del médico (275). Sirve también el ejemplo elocuente de Eugénie Grandet que, impulsada por el naciente amor hacia su primo y absorta en la contemplación del jardín, *"trouva des charmes tout nouveaux dans l'aspect de ces choses, auparavant si ordinaires pour elle"* [Eugénie encontraba nuevo encanto en las cosas, esas cosas tan conocidas para ella] (74). Importa notar que la descripción que antecede a este comentario rodea, efectivamente, de un halo poético e idealizador al jardín, el cual en su primera plasmación en el texto no es mucho más que rincón insalubre y húmedo: *"Par le petite grille [...] le curieux pouvaient apercevoir, au fond d'une voûte obscure et verdâtre, quelques marches dégradées par lesquelles on montait dans un jardin que bornait pittoresquement des murs épais, humides, pleins de suintments et de touffes d'arbustes malingres"* [Por la rejilla podían divisar los curiosos al fondo de un paisaje, abovedado, oscuro y verdoso, algunos escalones gastados por los que se llega a un jardín, cercado por muros recios, húmedos, llenos de rezumos y de matas de arbustos enfermizos (10)] (20).[7]

Balzac es, probablemente, el escritor realista que con más insistencia aplica el tamiz psicologizante y subjetivo al paisaje de sus novelas. Los sentimientos son los que le dotan de belleza o le atribuyen fealdad. La naturaleza es reflejo, punto de referencia y de

[6] Traducción de Aurelio Garzón del Camino.
[7] Traductor desconocido.

comparación para los sentimientos del hombre: *"Je ne sais pas si vous avez remarqué l'effet du soleil couchant sur la chaumière du petit Jacques. En un moment les feux du soleil ont fait resplendir la nature, puis soudain le paysage est devenu sombre et noir. Ce deux aspects si différents me présentaient un fidèle tableau de cette période de mon histoire"* [No sé si habréis observado el efecto del sol poniente sobre la choza del pequeño Santiago. Por un momento, los fuegos del sol hacen resplandecer la naturaleza y, de repente, el paisaje queda sombrío y negro. Estos dos aspectos tan distintos me presentaban un cuadro fiel de ese periodo de mi historia (170)] *(Le Médecin de campagne, 277).*[8]

Panorama y oxímoron espacial en "La Grénadière": la "casa-atalaya"

El horizonte, "invención" del Renacimiento, se estrecha con el realismo y se vuelve límite o frontera antes que metáfora espacial que sugiere la infinitud. Koschorke lo resume en una sola expresión: *"Die Wiederkehr der Grenze"* [El regreso de la frontera] (218). Los paisajes renuncian a espolear el espíritu aventurero de sus personajes y con frecuencia se espeja en ellos no tanto el espacio real como un espacio histórico diseñado con el fastidioso esmero del recuerdo y de la nostalgia. La descripción, fiel a su propósito de recuperar un espacio pretérito, se nutre, pues, de recursos antes pictóricos o estáticos que narrativos o dinámicos. Al espacio quieto, inmovilizado por la nostalgia y el recuerdo, símbolo o alegoría de un sentimiento común y que con tanta frecuencia se manifiesta en el realismo

[8] Traducción de Aurelio Garzón del Camino.

poético alemán, se le opone, sin embargo, ese otro espacio dinámico, cambiante, profundamente individualista y tornadizo de
los realistas franceses. La "escena-idilio", tan frecuente en el realismo alemán, no brota con la misma espontaneidad de la
pluma de los escritores franceses. El "realismo impresionista"
(Michel, 144) de Balzac hace de toda visión panorámica un
conjunto espacial móvil y cambiante (Ménage, 263, 265). El
escenario novelesco se somete a los condicionamientos atmosfé-
ricos y ópticos, pero depende en igual medida del estado anímico del personaje que percibe y a través de cuyos ojos el lector observa el entorno topográfico.

El espacio urbano, no obstante, será el principal responsable
de la dinamización espacial. Es cierto que la presencia, en el horizonte, de la silueta de una ciudad parece clausurar el entorno
espacial, al presentarse éste como ya colonizado y habitado.
Pero no es menos cierto que lo que se pierde en extensión pictórica se gana en profundidad narrativa. El realismo no se conforma con el prurito expansionista y conquistador del Renacimiento.
Su propósito es de ahondamiento y de tenaz profundización
en esos espacios ya "ocupados". Los espacios interiores constituyen, por ello mismo, el verdadero reto del escritor decimonónico y el verdadero propulsor de la acción y del argumento.
Toda perspectiva panorámica que abarca una ciudad se complementa necesariamente con el detalle minucioso, con la escena
doméstica que dota de concreción a la topografía urbana. La
incursión visual en los espacios interiores cumple además con
la función añadida de corroborar el espíritu conquistador y la
ambición de poder del personaje que con la mirada domina
toda una extensión geográfica.

Bachelard (*La Terre et les rêveries de la volonté*, 379-385) considera lo que él llama *"le regard panoramique"* como "uno de

los arquetipos de la imaginación balzaquiana y del imaginario en general" (Ménage, 265): *"Par son tour d'horizon* —observa el filósofo francés— *le rêveur prend possesion de toute la terre. Il domine l'univers"* [Al recorrer el horizonte, el soñador toma posesión de la tierra entera. Domina el universo]. El acto de mirar y de abarcar un panorama es (casi) siempre un acto de apropiación o conquista territorial, que no se agota en sí mismo, sino que simboliza con gran eficacia otras conquistas, otras aspiraciones o ensueños. No pocas veces, con él se metaforiza el ansia de poder y la ambición de un personaje (siempre, y sin excepción, masculino), como sucede con la escena introductoria de *La Regenta* y los diferentes panoramas abarcadores de *Cecilia Valdés.* En otras ocasiones, la visión panorámica funciona a modo de evocación nostálgica de un espacio "espiritual" —el de la infancia, el de la inocencia— antes poseído, pero ahora ya perdido para siempre. Basta recordar la ciudad, contemplada desde la cima de la montaña, que vio nacer al protagonista en *Prinzessin Fisch.* En *Der Stechlin,* finalmente, sirve la pintoresca atalaya para ofrecer a visitantes y a lectores la imagen de un espacio pretérito retenido con ahínco, pero que amenaza con ceder a las imposiciones del proceso histórico. En cualquiera de los cuatro ejemplos, la visión panorámica simboliza la conquista, ya sea en el futuro, el presente o el pasado, de un espacio símbolo. El instinto operante, nos diría Bachelard, es el de posesión, instinto que, en la novela decimonónica, se apodera con paradigmática recurrencia de los personajes masculinos.

Los temas espaciales de la torre y de la montaña o elevación geográfica como símbolos de masculinidad son requisitos convencionales e imprescindibles para que más adelante en la novela puedan hacer las veces de atalaya. El acto de mirar es, no solamente en la novela realista, acto de posesión, símbolo de conquista material o espiritual en el que se ensaya la fuerza masculina. Ello explica que la torre de la catedral de Vetusta, puesto que ha de ser fundamentalmente atalaya o mirador, se adorne de aquellas cualidades atribuidas tradicionalmente al varón (y por extensión, al espacio masculino) y no a la mujer y su entorno espacial. Ésta es una de las razones fundamentales (otra es la importancia dada a la religión como moldeadora de una sociedad) de que la primera imagen espacial sea la de la torre levantándose, majestuosa y austera, sobre los tejados de Vetusta. Aquel índice de piedra que

> señalaba al cielo no era una de esas torres cuya aguja se quiebra de sutil, más flacas que esbeltas, amaneradas, como señoritas cursis que aprietan demasiado el corsé; era maciza sin perder nada de su espiritual grandeza, y hasta sus segundos corredores, elegante balaustrada, subía como fuerte castillo [...]. Como haz de músculos y nervios la piedra enroscándose en la piedra trepaba a la altura [94].

La torre se presenta, pues, masculinizada, como símbolo de fuerza y de virilidad. Vetusta, en cambio, se afemina bajo su sombra protectora. La torre aparece, bajo la luz de la luna, como "fantasma gigante que velaba por la ciudad pequeña y negruzca que dormía a sus pies" (94). Nótese igualmente que la torre se describe por fuera, pero nunca por dentro: "No hay [en el caso de la torre de la catedral vetustense] presentación del espacio interior, con lo cual se refuerza su carácter de 'atalaya', de lugar limitado exclusivamente a ser sitio desde donde se contempla" (Beser, 56). La descripción del interior lleva consigo con frecuencia un afeminamiento del espacio. La ciudad, en cambio, a la que se le atribuyen características claramente femeninas (de pasividad, de penetrabilidad), abre sus puertas y ventanas a la mirada escudriñadora del narrador.

Hasta aquí, el estereotipo espacial no ha sacrificado nada de su convencionalismo. Pero hay espacios, sin embargo, que bien podrían calificarse de espacios subversivos, puesto que se atreven con la alteración del cliché y extraen del desafío a la convención nueva fuerza expresiva y artística. En estos espacios subversivos se conjugan con frecuencia dos perspectivas opuestas, dos temas espaciales difíciles de conciliar y cuya atrevida combinación parece en un principio contravenir la convención literaria al uso. *La Grénadière* se inicia, como tantas novelas balzaquianas (Ménage, 258) y realistas en general, con una larga descripción destinada a presentar el escenario. En el corazón mismo de *La Touraine,* destaca, sobre un peñón rocoso y junto a la orilla derecha del Loira, *La Grénadière,* villa campestre de dimensiones humildes pero bendecida con todas las excelencias de la región: *"En aucun lieu du monde vous rencontreriez une demeure tout à la fois si modeste et si grande, si riche en fructifications, en parfums, en points de vue. Elle est, au cœur de la Touraine, une petite Touraine où toutes les fleurs, toutes les fruits, toutes beautés de ce pays sont complètement représentés"* [En ningún lugar del mundo encontraréis una morada tan modesta y tan grande a la vez, ni tan rica en frutos, en perfumes y en perspectivas. Es, en el corazón de la Turena, otra pequeña Turena en la que todas las flores, todos los frutos, todas las bellezas de este país están totalmente representadas (530)] (754).[9]

Balzac apenas se extiende en la descripción de la flora que se expande, lujuriosa y variadísima, por el jardín y las huertas. Su

---

[9] Traducción de Aurelio Garzón del Camino.

mirada, en cambio, se vuelve panorámica y ofrece al lector el espectáculo magnífico de los tres valles, de la catedral de Tours, *"suspendue dans les airs comme un ouvrage en filigrane"* [suspendida en los aires como un trabajo en filigrana] (531)[10] y, por fin, del río: *"A l'ouest, l'âme se perd dans le fleuve immense sur lequel naviguent à toute heure les bateaux à voiles blanches, enflées par les vents qui régnent presque toujours dans se vaste bassin"* [Al oeste, el espíritu se pierde en el río inmenso en el que navegan a todas horas los barcos de velas blancas, henchidas por los vientos que reinan casi siempre en esta vasta cuenca (530)] (755).[11] Tras esta descripción introductoria, espera el lector que se inicie la acción y que, junto con la llegada o presentación de los personajes, comience, por fin, el argumento. Es el habitual modo de proceder de la novela realista, ejemplificado magistralmente en otra novela balzaquiana del mismo periodo, *Père Goriot* (1834). Recuérdese, por otra parte, que también *La Regenta,* como otros muchos textos ficticios del siglo XIX, ensaya un método similar. No obstante, *La Grénadière* constituye una notable e intrigante excepción a la norma: al pasaje descriptivo no le sigue trama alguna. *"L'attente est déçue. Les éléments du drame sont en place, mais il n'y a pas de drame. Madame Willemsens se contente de vivre quelques mois à La Grénadière, et d'y mourir"* [La espera queda defraudada. La novela introduce los elementos del argumento, pero, lo cierto es que no hay tal argumento. Madame Willemsens se limita a vivir unos meses en La Grénadière, y después muere.] (Ménage, 258). Esta extraña circunstancia narrativa ha hecho pensar a los críticos que Balzac se ejercita aquí con un diseño paisajístico relativamente poco frecuente, el cual no pretende otra cosa que despertar el

[10] Traducción de Aurelio Garzón del Camino.
[11] Traducción de Aurelio Garzón del Camino.

placer estético del lector. Se trataría, según esa hipótesis, de descripciones puramente "hedonistas". No obstante, a ello hay que objetar que el espacio nunca "está ahí" con el exclusivo propósito de adornar el texto. Tal propósito es siempre secundario. El espacio, antes que nada, significa, y desempeña, por tanto, funciones de carácter semántico y no puramente decorativo.

Para comprender la trascendencia semántica de la visión panorámica con la que se inicia la novela es necesario tener en cuenta el emplazamiento geográfico o arquitectónico desde el cual se contempla el paisaje descrito, así como la voz o personaje que se responsabiliza de la descripción. No se trata, esta vez, de una torre o de la ladera o cumbre de una montaña, ni es un personaje masculino el encargado de "ver". El mirador, antes bien, lo constituye una casa, una villa en el campo habitada por una mujer solitaria y rodeada por la verdura del jardín. Recuérdese, además, que en éste crecen todos los productos que se encuentran en la comarca (esa misma comarca que desde la casa se abarca en su totalidad), y que, por ello mismo, se merece el calificativo de *"une petite Touraine"*. La villa, pues, antes que en atalaya desde la cual se domina un paisaje, se convierte en reflejo, en *mise en abîme* o reproducción en miniatura del espléndido panorama.

Así como la torre simboliza el ansia de posesión, la sed de abarcar el universo en toda su grandeza, en toda su complejidad, la casa, en cambio, se constituye humildemente en espejo y se conforma con reproducir, en dimensiones reducidas y simplificadas, el mundo exterior. Con sintomática frecuencia, el espacio femenino se resigna a ser sólo eso, miniatura, pequeño universo recoleto y abarcable que ofrece una lectura simplificada de la realidad. El dominio privado, pues, como "traducción", como interpretación accesible y reconfortante del ámbito público, de la realidad externa y el devenir de la historia. La labor gnoseológica sigue el proceso inverso. La mirada ya no abarca vastas extensiones de tierra, ni aspira el intelecto a la comprensión de grandes y complejos acontecimientos históricos. La visión se centra en un espacio reducido, aunque mucho menos diáfano: el espacio laberíntico y recluido de la casa-nido. La inteligencia lectora, pues, busca la manera de comprender el "misterio" de la existencia femenina, el enigma de su entorno.

Los conceptos de misterio y de enigma no son, en este caso, simple palabrería o exageración estilística. Nótese que el espacio femenino sugiere inmediata e inevitablemente la idea de clausura, de confinamiento. El entorno doméstico no se abarca, sino que se adentra uno en él. El panorama descrito en *La Grénadière* queda convertido en concha, en la primera capa de una epidermis aislante. El jardín, réplica *naif* de la vegetación comarcal, constituye la segunda película protectora. La idea de posesión remite ante ese otro arquetipo antropológico que es el de protección: *"La végétation dont nous avons relevé la présence a un rôle protecteur; elle enfouit la maison sous sa masse. Les murs, le pavillon, le logis, le puits, la cuisine, en sont 'couverts', 'cachés', 'entourés', 'enveloppés', 'dissimulés'"* [La vegetación desempeña un papel protector, esconde la casa bajo su verdura. Los muros, el pabellón, la vivienda, el pozo, la cocina se describen como "cubiertos", "escondidos", "rodeados", "envueltos", "disimulados"] (Ménage, 265).

El paisaje se transforma en marco, en orla artística que encuadra un retrato de mujer. La separación entre el marco y el cuadro, sin embargo, no es brusca. Los límites, antes bien, se confunden y complementan. En la riqueza natural del panorama-marco reverbera la belleza femenina. Pero ésta necesita aún otro espejo "intermedio", otro espacio menos amplio y más cercano en que reflejarse. Los jardines y huertas de la villa de recreo, esa réplica, en miniatura, de la región francesa, hacen de armónica intersección entre el personaje femenino y el magnífico entorno panorámico. El reflejo, la influencia son recíprocos: mujer, panorama y jardín comparten parecidos rasgos estéticos.

Hasta aquí, el espacio desempeña un papel estrictamente pasivo. Es tan sólo espejo, concha protectora. También en *La quinta de Palmyra* —novela del surrealista español Ramón Gómez de la Serna que es, sobre todo, comentario metafictivo a la narrativa decimonónica y sus estereotipos espaciales— el espacio natural se adapta con espontánea ductilidad al cuerpo y alma del personaje femenino. El campo parece hecho de tela, de un tejido flexible y cálido con que se envuelve la protagonista. La playa es comparada con un "gran estuche de mujer". La lluvia son "flecos interminables", el musgo, "una capa de terciopelo", etc. El proceso descriptivo, como nota Ménage (265), sigue con orden riguroso el itinerario, de fuera a dentro, que conducirá al "lector visitante" al interior de la casa de campo: *"Le chemins et les portes ce succèdent: 'rampe', 'première porte', 'petit chemin pierreux', 'seconde porte vermoulue', le tout défendu par les 'fortifications' des terrasses"* [Los caminos y las puertas se suceden: "rampa", "primera puerta", "pequeño sendero pedregoso", "segunda puerta carcomida", todo ello defendido por las "fortificaciones" de las terrazas]. *La quinta de Palmyra* propone idéntica trayectoria y, como en *La Grénadière*, la casa sugiere la idea de fortaleza, de bastión resguardado del exterior y a salvo de las miradas de los curiosos: "Primero había una alta tapia cubierta de musgo pardo […] La puerta era una enorme puerta [con] dos columnas […] Los árboles, más que centenarios, intentaban ocultar el palacio; pero se le entreveía en el fondo recibiendo dos caminos en su puerta central, a la que se subía por una suntuosa escalinata" (159).

El argumento, como en tantas novelas realistas, avanza gracias al espacio doméstico, gracias al moroso descubrimiento del entorno femenino por parte del lector. Éste se constituye en personaje activo que, a medida que recorre el texto, se va adentrando, solitario, en los distintos rincones de la casa y del alma de madame Willemsens. Hasta aquí, el transcurso novelesco y narrativo es perfectamente convencional. La villa, refugio y metonimia del personaje femenino, se esconde tras los muros y la vegetación de jardines y huertas. Más que vista, es entrevista por el lector, a quien tienta con el misterio de sus espacios recatados. La novela de Balzac desafía la ortodoxia literaria, al asentar *La Grénadière* sobre un promontorio rocoso que domina los tres valles de la comarca. Lejos de convertirse en perfecta atalaya, la villa se repliega sobre sí misma e ignora la presencia del magnífico panorama. La protagonista no se siente impulsada a solazarse con el espléndido paisaje natural que se extiende a sus pies. Su mirada, antes bien, se conforma con la réplica en miniatura de la Turena que le ofrece el espacio recoleto del jardín. Vuelve, por tanto, a instaurarse el orden y cartografía naturales del relato decimonónico. El sexo de los personajes sigue siendo el verdadero creador del espacio, el factor fundamental que canaliza sus funciones y su significado. La vista panorámica y el entorno doméstico no concuerdan en género. Al personaje femenino no le está dado abarcar con la mirada una vasta extensión panorámica, de la misma forma en que un personaje masculino no logrará nunca fundirse con su entorno doméstico. Por ello, basta con que Balzac sitúe sobre un promontorio la villa de *La Grénadière* (con todas sus implicaciones domésticas y femeninas), para que automáticamente quede anulada la simbología masculina del panorama. La novela decimonónica, pues, con nutrirse fundamentalmente de este-

reotipos espaciales, se atreve también con ciertos espacios oxi-
morónicos, como es el de la casa-atalaya. El oxímoron espacial
compendia la sabiduría convencional del relato realista. Pero,
por otro lado, fuerza los límites y hace públicas sus deficiencias,
sus restricciones ideológicas, su tenaz misoginia.

V. EL JARDÍN: BURGUESÍA
Y MINIATURIZACIÓN DEL ESPACIO

JARDÍN Y RETÓRICA ESPACIAL:
"EUGÉNIE GRANDET" Y "THE SMALL HOUSE AT ALLINGTON"

En la memoria cultural de la novela decimonónica prevalece el cliché espacial del panorama como forma de conquistar un espacio, símbolo de otras conquistas y ambiciones. No obstante, observamos también que con el realismo, el horizonte ilimitado del Renacimiento se achata considerablemente y se convierte en marco de un espacio restringido, antes que en ancha puerta que conduzca a otros espacios prometedores de aventura. Con esta contradicción interna —el panorama, con su nueva función delimitadora, se desdice de su tradicional cometido de sugerir la infinitud espacial— juega consciente e irónicamente Fontane, al proponer, en *Frau Jenny Treibel*, el siguiente diálogo:

"Nun, liebe Freunde", nahm Treibel das Wort, [...] "sind Sie für Turmbesteigung und treibt es Sie, diese Wunderwelt, in der keines Menschen Auge bisher einen frischen Grashalm entdecken konnte, treibt es Sie, sag ich, dieses von Spargelbeeten und Eisenbahndämmen durchsetzte Wüstenpanorama zu Ihren Füssen ausgebreitet zu sehen?" "Ich denke", sagte Frau Felgentreu [...], "ich denke, lieber Treibel, wir bleiben, wo wir sind. Ich bin nicht für Steigen, und dann mein ich auch immer, man muss mit dem zufrieden sein, was man gerade hat. "Gut denn", fuhr Treibel fort, "wir bleiben also in

der Tiefe. Wozu des Höheren zustreben? Man muss zufrieden sein mit dem durch Schicksalsbeschluss Gegebenen, wie meine Freundin Felgentreu soeben versichert hat. Mit anderen Worten: 'Geniesse fröhlich, was du hast'" [191-192].

[Bueno, queridos amigos —tomó la palabra Treibel—, ¿están dispuestos a subir a la torre y a contemplar este mundo prodigioso, en el que nadie, hasta ahora, ha podido encontrar una sola brizna de hierba jugosa, están dispuestos, digo, a ver cómo a sus pies se extiende este panorama desértico, surcado de tablas de espárragos y de terraplenes de la vía ferrea? —Me parece —respondió la señora Felgentreu—, me parece, querido Treibel, que es mejor nos quedemos donde estamos. No soy muy partidaria de las escaladas, pero además, siempre he creído que debe uno conformarse con lo que tiene. —Está bien —prosiguió Treibel—, permaneceremos en las profundidades. ¿Para qué aspirar a las alturas? Debe uno conformarse con lo que le ha deparado el destino, como acaba de decir mi amiga Felgentreu. Dicho de otra forma: "Disfruta alegremente de lo que tienes".]

Hay una clara intención metafictiva en esa referencia —que sale intencionadamente de boca de un "petit bourgeois"— al mundo prodigioso *(Wunderwelt)* contemplado desde la altura de la torre, así como en esa otra mención a un espacio nunca visto *("in der keines Menschen Auge bisher…")*. El escritor alemán restablece así el contacto con la larga tradición del *Bildungsroman* (género que aplaude la aventura y metaforiza, con los espacios desconocidos, esas facetas aún por conocer de la propia existencia) pero, a la vez, reconoce, con burlona nostalgia, la imposibilidad de perpetuar el espíritu del romanticismo en una segunda mitad de siglo que es descorazonadoramente prosaica y que avanza con energía arrolladora hacia la industrialización y deshumanización de la sociedad y de su geografía. Nótese cómo ese espacio nunca visto se resuelve, antes incluso de que acabe la frase, en un giro irónico: *"In der keines Menschen Auge bisher einen frischen Grashalm entdecken konnte"* [En el que nadie, hasta ahora, ha podido encontrar una sola brizna de hierba jugosa]. Pero la amarga burla no acaba ahí, sino que continúa en la descripción hecha por Treibel: el paisaje se reduce a un "panorama desértico surcado por tablas de espárragos y terraplenes de la vía ferrea" *("Ein von Spargelbeeten und Eisenbahndämmen durchsetztes Wüstenpanorama").* Cuando Treibel decide, en consonancia con el deseo de su amiga, quedarse abajo y no aspirar a las alturas, la ironía adquiere aún mayor intensidad. En la opinión de los dos dialogantes se materializa el dogma burgués de permanecer siempre con los pies en la tierra, de no abandonar nunca la seguridad que da lo ya poseído, el territorio ya colonizado: *"Ich denke, lieber Treibel, wir bleiben, wo wir sind"* (Me parece, querido Treibel, que es mejor nos quedemos donde estamos) y de "disfrutar alegremente de lo que se tiene" *("geniesse fröhlich, was du hast").* "Quedarse" y "tener" poseen en el contexto de la novela y, por ende, de la burguesía decimonónica, un significado estrictamente materialista. Tan extendido, por otro lado, está ese materialismo que no hay ya cabida para el ascenso espiritual. La propuesta, pues, enunciada por Treibel de subir a la torre y que en otras circunstancias habría servido de metáfora convencional a ese encumbramiento del alma, no constituye, sin embargo, en el caso presente alternativa alguna. El paisaje, aun contemplado a vista de pájaro, y como ya anticipa el comerciante burgués, conserva intacto el más perfecto prosaísmo.

Ese espacio de límites precisos y de horizonte miope, esa geografía domesticada que tropieza con los diques del ferrocarril y se adorna tan sólo con esparragueras, contradice una por una todas las características con las que la tradición literaria ha dotado al panorama. Pero por otro lado, es contradicción que garantiza la homogeneidad espacial e ideológica del texto que nos ocupa: *Frau Jenny Treibel* es una novela de jardines, es retrato incisivo de la burguesía y de sus prosaicas ambiciones. Por tanto, todo espacio que en ella figura, también el panorama, inevitablemente se "ajardina" y se aburguesa.

El jardín, cualesquiera que sean sus variantes, sugiere, casi siempre, la imagen de un espacio cerrado y suele conservar el carácter de *hortus conclusus* que le viene de la Edad Media. Pero su hermetismo, alcanzado el siglo XIX, ya no es absoluto, sino que ocupa un lugar intermedio entre la reclusión del espacio doméstico y el desguarecimiento de los lugares públicos. La novela realista, tan aficionada a los espacios compartimentados, a los entornos que se dejan abarcar y clasificar, muestra a su vez una clara preferencia por los espacios de naturaleza maleable, cuya identidad se transforma según la perspectiva desde la cual son contemplados. Recordemos que para el Magistral, el jardín de la Regenta es lugar privado, y por ello mismo de ansiado y difícil acceso, continuación, sin duda, de la casa y de la alcoba y aun de la fisiología y psicología femeninas. Para Eugénie Grandet, en cambio, que, recluida en su habitación por mandato paterno, se consuela con la vista del jardín, éste simboliza, por obra del amor, la libertad y los grandes espacios abiertos: *"Sa réclusion, la disgrâce de son père n'étaient rien pour elle. Ne voyait-elle pas la mappe-monde, le petit banc, le jardin, le pan du mur, et ne reprenait-elle pas sur ses lèvres le miel qu'y avaient laissé les baisers de l'amour?"* (Su reclusión y la desgracia en que la tenía su padre, no eran nada para ella. ¿Por ventura no seguía contemplando el mapamundi, el banquito, el jardín, el lienzo de pared, y no saboreaba aún la miel que dejaron en sus labios los besos del amor? (86)] (204).[1] La referencia, en una misma frase, a la pequeña huerta y al mapamundi establece entre ambos espacios un inconfundible paralelismo, no menos expresivo o real por existir sólo en la psicología de la protagonista y poder explicarse únicamente desde esa particular perspectiva. Una vez más, es el sexo de los personajes el que determina la naturaleza, subjetiva y cambiante, del espacio. El jardín, que desde el punto de vista masculino se presenta como lugar o entorno recluso, se convierte, sin embargo, en esperanzadora promesa de libertad cuando es descrito a través de la mirada femenina.

El jardín realista hereda de la tradición e incorpora para sus fines narrativos ciertos estereotipos convencionales. Permanece el concepto del jardín como *locus amœus* y se siguen cultivando los espacios míticos del paraíso o edén cristiano y de la arcadia bucólica de los clásicos. Litvak nota que "al final del siglo pasado, varias circunstancias concurrieron a hacer de los jardines un topos literario y artístico de fuertes matices eróticos" (1979, 12) Pues bien, esos espacios eróticos —que la estudiosa analiza con detenimiento y divide en "jardines gestantes", en "jardines místicos" y en "jardines dolientes" en el contexto de la ficción española— no son privativos de la literatura finisecular. Ciertamente, el jardín como enclave amoroso es uno de los más tenaces estereotipos espaciales, y de él —adelantándose a simbolistas y modernistas— se sirve ya profusamente la novela del realismo para ensayar ciertas variaciones innovadoras (Glaser, 261). Una de estas novedades radica en la influencia que sobre el significado del jardín tiene, en la ficción decimonónica, el emplazamiento o contexto espacial en que aparece descrito.

---

[1] Traductor desconocido.

Finney propone un ejemplo iluminador: *"Since the city is the utmost manifestation of the supplanting of nature by man-made structures, a garden within a city very often stands as a last remnant of the natural world and is frequently associated with passion. On the other hand, a garden constructed in the midst of a tangled landscape [...] is an image of cultivation and, on the level of human nature, of self-restraint and control"* [Como la ciudad constituye la manifestación más radical y completa de la suplantación de la naturaleza y de la imposición de estructuras hechas por el hombre, un jardín dentro de una ciudad con frecuencia viene a simbolizar el último reducto del mundo natural y a menudo se vincula con la pasión. Por otra parte, un jardín construido en medio de un paisaje enmarañado es imagen de cultivo y, en el nivel de la naturaleza humana, imagen de control y dominio de sí mismo] (4).

Dada la importancia semántica que en el seno de la narrativa del siglo XIX adquieren las polaridades espaciales y, en general, todo contraste reflejado en el entorno geográfico, no es de extrañar que también el significado del jardín dependa en gran medida de la presencia de un espacio opuesto. Pero ni a la oposición jardín/ciudad ni tampoco a ese otro contraste del jardín como constructo artificial y ordenado frente al presunto desorden de la naturaleza puede atribuírsele, como parece apuntar Finney, un significado único y consagrado por la tradición literaria del realismo. Precisamente la novedad y el talento de la novela decimonónica radica en la capacidad de imbuir dinamismo al estereotipo y de conseguir que un mismo cliché se manifieste de forma muy distinta en diferentes novelas del periodo. *Der Nachsommer,* novela del escritor austriaco Adalbert Stifter, parece en un principio confirmar la teoría de Finney. El jardín que en ella aparece destaca como pequeña obra de arte en medio del caos

del paisaje natural. Pero el soberbio paraíso de vegetación lujuriosa que es el Paradou en *La Faute de l'abbé Mouret* basta para
contradecir la hipótesis del estudioso: aquí, el jardín se muestra más salvaje y menos mancillado por la mano del hombre que
la campiña que lo rodea. El caso contrario, el del jardín entendido como un rincón de libre naturaleza en medio del civilizado paisaje urbano, también puede rebatirse con un ejemplo
práctico: la huerta de Frígilis, emplazada en el casco viejo de
Vetusta, es un prodigio de orden y de sabia estructuración botánica.

Así y todo, la teoría desarrollada por Finney vierte luz sobre
un aspecto fundamental, el del cronotopo del jardín como
lugar de encuentro de dos espacios tradicionalmente enfrenta-
dos: *"The garden's particular explicative and symbolic potential
(during the realist period) lies in the fact that every garden image
can be seen to exist along a continuum between nature and art or
culture or to tend towards one or the other of these extremes"* [El
potencial simbólico y explicativo del jardín durante el periodo
realista radica en el hecho de que toda imagen de un jardín, bien
refuerza esa idea de la existencia de un *continuum* entre naturaleza y arte o cultura, bien tiende hacia uno de los dos extre-
mos] (Finney, 3). Pero, más reveladora que esa tendencia hacia
uno u otro polo resulta, no obstante, la virtud casi exclusiva del
jardín de tolerar que en su reducido territorio convivan y aun
se indispongan dos fuerzas opuestas. De esta convivencia, bien
armónica, bien problemática, depende su potencial semántico.
A partir de ella se desarrolla la retórica espacial en la que se
reflejan, con rara perfección, las circunstancias históricas y
socioculturales de una época marcada precisamente por el crecimiento de las ciudades y la lenta desintegración del medio rural.

Finney propone en su estudio una clasificación general para

el cronotopo del jardín y distingue entre tres variantes prototípicas, vinculada cada una de ellas a una literatura europea. El primer tipo, el jardín como enclave erótico, predomina, según el estudioso, en la ficción francesa: *"In this type, reflecting the reception of Rousseau in the nineteenth century, the garden appears as a natural retreat from the artificiality of urban culture and its conventions"* [En esta categoría, que refleja la recepción de Rousseau durante el siglo XIX, el jardín aparece como refugio natural frente a la artificialidad de la cultura urbana y sus convenciones] (22). Jackson (185) cree que también los jardines de la novela decimonónica española pertenecen en su mayoría a esta primera variante. Sin embargo, esta oposición naturaleza *versus* cultura o ámbito urbano, que se merece el título de "oposición-matriz", es fértil generadora de otras polaridades no menos significativas. Así, Finney señala la existencia de un segundo tipo o "modo idealista" de jardín, que se opone al "modo realista" de la novela francesa y que abunda en la narrativa germana. Se trata del jardín como artificio o construcción ética *(ethical construct):*

> *Found in works by Immermann, Stifter, Ludwig and others, this type is in many respects the antithesis of the garden as erotic enclave. Here, not the natural but the cultural pole of the garden continuum is emphasized; the garden represents nature shaped, nurtured. On the level of human nature, this type of garden functions as a metaphor for Goethean ideals of "Bildung" or self-cultivation —the cultivation of balance, moderation, and other "timeless" classical values* [22].

[Presente, sobre todo, en obras de Immermann, Stifter, Ludwig y otros, este tipo constituye, en muchos aspectos, la antítesis del jardín como espacio erótico. En este caso, el énfasis recae sobre el extremo cultural de ese *continuum* que es el jardín. El jardín representa la naturaleza domesticada. En el nivel de la naturaleza humana, este tipo de jardín viene a ser una metáfora de los ideales goethianos de *Bildung* (cultura) y de autoaprendizaje: el aprendizaje y cultivo del equilibrio, la moderación y otros valores clásicos "imperecederos".]

El tercer modo, finalmente, calificado de "elegiaco", correspondería al realismo inglés: *"The garden appears as Wordsworthian image of Eden. [...] On the sociohistorical axis, the Eden myth comes to stand for the 'fall' of timeless rural England into dynamic urban industrialism"* [El jardín aparece como imagen wordsworthiana del Edén. De acuerdo con el eje sociohistórico, el mito del Edén simboliza la "caída" de la Inglaterra rural y eterna, y su claudicación ante un dinámico industrialismo urbano] (23). El jardín edénico de la ficción británica presenta, según Finney, rasgos propios del jardín erótico y del jardín ético y se convierte en una suerte de mezcla o de híbrido entre los dos (23).

La clasificación propuesta por Finney resulta útil siempre y cuando se acepte tan sólo como sugerencia orientadora y no como verdad absoluta. No todos los jardines de la literatura francesa, por ejemplo, quedan reducidos a enclaves eróticos, escenario ingenuo e idealizado de las expansiones amorosas. *La Conquête de Plassans,* de Zola, constituye uno de los ejemplos más representativos de la radical "deserotización" de un espacio o, mejor dicho, de la sustitución de la erótica del placer físico y sexual por esa otra erótica del poder y del ascenso públicos. En la novela del naturalista francés, se renuncia a la tradicional imagen edénica y se combate toda impresión de idilio. La violenta incursión de la realidad pública en un espacio reservado tradicionalmente a la existencia privada y doméstica convierte

el jardín en parque, en ágora. La naturaleza fundamentalmente
"ética" del jardín en la narrativa decimonónica alemana, por otra
parte, no impide que en ella hagan acto de presencia otros jardines menos ortodoxos y atribuidos a otras literaturas. La huerta que en *Irrungen, Wirrungen* se extiende a las afueras de la ciudad de Berlín es ante todo espacio de seducción erótica, símbolo
de la conquista y del desengaño amorosos. Pero además, en la
novela de Fontane el jardín representa la Alemania rural y ar-
cádica, amenazada constantemente por el rápido progreso urbano. Según esta caracterización, pues, *Irrungen, Wirrungen*
encontraría mejor cabida en el realismo británico. Lo mismo ocurre con *Prinzessin Fisch,* novela del realista alemán Raabe. Aquí, el
jardín es, además del lugar donde despierta el deseo erótico,
el terreno de juego sobre el cual miden sus fuerzas utopía y realidad. Esta última oposición, en un nostálgico esfuerzo de revitalización literaria, se conecta directamente con la tradición
romántica del *Bildungsroman*. Ayudándose del cronotopo del
jardín, retrata el paso de la infancia a la madurez, entendida
aquélla como ilusión (utopía) y ésta como desencanto (realidad).
En *Prinzessin Fisch,* la infancia del protagonista simboliza los
años jóvenes de la nación germana, años de bucólico conserva-
durismo que se resisten a la industrialización y a la urbanización
del medio natural. La madurez, tanto para el personaje como
para el país, comienza, pues, con la resignada aceptación de los
rápidos cambios sociales, el surgimiento de las grandes urbes y
las consiguientes alteraciones del paisaje. El jardín, por otro lado,
que rodea la elegante mansión de Frau Jenny Treibel, en la novela del mismo nombre, no corresponde a ninguna de las tres variantes propuestas por Finney. Fontane diseña con fino sarcasmo
un jardín-parodia que es a la vez metáfora y burla de las vanas
aspiraciones de la burguesía. El jardín como comentario irónico

es recurso que también Flaubert utiliza con gran eficacia en *Bouvard et Pécuchet*. *La de Bringas,* de Galdós, introduce igualmente una nueva variante de jardín: *"Garden images (in Galdós' novel) are used to measure the alienation brought by insatiable consumerism"* [Las imágenes de jardines, en la novela de Galdós, se emplean para medir el grado de alienación de la sociedad, por culpa de un consumismo insaciable] (Jackson, 185). Cuando Pez lleva a Rosalía a pasear por los jardines del Buen Retiro, una de las poquísimas ocasiones en que la trama se sitúa fuera del Palacio Real y en un entorno que no es estrictamente urbano o doméstico, la conversación entre la pareja adúltera gira invariablemente alrededor de las graves preocupaciones "textiles" de la dama: "¡Oh, lo que ella sufría, lo que penaba para adecentarse era cosa increíble!" (126). *"Eros has disappeared from the garden. In its place is the compulsive bourgeois concern with external appearences, personified in Rosalía"* [Eros ha desaparecido del jardín. Su lugar lo ocupa ahora la compulsiva obsesión de la burguesía con las apariencias externas, personificada en Rosalía] (Jackson, 188).

Hay, por fin, novelas en las que el jardín se convierte en espacio dinámico y siempre cambiante, con un significado que se transforma y evoluciona a lo largo del transcurso narrativo. Y tampoco es raro encontrar textos decimonónicos que contengan no uno sino varios jardines, diseñados con distinta finalidad semántica. El conjunto de estos jardines y la hábil combinación de sus diferentes significados genera un lenguaje o retórica espaciales que sirve de eficaz (y redundante) apoyo al argumento. *Eugénie Grandet* pertenece precisamente a esas novelas de jardines cambiantes y tornasolados, que se convierten en barómetro del estado de ánimo o disposición del personaje que lo contempla. El jardín de Grandet es, desde el comienzo, espacio subjetivo y maleable. Sirve, además, para reforzar y dotar de materialidad concreta a esa alegoría de la avaricia y del afán de lucro que es la figura de Grandet. Observa Gale que la casa y el jardín de Grandet aparecen descritos, en las primeras páginas, como un escenario único, en el cual las características topográficas y botánicas de la huerta se hacen eco de la sordidez y tristeza que rezuma la fachada del viejo edificio. La descripción inicial, como ocurre también en el caso paradigmático de *Pére Goriot,* corre a cargo de un narrador imparcial, que da cuenta, con presunto tono de objetividad, de lo que observa desde fuera. La segunda descripción, en cambio, recoge las impresiones subjetivas de Eugénie, quien contempla el jardín, no ya desde la calle, sino desde una ventana de su casa. Con ello, el paisaje se ha escindido en dos espacios distintos y contrapuestos. La casa ya no forma un todo homogéneo con el jardín. Éste adquiere propiedades que lo separan del domicilio paterno y lo convierten, a cambio, en prolongación metonímica de la protagonista. Eugénie, en efecto, es luz, el único reducto luminoso en una casa dominada por la fealdad y la privación voluntarias. Como las plantas y las flores de la huerta, anhela el calor del sol. La fuerza ensoñadora de su subjetividad basta para transformar la fisonomía del jardín. Más adelante, éste aún sufrirá una metamorfosis más radical, ya que se convertirá en el escenario de los amores entre Eugénie y Charles. Sin embargo, la imagen del jardín como refugio de enamorados prevalecerá tan sólo en la apasionada memoria de Eugénie. Charles, ocupado en sus viajes y aventuras, pronto la olvidará a ella, y del jardín recordará, no lo que éste tuvo de escenario de su idilio, sino que allí fue donde su tío le hizo la grave revelación de su ruina económica. Lo que es burla moral del amor, de ese amor olvidado y despreciado de Eugénie por su primo, puede leerse también como burla literaria, como subversión de ese *topos* del jardín galante, en donde los amores son eternos y crecen a salvo de la dañina influencia de la sociedad. El jardín, pues, transformará nuevamente su imagen, y se convertirá, a los ojos desengañados de Eugénie, en el lugar de la traición, en ese espacio en donde floreció la mentira. Ciertamente, el jardín diseñado por la imaginación y el deseo amoroso de Eugénie no es un espacio real sino un espacio disfrazado y alterado por el sentimiento; tampoco es, como apuntamos, estereotipo literario, una versión más del *hortus conclusus* en donde el amor se refugia de las ataduras y convenciones sociales: *"Whereas Stendhal objectively depicts the garden as paradise of love and refuge from social reality [...] the paradisaic quality of the Grandets' garden is merely a product of Eugénie's romantic imagination"* [Mientras Stendhal objetivamente dibuja el jardín como paraíso de amor y refugio de la realidad social, la calidad paradisiaca del jardín de Grandet es, simplemente, un producto de la imaginación romántica de Eugénie] (Finney, 36). Precisamente es esa circunstancia a la que el crítico parece atribuir propiedades negativas *("it is 'merely' a product of Eugénie's imagination")* reside la gran virtud literaria de la novela y de su jardín. Éste es plurisemántico y cambiante, gracias, en gran medida, a los variados tornasoles de ese filtro narrativo que es la subjetividad. Pero también lo es porque el narrador ha querido hacer de ese espacio un escenario que, lejos de restringirse al entorno privado (a los amores y ensoñaciones de Eugénie), abre sus puertas al ámbito público, materializado en el dinero y en la ambición masculina.

The Small House at Allington introduce, en ese aspecto, una novedad importante. Su jardín —en realidad, su "doble jardín"— conserva un significado único y estable a lo largo de las casi setecientas páginas del texto. Será el paisaje casi exclusivo del amor, de sus victorias y de sus fracasos, a pesar de que la incursión de lo público se transforma, a menudo, en poderosa amenaza. Adquiere con ello un valor alegórico, que lo aleja de toda matización subjetiva y lo acerca al tipo de "jardín como enclave erótico" que, según la categorización de Finney, predomina en la ficción francesa. La novela comienza con una detallada descripción de la "Casa Grande" de Allington y de los jardines que la rodean:

> Round of the house there were trim gardens, not very large, but worthy of much note in that they were so trim-gardens with broad gravel paths, with one walk running in front of the house so broad as to be fitly called a terrace. The Dales of Allington have always been gardeners, and their garden was perhaps more noted in the county than other of their properties. But outside the gardens no pretensions had been made to the grandeur of a domain. The pastures around the house were but pretty fields, in which timber was abundant [8].

[La casa estaba rodeada de jardines muy cuidados. No eran demasiado grandes, pero sí notables precisamente por lo cuidados que estaban, con sus anchos senderos de grava y una suerte de franja que se extendía frente a la casa, tan amplia que con facilidad podría calificarse de terraza. Los Dale de Allington siempre habían sido jardineros y, probablemente, en la comarca era más conocido el jardín que el resto de sus propiedades. Pero, más allá de los jardines, nada se había hecho por ensalzar la grandeza del entorno. Los terrenos alrededor de la casa no pasaban de ser unas vistosas praderas, abundantes en árboles y en verdor.]

Estos prados silvestres sirven igualmente de pintoresco marco a ese otro jardín que rodea a la "casa pequeña":

The gardens of the Great House of Allington and those of the Small House open on to each other. A proper boundary of thick laurel-hedge, and wide ditch, and of iron spikes guarding the ditch, there is between them; but over the wide ditch there is a foot-bridge, and at the bridge there is a gate which has no key; and for all purposes of enjoyment the gardens of each house are open to the other. [...] The glory of the Small House at Allington certainly consists in its lawn, which is as smooth, as level, and as much as velvet as grass has ever yet been to look. Lily Dale, taking pride in her own lawn, has declared often that it is no good attempting to play croquet up at the Great House. The grass, she says, grows in tufts, and nothing that Hopkins, the gardener, can or will do has any effect upon the tufts. But there are no tufts at the Small House. As the squire himself has never been very enthusiastic about croquet, the croquet implements have been moved permanently down to the Small House, and croquet there has become quite an institution [18, 19].

[Los jardines de la Casa Grande de Allington y los de la Casa Pequeña están comunicados. Hay entre los dos, como conviene, un espeso seto de laurel y una zanja o ancha acequia, con unas estacas de hierro que la protegen. Pero sobre la ancha acequia se arquea un puente para peatones y en la entrada del puente hay un portón sin llave; y, para todos los propósitos de disfrute, los jardines de ambas casas se comunican. La gloria de la Casa Pequeña de Allington es, sin duda, el césped, tan suave, tan parejo, y tan parecido al terciopelo como puede serlo la hierba. Lily Dale, orgullosa de su césped, ha declarado con frecuencia que no tiene sentido jugar al *croquet* en los jardines de la Casa Grande. La hierba, dice, crece en mechones, y nada de lo que Hopkins, el jardinero, pueda o quiera hacer tiene efecto alguno sobre esos mechones. El césped de la Casa Pequeña no tiene mechones. Y, como el propio terrateniente nunca ha demostrado gran afición por el *croquet*, los utensilios del juego han sido trasladados, con carácter definitivo, a la Casa Pequeña, y el *croquet* ha quedado convertido en toda una institución.]

En la novela de Trollope, el espacio transmite el doble y contradictorio mensaje de la reclusión y de la comunicación. El jardín de la Casa Pequeña, sobre todo, se acerca, por su estructura y la densidad de la vegetación, al recogimiento que pide un espacio reservado a la intimidad de los diálogos amorosos. Pero ello no quita que la verja entre los dos jardines permanezca siempre abierta y que la acequia que los separa se adorne con un puente. Hay, por otro lado, un segundo portón que comunica el parque de la Casa Grande con el jardín de la parroquia y una tercera salida que lleva a los campos y a los bosques colindantes. Esa duplicidad se repite y se espeja en otros componentes narrativos de la novela. Así, la comunicación entre los jardines, simbolizada por el puente y el portón siempre abierto y sin llave, encuentra una segunda apoyatura semántica en la figura del jardinero, que pertenece al tipo, tan frecuente y necesario en la novela realista, del "personaje-gozne" e intersectivo. Hopkins se encarga del cuidado de ambos jardines y puede transitar así libremente de uno a otro. La viuda Dale, por otra parte, aislada de los jugadores de *croquet* por un muro no demasiado alto, escucha con toda claridad la conversación y los comentarios bromistas de los jóvenes.

En *The Small House at Allington,* los espacios —símbolo elocuente, una vez más, de la separación de los sexos y de la clase social— se comunican, pero rara vez se mezclan. Los personajes, por de pronto, habitan espacios separados: el tío vive en la Casa Grande acompañado de su sobrino; las dos sobrinas y su cuñada habitan la Casa Pequeña. Los campos y bosques se transforman en el escenario reservado a prácticas eminentemente masculinas, como es la caza o las conversaciones materialistas y a veces poco confesables sobre dineros y dotes. El jardín —primordialmente el que rodea a la Casa Pequeña— es, siempre, el espacio galante y femenino, el paisaje del juego (recuérdense las frecuentes partidas de *croquet),* del baile y de la seducción. Pero incluso los jardines adquieren rasgos sexuales y genéricos. El parque que rodea a la imponente mansión es convencionalmente masculino en su elegante austeridad y en la aspereza de sus prados, una aspereza que contrasta violentamente con la "suavidad aterciopelada" del césped, en el jardín tan "femenino", siempre florido y amable, de la Casa Pequeña.

Hay otro indicio que da prueba de esa aversión a la mezcla y que por ello mismo puede leerse como ajustada *mise en abîme* de esa obsesión purista. En uno de los capítulos iniciales, la inquilina de la Casa Pequeña, la viuda Dale, es retratada en la huerta, recogiendo guisantes. Las hijas de la señora Dale se disponen, tras una alegre partida de *croquet* protagonizada por ellas y por dos admiradores, a cenar con su tío, dueño legítimo de ambas casas y orgulloso morador de la Casa Grande. La viuda no acepta la invitación, con el pretexto de que "alguien debe comerse los guisantes". A la sugerencia de trasladar esos guisantes a la mansión del tío, Lily, la menor de las hijas, responde: *"Hopkins would not allow it. He calls that a mixing of things. Hopkins doesn't like mixings"* [Hopkins no lo va a tolerar. Dice que es mezclar las cosas. Y a Hopkins no le gustan las mezclas] (22). Fiel a esa resistencia a la mezcla y a la difuminación de los límites, Trollope ha puesto especial cuidado en que el jardín quede limpio, en la medida de lo posible, de los factores contaminantes del ámbito público. El jardín es el espacio reservado al amor y en él sólo resuenan las palabras y fructifican las acciones que giran obsesivamente alrededor del sentimiento erótico. El jardín es, sobre todo, el escenario de la conquista activa, donde los pretendientes se atreven a la declaración y recogen la cosecha del sí y del no. También en *La Regenta*, el jardín contiene un elemento subversivo y transgresor, porque algo le queda de naturaleza. Aunque ésta aparezca en él domesticada, sigue simbolizando la fuerza del instinto y la pujanza de una sexualidad pagana y libre. Ese miedo a la sexualidad, a la libre expresión de la sexualidad en un entorno natural, queda patente en la súplica atemorizada de Lily, en su instintiva sabiduría ante la audacia masculina: *"Shall we go into the drawing room?, she said, feeling that she would be in some degree safer than out among the shrubs and paths of the garden"* [¿Entramos al salón?, dijo ella, sintiendo que, de alguna forma, iba estar más segura dentro que fuera, entre los matorrales y los senderos del jardín] (223). El narrador, especialmente entrometido e impertinente en la novela que comentamos, añade con aguda ironía: *"And I think she was right in this. A man will talk of love out among the lilacs and roses, who would be stricken dumb by the demure propriety of the four walls of a drawing-room"* [Y creo que tenía razón. Un hombre, rodeado de lilas y de rosas, se atreve a hablar de amor; pero, en cambio, ante la recatada decencia de las cuatro paredes de un salón, enmudece muy pronto] (223). Así y todo, el jardín simboliza, antes que nada, la pureza del amor verdadero, frente al amor por interés, como queda patente en otra escena de la novela: Crosby, el amante traicionero de Lily, declara su amor a otra mujer, perteneciente a la aristocracia inglesa. Como esta segunda inclinación erótica carece de la inocencia del amor primero, la escena no puede, es claro, representarse en el espacio, ya semánticamente acotado e idealizado, del jardín. La falsedad de esa nueva declaración se simboliza mediante otros espacios, radicalmente opuestos al entorno natural y edénico. Crosby hace públicas sus intenciones en los salones de un palacio, durante una ruidosa reunión social. La falta de intimidad, el entorno artificial y repelente a la inclinación amorosa, sirven para añadir una nota enfática a la consumación de la infamia.

A pesar del celoso afán del jardín de conservar la autonomía y la intimidad propia del ámbito privado, los espacios de la novela también nos recuerdan que hay entre ellos una permanente comunicación. Las repetidas menciones al puente y a los portones siempre abiertos, el fino oído de la viuda Dale, los frecuentes trasiegos de Hopkins, el jardinero, son prueba de esa comunicación y simbolizan la presencia, no por disimulada menos ávida e impaciente, de la ciudad de Allington y de la insaciable curiosidad de sus habitantes. Lily que, protegida por los altos setos, se pasea bajo la luz de la luna con su enamorado, parece ignorar las mezquinas consideraciones de éste acerca de una dote incierta. Sin embargo, muy pronto el espacio público, con sus exigencias sociales y sus restricciones materialistas, destruirá ese amor que creció y se guareció en el entorno privado del jardín. La ciudad de Allington lo ve todo y todo lo sabe: no hay jardín, no hay *hortus conclusus* que lo sea de verdad y que, en consecuencia, se libre de sus miradas indiscretas. Los amores desgraciados de Lily, con todos sus detalles, se convertirán en materia de conocimiento público. Parece inevitable no recordar esa otra mirada, no menos acechante y voraz, de todo un pueblo, que en *Recuerdos del porvenir,* de Elena Garro, se interna, sin asomo de pudor, en las alcobas que los altos mandos militares comparten con sus queridas.

Razón y "Eros": los jardines de "La Regenta"

The Small House at Allington hace de un jardín símbolo expresivo del impulso erótico y amoroso. A *La Regenta*, sin embargo, no le basta un solo jardín. El texto clariniano se engalana con la verdura de varias huertas y parques que, eso sí, a lo largo del texto conservan, como la novela de Trollope, su uniformidad semántica. La estabilidad de su significado así como su reiterada aparición en la novela contribuyen a acentuar la entidad simbólica y metafórica de estos espacios "naturales" insertos en un entorno urbano. A la estructura narrativa de *La Regenta*, estudiada por Alarcos Llorach, hay que añadirle, pues, esa otra estructuración cronotópica que se debe a la rítmica alternancia de los dos motivos espaciales de la ciudad y de la naturaleza. Apunta Alarcos Llorach, en consonancia con la opinión de numerosos críticos, que

> el relato se basa en las tensiones mantenidas entre tres fuerzas: Ana, el Magistral y Vetusta, la ciudad (encabezada por el conquistador Mesía). Asistimos a cómo se rompe el equilibrio inicial entre ellas: la pugna de Ana por no ser absorbida por la ciudad, los intentos de don Fermín por dominar Vetusta y proteger de ella a la Regenta [...], las reiteradas tentativas de la ciudad por adaptar a sus modos de convivencia hipócrita a los dos reacios [315-316].

La ciudad aparece aquí retratada como espacio dinámico (Sánchez, 371), como energía agresiva que lucha, ataca y se defiende. Habría que preguntarse, pues, contra qué (y no contra quién) va dirigida toda esa agresividad. Al fin y al cabo, la ciudad es un espacio y necesita, dada la matemática exactitud con que la novela realista diseña su sistema de oposiciones semánticas, que su "enemigo" se revista, al menos provisionalmente, de características espaciales. La respuesta lógica, la contestación, en todo caso, más sencilla sería la naturaleza. Ciertamente, el binomio "naturaleza *versus* ciudad" constituye uno de los estereotipos espaciales más manidos y recurrentes a lo largo de la historia de la cultura occidental.

Pero en la segunda mitad del siglo XIX, la relación naturaleza-cultura ha perdido su inicial transparencia y sentido unívoco. La naturaleza, sobre todo, ha sacrificado muchas de sus legendarias virtudes. A menudo, su presencia sólo consigue provocar en el narrador, en el lector y aun en los propios personajes una reacción de nostalgia o incluso de amarga decepción. La asombrada pregunta de don Víctor en *La Regenta* ("pero ¿dónde estaba el campo?") sencillamente ya no admite una respuesta clara (Labanyi, 65). Ha habido durante el realismo y el naturalismo una llamativa inversión del paradigma:

> La convencional oposición corte-aldea continúa siendo, en el pensamiento liberal del siglo XIX, un tópico frecuente, pero el ámbito de la aldea ha dejado de ser representativo de quietud y de paz, para transformarse en centro de intrigas e hipocresía. [...] Como en *Doña Perfecta,* Emilia Pardo Bazán hace en *Los pazos de Ulloa* una comparación similar, al situar también la corrupción en el campo y no en la ciudad; mientras que Fernán Caballero y Pereda, expresando un punto de vista conservador, literariamente tradicional, describen el ámbito rural como centro de todas las virtudes [López-Landy, 57].

Este hecho, sin embargo, constituye tan sólo un síntoma superficial y ni siquiera verdaderamente representativo de otro fenómeno mucho más profundo y de mayor alcance ideológico y literario, a saber: la incapacidad del hombre moderno —sentida intensamente por los autores realistas, querida en cierta forma por ellos— de fundirse con la naturaleza y de obedecer a los impulsos naturales de su propia existencia. No es de extrañar, pues, que, en la narrativa decimonónica, la comunión con la naturaleza aparezca frecuente y casi exclusivamente encarnada en los personajes infantiles *(La Conquête de Plassans, La Faute de l'abbée Mouret, Romeo und Julia auf dem Dorfe, The Mill on the Floss,* etc.) y que la pérdida inevitable de la infancia suponga en igual medida la renuncia a la vida natural. El niño, una vez más, comparte aquí ciertas características con la figura literaria de la mujer, particularmente de la mujer virgen y libre todavía de las ataduras sociales que le impone el matrimonio: *"As a virgin the woman before marriage was seen as an embodiment of nature, not in the sense of untamed sexuality but in the sense of the uncultured: that what is untouched by man"* [En la mujer virgen se materializa la naturaleza, no por lo que ésta tiene de sexualidad todavía libre y sin domesticar, sino por lo que hay en ella de no cultivado: aquello que no ha sido tocado ni mancillado por el hombre] (Labanyi, 56).

La infancia de Ana Ozores —Ana niña y virgen, símbolo doble de la comunión con la naturaleza— se halla indisolublemente unida al genuino disfrute del campo: "Don Carlos [el padre de Ana] le permitía pasear sin compañía cuando subía al monte de los tomillares por la puerta del jardín; por allí no podía verla nadie, y al monte no se subía más que a buscar leña" (208). La experiencia del campo en la niña Ana es ya una experiencia mística, llena de sobresaltos del espíritu y de desaforada inspiración poética:

Una tarde de otoño [...] Anita salió sola, con el proyecto de empezar a escribir un libro, allá arriba, en la hondonada de los pinos que ella conocía bien; era una "obra" que días antes había imaginado, una colección de poesías "A la Virgen". [...] Cuando el lápiz trazó el primer verso, ya estaba terminada, dentro del alma, la primera estancia. Siguió el lápiz corriendo sobre el papel, pero siempre el alma iba más deprisa; los versos engendraban los versos, como un beso provoca ciento; de cada concepto amoroso y rítmico brotaban enjambres de ideas poéticas, que nacían vestidas con todos los colores y perfumes de aquel decir poético, sencillo, noble, apasionado [...] los versos de Ana, recitados como una oración entre lágrimas, salieron al viento repetidos por las resonancias del monte. Llamaba con palabras de fuego a su Madre Celestial. Su propia voz la entusiasmó, sintió escalofríos y ya no pudo hablar: se doblaron sus rodillas, apoyó la frente en la tierra. Un espanto místico la dominó un momento. [...] Temía estar rodeada de lo sobrenatural [208, 210].

Naturaleza, religión y poesía se aúnan en un triple esfuerzo de invocación de la madre ausente. Pero esta mística trinidad no se halla tan sólo en la fervorosa imaginación de la niña. En la deliberada combinación de los tres conceptos, y a pesar de la distanciada actitud crítica del narrador, reverbera, inconfundible, el espiritualismo clariniano y deja ya su huella tenaz ese "naturalismo espiritual hecho de sentido moral, sustrato mítico [y] simbolismo, [...] que Galdós llevaría a su cima en *Fortunata y Jacinta*" (Sobejano, prólogo a *La Regenta*, 18).

El escenario campestre pertenece, sintomáticamente, al pasado, etapa que, por su carácter pretérito e irrepetible, siempre hace más fácil la idealización. El presente, en cambio, se desarrolla en la ciudad. Esta nueva circunstancia, en su dimensión tanto temporal —la acción sucede en el presente— como espacial —la acción se desarrolla en un entorno urbano— ayuda a desvelar la otra cara de la existencia humana, a saber, su materialismo, sus ataduras sociales, sus apetitos y ambiciones menos espirituales. En una segunda escapada al campo, protagonizada esta vez por "doña Ana Ozores", dama casada y gran señora, y no por "Anita", niña inocente y libre, se materializa el carácter tan distinto que, desde esta nueva perspectiva del presente y del espacio urbano, adquiere la naturaleza. Por de pronto, la Regenta se ve obligada a solicitar la compañía de Petra, su doncella:

—Oye, Petra, no llames; vamos a dar un paseo… —¿Las dos solas? —Sí, las dos… por los prados… a campo traviesa. —Pero, señorita, los prados estarán muy mojados… —Por algún camino… extraviado… por donde no haya gente. Tú que eres de esas aldeas, y conoces todo eso, ¿no sabes por dónde podremos ir sin que encontremos a nadie? —Pero, si estará todo húmedo… —Ya no; el sol habrá secado la tierra… Yo traigo buen calzado. ¡Anda… vamos, Petra! Ana suplicaba con la voz como una niña caprichosa y con el gesto como una mística que solicita favores celestiales [338].

La insistencia en la soledad (…"por dónde podremos ir sin que encontremos a nadie?"), y la referencia, por boca del narrador, a la infancia ("niña caprichosa") y al "gesto de mística" inmediatamente traen a la memoria del lector ese otro paseo por el campo en el que los tres "requisitos" —soledad, infancia, misticismo— se daban sin adulteración ni falsía. En el presente caso, en cambio, la soledad es tan sólo parcial y tanto la alusión a la infancia como esa otra referencia al misticismo vienen acompañadas de un acento peyorativo. A ello hay que añadir la actitud distanciada y recelosa de la doncella ante la naturaleza, sus objeciones ante un medio que, con serle familiar, le resulta, sin embargo, hostil. En el mejor de los casos, lo contempla con la indiferencia y el chato prosaísmo del campesino, que no ve en la naturaleza sino una forma de manutención. Para la criada, el campo es, además, escenario, testigo mudo de sus propias concupiscencias ("iba tomando cierta confianza al verse sola con su ama, en medio de los prados, por caminos de mala fama, solitarios, que sabían de ella tantas cosas de ser calladas" [339]), así como de los escarceos sexuales de sus señoras: "Un paseo a campo traviesa, después de confesar, solas, en una tarde húmeda, daba mucho que pensar a Petra. [...] Insistía en su oposición para ver adónde llegaba el capricho del ama. Otras habían empezado así" (338-339).

Las piadosas reflexiones de Ana sentada junto a la "fuente de Mari-Pepa" (347) le hacen recordar "sus ensueños de adolescente, sus visiones del monte de Loreto", que "se parecían en definitiva a la religión verdadera" (345, 346). Sin embargo, su meditación presente no culmina, como antaño, en "espanto místico" (210). La abierta sexualidad de Petra que llega, "sudando, muy encarnada, con la respiración fatigosa" de visitar a su primo Antonio, late ya en ese "coro estridente de ranas" que "parecía un himmo de salvajes paganos a las tinieblas que se acercaban por oriente" (347) y se materializa expresivamente en el símbolo —de tanta importancia en la presente novela— del sapo: "Un sapo en cuclillas miraba a la Regenta encaramado a una raíz gruesa, que salía de la tierra como una garra. Lo tenía a una palma de su vestido. Ana dio un grito, tuvo miedo. Se le figuró que aquel sapo había estado oyéndola pensar y se burlaba de sus ilusiones" (347).

A partir de ahora, las alusiones a la sexualidad se multiplican y van encontrando cada vez más fácil acceso a la turbada conciencia de la Regenta. Los símbolos "puros" e idealizadores de la fuente y del río que la tradición antropológica identifica con el sentimiento erótico, dejan paso a esas otras imágenes metafóricas desprovistas de todo poético embellecimiento: en el desagradable croar de las ranas, en la mirada impertinente del sapo, en la raíz en forma de garra que sale de la tierra se materializa la brutal concupiscencia de la naturaleza. Pero ésta no se detiene a los umbrales de la ciudad, sino que se expande, incontenible, por los barrios populares. La naturaleza, que Ana Ozores experimenta por primera vez como potente energía erótica, imparte una lección nueva a sus sentidos y afina su percepción de la realidad: "Alguna otra vez había pasado la Regenta por ahí a tales horas, pero en esta ocasión, con una especie de doble vista, creía ver, sentir allí, en aquel montón de ropa sucia, en el mismo olor picante de la 'chusma', en la algazara de aquellas turbas una forma del placer del amor; del amor que era por lo visto una necesidad universal" (352).

El "placer del amor" borra las fronteras que, en la infancia de Ana, tan claramente separaban la naturaleza de la civilización. La soledad, la libertad, el libre correr del pensamiento religioso pertenecen, ya no a otro espacio (el espacio de una naturaleza virgen e idealizada), sino a otro tiempo, el tiempo de la infancia, ignorante todavía de las ataduras y de las restricciones sociales. En esto, la Regenta y el Magistral se parecen: ambos se criaron en la libertad todavía inocente del campo, ambos fueron más adelante hechos prisioneros por la sociedad, que les impuso su yugo estéril. La sotana y el matrimonio sin hijos no son sino símbolos de esa esterilidad que tan violentamente contrasta con la fertilidad de la naturaleza. Tanto doña Ana como don Fermín, finalmente, sufren la experiencia amarga de una naturaleza irreconocible y "contaminada" por la malicia y concupiscencia calculadoras. Petra, con su lujuria, que es, antes que nada, hábil estrategia, "contagia" en dos escenas separadas pero paralelas en su significado, primero a la Regenta y luego al Magistral. En los dos casos, Petra se aprovecha de la impunidad del campo y, en los dos casos, la naturaleza queda reducida a un mero instrumento. La figura de la criada es mera metáfora, representación concreta de un sentimiento pragmático generalizado. Nótese que no solamente Petra, sino en realidad, toda la sociedad y, en particular, sus estratos superiores, sacan partido a la soledad del campo y de ella se sirven para sus ilícitos escarceos amorosos. La seducción del Magistral, la victoria de Petra, no constituye sino la antesala, el preámbulo anticipatorio de esa otra victoriosa seducción de doña Ana —ocurrida igualmente en el Vivero— por parte de don Álvaro. Así lo siente (lo presiente) la propia Regenta, cuando, durante su estancia en el Vivero, apunta en su diario:

> A veces se me antoja todo el Vivero escenario de una comedia o de una novela [...]. Insisto en ello, hay aquí algo de escenario antes de una comedia. Los vetustenses que tienen la dicha de ser convidados a las excursiones del Vivero son los personajes de las escenas que aquí se representan [...] Obdulia, Visita, Edelmira, Paco, Joaquinito, Álvaro [...] y tantos otros han hablado aquí, han cantado, corrido, jugado, bailado [...] reído sobre todo [...] Y algo olfateo de la alegría pasada o algo presiento de la alegría futura. Sí, Quintanar dice bien, esto es el paraíso. ¿Qué nos falta a nosotros en él? [391].

La naturaleza, de súbito, se ha vuelto, también a los ojos de Ana, escenario y paraíso artificiales en los que resuenan todavía, y volverán a resonar, las risas y la maliciosa algazara de sus pobladores. Con ello, el campo pierde, con carácter definitivo, su naturalidad, se vuelve civilizado y, por tanto, se "ajardina".

Hay, en la novela que nos ocupa, una clara escisión entre el pasado, que coincide con la infancia de Ana, y el presente, tiempo de su matrimonio y su instalación definitiva en Vetusta. En ese pasado, que es en gran medida ensueño y recuerdo, jardín y naturaleza conviven en perfecta armonía. La puerta del jardín que había de atravesar Ana cuando "subía al monte de los tomillares" (208) simboliza esa fácil transición entre ambos espacios. El jardín, lejos de oponerse semántica y geográficamente a la naturaleza, se convierte en su prolongación. La fluyente continuidad del espacio sirve a su vez de expresiva metáfora a la infancia de Ana, espacio-tiempo que transcurre igualmente sin suturas ni violentos contrastes.

La separación y alteración de los espacios se inicia con el presente narrativo y la prosaica existencia vetustense. Esos jardines del "ahora" descritos en *La Regenta* son siempre artificiales, y en ningún momento pretenden, aun cuando su entorno sea urbano, recrear la naturaleza. Recordemos las palabras de Finney: *"Since the city is the utmost manifestation of the supplanting of nature by man-made structures, a garden within a city very often stands as a last remnant of the natural world and is frequently associated with passion"* [Como la ciudad constituye la manifestación más radical y completa de la suplantación de la naturaleza y de la imposición de estructuras hechas por el hombre, un jardín dentro de una ciudad con frecuencia viene a simbolizar el último reducto del mundo natural y a menudo se vincula con la pasión] (4).

Sin embargo, el Parque de los Ozores, que es jardín urbano, no se ajusta a estas premisas. Sirve, antes bien, de plataforma de experimentación botánica a Frígilis, que, con sus atrevidos injertos y complicados malabarismos de horticultor versado, manipula sin piedad el mundo vegetal. En la huerta de don Víctor la pasión no fuctifica ni alcanza ese grado de idealismo presente, por ejemplo, en el jardín de *Vergy,* en *Le Rouge et le Noir.* El cenador es testigo mudo en una ocasión de las alambicadas razones místicas del Magistral, tras las cuales se esconde su pasión, estéril e inconfesada, por doña Ana. Más adelante, el jardín presenciará las furtivas entradas y salidas de don Álvaro del dormitorio de la Regenta, escenas éstas que con sus escaladas de muros y complicadas superaciones de obstáculos físicos y sociales difícilmente puede disimular su parecido con las comedias de enredo. Añadamos a estos dos amores falsos ese otro amor no menos hipócrita e infructuoso que es el matrimonio de don Víctor y doña Ana y que, en cierta medida, resulta ser producto de la absurda aplicación de los principios botánicos a la existencia de dos seres humanos. Recuérdese que Ana se casa con el Regente por consejo de Frígilis, quien se sirve de su espíritu analítico y científico para justificar su encendida recomendación. Y, sin embargo, los cálculos del horticultor no sirven para garantizar la felicidad conyugal de sus dos amigos, de la misma manera que sus laboriosos injertos y manipulaciones botánicas tampoco logran dominar la naturaleza ni los excesos de la civilización.

Al afán de control, a la pasión combinatoria y clasificatoria, dominada por un sentido ético, de Frígilis, al celoso cuidado que éste dedica al Parque de los Ozores, parece oponérseles el caos vegetal del Vivero, la licenciosa libertad con que crecen allí plantas y flores y se renuevan, todos los veranos, los maliciosos amores de los "señoritos". También aquí, como en la infancia de Ana, el jardín comunica, por una portezuela, con el monte. Pero esta vez, no es la naturaleza la que se apodera del jardín. Éste, convertido en escenario social antes que natural, se expande monte arriba y se apodera del bosque. Las intrigas amorosas, las luchas de poder, los halagos de la vanidad escapan, pues, del estrecho recinto urbano y se instalan cómodamente en el campo, adaptándolo con vigor a sus necesidades.

Todos los personajes de la novela que nos ocupa, salvo, quizá, la propia Regenta, Frígilis y don Víctor, identifican la naturaleza con la tentación sexual y la liberación de los instintos. El mismo Magistral siente prevención ante el Vivero y teme que en él se aflojen peligrosamente las ataduras que las estrictas convenciones sociales y la rígida moral de Vetusta imponen a los sentidos de doña Ana. En esto, don Fermín ya no se parece a la Regenta, sino a Petra. Con ella comparte la recelosa desconfianza del campesino, y la prosaica sabiduría y capacidad de observación del labriego les dice a ambos que en el campo, todos, también los señoritos, se vuelven licenciosos y atrevidos. La postura del Magistral (y nos atrevemos a decir que también de Clarín) ante la naturaleza es ambigua. Por un lado, en ella se materializa con rara perfección el exaltado sentimiento religioso, el más puro idealismo. Pero, por otra parte, la poderosa sensualidad de la naturaleza amenaza con derrumbar ese precario castillo de naipes que es el complejo sistema ético del catolicismo. Hay en el Magistral (y en su creador) una clara nostalgia del mundo clásico, y de su elegante apología del paganismo y de la libre recreación del instinto amoroso. Pero esta nostalgia choca dolorosamente con la convicción de que la sociedad moderna necesita de una ética rigurosa capaz de controlar y de restar virulencia a las pasiones humanas.

En la espiritual exaltación de la niña Ana reverbera, pues, ese acercamiento espiritual a la naturaleza. Jardín y campo se funden en un todo armonioso que es, sin embargo, utópico y tan pasajero como los sueños de la infancia. El parque de los Ozores ofrece otra utopía, más científica esta vez que religiosa, pero tan irreal y tan decepcionante como la primera: la utopía, a la postre, de una naturaleza desapasionada y fría, de neoclásica perfección, que se somete a las sabias y provechosas manipulaciones del hombre (léase Frígilis). El Vivero, por fin, renuncia a todo pensamiento o espacio utópicos y presenta la realidad tal y como es, la realidad, por tanto, como terreno de lucha en que se enfrentan confusamente tres fuerzas opuestas: el idealismo verdadero (el ansia de una existencia espiritual, vivida con el alma), el instinto sexual, libre de tapujos, en donde la naturaleza se manifiesta con todo su vigor y, por fin, los intereses y vanidades de una sociedad y de una época.

Sea como fuere, lo cierto es que Clarín presenta un mundo ya hecho, regido por el determinismo, y no un universo cambiante, una existencia (individual o colectiva) retratada en el instante de su metamorfosis. No interesa tanto el cambio (el acontecer diacrónico) como la presencia (la sincrónica distribución y simultaneidad) e interrelación de las distintas facciones, de los diferentes espacios. Ello explica que cada jardín conserve, a lo largo de la narración, su significado originario y que el sentido de la novela brote, no ya de la evolución de ese significado, sino de la oposición y combinación de ciertos significados y espacios "fijos" que se adhieren con tenacidad a la memoria del lector.

DE FLORES, SIMETRÍAS Y ANDROGINIAS: EL JARDÍN CRIOLLO

En la novela realista y naturalista latinoamericana (género, como se sabe, híbrido y prolífico, lleno de resabios costumbristas, románticos y hasta modernistas) prevalece el enquistado sentimentalismo romántico que atribuye virtudes higiénicas y espirituales a la naturaleza, frente a los vicios y el ambiente insalubre de las ciudades. Los ejemplos son numerosos: don Cándido, en *Cecilia Valdés,* de Cirilo Villaverde, se indigna ante la existencia dilapidadora y holgazana de su hijo Leonardo. A la temerosa pregunta de la madre siempre blanda y protectora ("¿Qué remedio adoptar, Cándido? Ya es tarde, ya él es un hombrecito"), responde, categórico, el padre: "¿Qué remedio? Varios. En los buques de guerra de S. M. hasta a los hombronazos se les mete en cintura. Pensando estaba yo que no le vendría mal oler a brea por corto tiempo" (131). El aroma recio y saludable del mar, pues, como revulsivo eficaz contra los perfumes decadentes y las tentaciones de La Habana.

En *Martín Rivas,* la más leída de las novelas del chileno Blest Gana, se dice que

> doña Clara se hallaba profundamente ocupada en buscar a [su sobrino] Rafael alguna ocupación que lo alejase de Santiago, en donde veía que descuidaba sus estudios para entregarse a los pasatiempos de ocio y de disipación […] —A fuerza de pensar [le confiesa Clara a su hermano], he visto que lo que más le convendría a este muchacho sería el alejarse de Santiago y consagrarse al campo, donde la esperanza de mejorar de fortuna y la vida activa del trabajo le harán olvidar esa melancolía que le consume [97].

El propio Blest Gana, en otra de sus novelas *(Una escena social)* dedica un extenso párrafo a la reflexión sobre esa "moderna enfermedad" del urbanita que él denomina "el fastidio" y en cuyos síntomas el lector con facilidad reconoce el famoso *spleen* baudeleriano:

> ¿Quién explicará jamás esta enfermedad moderna, con sus infinitas modificaciones? Los antiguos tuvieron la lepra y la filosofía, después la religión y la escarlatina, la política y las viruelas, las facultades extraordinarias y la gripe, los estados de sitio y el cólera-morbo, que han aislado sin tregua a la pobre humanidad; pero

a nosotros, hijos mimados de la civilización, nos ha cabido en suerte el filosófico fastidio, que si menos visible que otros males, no deja por esto de merecer un puesto preferente entre los azotes que afligen al género humano. Bien es verdad que el fastidio es un achaque transitorio; pero, al contrario de las otras dolencias epidémicas, el que lo ha padecido una vez se halla más dispuesto que cualquiera otro a experimentarlo de nuevo; todo está ya preparado de antemano, y el fastidio llega entonces como aquellos viajeros que, pasando frecuentemente por un lugar, tienen ya un cuarto designado en la posada [51].

Aquejado gravemente de "fastidio", reconoce el protagonista que

mi ánimo inquieto casi siempre prohíbe a mis facultades fijarme determinadamente en algún punto. Yo era a veces sentimental y sombrío, pero tenía, en cambio, mis horas de contento: tuve algunos amores; …¿quién ha llegado a veinticinco años sin tenerlos?; pero estos accidentes, en los cuales mi corazón no tomó parte alguna, habían pasado sin dejar en el alma ni una alegría ni un dolor; todo contribuía, pues, en la época de que hablo, a formar de mi individuo el ente más insípido para el vulgo y el más curioso para el fisiologista moral [51].

Pues bien, esta efigie moral del personaje de Blest Gana retrata con sorprendente exactitud a Andrés, el protagonista de *Sin rumbo,* la novela naturalista de Eugenio Cambaceres. Y, como lo quiere la convención literaria, el *spleen,* el fastidio, que invade al personaje en Buenos Aires, escenario convencional de la abulia y de los enfriados amores con una cantante de ópera, se materializa en el paisaje deshumanizado de la ciudad:

Se levantaba al fin, mareado, abrumada la cabeza, los ojos sumidos y vidriosos, seca la garganta, oprimido el pecho, sediento de aire. Eran, entonces, las largas caminatas, sin plan ni rumbo, al través de la ciudad desenvolviendo el recto y monótono cordón de sus calles solitarias, la sucesión interminable de sus casas saliéndole al encuentro, mirándolo pasar en la muda indiferencia de sus postigos cerrados. Las mismas acerbas sugestiones de su mal, más negras, más dolorosas cada vez, como recrudece el dolor en las crisis de enfermedades sin cura a medida que la muerte avanza [114].

El remedio al fastidio del paseante (al *spleen* del *flaneur* bonaerense) es igualmente estereotipado: cree encontrarlo —espejismo falaz— en el regreso a la estancia y a la vida campestre del gaucho: "Y al respirar el aire fresco y puro de la noche, las ráfagas del viento de tierra con olor a campo y con gusto a savia, se sentía de pronto poseído por un deseo apremiante y vivo: volverse. Una brusca nostalgia de la Pampa lo invadía, su estancia, su libertad, su vida soberana, fuera del ambiente corrompido de la ciudad, del contacto infectivo de los otros, lejos del putrílago social" (114).

También Raucho, en la novela del mismo nombre de Ricardo Güiraldes, regresa a la estancia y, como Andrés, tiene "al primer asomo de campo, la ilusión de salir de preso. Su alma se hacía infinita, libre de limitaciones ciudadanas que a cada persona daban derecho sólo a su parte, reduciendo el oído a los ruidos de su cuadra, la vista al encauzamiento de su calle. Aquí la posesión se extendía, y el gozar de los sonidos como de los paisajes era amplio hasta la capacidad de percepción" (174).

La ciudad ahoga y limita la perspectiva. Pero, en un sentido metafórico que supera la percepción puramente visual y auditiva de las cosas, la ciudad amplía el horizonte y extiende ante el lector nuevos paisajes. La melancolía de Rafael *(Martín Rivas)*, el fastidio de Alfredo *(Una escena social)*, el *spleen* de Andrés *(Sin rumbo)*, la sed de aventura de Raucho son energías que, en eficaz combinación con el cronotopo urbano, añaden, a los espacios del presente (la ciudad), las geografías (campestres) del recuerdo y de la esperanza. Los personajes masculinos recuerdan y sueñan, desde el entorno urbano, el campo y éste, irremediablemente, aparece vinculado a una figura femenina. Andrés deja en la estancia a Donata, que

> como esas flores agrestes que dan todo su aroma, sin oponer siquiera a la mano que las arranca la resistencia de espinas que no tienen, en cuerpo y alma se había entregado a su querido. Huérfana de madre, criada sola al lado de su padre, sin la desenvoltura precoz, sin la ciencia prematura que el roce con las otras lleva en los grandes centros al corazón de la mujer, ignorante de las cosas de la vida, conociendo sólo del amor lo que, en las revelaciones oscuras de su instinto, el espectáculo de la naturaleza le enseñaba, confundía la brama de la bestia con el amor del hombre. Andrés la buscaba, luego la quería. No sabía más y era feliz. Viva, graciosa, con la gracia ligera y la natural viveza de movimientos de una gama, cariñosa, ardiente, linda, pura, su posesión, algo como el sabor acre y fresco de la savia, habría podido hacer las delicias de su dueño en esas horas tempranas de la vida en que el falso prisma de las ilusiones circuye de una aureola a la mujer [66].

Raucho, tras acabar el colegio, vuelve a la estancia y se hace amigo de "una morocha (de quince años) de ojos largos y párpados pesados [...], ya formada, con una risa límpida y un cuerpo ágil. ¿Y qué más decir? Gustábale a ella descolgar nísperos, y un día muy claro, como el patroncito pasara, le ofreció sus frutas. Entre los pastos, una víbora se retorcía hacia su cueva, riendo un discreto silbato de mofa" (183).

Leonardo, por fin, al divisar desde lejos y en uno de los barrios más populares de La Habana a Isabel Ilincheta, su futura prometida, confiesa: "La chica me gusta, no lo niego; pero me gustaba más allá, en medio de las flores y el aire embalsamado, a la sombra de los naranjos y de las palmas, en aquellas guardarayas y jardines del cafetal de su padre" (156).

Alberto, protagonista de *Ídolos rotos,* novela del venezolano Manuel Díaz Rodríguez, regresa a Caracas tras una prolongada estancia en París. El jardín de su hermana Rosa viene a ser condensación reducida, *mise en abîme,* de la ciudad de Caracas. La capital venezolana se ha transformado en caricatura decadente del cosmopolitismo europeo y, para simbolizar esta realidad, el narrador introduce en la novela una hermosa mata de camelias, con la que se metaforiza París y en general el legado urbano y cultural de Europa; trasplantada, no obstante, al jardín caraqueño, se malogra y tan sólo "da una flor, feúca y ruin" (71).

Pero esta reducción y condensación de un espacio (Caracas) y de un hecho histórico (la influencia perniciosa de Europa en la cultura latinoamericana) se acompaña de otra "domesticación". Mientras Alberto esculpe, en París, la obra que le va a granjear el aplauso y la admiración de la capital francesa, Rosa transforma el descuidado corral de su casa en un "solo jardín opulento". Como Alberto, escultor solitario que realiza su trabajo a escondidas y con fanático empeño, Rosa se enorgullece de su labor y exclama, satisfecha y pletórica: "Pues todo eso lo hice yo, yo misma […] hasta en construir ese quiosco puse mis manos" (70). No obstante, a la obra de arte de Rosa (al quiosco y al jardín) le están vedados la dimensión pública y el reconocimiento oficial que, a cambio, recibe con creces la escultura de Alberto. Reducidos al ámbito puramente doméstico, mujer y jardín sirven, una vez más, de pasivo reflejo y de doble símbolo espacial a una realidad política.

Los mecanismos de reducción y de domesticación son frecuentes en la novela realista y se manifiestan con especial elocuencia cuando un personaje masculino imagina (recuerda o sueña) a su amada rodeada de un entorno natural. La naturaleza y el arte, cuando sirven de marco a una mujer o de ella brotan, inevitablemente se "ajardinan", se domestican. Leonardo imagina a Isabel en los "jardines" del cafetal de su padre, y se olvida de que esos jardines son tierra productiva, antes destinados al mundo del trabajo que a los espacios del ocio. Alberto admira el vergel nacido de la imaginación y el esfuerzo de su hermana, pero en ningún momento se le ocurre elevarlo a la categoría de obra de arte o comparar acaso el talento de Rosa con el suyo propio. El espacio, porque lo habita o lo transforma artísticamente un personaje femenino, se amansa de modo automático, se recoge, se retira del ámbito público en la imaginación del hombre. También Güiraldes hace de la naturaleza un jardín. La escena amorosa entre Raucho y la "morocha" queda humorísticamente transformada en una parodia de Adán y Eva en el paraíso, en el instante en que aquél sucumbe a la tentación. Esta vez, la manzana es un níspero, y la serpiente, una víbora burlona. La naturaleza ha de sufrir el doble yugo de la domesticación (al quedar convertida, una vez más, en jardín, en esta ocasión edénico) y de la adaptación burlesca y metafictiva a un episodio y espacio bíblicos y, por tanto, literarios.

Veamos otro caso tan paradigmático como conocido de censura urbana y de alabanza rural. En *Santa,* la novela de Federico Gamboa, la protagonista se desdobla en dos personajes, cada uno de ellos orlado de su imborrable paisaje. La muchacha que "fue" es la muchacha inocente, esa que vivía "allá en el pueblo, en el humilde y riente hogar decorado de campánulas, heliotropos y yedra" (16). La muchacha que "es" es la que recuerda y se lamenta, la que, al deshonrar a su familia y su casa, ha de consumar su perdición rodeada de la estampa antes cubista que realista, pero en todo caso delirante y claustrofóbica de la ciudad. Desde el cuarto "interior y alto" de Santa, "con su par de ventanas colgadas de zurcidas cortinas de punto" (17), contempla el narrador

> un irregular panorama de techos y azoteas; una inmensidad fantástica de chimeneas, tinacos, tiestos de flores y ropas tendidas, de escaleras y puertas inesperadas, de torres de templos, astas de banderas y rótulos de monstruosos caracteres; de balcones remotos cuyos vidrios, a esa distancia, diríase que se hacían añicos, golpeados por los oblicuos rayos del sol descendiendo ya por entre los picachos y crestas de las montañas que, en último término, limitaban el horizonte [17].

Si bien en este caso no es un hombre quien recuerda, la materia de estos recuerdos, así como la precisa simetría que se establece entre naturaleza y virtud y ciudad y vicio, corresponde con exactitud a la visión masculina y androcéntrica propia de la novela realista. Santa mira y siente con la percepción y la sensibilidad que le imponen los hombres, y para escarnio y lección edificante de las mujeres. Por ello mismo, la dictadura del equilibrio narrativo y moral obliga al desdoblamiento del personaje femenino. Recuérdese que el realismo es rígidamente estructuralista, amén de masculinista. La inocencia no puede definirse si no se opone a la perversión, de la misma forma en que las virtudes de la naturaleza necesitan, para que resplandezca su significado, contraponerse a la depravación y los vicios de la ciudad. Esta dictadura semántica e ideológica se impone igualmente en novelas como *Raucho, Sin rumbo* y *Cecilia Valdés*. Sólo que aquí el binarismo se resuelve, no con el desdoblamiento (al fin y al cabo, la perspectiva proviene de fuera, de un personaje masculino), sino con la duplicación. A todo idilio campestre le corresponde con precisión matemática una escaramuza sentimental escenificada en ambientes urbanos. La "voracidad infantil" e inocente de Carmencita, la novia de la estancia, que "adora a Raucho como a un ídolo, como a un ser superior sin fallas" (184), se opone a la "pericia viciosa" de Emilia, protagonista de su primera aventura amorosa en Buenos Aires (176).

Donata, esa "flor agreste que da todo su aroma", que se entrega, sin un ápice de malicia a Andrés, halla su contrapunto en los amores adúlteros de la Amorini. *La prima donna,* llevada por una pasión "enardecida, inflamada, febriciente", es retratada "ávida, sedienta e insaciable aun en los espasmos supremos del amor" (97).

El ejemplo más conocido y seguramente más notable de duplicación y simetría (de menosprecio de corte y alabanza de aldea, de pasiones que tientan y de inocencias que enamoran, de vampiresas, Salomés, Medusas y arpías contra vírgenes, santas y púdicas doncellas) lo constituye *Cecilia Valdés*. En un párrafo memorable, Leonardo distribuye y categoriza como sigue a sus dos enamoradas:

No habiendo puntos de comparación bajo ningún concepto entre las dos mujeres, no puedo querer a la una como quiero a la otra. La de allá [Cecilia] me trae siempre loco, me ha hecho cometer más de una locura y todavía me hará cometer muchas más. Con todo, no la amo, ni la amaré nunca como amo a la de acá. [...]

Aquella es toda pasión y fuego, es mi tentadora, un diablito en figura de mujer, la Venus de las mulas. […] ¿Quién es bastante fuerte para resistírsele? ¿Quién puede acercársele sin quemarse? ¿Quién al verla nomás no siente hervirle la sangre en las venas? ¿Quién la oye decir te quiero, y no se le trastorna el cerebro cual si bebiera vino? Ninguna de esas sensaciones es fácil experimentar al lado de Isabel. Bella, elegante, amable, instruida, severa, posee la virtud del erizo, que punza con sus espinas al que osa tocarla. Estatua, en fin, de mármol por lo rígida y por lo fría, inspira respeto, admiración, cariño tal vez, no amor loco, no una pasión volcánica. […] La de La Habana será mi Venus citerea, la de Alquízar, mi ángel custodio, mi monjita Ursulina, mi hermana de la caridad [414, 415].

También *Clemencia,* de Ignacio Manuel Altamirano, la novela mexicana que los críticos citan como paradigma de la narrativa de transición entre el romanticismo y un naturalismo incipiente, alberga entre sus páginas a dos heroínas opuestas y complementarias:

El galante oficial, que primero había observado rápidamente y a fuer de hombre conocedor a las dos bellas jóvenes, pasaba de una a otra alternativamente los ojos, como en un estudio comparativo, y había acabado por comprender que las dos rivalizaban en hermosura y encantos. La una era blanca y rubia como una inglesa. La otra morena y pálida como una española. Los ojos azules de Isabel inspiraban una afección pura y tierna. Los ojos negros de Clemencia hacían estremecer de deleite. La boca encarnada de la primera sonreía, con una sonrisa de ángel. La boca sensual de la segunda tenía la sonrisa de las huríes, sonrisa en la que se adivinan el desmayo y la sed. El cuello de alabastro de la rubia se inclinaba, como el de una virgen orando. El cuello de la morena se erguía, como el de una reina. Eran dos bellezas incomparables [184].

En la novela de Altamirano, el campo queda reservado a las batallas y a las proezas militares. No obstante, y con habitar los dos personajes femeninos el espacio urbano de Guadalajara, la oposición naturaleza-ciudad se mantiene sin alteraciones y dentro de los límites de los convencionalismos literarios y estéticos. A Isabel, "virgen blanca y rubia, pura y tierna", le está reservada la metaforización de la inocencia y de la naturaleza, mientras que Clemencia, "reina morena, altiva y enigmática, de sonrisa sensual y sedienta", personifica el artificio de la civilización. Esta distribución de los papeles se refuerza con el marco espacial que corresponde a cada una de las dos heroínas, en concreto, con la distinta fisonomía de los jardines que rodean sus respectivos hogares. Tras atravesar "los umbrales de la linda casita" de Isabel, se llega a "un pequeño patio que parecía una gruta de verdura y de flores con un risueño surtidor de mármol; bajo una cortina de enredaderas [se penetraba] en el corredor" (182). La mansión de Clemencia, por el contrario, ofrece el siguiente aspecto a los ojos de los visitantes masculinos:

Atravesaron la gran puerta de una casa vasta y elegante, en cuyo patio, enlosado con grandes y bruñidas piedras, se ostentan en enormes cajas de madera pintada y en grandes jarrones de porcelana, gallardos bananos, frescos y copiosos naranjos, y limoneros verdes y cargados de frutos [...]. Los naranjos, los limoneros y las magnolias del patio, que estaba perfectamente iluminado, se ostentan con toda la frescura y lozanía de la primavera. Una fuente graciosa de mármol, decorada con una estatua, se levanta en medio, y alzándose apenas dos pies del suelo, salpica con sus húmedas lluvias una espesa guirnalda de violetas y de verbenas que se extiende en derredor de la blanca piedra, perfumando el ambiente. Aquello no es un jardín; pero es lo bastante para dar al patio un aspecto risueño, alegre y elegante [217].

Nótese que mientras que el patio de Isabel, comparado con una gruta llena de verdura y de flores, se asemeja notablemente a un entorno natural (aunque siempre domesticado), el patio de Clemencia no puede negar que es producto de la civilización: flores y árboles crecen en grandes cajas de madera y en jarrones de porcelana, una fuente de mármol con su estatua humedece el ambiente y, por fin, el conjunto entero se ilumina mediante la luz artificial. Con razón el narrador sostiene, rotundo, que "aquello no es un jardín". Más adelante, y por obra del amor conjugado con la traición, el grado de artificiosidad va en aumento:

> [Fernando y Clemencia] salieron a uno de los corredores. Las lámparas de cristal apagado derramaban una luz suave sobre aquel encantado lugar. El perfume de las magnolias, de las violetas y del azahar del patio, y de los heliotropos y de las madreselvas del corredor, embalsamaban la atmósfera completamente. [...] Clemencia condujo a Fernando hasta donde estaba un soberbio tibor japonés, sobre un pedestal de mármol rojizo, frente a una puerta abierta y que dejaba ver al través de sus ricas cortinas una pieza elegantísima, e iluminada también suavemente por una lámpara azul. [...] Aquello era un jardín encantado, un paraíso [227].

En general, los jardines del realismo hispanoamericano tienden con fuerza a la estilización poética. En ellos fructifica el romanticismo, pero, sobre todo, la calidad cromática y la simbología modernistas. En muchos casos, los jardines se vuelven esquemáticos y condensan, en una breve descripción, todo su significado. Irremediablemente vinculados a la figura de la mujer, muestran someramente lo que con mayor precisión se asocia con lo femenino, a saber: el estereotipado motivo de la flor. El diccionario de los símbolos de Chevalier y Geehrbrant señala que "aunque cada flor posee secundariamente un simbolismo propio, la flor en general es símbolo del principio pasivo" (504) y, por ende, femenino. González destaca la importancia que en *Lucía Jerez,* la novela de Martí, adquiere "el simbolismo floral, que resulta a menudo indispensable para entender el texto" (63). Por otra parte, se echa de menos un estudio detenido del lenguaje metafórico y floral en *Ídolos rotos,* tan complejo, policromático y necesario, seguramente, como el de la novela argentina. Ciertamente, son muy pocas las novelas del realismo latinoamericano que se salvan de la retórica romántica y modernista de las flores. Recordemos que Donata, en *Sin rumbo,* se compara con "una flor agreste". La niña Cecilia, en la novela de Cirilo Villaverde, "estrechaba por la cintura a la vieja con sus torneados brazos y recostaba la hermosa cabeza en su pecho, semejante a la flor que brota en un tronco seco y con sus hojas y fragancia ostenta la vida junto a la misma muerte" (81). En otro capítulo, Isabel y su hermana Rosa, contempladas por sus pretendientes, se confunden con el aroma y las flores del jardín: "Alcanzaron a ver a las hermanas penetrando en lo más intrincado del jardín, allí donde los rosales de Alejandría, los jazmines del Cabo y las clavelinas, competidores de los más bellos de que se precian Turquía y Persia, si no acertaban a envolverlas con sus ramas, sin duda que las envolvían con sus emanaciones aromáticas" (395). Rosa y María, por último, las dos amigas inseparables de *Ídolos rotos,* florecen en una lúgubre metáfora: "Rosas gemelas, nacidas en el mismo gajo, abiertas al mismo soplo, casi a la vez un mismo insecto nauseabundo manchó de baba sus pétalos" (158). También Cirilo Villaverde utiliza sin pudor el manido cliché del jardín galante, en el que, por definición, la figura femenina y la flor se convierten en sinónimos y en términos fácilmente intercambiables: Cecilia es descrita metafóricamente como "hermosa flor arrojada en mitad de la plaza pública, para ser hollada del primer transeúnte" (82). *La loma del Ángel,* de Reinaldo Arenas, versión desenfadada de la novela de Cirilo Villaverde, prescinde naturalmente de estos convencionalismos ya superados. Pero *Lucía Jerez* todavía rinde pleitesía al cliché, si se piensa que en esta novela, uno de los personajes femeninos, Sol del Valle, "se asocia frecuentemente con la camelia, flor que simboliza la pureza y la hermosura perfectas" (González, 63). De la misma forma, Clemencia, que encarna la pasión funesta, queda vinculada, desde las primeras páginas, a "una tuberosa de la más rara especie" (226), "una flor hermosísima, roja y perfumada" (224). El paraíso artificial, el jardín encantado, se reducen, a la postre, a una flor roja y a una hermosa silueta femenina.

Probablemente, el ejemplo más extremo de reducción y de domesticación de la naturaleza, cuando ésta sirve de estuche a una figura femenina, lo constituye el capítulo dedicado a Dolores del Río en *El libro extraño,* del argentino Francisco Sicardi. Nótese que la alcoba de Dolores se llena de motivos florales. La cama aparece "tallada en artísticos relieves de hojas y flores, y extendida la verde colcha de raso" (51). Sobre ese verde de raso, que asemeja a un prado, se sienta Dolores, y "se desabrocha el corpiño, que tiene pintado a mano en la tersura del raso maravilloso ramo de lilas" (52) El raso y las flores de la camajardín se confunden y difuminan con el raso y las flores con que aparece envuelta la figura femenina. Esta imagen sugiere con rara elocuencia el fenómeno, tan frecuente en literatura, de sinonimia y de superposición de una mujer y su jardín. Pero el aire recoleto e intimista de todo jardín literario habitado por una mujer y contemplado desde una perspectiva masculina se acentúa aún por el hecho de que, en la novela de Sicardi, ese jardín es interior y se halla enmarcado por las paredes de la alcoba. Ya señalamos en páginas anteriores que la novela realista siente una predilección, que podemos tildar de obsesiva, por los marcos, los recipientes, los encasillamientos, en fin, por todo aquello que, de alguna forma, promete (vanamente) ordenar y clasificar la realidad. Pues bien, una de las realidades más necesitadas de orden, de acuerdo con la sensibilidad no sólo realista sino también modernista y finisecular, es precisamente la mujer. El narrador encierra a Dolores en un jardín y, a su vez, rodea el jardín con los gruesos muros de la alcoba femenina. Pero el juego de marcos y encasillamientos no termina ahí: Dolores regresa del baile con un desengaño amoroso doliéndole en el pecho. Vuelve a acercarse lentamente a la cama y, esta vez, "se acuesta así vestida [con su hermoso vestido de flores], mirando aquel cuadro y los cabellos rubios de esa mujer, salvada del naufragio eterno, hundida en el almohadón cuadrado, sobre el terciopelo negro de su cabellera suelta, espléndida la efigie de mármol y melancólica el alma" (52). La alcoba es un marco, que frenéticamente se descompone en encasillamientos sucesivos. La cama-jardín encuadra a la figura femenina, de la misma forma en que el "almohadón cuadrado" sirve de marco a la blancura de un hermoso rostro al que sirve de fondo negrísimo una abundante cabellera. Desde el cuadro (la alcoba) del cuadro (la cama) del cuadro (el almohadón), Dolores contempla otro cuadro, porque

lo que llamaba la atención de aquel dormitorio era un gran cuadro de marco de bronce, singular en sus caprichosos arabescos. Era una parda cruz de gruesa y cuadrada piedra, destilando humedades salinas sobre la cumbre de escarpada rompiente, flagelada por la borrasca embravecida, espumoso el oleaje gigantesco. Abrazada al pedestal, colgante el cuerpo en las aguas revueltas y salvada del naufragio eterno, la blanca y semidesnuda pecadora, la cabellera rubia de oro muerto crujiente y sedosa en el estallido crepitante de las espumas albas del mar…

Ciertamente, el "gran cuadro de marco de bronce" es, amén de un cuadro, un espejo. Al frenesí encasillador une el realismo esa otra afición no menos fervorosa por la exacta simetría de las imágenes. Una vez más, el alma de la mujer de cabellera negra y aterciopelada (la Clemencia de Altamirano, la Cecilia de Villaverde) se espeja en el alma de la mujer de cabellera de oro, crujiente y sedosa (las dos Isabeles, la mexicana y la cubana). Una vez más, la pasión erótica que oscuramente revuelve los pensamientos de Dolores se refleja en los excesos del amor en que cayó también la "blanca y semidesnuda pecadora".

El espejo y el cuadro equilibran, ordenan y, por tanto, domestican la realidad. Pero, sobre todo, la reproducen y, al convertirla en reproducción, la transforman en pieza artística. La realidad, una vez ordenada, sometida a las normas de la simetría, una vez reproducida y, por ello mismo, transformada en arte, se neutraliza y se vuelve inofensiva. Aventuremos una frase espejo: la mujer, una vez ordenada, sometida a las normas de la simetría, una vez reproducida y, por ello mismo, transformada en arte, se neutraliza y se vuelve inofensiva. Sólo así, domesticada y neutralizada (convertida en cuadro) puede la rubia pecadora entrar en la alcoba de Dolores, su oscura hermana. Sólo así, domesticada y neutralizada (convertida en relato) puede Dolores entrar en la literatura y habitar, sin riesgo de mancilla, sus jardines.

Hasta aquí, la perspectiva masculina ha hecho hablar, a los jardines del realismo y a las mujeres que por ellos se pasean, el lenguaje estereotipado y pasivo de las flores, de los espejos y del artificio pictórico. *Cecilia Valdés* parece que logra, no obstante, romper el círculo vicioso de ese restringido sistema semántico, que con exasperante monotonía conduce de la mujer al jardín y viceversa, hasta quedar condensado en una flor (en un cuadro, en un espejo), como símbolo exacto y punto de intersección entre la figura femenina y su espacio orla. Sin embargo, no es Cecilia, la "virgencita de bronce", la "Venus citerea" (415), sino Isabel, hermosa "estatua de mármol" (414), "ángel custodio", virtuoso y frío, quien logra traspasar las rígidas fronteras del cliché (aunque, como veremos, para volver a caer dentro del reducto cerrado de un nuevo estereotipo).

La novela nos cuenta que Isabel, en el cafetal de su padre, echó una mirada inquisitiva por todo el país [paisaje] desplegado ante ella, y se aventuró fuera del pórtico; porque desde allí echó de ver una rosa de Alejandría que acababa de abrirse al dulce calor solar, en el cuadro del sudeste del jardín. Cortóla sin punzarse ni mojarse, y cuando se adornaba con ella la espléndida trenza de sus cabellos, volvió maquinalmente los ojos hacia la casa y le pareció que uno de sus huéspedes la observaba desde el postigo de la ventana del cuarto, en el extremo del pórtico, donde en efecto se habían los dos alojado. Era Diego Meneses, que por no haber disfrutado de sueño tranquilo, dejó la cama desde el amanecer y aspiraba el puro ambiente de sus gayadas flores [408].

El párrafo citado viene a resumir con rara perfección los rasgos señeros que la tradición artística, literaria y cultural atribuye a la figura femenina en comunión con la naturaleza. En primer lugar, Isabel, antes de salir al jardín, aventura una mirada panorámica que, no obstante, y como era de esperar, no se resuelve en palabras. Al personaje femenino, ya lo hemos señalado repetidas veces, no le está dado describir un paisaje desplegado en amplio abanico por un conjunto de razones siempre masculinistas. Abarcar con la mirada es una forma de colonización (remedo de futuras colonizaciones y primer paso que conduce hacia ellas) y la mujer es subalterna, no conquistadora. Pero además, la reproducción oral o escrita de una visión panorámica exige esa triple capacidad de abstracción, organización y clasificación reservada a los hombres. En consecuencia, Isabel, tras abandonar toda intención de mostrarle al lector lo que ve (ya lo hizo, antes que ella, la autorizada voz masculina del narrador), fija la mirada en una flor y hacia ella encamina sus pasos. La flor, amén de espejo y de sinónimo, como vimos, de la figura femenina, es, en comparación con la vastedad del panorama, un milagro de concreción. Lo concreto y lo palpable se aviene, según la tradición cultural, con la sensibilidad femenina, máxime cuando se materializa en un producto de la naturaleza. Por ello mismo, Isabel, que "femeninamente" ha sabido renunciar a todo esfuerzo intelectual de abstracción y de reorganización de un paisaje, también se ha sentido "femeninamente" atraída por la belleza cercana, concreta, natural de la rosa de Alejandría (en la que, por cierto, se espeja la suya propia). Cuando Isabel corta delicadamente el tallo de la flor, "ni se punza ni se moja", prueba adicional de que la figura femenina se halla en perfecta armonía con la naturaleza domesticada del jardín. Que el jardín es Isabel y que Isabel es el jardín ya lo sabe, de sobra, el lector. Pero, por si hubiera alguna duda, la presencia de Diego Meneses en calidad de *voyeur* lo confirma. La mirada del personaje masculino enmarca la escena de la mujer en su jardín y la eleva a la categoría de manida estampa pictórica. Ciertamente, en el personaje que mira se materializa metafictivamente la figura del lector *voyeur.* También el personaje femenino, por otra parte, se sabe literario y es consciente de que, rodeado de plantas y adornado de flores, se transforma, más que nunca, en objeto entre artístico y amatorio, destinado a poblar la imaginación erótica y el prurito estético de los que la contemplan. Por ello mismo, al "volver maquinalmente los ojos hacia la casa" y ver a Diego Meneses, Isabel "se turbó de tal forma que, por breve rato, estuvo indecisa entre si volvía atrás o seguiría adelante, porque los actos de adornarse el cabello y mirar hacia la casa, maguer que inocentes y casuales, podían interpretarse de diversas maneras, y ella huía tanto de la frivolidad como de la coquetería. Pero tenía que salir y salió con firme paso" (408).

Esos actos de coquetería femenina no son casuales, como presume el narrador, sino deliberados y, sobre todo, inevitables: la literatura (antes que la vigorosa y semivaronil personalidad de Isabel) impone a las imágenes y a los espacios el férreo yugo de las convenciones al uso. No obstante, el mismo hecho de que Isabel se refiera explícitamente a las ortodoxas conclusiones que de su comportamiento pueda extraer el personaje-*voyeur*-lector da un giro inesperado a una peripecia poco original. Este giro se vuelve aún más rotundo y elocuente cuando contemplamos al personaje femenino abandonar, resuelto y sin falsos remilgos, el entorno que la literatura tradicionalmente reserva a las mujeres. En efecto, Isabel abandona el jardín y la fragancia de sus rosas, y se interna, a cambio, en el batey, donde viven y laboran los esclavos:

Se notaba bastante movimiento en todo el batey. De los esclavos de ambos sexos, quienes recogían con sus guatacas o azadones las hojas secas y briznas del suelo; quienes con los mismos instrumentos rozaban la yerba de los caminos; quienes con ambas manos abiertas levantaban la basura amontonada y la metían en canastas que otros conducían fuera a la cabeza, quiénes a brazo sacaban agua del profundo pozo y la vertían en una amplia cubeta al pie del brocal para que otros, en unos baldes rústicos hechos del peciolo de la palma, la distribuyesen en los depósitos de los varios departamentos de la hacienda. A la vera del pozo daba agua y bañaba los caballos de dos en dos o de tres en tres el calesero Leocadio. Dentro del molino resonaba la voz penetrante del negrito, que, sentado al extremo del eje de la rueda vertical con que girando en la solera se descascaraba el café, aguijaba sin cesar a la caballería que servía de motor. Cuatro esclavas, entre tanto, tendían el grano, aún no bien seco; mientras otros conducían el pilado o descortezado al aventador... [409].

En el capítulo dedicado al estudio del panorama señalábamos que Isabel reúne una serie de rasgos tanto físicos como intelectuales y morales atribuidos tradicionalmente al hombre. Desprovista de "las formas suaves y redondas de las jóvenes de su edad y estado" debe añadirse, "para que nada falte al aire varonil y resuelto de su persona, un bozo oscuro y sedoso que sombrea su boca expresiva y al cual sólo falta una tonsura frecuente para convertirse en bigote negro y poblado" (233). Además, Isabel es "la mayordoma, cajera y tenedora de libros de su padre y "cree que primero es la obligación que la devoción. Lleva cuenta del café que se recolecta, del que se descascara, del que se remite a La Habana. Cuando se vende, glosa ella las cuentas del refaccionista, cobra y paga. Todo como un hombre" (397). Isabel, es cierto, recorre con pasos y autoridad de hombre el batey. Sin embargo, la escena que recogemos en la cita no es una simple recreación costumbrista, a las que tan aficionado es Villaverde en su batalla retórica contra la esclavitud. El costumbrismo, esta vez, es menos autóctono y ajustado a la realidad de Cuba, porque en él reverbera con fuerza la poderosa imagen de la

arcadia clásica. La cruel experiencia de la esclavitud se suaviza
—se vuelve literatura— y se ilumina en el cafetal sintomáticamente llamado La Luz porque el funcionamiento de éste
depende, a la postre, de las decisiones bondadosas y atemperadas
de una mujer. Digamos, pues, que el batey, irremisiblemente,
se "ajardina" al paso de Isabel, se estiliza, se le suavizan las du-
ras aristas del trabajo forzado que es el trabajo de los esclavos:

Ninguno [de los esclavos] que pasaban al alcance de Isabel dejaba de darle los buenos días y de pedirle su bendición, doblando
la rodilla en señal de sumisión y respeto. Pedro, el Contramayoral, sin la insignia ominosa de su oficio, yendo de un lado a otro,
animaba a sus compañeros al trabajo y daba la mano en muchos
casos, como para imprimir mayor peso a la palabra con la obra.
La subida o aparición de Isabel en los tendales fue la señal para
que el negrito del molino alzase la voz argentinada y aguda con
la canción, tan ruda como sencilla, improvisada quizás la noche
anterior, la cual principiaba con esta especie de verso: La niña se
va, y terminaba con este otro, repetido en coro por todos los
demás negros: Probe cravo llorá [410].

El batey, ciertamente, resulta una versión moderna de la arcadia de los clásicos, sobre todo comparado con la crudelísima ges-
tión, unas páginas más adelante, del ingenio de azúcar, propiedad de la familia Gamboa. Observamos cómo el jardín, estuche
que guarda la doble alhaja de una rosa y de una mujer, se vuelve
más jardín aún, fija literariamente su significado bajo la mirada
del personaje masculino. Pues bien, lo mismo ocurre con el batey: la presencia de Isabel lo convierte en moderno paraíso
(donde el trabajo se tiñe de las características del juego y se acompaña del canto), a la vez que el escrutinio de Diego Meneses, que
sirve a modo de perspectiva enmarcadora, domesticadora, confir-

ma y asegura el "ajardinamiento": "Seguía Diego Meneses con la vista los pasos de su amiga, y, bien que, a fuer de hombre civilizado, no estaba dispuesto a conceder nada sobrenatural en ella, sí creía, como los demás, que era una mujer extraordinaria" (411). ¿Qué es, pues, Isabel, un "hombre" (como la ve su padre), un "moderno virago", una "monjita ursulina" (como dice el pretendiente), o una "mujer extraordinaria", como reconoce, con admiración, el amigo? La opinión confusa y contradictoria de los personajes nos hace olvidar la precisa descripción del narrador y nos obliga a reconocer en la figura de Isabel al andrógino, personaje que precisamente durante el fin de siglo (en los años, pues, en que fue publicada la novela de Villaverde) vivió una súbita revitalización de su popularidad. Como observa Bornay,

> el andrógino, mezcla del elemento masculino y femenino, forma parte de nuestro universo mítico. [...] En el clima intelectual y artístico de finales del siglo XIX esta figura adquirió un protagonismo destacado, muy en particular entre los simbolistas y las corrientes relacionadas con este movimiento. Se vio en el andrógino, o en su equivalente el hermafrodita, la perfecta fusión de los dos principios, el femenino y el masculino, que equilibran y unen la inteligencia y la estética [307].

Isabel representa con especial elocuencia esa "fusión de los dos principios" y en ella se combinan a la perfección la inteligencia y la estética. Isabel es un personaje claramente andrógino, lo cual explica probablemente por qué haya tendido a olvidarse la crítica de corte tradicional de esa entidad "secundaria". A cambio, víctima también de una suerte de fascinación erótico-literaria, dedica (como el propio Cirilo Villaverde) el grueso de sus comentarios a Cecilia, personaje violenta y convencionalmente "femenino", condenada a encarnar, como tantas otras figuras emblemáticas de la narrativa realista, una pasión animal y sin fisuras.

EL "JARDÍN DE APRENDIZAJE": "PRINZESSIN FISCH" COMO COMPENDIO Y SUBVERSIÓN DE ESTEREOTIPOS ESPACIALES

La novela de Raabe hace uso del jardín dinámico y plurisignificante, así como de la constelación de distintos jardines y significados, para el diseño de su espacio narrativo. El primer mecanismo, sobre todo, se muestra particularmente fructífero a la hora de representar esa transición de la utopía a la realidad. La pequeña huerta retratada en *Prinzessin Fisch,* alrededor de la cual transcurre la mayor parte del argumento, sirve para simbolizar, con un tema espacial, esa transición —en la existencia de un solo individuo, en el destino de toda una nación—. *Prinzessin Fisch* ofrece al lector una rica muestra de los diversos jardines propuestos y explorados por la literatura: el jardín como espacio símbolo de la infancia, como metáfora de la mujer y su belleza, como reino encantado, como espacio de oriental exotismo, como paraíso o espacio de la tentación, como escenario para el amor adúltero, como símbolo doméstico de la felicidad y estabilidad burguesas y, finalmente, como prosaica propiedad inmobiliaria que puede venderse y alquilarse. A la vez, el jardín es, como ocurre con tanta frecuencia con los espacios acotados de la novela realista, réplica en miniatura de otro espacio más amplio: el de la pequeña ciudad provinciana y su incipiente industrialización. Con ésta comparte el jardín su destino, y lo que en el jardín ocurre, es reflejo fidedigno, anticipación profética de lo que más adelante le acontecerá a la ciudad. El espacio privado y el protagonista individual se transforman en espejo de un espacio público y de un protagonista colectivo.

La obra narrativa de Raabe queda con frecuencia eclipsada ante el quehacer literario, mucho más cosmopolita, mucho más afrancesado y británico, de Fontane. Y, sin embargo, la densidad simbólica de las novelas de este último escritor, tan alabada por la crítica, es superada con frecuencia por la rica simbología espacial de la que se nutre la novelística de su compatriota. La diferencia radica en que los símbolos empleados por Raabe revierten siempre sobre el suelo germano e insisten en la conservación de un modo de vida —rural, rígidamente nacionalista y enemigo de toda influencia extranjera— que el resto de Europa ha ido dejando atrás y en el que también Fontane, y a pesar del fuerte tono nostálgico de alguna de sus novelas, ha cesado de creer.

Los espacios predilectos de Raabe son, pues, siempre los entornos reducidos pero, a su manera, completos, reminiscencia de un mundo todavía armónico, en el que se aúnan las fuerzas de la naturaleza y de la cultura *(Bildung und Natur)*. Ésta sería, pues, una definición válida del jardín en su variante germana, como propone Finney. La verdad, no obstante, es que incluso en los jardines de Raabe germina ya la "venenosa" planta de la industrialización y del progreso. El realista alemán no ignora las grandes transformaciones sociales y las incluye en los escenarios novelescos, aun cuando lo haga siempre con ánimo de censurarlas y de combatirlas. Sus *cronotopoi* (jardines, huertas, panoramas, interiores domésticos, talleres de artesanos, etc.) se convierten, dada la presencia en ellos de la actualidad histórica, en pequeños universos, microcosmos en los que se reflejan con delicada nitidez otros mundos más amplios. Raabe, constreñido por su ideología siempre conservadora y cautelosa, prefiere la miniatura, los espacios-idilio abarcables tanto desde un punto de vista geográfico como emotivo. Pero sabe también que tales espacios —como el famoso lago del *Stechlin*— reaccionan inevitablemente ante el estímulo exterior. *"Dieses Buch* —comenta el escritor en *Prinzessin Fisch*— *geht wirklich nur bis zu einer Türschwelle"* [Este libro sólo llega hasta el umbral] (222). Y, sin embargo, desde el umbral de la puerta se ve forzado el lector a contemplar los grandes acontecimientos, los grandes cambios que poco a poco invaden también el suelo germano. El consejo de Raabe *("Wer es irgend vermag, der begnüge sich stets mit der Witterung der Gegenwart und seiner nächsten Umgebung"* [Todo el que pueda, que se conforme siempre con olfatear el presente y su entorno más cercano]) (200) ha de interpretarse como evocación nostálgica de una imposibilidad, antes que como recomendación práctica. Es claro que tampoco él escribe según esa máxima.

Prinzessin Fisch incluye ya en sus primeras páginas uno de esos espacios reducidos tan característicos de la narrativa de Raabe. Theodor, el protagonista niño, es enviado, el día del entierro de su padre, al jardín. *"Geh doch jetzt lieber in den Garten, Kind* —le dice su hermana— *und spiele. Es ist so schönes Wetter draussen, und nachher kommen wir auch hinunter"* [Es mejor que te vayas al jardín a jugar, pequeño. Hace un tiempo precioso y dentro de un rato bajamos también nosotros] (205). Theodor obedece y se sienta, con un trozo de bizcocho en la mano, sobre una carretilla volcada. Hasta aquí, se acumulan, en tan sólo unos pocos renglones, tres objetos prototipo (el jardín, el bizcocho casero, la carretilla) destinados a simbolizar con esquemática sencillez el entorno idílico de la pequeña burguesía rural. Pero para Theodor, la carretilla se convierte de pronto en plataforma para sus sueños y el jardín, en espacio legendario, empapado de riesgos y de aventura. Con ello, el espacio del jardín se ha vuelto repentinamente inaccesible y se traslada al reino de la fantasía. La imaginación del niño amenaza con abandonar el suelo alemán, en busca de exóticas peripecias: *"Dazu alle die Abenteuer —Robinson-Krusoe-Geschichten, Eroberung-von-Mexico-Historien— welche die Natur eigens für den Zweck erfunden zu haben scheint, den Menschen so früh als möglich aus dem Neste ins Weite zu locken!"* [Y además, todas esas aventuras —los relatos sobre Robinson Crusoe, las historias sobre la conquista de México— que la naturaleza parece haber inventado exclusivamente con la intención de tentar al ser humano y de sacarlo lo antes posible del nido y llevarlo bien lejos] (207). La descripción del jardín hace muy pronto sospechar al lector que no se trata, a pesar de todo, de un espacio reservado a la apacible existencia burguesa: *"Die Verwilderung, der Wust und die Verwahrlosung war [...] zum Himmel schreiend. [...] Für ein sich selber überlassenes Kind gab es kaum einen geeigneteren Raum, um auf die unschädlichste Weise darin ganz mit zu verwildern, als diese 'grüne Wüstenei'"* [El descuido, el caos, el aspecto selvático del jardín eran escandalosos. Pero, para un niño encomendado a su propio cuidado, no podía haber otro espacio más apropiado para asilvestrarse, de la manera menos dañosa, que ese verde rincón salvaje] (206 y 208). En este primer jardín, que es el jardín-isla de la infancia, espacio libérrimo en donde florecen los sueños de magia y de aventura, ya se materializan algunos de los temores y recelos burgueses: el miedo al desorden, simbolizado en la vegetación selvática de la huerta (208), la desconfianza ante los excesos imaginativos de una fantasía sin cultivar, el temor al viaje, ya sea éste espiritual o físico. La patria, *"die alte Mama"* [la vieja mamá], pone el necesario freno a la audacia del viajero: *"Wehmut, Bangigkeit und vorweggefühltes Heimweh wünscht sie dem verwegensten Abenteurer mit auf den Weg zu geben"* [La melancolía, el temor, la nostalgia adelantada, ésos son los sentimientos que la patria (la vieja mamá) quiere inspirar al más audaz de los aventureros, para que le acompañen durante el camino] (210).

La imaginación infantil, ciertamente, encuentra, en la figura del vecino, el señor Bruseberger, ese sólido muro de contención burguesa que evitará todo peligroso desbordamiento. Otro símbolo espacial, esta vez, la sencilla verja *("Gartenzaun")* que separa los dos jardines colindantes, servirá de metáfora a esos límites espirituales que la "sensatez" adulta quiere imponer a la fantasía del niño. Bruseberger, inclinado sobre la valla, adivina los pensamientos de Theodor *("Hattest dich mit deinen Karnickeln wohl schon ganz gemütlich irgendwo in der Einöde und der Phantasie eingerichtet?"* [¿A que ya os habíais instalado cómodamente, tus conejos y tú, en algún rincón del páramo y de la fantasía?]) (213). Y le insta a que los deje atrás: *"Aber jetzt blättre um; tu mir den Gefallen! Wie gesagt, Bildung hilft über alles weg [...]. Wahrscheinlich [...] hast du in diesem Momente deine reelle, echte, angeborene wüste Insel, euern liederlichen Garten, Stall-und Hausverfall schon hinter dir [...] und diese deine kuriose Zeit in der Phantasie und Einbildung ist jetzt vielleicht für alle Zeit abgetan"* [¡Pero ahora hazme el favor de darle la vuelta a la hoja! Como te digo, la cultura nos ayuda a superarlo todo. Probablemente, en este mismo instante ya has dejado atrás esa isla de verdad, auténtica, desierta desde siempre, que es vuestro jardín descuidado, y la casa y el establo a medio derrumbarse. Es muy posible que te hayas zafado, ya definitivamente, de ese periodo tuyo, tan curioso, que transcurrió, más que nada, en el mundo de la fantasía y de la imaginación] (212-214). La palabra clave, a partir de aquí, será *Bildung* y se opondrá constantemente a la fantasía. Pero no es ésta su único antónimo. Nótese que Raabe retrata en su novela dos variantes fundamentales del espíritu burgués. La primera es una burguesía idealista, pietista, educada en la mesura y en el cultivo apacible de las cualidades humanas. Su representante, en *Prinzessin Fisch*, es Bruseberger, honrado artesano, maestro encuadernador con prurito de sabio, verdadero filósofo "de andar por casa", acostumbrado, según él, a leer en las páginas de la vida y convencido, en el fondo, de que el mundo puede, como los libros, encuadernarse y organizarse en capítulos. La segunda variante, por el contrario, representa al burgués ávido de bienes materiales que cree en el progreso porque le conviene, y por esa misma razón se nutre de ideas extranjeras y hace caso omiso de la sabia tradición patria.

El sistema ideológico de la novela, materializado en los diferentes símbolos espaciales, gira en realidad alrededor de tres ejes: cultura *(Bildung)*, lucro y fantasía. Cada uno de estos conceptos viene acompañado de otra serie de ideas adyacentes, que se repiten con significativa frecuencia a lo largo del texto. Así, la idea, tan enquistada en el pensamiento alemán de los siglos XVIII y XIX, de civilización o cultura no representa, en los años de la burguesía, el saber arrogante y elevado, reservado tan sólo a unos pocos. La sabiduría, más que nada, es un bien democrático y accesible a todos. La prueba está en que en la novela quien más llamativamente la ostenta es Bruseberger, humilde artesano; su "cultura" no se refleja en la verdad difundida por los grandes sabios, sino que encuentra resonancia armónica en el sentido común, no por rudo e inculto, menos exacto y oportuno, del ama de llaves, *Mutter Schubach*. Ambos personajes encarnan la tradición, y en ellos perviven los valores de la vieja Alemania. No se trata tanto de aprender cosas nuevas, sino de fijar en la memoria aquellas sólidas enseñanzas sobre las que se sostiene el espíritu germano del *Biedermeier*. El sustrato burgués de este pensamiento se materializa en los símbolos espaciales ya mencionados, a saber, la carretilla, el jardín, la valla que lo separa de la huerta colindante y que sugiere la idea, tan burguesa, de vecindad. El sustrato idealista, por otra parte, que añade sabor de idilio al escenario descrito, se desprende de la sencilla distribución de los espacios domésticos. La humilde alcoba de Theodor se encuentra junto al taller de encuadernación del viejo Bruseberger. Las ventanas de ambas habitaciones dan —orientación no casual sino deliberada— sobre el jardín-aventura: *"Du (kriegst) die kleine Stube neben der Werkstatt und behältst somit bei deinen Studien die Aussicht in dein früheres väterliches Reich"* [A ti te toca la pequeña habitación junto al taller y de esa forma, mientras estudias, conservas la vista sobre tu antiguo reino paterno] (215). El espacio del estudio linda, pues, con ese otro espacio en donde progresa con metódica puntualidad la honrada labor del artesano. Las dos actividades, estudio y trabajo, no son sólo vecinas y, por tanto, equiparables en importancia y finalidad, sino que las dos, por su situación elevada (las habitaciones están en el segundo piso), se hallan en un mismo nivel de distanciamiento, tanto visual como intelectual, del mundo. Con ese distanciamiento topográfico no sólo se quiere simbolizar tal renuncia, por parte de Theodor, al reino de la fantasía y, probablemente, un temprano adiós a la infancia. En la captación meramente visual de la realidad, fruto de esa distancia física, se encarna, antes bien, la posibilidad de una apropiación ya no material, sino exclusivamente espiritual del entorno. Con la ayuda del símbolo espacial de las ventanas gemelas y su común orientación sobre el jardín, pretende, pues, el narrador hacer pública una doble condena: la condena, en primer lugar, de la desordenada afición a la fantasía y sus espacios, y esa otra denuncia del desmesurado afán de lucro y de posesión de la "nueva" burguesía:

> *Für mich, Theodor, ist der Hauptvorzug, dass das Studio die Aussicht auf dein väterlich Grundstück besitzt und du also über dein Buch und Lexicon immerwährend deinen frühern Schauplatz unter dir und vor Augen hast. Da kannst du dir also mit aller Bequemlichkeit die von früh an gebildete Passivité zu allen sonstigen Vorzügen des Menschen aneignen. Denn das geht noch über allen Bimstein in der Abglättung des Menschen, wenn er mal was gehabt hat, was er gern wiederhaben möchte und einem andern lassen muss - ruhig lassen muss* [230].

[Para mí, Theodor, la gran ventaja está en que el estudio conserva la vista sobre la propiedad paterna. Mientras lees y consultas el diccionario, tendrás siempre presente el escenario de antaño. Así, con toda comodidad, podrás desde muy pronto asimilarte la necesaria impasibilidad ante todas las demás ventajas y privilegios del hombre. Porque nada lima tan bien las asperezas e irregularidades de la naturaleza humana como saber renunciar con calma a lo que una vez se tuvo, y ceder tranquilamente a otro lo que a uno le gustaría recuperar para sí.]

Situado firmemente sobre estas premisas morales, comienza Theodor un intenso viaje espiritual. La vista y el oído —los dos sentidos, pues, más distanciados y menos inmediatos— serán las herramientas que lo acompañarán a través de las páginas de esta novela que es ejemplo ajustado del *Bildungsroman*: "*Dieses Buch aber, welches der Bruseberger leider nicht zum Binden und zur Kritik in die Hände bekommt, ist hauptsächlich auf 'das' hingeschrieben, was der Junge am Arbeitstische des*

Brusebergers zu hören bekam und was er von dem Fenster seines 'Studio' aus auf der Planetenstelle, die aus seinem Eigentum zu seiner Nachbarschaft geworden war, sah und erlebte" [Este libro, empero, que desgraciadamente no va a llegar a manos de Bruseberger, para que lo encuaderne y lo someta a crítica, versa antes que nada sobre lo que el muchacho sentado ante el escritorio de Bruseberger llegó a escuchar, y sobre lo que desde la ventana acertó a ver y a vivir en ese lugar del planeta que antaño había sido su propiedad y ahora se había transformado en su vecindad] (232). Lo primero que ve Theodor es la repentina desmitificación de ese reino encantado que fue su jardín. Ahora, éste ha pasado, como ya anticipó su mentor Bruseberger, a otras manos, manos prosaicas de burgués. En la vida del pupilo, todo parece haber regresado a su cauce, todo parece señalar hacia una misma dirección. Sus estudios, las enseñanzas que recibe de Bruseberger y aun el entorno físico le atornillan firmemente a la realidad. Pero se trata, no obstante, de una realidad endeble, condenada a la desaparición. El jardín, que todavía no se hace eco de lo que ocurre más allá de sus límites, habrá de renunciar más adelante a su apacible entidad de *hortus conclusus,* de recinto hermético en el que se perpetúa la tradición: *"[Es] veränderte sich wenig an dem väterlichen Besitztum; und ganz ohne Einfluss darauf blieben fürs erste die leisen Wellen fremder Kulturbewegung und auswärtigen Menschengetriebes, die [...] eben anfingen, in das bis jetzt von seinen Bergen so versteckt gehaltene Gemeinwesen hineinzuspülen"* [Pocas cosas cambiaron en la propiedad paterna; y ningún influjo ejercieron al principio las silenciosas olas de la cultura extranjera y del humano tráfago foráneo que comenzaban a inundar una comunidad hasta entonces tan bien escondida tras sus montañas] (232).

La adolescencia de Theodor viene a coincidir simbólicamente con la llegada, desde el extranjero, de un segundo comprador de la casa y huerta paternas. Con esta compra, el jardín (símbolo doble, ahora, de las profundas metamorfosis que acarrea la adolescencia, así como de esa otra "crisis" de modernización que sufre el país) se somete a la radical transformación que ya había vaticinado, pesaroso, el narrador:

> *Zu den Kindern rechnet [Theodor] sich freilich schon lange nicht mehr, sondern fast zu sehr bereits zu den Erwachsenen. Und nicht bloss an dem jungen Menschen, sondern auch an seiner Umgebung - am Ilmenthal im weitern und an seinem frühern väterlichen Besitztum in seiner nächsten Nähe, unter dem Fenster seines Scholarenstübchens. So ist es. Wenn auch noch nicht die Hochflut da ist, so sind doch aus den ersten kleinen Wellchen hohen, modernen Weltverkehrs recht erkleckliche Wellen geworden und das stille Tal zu etwas ganz anderm, als es noch vor kaum zehn Jahren war. "Unwiderruflich wächst das Kind", und unwiderruflich verändert sich alles um es her [238].*

[Theodor, ciertamente, ya no se considera un niño; puede decirse que ya casi se suma a las filas de los adultos. Y no sólo en el adolescente, sino también en su entorno —en el Valle del Ilm en general y en su antigua propiedad paterna inmediatamente próxima— que contempla desde la ventana de su pequeño estudio de escolar (ha habido cambios). Así es. Aunque es cierto que todavía no llegó la hora de la marea alta, las primeras y breves olas del moderno tráfico mundial se han transformado en olas de respetable tamaño, y el silencioso valle en algo muy distinto de lo que era hace tan sólo diez años. "Irremediablemente crece el niño", e irremediablemente se transforma todo a su alrededor.]

De la noche a la mañana aparece el jardín engalanado con una exótica figura de mujer. Raabe sigue, pues, añadiendo nuevos clichés a la ya generosa colección de estereotipos espaciales. El jardín como espacio de la ensoñación infantil, se transforma en el espacio cerrado y receloso en donde se instala el espíritu, entre pragmático e idílico, de la pequeña burguesía alemana. Faltaba esa otra versión institucionalizada que hace del jardín enclave erótico y exótico: la presencia de la bella mexicana, esposa del nuevo propietario, contribuirá a remediar también el olvido.

A partir de aquí, la percepción de la realidad y de los acontecimientos se desdobla, y el jardín, convertido definitivamente en espacio espejo, es contemplado igualmente desde dos ángulos muy distintos. Las ventanas, que al principio compartían, amigables, un mismo paisaje, miran ahora cada una hacia un lado distinto. De la misma forma, la puerta que comunica el estudio de Theodor y el taller de Bruseberger y que siempre había permanecido abierta, ahora suele estar cerrada. La ventana de Theodor, pues, se abre al espacio del amor y de la tentación, espacio nuevamente mágico y que comunica con ese otro jardín aventura de sus primeros años: *"Es war eine Wildnis gewesen, das Phantasie-Versuchsfeld des jüngsten Rodburgs, sodann hatte der spekulative Handschuhmacher den trivialsten Haus-und Küchengarten draus gemacht, und jetzt war wiederum ein anderes daraus geworden"* [Al principio, [el jardín] había sido un reducto salvaje, el terreno de prueba para la fantasía del joven Rodburg; después, el especulador fabricante de guantes lo había transformado en el más trivial de los jardines, en una sencilla huerta que surtía a la cocina; ahora, se había transformado, una vez más, en algo muy distinto] (242). La nacionalidad extranjera de la mujer amada refuerza aún el paralelismo entre el espacio aventura de la infancia y ese otro espacio mágico de la adolescencia. *Frau Romana* ha llenado el jardín con el misterioso exotismo de su origen mexicano: *"Ein Gartenliebhaber schien Herr*

Tieffenbacher im höchsten Masse zu sein. Das war aber auch gar nicht anders möglich: denn nur in einen wirklichen, wahren Zaubergarten hinein passte die wunderschöne junge Frau und Dame, die er sich nach dem 'langweiligen' Ilmenthal mitgebracht hatte, und zwar aus der allerromantischsten Ferne" [El señor Tieffenbacher parecía ser, en grado superlativo, un aficionado a los jardines. No podía ser de otra manera: porque sólo en un jardín que fuera, de verdad, mágico, encajaba la hermosísima dama, la joven esposa que, de la más romántica lejanía, se había traído al "aburrido" Valle del Ilm] (243). Por si fuera poco, la ciudad entera se ve sorprendida con el regreso de Alexander, el legendario y aventurero hermano de Theodor, a quien éste, si bien nunca llegó a conocer, siempre idealizó e idolatró en sus sueños infantiles. La fascinación que Theodor siente ante estos dos intrusos rodeados de un halo de leyenda simboliza con rara exactitud esa otra fascinación del país ante las nuevas ideas provenientes del extranjero.

Para Bruseberger, en cambio, el jardín es ahora espacio contaminado en donde fructifican los amores adúlteros entre Romana y Alexander. Pero la gravedad del caso reside en que las nuevas circunstancias exceden toda dimensión puramente personal y traspasan, por ende, los límites topográficos de la pequeña huerta. En la llegada, al jardín vecino, de la forastera se refleja esa otra llegada, a la ciudad, del turismo y del progreso, virus contaminantes que amenazan con destruir la sólida tradición germana y su fundamento idealista. Alexander, por fin, representa a toda una clase social, la de la nueva burguesía desaprensiva y emprendedora, ávida de lucro y empapada de ideas foráneas.

La nueva incursión del jardín paterno en el reino de la fantasía señala otra vez, como ya ocurrió en el primer caso, un periodo de crisis en la vida del protagonista. Pero también de esta nueva crisis saldrá victorioso Theodor. El acto moralmente reprobable de la huida de Alexander y Frau Romana lo devuelve bruscamente a la realidad. A partir de la contemplación panorámica de su pequeña ciudad natal se aúnan de nuevo los modos de percepción de Theodor y de Bruseberger. Aquél, desencantado del progreso y convertido definitivamente al credo tradicionalista y nostálgico de su mentor, ve lo mismo que éste: una pequeña ciudad transformada, a la que el afán de lucro y la irrupción de la iniciativa y el capital extranjeros han dejado irreconocible. Las obras para la instalación de una red ferroviaria, la proliferación de las nuevas villas de recreo, construidas según el estilo renacentista, y la ruidosa inauguración del balneario son acontecimientos, son tres símbolos espaciales que hacen exclamar, sollozante, a Theodor: *"Die Welt ist eine andere geworden; ich aber gehöre heute nicht mehr zu Ilmenthal!"* [¡El mundo se ha convertido en otro; yo, por de pronto, ya no pertenezco al Valle del Ilm!] (384). Importa resaltar que el cronotopo del jardín como condensación simbólica y muchas veces nostálgica de la historia de un país trasciende las fronteras del realismo alemán, y aun del europeo. Ileana Rodríguez, por ejemplo, señala cómo *Jardín,* la novela, mucho más modernista, por cierto, que realista, de la cubana Dulce María Loynaz, el fértil reducto habitado por la protagonista se hace eco de los desarreglos políticos y sociales y, al igual que en *Prinzessin Fisch,* se transforma en símbolo de un país: *"The chaotic and disorderly garden, overgrown and unkept, can certainly be remetaphorized into nation, a nation recently having come out of an Independentista struggle whose canefields were burned, (and) where disorder has ruled"* [El jardín caótico y desordenado, donde la vegetación crece libremente, puede, sin duda, servir

de metáfora a una nación. Una nación que acaba de sobrevivir
un movimiento independentista y la quema de las plantacio-
nes de caña de azúcar, y en donde ha reinado el desorden] (99).

Junto a la imagen espacial del jardín cambiante y tornadizo,
signo o barómetro de la época y de sus mudanzas, prevalecen,
en *Prinzessin Fisch,* esas otras imágenes estables de jardines que
no cambian y en los que se perpetúa, esperanzador, el pasado.
Ya hicimos mención de esa fe de Bruseberger en el arte de la
encuadernación, su firme creencia en que todo, cualquier aspecto de la vida y del mundo, puede, en efecto, abarcarse entre
las dos tapas de un libro y transformarse en lenguaje legible:
*"Der Bruseberger band alles, was die Planetenstelle zu binden
hatte. Er guckte beim Heften in alles hinein mit Verständnis
—zwar nur mit 'seinem' Verständnis"* [Bruseberger encuaderna-
ba todo lo que ese lugar del planeta tenía de encuadernable.
Mientras pegaba las páginas, todo lo leía y observaba con discernimiento —claro que sólo con "su" discernimiento—] (231).
El arte de la encuadernación se convierte aquí en sinónimo de
ese otro arte de la botánica al que con parecido esmero consagra
su vida el maestro del pueblo, *"der Herr Oberlehrer Dr. Drüding"*.
Las dos son artes clasificatorias y abarcadoras, con las que en
la novela se pretende ordenar e interpretar simbólicamente el
universo. Está, en primer lugar, el viejo y venerable jardín de la
escuela, siempre floreciente, y réplica, en miniatura, del más
completo jardín botánico: *"Wieder lehnte sich der älteste Bruder
über die Schulter des jüngsten und sah mit ihm hinab und hinein
in den zweiten Garten, den er schon vor Jahren kannte —eine
volle, aber gepflegteste Blumenwildnis, den prachtvollsten, wun-
dervollsten botanischen Garten im kleinen"* [Volvió a asomarse el
hermano mayor por encima del hombro del hermano pequeño y se puso a contemplar, junto con él, el segundo jardín,

que ya conocía desde hace años: una selva de flores, tan reple-
ta como cuidadísima, la más prodigiosa y admirable miniatura
de jardín botánico] (271). Aquí, el símbolo de la ventana se
convierte, como el jardín que desde ella se contempla, en espacio inmóvil, en marco fijo que no admite transformaciones en
la percepción ni presenta distintos ángulos perspectivos. La
imagen de Alexander contemplando el jardín desde la ventana
es retrato alegórico del presente lanzando una mirada irónica y
desengañada sobre el pasado, mirada que contrasta con esa otra
percepción, todavía inexperta, idealista y anclada en el pretérito, de su hermano Theodor.

Los dos jardines que hasta ahora han merecido nuestro comentario son jardines urbanos, pequeños reductos de vegetación
lujuriante en medio del ordenado paisaje de calles y de casas.
Pero aún hay un tercer jardín o, mejor dicho, una curiosa colección de jardines "secretos", que buscan refugio en los parajes
menos accesibles de la montaña y del bosque:

*Auf manche Stunde Weges im Umkreise kannte der Doktor sein
Gebirge wie seinen Stundenplan und wusste zu jeglicher Jahreszeit
die rechten Fundorte und Jagdgründe von allem, was dem vaterlän-
dischen Naturfreunde und Forscher an Wachsendem, Kriechendem,
Fliegendem in die Sammlung gehört. Aber damit noch nicht genug:
der wirkliche Praktikus weiss in dieser Beziehung auch, seinem wilden
Felde und der Mutter Natur zu Hülfe zu kommen. So hatte der
Sammler, stillvergnügt schlau, mit dem Finger an der Nase hie und
da und überall botanische Naturgärten an geheimen Orten angelegt,
von welchen niemand wusste denn er, wo nur er selbst zu ernten
wünschte und an welchen er auf seinen offiziellen Excursionen seine
wiss-, aber auch raubgierige Schülerschar in möglichst weitem Bogen
herumführte* [234].

[El doctor se conocía como su horario de clases las montañas de la comarca, incluso los parajes que estaban a varias hoas de camino. Sabía, en cualquier estación del año, dónde estaban los mejores lugares de caza, y los lugares propicios y los cazaderos donde podía encontrarse todo lo que crece, se arrastra y vuela, es decir, todo lo que encuentra cabida en la colección del amigo de la naturaleza y del explorador patrio. Pero no bastaba con eso: el verdadero experto sabe ayudar también a sus indómitos campos y a la madre naturaleza. Por eso, el coleccionista, con astuta y callada satisfacción, el dedo apoyado sobre la punta de la nariz, había insertado aquí y allá, y en todas partes, siempre en lugares secretos, verdaderos jardines botánicos, de los cuales sólo él tenía conocimiento y de los que sólo él deseaba obtener cosecha. Por eso, en sus excursiones oficiales, obligaba al tropel de sus alumnos, sediento de sabiduría como de hurto, a dar grandes rodeos para alejarlo lo más posible de los secretos jardines.]

Estos jardines, por su emplazamiento y por su intención, añaden un nuevo acento al significado original y estereotipado del cronotopo que nos ocupa. El jardín del realismo alemán, como ya apuntaba Finney, es sobre todo "jardín civilizado" *(gebildeter Garten),* empeñado en el control y dominación de la naturaleza. Pero, en este caso, la intención del botánico, más que de control, es de ayuda y de colaboración. El saber y la experiencia se amoldan, solícitos, a las leyes del mundo natural y le ayudan a sobrevivir. Naturaleza *(Natur)* y cultura *(Bildung),* dos conceptos que Finney considera como extremos opuestos y que efectivamente lo son en muchos ejemplos literarios, aquí, en cambio, se funden y compenetran, con característico talante defensivo, ante la amenaza de un enemigo común. La industrialización y el progreso resultan, según el credo conservador y nostálgico de los realistas alemanes, igualmente perniciosos para el reino de la naturaleza y el cultivo del espíritu.

EL JARDÍN COMO ESPACIO PÚBLICO:
"LA CONQUÊTE DE PLASSANS"

El jardín como espacio hermético que sirve de estuche protector y embellecedor a la figura femenina constituye uno de los estereotipos más afincados en la imaginación antropológica y cultural. La fusión entre esta figura femenina y su entorno es tan completa que, con frecuencia, ambos conceptos se convierten en sinónimos y se vuelven intercambiables: *Vergleiche der Geliebten mit einem umhegten Garten gehören zum festen Bestand der Liebeslyrik*" [Las comparaciones de la amada con un jardín cercado pertenecen a los temas consagrados de la lírica amorosa] (Daemmrich, 153). Hay que añadir que ese motivo tan común en la poesía galante se apodera con igual persistencia de la narrativa. Sometido a metamorfosis y adulteraciones de diversa índole, encuentra su lugar predilecto en la novela decimonónica. *Le Rouge et le Noir,* con su jardín de Vergy "humanizado" por la presencia de Mme. de Rênal, constituye probablemente el ejemplo más característico y el que hace uso más ortodoxo del cronotopo. Pero incluso en aquellas novelas más innovadoras y audaces en lo que al tratamiento del espacio y sus motivos se refiere, la imagen del jardín parece vinculada a la figura de la mujer. La primera vez que al lector le es dado contemplar a la Regenta ésta se pasea con un libro en la mano por el parque de los Ozores. Eugénie Grandet, por otro lado, resulta del todo inseparable de su pequeño jardín: su destino, sus ensoñaciones, la traumática experiencia de su decepción amorosa la atan irremisiblemente a la huerta del viejo avaro. Lo mismo ocurre con *Irrungen, Wirrungen.* la novela de Fontane. El idilio amoroso (idilio entre una simple bordadora y un "señorito" de ciudad), al igual que el de su homólogo francés, tiene como escenario y testigo mudo un jardín y una huerta situados en un entorno rural. Isabel, en *Cecilia Valdés,* perdura en la memoria de su pretendiente rodeada de la verdura del cafetal. El jardín paterno de Theodor, por fin, en *Prinzessin Fisch* recobra toda su magia y magnetismo cuando en él se instala la bella mexicana.

La narrativa del siglo XIX siente especial predilección por los espacios cerrados, por los entornos abarcables. Ambos cumplen con la frecuente misión de resumir, de reproducir en miniatura espacios y realidades más extensas y significativas. Los espacios acotados, pues, no son necesariamente herméticos. Su consistencia suele ser porosa y, por ello mismo, tienden a reflejar la realidad circundante y sus presupuestos ideológicos. En las novelas comentadas hasta ahora, el ámbito público ya ha invadido con mayor o menor virulencia el espacio privado del jardín. En el caso de *Prinzessin Fisch,* la huerta paterna se transforma en inquietante metáfora y *mise en abîme* de la revolución industrial. En *Ídolos rotos,* la ruidosa influencia de Europa se materializa en esa camelia de París que necesariamente ha de malograrse al ser trasplantada al jardín caraqueño. En *Eugénie Grandet,* el jardín no es sólo escenario de unos amores: en él tiene lugar la conversación estrictamente comercial y pecuniaria entre el tío y el sobrino, y por sus senderos se pasea, con la cabeza llena de números y de cálculos, el avaro. Finalmente, en la novela de Clarín y en sus jardines, el amor no surge con espontaneidad, sino que es fruto de intrigas y de maquinaciones, tras las cuales no solamente asoma la lujuria sino sobre todo la vanidad y la ambición de poder.

Sin embargo, ningún personaje público se adentra en los espacios domésticos con esa falta de pudor con que Faujas, el sacerdote protagonista de *La Conquête de Plassans,* se instala en la casa y en el jardín de los Mouret. Nótese, sin embargo, que la casa se convierte en la presa ansiada por la madre y la hermana del sacerdote, mientras que a éste le interesa exclusivamente el jardín y las posibilidades que le brinda como terreno de lucha para sus ambiciones políticas. Ello refuerza el carácter de transición, de intersección entre dos espacios que a menudo tiene el jardín en la novela decimonónica. El vigor narrativo y consistencia semántica de estos "espacios-gozne" radica precisamente en su capacidad de combinación y alternancia de fuerzas y conceptos reñidos entre sí, como son, en este caso, el dominio público que amenaza con invadir el ámbito doméstico. Zola, que es gran conocedor de los clichés literarios y gran planificador, a su vez, de la topografía de sus novelas (Mitterand, "Pour une poétique..." [84]), hace de las implicaciones semánticas que encierra el estereotipo del jardín un empleo audaz e innovador. En la novela que nos ocupa, el significado ortodoxo del cliché —a saber, el jardín como espacio recoleto definido por la presencia de la figura femenina y resguardado de toda influencia exterior— se conserva y aun se enfatiza en las páginas iniciales. Pero, a medida que avanza el texto, va perdiendo el jardín sus aires de intimidad y de doméstico recogimiento. El personaje femenino se verá poco a poco desplazado de su espacio y habrá de cederlo, finalmente, al dominio de lo público y desguarnecido. Con el desplazamiento y destierro de la figura femenina del jardín se metaforiza ese otro destierro (habla Mitterand de *"déracinement",* de *"dépaysement"* [87]) de la burguesía republicana, que habrá de ceder su territorio político a las fuerzas de la oposición, en este caso, del legitimismo y del bonapartismo (Mitterand, 86).

El relato se inicia, pues, con la confirmación o afianzamiento del motivo espacial. La madre y la hija cosen en silencio, rodeadas de la paz del jardín dormido: *"Elles étaient toutes deux assises, à un bout de l'étroite terrasse, la fille sur un tabouret, aux pieds de la mère. Le soleil couchant, un soleil de septembre, chaud encore, les baignait d'une lumière tranquille; tandis que, devant elles, le jardin, déjà dans une ombre grise, s'endormait. Pas un bruit, au dehors, ne montait de ce coin désert de la ville"* [Estaban las dos sentadas, en un extremo de la estrecha terraza, la hija sobre un taburete, a los pies de la madre. El sol poniente, un sol de septiembre, todavía cálido, las bañaba de una luz tranquila; frente a ellas, el jardín, convertido en una sombra gris, se dormía. Fuera, ni el más leve rumor subía de ese rincón desierto de la ciudad] (899). La novela realista, observadora minuciosísima de los más insignificantes detalles y gran experta en extraer significado de las más ligeras variaciones y matices, gusta, por ello mismo, de distribuir a lo largo del texto escenas que se parecen a escenas anteriores, espacios que apenas difieren de otros espacios ya descritos. La eficacia semántica reside precisamente en ese "apenas", en la diferencia casi imperceptible. Faujas, como antes que él las dos mujeres, permanece sentado en la terraza, iluminado por el sol poniente. Y, sin embargo, su mirada, en vez de recaer sobre el regazo, se clava con extraña fijeza en los últimos rayos solares. (911). La fijeza de la mirada se convertirá, a partir de esta primera manifestación, en rasgo distintivo del ambicioso sacerdote. Característica reveladora es también su tendencia a mirar siempre hacia fuera, siempre muy a lo lejos, hasta topar con la línea del horizonte. Mouret, en cambio, llevado de su recelosa curiosidad de pequeño burgués, se empeña en escudriñar los interiores, ansioso de espiar los movimientos del arrogante inquilino.

Antes de proseguir con el comentario, conviene hacer notar que el espacio es, en Zola, particularmente decidor, expresivo.

Sobre él, sobre su peculiar distribución geométrica y perspectiva, recae mucha de la responsabilidad semántica. Como es sabido, el diseño del entramado espacial, en la narrativa realista y naturalista, se concentra por lo común en las páginas iniciales del texto. No es de extrañar, pues, que en el caso particular de la presente novela y dada la trascendencia semántica de su espacio, el significado se condense igualmente en los primeros capítulos. Se trata fundamentalmente de una semántica "silenciosa", reducida al lenguaje de las polaridades espaciales. Al revés que en *La Regenta,* en donde el narrador se ocupa de revelar con minuciosa precisión las ambiciones, pasadas y presentes, del Magistral, sus pensamientos y sensaciones más secretas, *La Conquête de Plassans* se limita a mostrar, sin necesidad de palabras o de incursiones en la psicología de los personajes, ciertos ademanes, ciertos gestos que se proyectan sobre el entorno y de esa forma contribuyen al diseño ideológico del espacio narrativo.

El más importante instrumento para la constitución de la geometría espacial es la mirada o, mejor dicho, la estratégica combinación de varias miradas distintas, de ciertas formas o patrones perspectivos. El carácter y la intención de los personajes quedan determinados por su forma de mirar y, a su vez, la dirección de las miradas dibuja ciertas líneas o referencias imaginarias que acotan el espacio y le dotan de un sentido cartográfico y metaespacial. La tranquila mirada de Faujas se proyecta inicialmente hacia la lejanía, en un intento de abarcar la pequeña ciudad de Plassans. A esta serena horizontalidad visual se le opone la verticalidad de la ansiosa mirada de Mouret, que, desde el jardín, escudriña la ventana del sacerdote. La abierta perspectiva panorámica que se ofrece a los ojos de Faujas, así como el hecho de que su persona sea contemplada desde abajo, revelan ya una serie de datos significativos acerca de su carácter. Por de pronto, el lector adivina que se halla ante un personaje dominado por la ambición, el cual, lejos de conformarse con el espacio o realidad más inmediatos, busca satisfacer sus anhelos en la prometedora amplitud del panorama. Pero además, el hecho de que Faujas se convierta en objeto de la curiosidad de Mouret y de que éste eleve hacia él los ojos lo sitúa en una posición de superioridad no sólo física o espacial sino también espiritual. Las relaciones de poder que marcarán de aquí en adelante el transcurso de la novela quedan establecidas desde el principio gracias a la eficacia semántica del espacio y de su sistema de polaridades.

Las líneas horizontales y verticales trazadas por la mirada de los personajes no sólo sirven para determinar y esbozar con precisión las relaciones de poder, sino que además acotan un espacio y delimitan el escenario en el que transcurrirá la acción novelesca. A esta acotación contribuye de forma notable el carácter evolutivo y cambiante de la mirada de Faujas. Si bien sus primeros escarceos visuales tenían como objetivo fundamental la ciudad destacándose contra el horizonte, serán, sin embargo, el jardín de Mouret y los dos jardines adyacentes los que de manera definitiva acabarán atrayendo su atención. La mirada de Faujas dejará de ser horizontal y se decidirá por la verticalidad, por la visión desde arriba, como nuevo emblema espacial de la ambición y del poder. La acotación espacial sigue aquí el procedimiento característico de la novela decimonónica. Éste suele iniciarse con una perspectiva general y abarcadora del espacio, para desembocar más tarde en la minuciosa descripción de un espacio reducido, que se presenta a la percepción lectora mediante un mecanismo narrativo similar al del *zoom* cinematográfico. Recuérdese, en *La Regenta,* el efecto del catalejo que, tras recorrer el amplio panorama de Vetusta y del campo que la rodea, se detiene, con admirable detalle, en el jardín de Ana Ozores, en el libro que lee y, más adelante, en el casino y hasta en las bolas de billar.

En *La Conquête de Plassans,* esta evolución visual, esta transición de la horizontalidad a la verticalidad, encierra una segunda finalidad semántica. Se trata de mostrarle al lector, mediante la estrategia espacial referida, que existe un evidente paralelismo entre el entorno urbano en su conjunto y el jardín o pequeño grupo de jardines situado a las afueras de la ciudad. De esa forma, se repite en la mente del lector el mismo razonamiento engendrado por las maquinaciones del ambicioso sacerdote. Lo que para éste es afortunado hallazgo, terreno de operaciones para su estrategia política, se convierte igualmente en súbita revelación para el receptor del texto. A la conquista de la ciudad ha de antecederle la conquista del jardín o, dicho de otro modo, la ocupación del jardín, hecho que pasa a ser sinónimo, incluso, de la ocupación del recinto urbano.

Pero la apropiación del jardín viene, en la novela, acompañada de esa otra apropiación de la voluntad y del corazón de Mme. Mouret y, por extensión, de la población femenina de Plassans. Felicité, mentora y protectora de Faujas, le hace la siguiente recomendación: *"Soyez aimable, plaisez aux femmes. Retenez bien ceci, plaisez aux femmes, si vous voulez que Plassans soit à vous"* [Sea amable, agrade a las mujeres. Acuérdese bien de eso, agrade a las mujeres, si quiere que Plassans sea suya] (961). Páginas adelante, y a modo de despedida, vuelve a insistir, con idénticas palabras, en su consejo: *"Rappelez-vous ce que j'ai dit [...] Plaisez aux femmes, si vous voulez que Plassans soit à vous"* [Acuérdese de lo que le he dicho... agrade a las mujeres, si quiere que Plassans sea suya] (962). El "estribillo" resuena, sin duda, en la mente del sacerdote, porque éste se lanza con renovada energía a la conquista del género femenino. De Mme. Mouret dirá en seguida que *"elle lui appartenait, el aurait fait d'elle ce qu'il aurait voulu"* [le pertenecía, podría haber hecho de ella lo que hubiese querido] (974). Con una frase parecida, igual de lacónica y de directa, celebra la simultánea apropiación del jardín: *"Le jardin de Mouret lui appartenait maintenant"* [El jardín de Mouret le pertenecía ahora] (1028).

A la convencional vinculación del jardín a la figura femenina se le añade esa otra estrategia literaria de la seducción amorosa como instrumento para la conquista del espacio urbano. En todo caso, mujer, ciudad y jardín comparten, ya desde el inicio de la novela, las mismas características de pasividad y de silencio. Nótese además cómo Faujas, al detener la mirada en Marthe, sentada en la terraza, lo hace con la misma orgullosa serenidad con que contempla los jardines vecinos: *"Le prêtre par instants arrêtait ses yeux tranquilles sur [Marthe], sur cette femme dont il ne voyait que la nuque baissée, avec la masse noire du chignon"* [El sacerdote, a ratos, posaba sus ojos tranquilos sobre (Marthe), sobre esa mujer de la que no veía más que la nuca inclinada y la negra masa del moño] (929); *"Le prêtre resta là, tranquillement, regardant les jardins, au-dessous de lui"* [El sacerdote seguía allí, tranquilo, contemplando los jardines a sus pies] (935). *"L'abbé, avec son grand calme, continuait à jeter des regards à droite et à gauche, dans le deux jardins"* [El abate, con gran calma, continuó mirando a derecha e izquierda, donde estaban los dos jardines] (935). Tiene su impasible mirada algo de la mirada hipnotizante y peligrosa de la serpiente, destinada a adormecer a sus víctimas. Las referencias, ciertamente, al entorno como espacio dormido son frecuentes y reveladoras: *"Le jardin et la salle à manger gardaient leur paix endormie"* [El

jardín y el comedor permanecían hundidos en una paz som-
nolienta] (919) *"[L'abbé Faujas] sentait le sommeil tranquille de
cette maison où il était depuis quelques heures…"* [El abad Faujas
sentía el sueño tranquilo de esa casa en la que llevaba algunas
horas]. *"Il levait la tête comme pour voir au loin, jusqu'au fond
de la petite ville endormie"* [Irguió la cabeza como para ver a lo
lejos, hasta el fondo de la pequeña ciudad dormida] (915).

Sostiene Sobejano que el verdadero antecedente de *La Regenta* no es tanto, como ha asegurado la crítica, *La Faute de l'abbé
Mouret*, sino precisamente *La Conquête de Plassans* (Prólogo a
La Regenta, 12). Ciertamente, esta mención a la "ciudad dormida" y la referencia, explícita e inmediata, a la ambición de poder
y de conquista territorial del protagonista se repite en ambos
textos. Recuérdese la famosa frase con que se inicia la novela
de Clarín ("La heroica ciudad dormía la siesta" [93]), y los
alardes de poder de don Fermín, al erigirse en verdadero
dueño y conquistador de Vetusta: "Vetusta era su pasión y su
presa" (105). "Don Fermín contemplaba la ciudad. Era una presa que le disputaban, pero que acabaría por devorar él solo" (107).
"¡Ahora mandaba a su manera en Vetusta!" (108). Faujas, que
desde la ventana de Mouret abarca Plassans con la misma facilidad con que el Magistral domina Vetusta desde la torre de la
catedral, se ve invadido por parecidos sentimientos (de desprecio, de superioridad) y el mismo anhelo de violenta posesión
ante la imagen de la ciudad dormida: *"La ville avait une innocence de fille au berceau. L'abbé Faujas tendit les bras d'un air de
défi ironique, comme s'il voulait prendre Plassans pour l'étouffer
d'un effort contre sa poitrine robuste"* [La ciudad tenía una inocencia de niña en la cuna. El abate Faujas tendió los brazos con
un gesto de desafío irónico, como si quisiera apoderarse de Plassans
y, con un esfuerzo, ahogarla contra su pecho robusto] (916).

La diferencia fundamental que separa a ambas novelas y a las protagonistas femeninas es que Ana Ozores despierta en el sacerdote una pasión verdadera, mientras que Mme. Mouret, enamorada de Faujas, no es correspondida por éste. Convertida en mero instrumento, también el espacio que ocupa, y que la tradición literaria le atribuye, pierde toda autenticidad lírica y se transforma en espacio sustitutivo, en sucedáneo de otro espacio, a saber, la ciudad de Plassans y sus intrigas políticas.

El ambicioso sacerdote de la novela de Zola va apoderándose con maestría infalible del jardín de los Mouret, hasta convertirlo en "terreno neutral donde se reúnen bonapartistas y legitimistas".

Quelle est en effet, la stratégie de l'abbé Faujas? Réunir en terrain neutre monarchistes et bonapartistes, afin qu'ils acceptent de se saluer, de se parler, et de trouver un thème d'entente. La demeure du républicain Mouret, que a vue sur les territoires opposés du légitimisme et du bonapartisme, offrira à l'abbé le lieu de sa manoeuvre: installé là, il contrôlera la totalité du champ. Au surplus, grignoter l'espace domestique de Mouret, le rejeter dans les marges, le priver de ses points de repère, c'est le conduire à sa perte, et éliminer le principal adversaire après avoir investi sans combat ses positions [Mitterand, "Pour une poétique...", 86].

[¿Cuál es, en efecto, la estrategia del abate Faujas? Reunir sobre terreno neutral a monárquicos y a bonapartistas, con el fin de que acepten saludarse, hablar y lograr un entendimiento. La residencia del republicano Mouret, que se asoma a los territorios del legitimismo y del bonapartismo, es, para el abate, lugar ideal para la maniobra. Una vez instalado, controlará la totalidad del espectro. Además, conquistar el espacio doméstico de Mouret, marginarlo, privarlo de un punto de referencia es conducirlo a la perdición y eliminar así al principal adversario, después de haberlo sometido, sin necesidad de combate, a estado de sitio.]

El lento pero implacable desplazamiento y marginación política de Mouret, el expolio a que son sometidos sus bienes y sus propiedades se manifiestan a lo largo del texto mediante el empleo estratégico de ciertos símbolos espaciales, como ese portón que separa el jardín de los jardines vecinos, clausurado por Mouret y que, sin embargo, se abre con la creciente influencia de Faujas, o como esa fuente anegada, por voluntad explícita de su dueño, pero que vuelve a correr con libertad porque así lo quiere el sacerdote. Estos símbolos, no obstante, han de interpertarse como imágenes intercaladas o subtemas espaciales insertos en un símbolo o cronotopo de mayor alcance semántico. La verdadera fuerza expresiva del cronotopo del jardín reside en ese reconocimiento inicial del cliché —el jardín como espacio femenino, como espacio privado, prolongación de las "virtudes" domésticas de la burguesía— y el posterior desmantelamiento de la tradición literaria, con la introducción, en el seno de un espacio estereotipado, de nuevos y revolucionarios matices.

El idilio amoroso, la posibilidad, insinuada con suficiente precisión en la novela, de unos amores adúlteros entre Faujas y Mme. Mouret, habría bastado para confirmar y reiterar el significado que la tradición atribuye al jardín. La repetida y explícita comparación del jardín de los Mouret con el paraíso, la referencia a su hermetismo, a su abarcable dimensión, al silencio y a la paz que en él reina traen a la memoria lectora el recuerdo familiar de otros muchos jardines literarios. Sin embargo, el idilio amoroso sólo existe en la imaginación de Marthe, la equiparación del jardín con el paraíso se vuelve, en boca de Faujas, violentamente irónica, y lo que en su día tuvo este cronotopo de *locus amœnus,* de entorno recatado y de tranquilo reflejo de la felicidad doméstica, desaparece muy pronto ante la violenta incursión del dominio público en el ámbito privado.

Hay un motivo tradicional, no obstante, que a lo largo del transcurso narrativo escapa a la subversión o anulación de su significado original y logra convivir con las mencionadas alteraciones y variaciones del cronotopo. En el personaje de Desirée *("enfant de quatorze ans, forte pour son âge, et qui avait un rire de petite fille de cinq ans"* [muchacha de catorce años, robusta para su edad, y que tenía una risa de niña de cinco años] (899), tan parecido a la niña Ana de *La Regenta,* reconoce el lector a la mujer niña, libre todavía de las ataduras sociales, que vive en estrecha armonía con la naturaleza. Para Desirée, a quien su ingenua inconsciencia garantiza la libertad del espíritu, el jardín será para siempre ese espacio virgen no tocado por las ambiciones mundanas y los oscuros intereses de Plassans. En un espacio que, modificando la tradición literaria, se ha vuelto irremediablemente público, ágora en donde se reúnen las distintas facciones políticas, Desirée es el único personaje que perpetúa el estereotipo del jardín como "espacio feliz", según terminología de Bachelard, como entorno natural donde reinan, todavía, la autenticidad y la inocencia edénicas.

VI. EL PAISAJE URBANO Y EL ÁMBITO DOMÉSTICO: AÑORANZA Y CONSTRUCCIÓN DE LO ABARCABLE

ESTRATEGIAS DE REDUCCIÓN Y DE DOMESTICACIÓN EN "SANTA" Y EN "HOWARD'S END"

El panorama y el jardín son los *cronotopoi* más empleados por el narrador decimonónico cuando busca la forma de acercarse —todavía con nostalgia, con cauteloso pesimismo— a la ciudad. A pesar de esa cuatela, la novela realista es, en verdad, la gran creadora, la gran iniciadora del espacio urbano en la literatura. Con la ficción decimonónica, éste inaugura la fructífera trayectoria que desembocará más adelante en los grandes *Grosstadtromane* de la narrativa moderna y contemporánea.

La ciudad comienza siendo espacio inserto y polémico que se define por comparación y contraste con la naturaleza: *"Als Gegenstand der Beschreibung, der Kontroverse und der Polemik war die Stadt eine Art Objekt 'da draussen', eine Landschaft, eine zum Scheitern verurteilte oder zur Reform gezwungene Lebensstruktur, deren Totalität zumeist durch den Vergleich mit dem ländlichen Leben hergestellt wurde"* [Como tema de descripción, de controversia y de polémica, la ciudad era una especie de objeto "ahí fuera", un paisaje, una forma de existencia condenada al fracaso o forzada al cambio, cuya totalidad casi siempre se establecía mediante la comparación con el modo de vida rural] (Fisher, 106). Más adelante, sin embargo, la ciudad decimonónica se convertirá definitivamente en totalidad autónoma, en universo separado y autosuficiente que no necesita, para establecer su identidad, oponerse a otros espacios o complementarse con ellos. En el París de Balzac y de Zola, en el Madrid de Galdós, en el Berlín de algunas de las novelas de Fontane, la gran ciudad es espacio que se basta a sí mismo y que contiene el mundo: *"Die Grenzen der Stadt und die Grenzen der Welt decken sich"* [Las fronteras de la ciudad y las fronteras del mundo se solapan] (Perels, 68).

La autonomía espacial es el primer paso hacia la moderna representación de la gran ciudad. Sin embargo, el espacio urbano del siglo XIX ostenta todavía rasgos conservadores al constituirse como entorno abarcable y sin las propiedades de desmesura y de laberíntica desorientación que, a partir del simbolismo y el expresionismo, caracterizan a la novela moderna. La urbe decimonónica se representa, en la narrativa de su siglo, como una organizada colección o cadena de espacios acotados *(Bilderkette,* según Hauser), circunstancia que ha llevado a los críticos a hablar de una "visión caleidoscópica" de la realidad, frente a esa otra "visión laberíntica" propia de la ficción contemporánea: *"Die Grosstadt im Roman des späten achtzehnten und des neunzehnten Jahrhunderts (gestaltet sich aber) noch nicht wirklich als Labyrinth. Für die Betrachter —auch dort, wo sie am weitestgehenden desorientiert werden— bleibt die geographisch-räumliche Ordnung der Stadt erhalten, und [...] hat eher kaleidoskopische als labyrinthische Züge"* [La gran ciudad de la novela de finales del siglo XVIII y del siglo XIX todavía no se constituye realmente en forma de laberinto. Para los observadores —incluso en los lugares donde más desorientados se hallan— la ciudad todavía ostenta un orden geográfico y espacial. Sus rasgos son antes caleidoscópicos que laberínticos] (Isernhagen, 82).

A pesar de que la transición del caleidoscopio al laberinto no es sólo posible, sino incluso inevitable en la historia de la narrativa occidental *("Die Grenze vom Kaleidoskopischen zum Labyrinthischen ist fliessend"* [La frontera entre lo caleidoscópico y lo laberíntico es fluyente]) (Isernhagen, 83), lo cierto es que la novela realista sólo se vuelve "laberíntica" en episodios aislados, a los que sigue siempre un restablecimiento del orden. La "iconografía de la desorientación", como la llama Isernhagen (83), que define con precisión el diseño espacial de muchas novelas modernas y contemporáneas, evoluciona siempre hacia una "iconografía de la reorientación" en la ficción decimonónica. La novela realista se propone, como objetivo principalísimo, resolver el galimatías urbano. Prueba de ese afán organizativo —y prueba a la vez del temor y de la sed de campo que ya en el siglo XIX inspira la ciudad— es el uso sintomático y reiterado de la vista panorámica y del jardín. Ambos temas espaciales constituyen los modos de captación y de expresión del espacio urbano más apropiados para dar a éste un aire de inofensiva y tranquilizadora naturaleza. En el primer caso, el campo sirve de oportuno engarce a la ciudad; en el segundo, la naturaleza, convenientemente "domesticada", se apodera de un rincón del entorno urbano. Pero además, ambos espacios contribuyen a reducir la realidad urbana: el panorama enmarca y acota la ciudad, el jardín es réplica y miniatura, es *mise en abîme* de un espacio más amplio. Basta recordar los jardines en *Prinzessin Fisch* y en *La Conquête de Plassans,* reflejo, en pequeño, de las intrigas citadinas.

La narrativa decimonónica se nutre de la añoranza de un mundo que es jardín edénico, que es naturaleza idílica e idealizada.

La realidad ha de transformarse en un microcosmos abarcable y accesible tanto a los sentidos como a la interpretación intelectual. Gracias a esa nostalgia, que se materializa en una serie de hábiles mecanismos de reducción espacial y de evocación de los entornos naturales, hasta el siglo xx no ingresa definitivamente en la literatura la "desordenada dinámica de la existencia metropolitana" (Isernhagen). Pero el jardín y la visión panorámica no son los únicos sistemas de reducción con que la novela decimonónica pretende organizar y hacer abarcable el espacio urbano. La miniatura, el espacio enmarcado y el *mise en abîme* abundan en la narrativa que nos ocupa y se encarnan en distintos objetos y símbolos espaciales. Brüggemann justifica la fascinación con la linterna mágica, invento del siglo xix, con esa otra fascinación que durante esa misma época suscita todo lo reducido, toda réplica, en pequeño, de una realidad que, contemplada en su verdadera dimensión, resultaría confusa y escaparía a los sentidos. Ante el caótico espectáculo urbano, la miniatura se hace necesidad: *"Augenfällig ist vorab das grundlegende Bedürfnis, des Allernächsten und Bedrängenden im verkleinerten Masstab habhaft zu werden, es als Abbild sich gleichsam handhabbar, verfügbar zu machen: 'das Leben in allen seinen Farben [...] im Kleinen' zu sehen"* [Es llamativa, sobre todo, esa necesidad primordial de apoderarse de lo más cercano y abrumador a través de la reproducción y de la reducción de las proporciones: se trata de contemplar la vida en todos sus colores, pero siempre en pequeño] (Brüggemann, 12). *"The city is innaccesible to the imagination unless it can be reduced and simplified"* [La ciudad es inaccesible a la imaginación a no ser que se reduzca y se simplifique] (Wohl, 1983, 524).

Las propiedades que Brüggemann observa en la linterna mágica (13) —ésta enmarca y acota un espacio, se concentra en un punto, selecciona y hace posible una contemplación distanciada de la realidad—, junto con esa otra marcada tendencia de no renunciar a los espacios naturales, pueden atribuirse a otros objetos y a otros espacios, empleados con la misma finalidad en la narrativa decimonónica. Así, el objeto más cercano a la linterna mágica es el catalejo, artefacto que se utiliza con profusión y con parecida intencionalidad en la novela decimonónica. *"Technische Vorrichtungen wie das Fernrohr erlauben, Einzelnes in den Blick zu bekommen, abzugrenzen, zu fokussieren und dadurch eine Organisation des Blicks zu leisten"* [Instrumentos técnicos como el catalejo permiten seleccionar visualmente detalles aislados, enmarcarlos, enfocarlos y, de esa forma, lograr una organización de la mirada] (Hauser, 120). El catalejo del Magistral, en *La Regenta,* desempeña con exactitud las funciones que le atribuye Hauser. La novela decimonónica hace uso frecuente de ese instrumento —más en un sentido figurado que real— para acercar una realidad distante y ampliar el espacio. Pero a la ampliación y acercamiento de un paisaje hay que sumarle, en la narrativa que nos ocupa, la concentración y profundización espaciales: *"In der einen Richtung (haben wir) die Erweiterung des Sehfeldes durch die Erfindung des Fernrohrs, und in der anderen, die Verengung zum Sehen der Tiefenstruktur der Objekte durch das Mikroskop"* [Por una parte, está la ampliación del campo visual gracias al invento del catalejo y, por otra, el estrechamiento de ese campo para, a través del microscopio, poder vislumbrar la estructura profunda de los objetos] (Frühsorge, 350).

Al marco móvil del catalejo se le opone ese otro marco inmóvil, mucho más frecuente aún en la narrativa realista, de la ventana. La ventana es, a menudo, el microscopio de las novelas, porque a través de sus cristales aparece el entorno doméstico aumentado en todos sus detalles. Hay ocasiones en que el fragmento espacial que la ventana encuadra tiene aspiraciones de totalidad. En esos casos, antes que de reducción habría que hablar legítimamente de ampliación del espacio: *"Ich begriff* —confiesa el protagonista de *Die Chronik der Sperlingsgasse*, sentado frente a la ventana— *dass das Universum sich in einem Punkte konzentrieren könne. So ist es auch mit diesem Traum- und Bilderbuch der Sperlingsgasse. Die Bühne ist klein, der darauf Erscheinenden sind wenig, und doch können sie eine Welt von Interesse in sich begreifen"* [Comprendí que el universo podía concentrarse en un punto. Así pasa también con este libro de ilustraciones y de sueños de la Calleja del Gorrión. El escenario es pequeño, los que sobre él actúan son pocos; y, sin embargo, pueden entrañar un mundo de interés].

La acotación de los espacios es, en la novela realista, un proceso en potencia infinito, ya que admite y aun aplaude la presencia de sucesivas reducciones. El Palacio Real, en cuyos pisos superiores tiene la familia Bringas su domicilio, refleja, en dimensiones reducidas, las intrigas de la aristocracia y la situación política de la España de la Restauración. A su vez, los absurdos cuadritos de Bringas, que utilizan como materia prima las finísimas hebras del cabello humano, vienen a ser una segunda reproducción, en miniatura, de la realidad. Este doble proceso de acotación espacial no sólo se observa en la novela de Galdós sino que también queda patente en *Stine*. Aquí, la ventana —primera instancia domesticadora y delimitadora— sirve como punto de apoyo para la instalación estratégica de un segundo artilugio reductor. La protagonista de la novela de Fontane se entretiene en mirar a través de un ingenioso espejo giratorio, que arrastra hasta el interior lo que está fuera. Al domesticarlo, convierte el tráfago urbano en pequeño e inocente cuadro decorativo:

*Draussen am Fenster aber war ein Dreh-und Strassenspiegel ange-
bracht. [...]. Die Pittelkow setzte sich gegenüber dem Drehspiegel
[...], nicht aus Eitelkeit (denn sie sah sich gar nicht), sondern aus
blosser Neugier und Spielerei. [...]. Stine [...] hielt ihr die Hand
vor die Augen und sagte: "Nun hast du aber genug, Pauline. Du
musst doch nachgerade wissen, wie die Invalidenstrasse aussieht".
"Hast recht, Kind. Aber so is der Mensch; immer nur das Dümmste
gefällt und beschäftigt ihn, un wenn ich in den Spiegel gucke und
all die Menschen und Pferde drin sehe, dann denk ich, es is doch woll
anders als so mit blossen Augen. Un ein bisschen anders is es auch. Ich
glaube, der Spiegel verkleinert, un verkleinern is fast ebensogut wie
verhübschen"* [224].

[Por fuera, en la ventana, se había instalado un espejo giratorio. La
Pittelkow se sentó frente al espejo, no por vanidad (puesto que ni
siquiera lograba verse en él), sino por pura curiosidad y jugueteo.
Stine le tapó los ojos con la mano y dijo: —Ya basta, Pauline. Ni
que no supieras cómo es la calle de los Inválidos. —Tienes razón,
hija. Pero, así es el ser humano; sólo lo más necio le divierte y ocupa
y, cuando me pongo a mirar por el espejo y veo todas esas gentes,
todos esos caballos, me parece que es distinto a verlos así sin más,
sólo con los ojos. Y es cierto que es un poco diferente. A mí me parece que el espejo reduce el tamaño, y reducir es casi lo mismo que
embellecer.]

Hay otros marcos fijos, otros modos de acotación y reducción espaciales que, como el panorama, el jardín, la ventana, etc.,
se destacan por su acento nostálgico y adverso a la experiencia
de la ciudad. Así, no es infrecuente que el argumento tenga lugar exclusivamente en aquellos distritos —más campestres que
urbanos, con sus parques, jardines y amplias avenidas bordea-
das de árboles— en donde se alojan la aristocracia y la alta burguesía (Perels, 60-62). En otros casos, como ocurre en *Die*

Chronik der Sperlingsgasse, de Raabe, la narración se desarrolla dentro de la ciudad, en su mismo centro. No obstante, la acción novelesca se concentra casi exclusivamente en el reducido ámbito de una sola calle, el "Callejón del Gorrión", situada en un barrio popular de Berlín, con ánimo de hacerle sentir al lector que lo que en ella acontece y le es narrado resume la vida entera y reproduce, en miniatura, el universo. De la ciudad propiamente dicha sólo se nos muestra lo que tiene de menos urbano: una barriada con talante de pueblo, en donde todos se conocen y cuyos límites perfectamente definidos casi nunca se traspasan. Para reforzar la impresión de aldea, por último, se contrarresta la imagen del barrio con esa otra imagen de la excursión campestre. El espacio que se extiende entre el "Callejón del Gorrión" y el campo no se describe, como si para llegar al campo no hubiera que atravesar necesariamente la ciudad. Con el retrato de una sección tan sólo del paisaje urbano, a la que da trascendencia de un microcosmos, Raabe rinde nostálgica pleitesía a ese fenómeno amenazado de extinción que es la metrópoli europea entendida como complejo entramado espacial construido con la suma de pequeñas localidades diferenciadas.

Otras novelas, finalmente, alentadas por una nostalgia similar, sitúan la trama en los márgenes de las grandes metrópolis, bien en los barrios de las afueras, bien en las poblaciones limítrofes. Desde ambos puede contemplarse, a una prudente distancia, la inquietante vitalidad urbana. Hilton, en *Howard's End,* la novela de Forster, constituye una de esas poblaciones que durante la segunda mitad del siglo XIX crecen a la sombra de las grandes ciudades y las contemplan, a pesar de todo, con ojo crítico. Sin perder del todo su aspecto rural, las poblaciones cercanas a la gran capital se contagian de cierto cosmopolitismo. *"[Hilton], being near London, had not shared in the rural decay, and its long High Street had budded out right and left into residential estates"* [Hilton, al estar cerca de Londres, no se había sumado a la decadencia rural, y a derecha e izquierda de su extensa avenida principal habían brotado mansiones y residencias] (10). Hilton se transforma en apropiado cronotopo para la materialización literaria de esa oposición semántica. La categoría híbrida del lugar, lo que tiene de extraño anfibio, mitad campo, mitad ciudad, sirve para resaltar los defectos de la feroz expansión urbana. Londres, en efecto, es interpretado como peligrosa fuerza invasora, que amenaza con apoderarse no solamente de Hilton, sino también de Howard's End. La pequeña villa campestre que da nombre a la novela de Forster viene a simbolizar, en primera instancia, ese espacio natural y virgen, sometido al asedio cada vez más impertinente de la ciudad (McDowell, 85).

Howard's End comparte con *Der Stechlin* y con *Prinzessin Fisch* el afán vehemente de apuntalar el pasado ante los furiosos embates del capitalismo moderno. Al fin y al cabo, Forster, como señala Hynes, escribe dentro de la tradición de Jane Austen y de George Eliot, que es, sin duda, la tradición más intensamente nostálgica dentro del realismo europeo. Pero, como buen realista, Forster es, amén de nostálgico, moralizante. Y, al igual que Clarín, que Zola y que Fontane (al igual que don Fermín, que Faujas y que el Marqués de Stechlin), conquista, con ánimo colonizador, el espacio y lo adapta sin miramientos y arriesgando, incluso, el principio de la verosimilitud a las necesidades expresivas de su voluntad, de su moral y de su ideología.

Quizá por ser un producto tardío del realismo inglés, la segunda novela de Forster, que vio la luz en 1910, exagera metafictivamente los mecanismos narrativos del relato decimonónico y no invierte esfuerzo alguno en fingir objetividad o en disimular la densa simbología del espacio y sus *cronotopoi*. Ya Rueckert dedicó un detenido estudio a la riqueza y profundidad de los símbolos de *Howard's End*. Esta llamativa proliferación y delatora transparencia de los símbolos, que trasciende la tradición del realismo más ortodoxo, puede justificarse igualmente por la fecha en que fue publicada la novela. El ambiente finisecular y el auge del simbolismo y del decadentismo tuvieron, de alguna forma, que influir en la producción novelesca del escritor británico. Por ello mismo, resulta curioso observar que el propio Forster, en sus reflexiones sobre la novela, dedica un comentario peyorativo al símbolo. Al hablar de la presencia, en ciertos testimonios narrativos, de un ritmo casi musical, asegura que éste, cuando es deficiente, se vuelve necesariamente tedioso, se endurece y se transforma en símbolo: *"Done badly, rhythm is most boring, it hardens into a symbol"* [El ritmo, cuando está mal construido, resulta profundamente tedioso. Se endurece como símbolo] (Forster, 1974, 115). Lo cierto es que *Howard's End*, a pesar de la opinión adversa de su autor, abunda en símbolos y puede siempre discutirse si esta proliferación, efectivamente, lastra el ritmo y lo endurece. En el presente caso, sin embargo, interesa más la naturaleza de los símbolos y su parentesco con el simbolismo de la novela realista que su incidencia en el estilo o en la fluidez argumental. En *Howard's End*, el símbolo se vuelve "duro" no tanto por la deficiencia del ritmo, como por su alto grado de convencionalismo. El cronotopo de la ciudad representa el polo negativo en el juego de las oposiciones semánticas:

To speak against London is no longer fashionable. The Earth as an artistic cult has had its day, and the literature of the near future will

*probably ignore the country and seek inspiration from the town. One can
understand the reaction. [...]. Certainly London fascinates. One
visualizes it as a tract of quivering grey, intelligent without purpose,
and excitable without love; as a spirit that has altered before it can be
chronicled; as a heart that certainly beats, but with no pulsation of
humanity. It lies beyond everything: Nature, with all her cruelty,
comes nearer to us than do these crowds of men. A friend explains
himself: the earth is explicable —from her we came, and we must
return to her. But who can explain Westminster Bridge Road or Liverpool Street in the morning— the city inhaling; or the same thorough-
fares in the evening —the city exhaling her exhausted air? [84-85].*

[Hablar mal de Londres ya no está de moda. La tierra, la naturaleza como merecedora de culto artístico pasó a mejor vida, y la
literatura venidera probablemente ignorará el campo y buscará
inspiración en la ciudad. Uno puede entender semejante reacción. Ciertamente, Londres fascina. Uno se la imagina como un
sistema gris y tembloroso, inteligente sin propósito, excitable sin
amor; como un espíritu que se ha modificado antes de que de él
pueda darse cuenta escrita; como un corazón que late, en efecto,
pero con una pulsación que no es humana. Se encuentra más allá
de todo. La naturaleza, con toda su crueldad, se halla más cercana
a nosotros que esas muchedumbres callejeras. Un amigo se dice
lo siguiente: la tierra es explicable, de ella nacemos, a ella hemos
de regresar. Pero ¿quién puede explicar la calle del Westminster
Bridge, o la calle de Liverpool en la mañana, inhalando la ciudad?
¿O esas mismas avenidas al atardecer: la ciudad exhalando su aire
exhausto?]

La ciudad representa la inestabilidad, la realidad, materializada en el fenómeno de la muchedumbre, que fluye sin sentido y con excesiva precipitación. Es también el espacio de la
especulación inmobiliaria y financiera, del enriquecimiento

insultante y rapidísimo de una burguesía tan materialista y ávida como inculta y zafia. Es el espacio, finalmente, de lo público, de la prosa, el espacio de los hombres, frente al ámbito doméstico, guarecido y sereno, hecho poesía, de las mujeres.

Forster, con sensibilidad antes de realista que de simbolista, más cercano, en sus ideas y en su temperatura afectiva, a un Dickens que a un Baudelaire, siente el impulso, nada original —transformado, a estas alturas, en estereotipo literario—, de contrarrestar los efectos nocivos del caos urbano con las imágenes "positivas" y siempre conservadoras del entorno doméstico. Howard's End, la villa idílica situada en el campo, reúne todas las virtudes que el entorno urbano sacrifica con tanta despreocupación: frente a la superficialidad de las sensaciones cambiantes, la tranquila solidez del sentimiento; frente al flujo incesante de imágenes, noticias y acontecimientos, la solidez, la serenidad que procuran al ánimo la cíclica sucesión de las estaciones, las existencias campesinas, que transcurren sin grandes novedades ni sobresaltos.

Pero… falta el mecanismo, el agente que, de alguna forma, ponga en contacto estos dos modos de vida y cambie, por así decirlo, la dirección del contagio: ¿Cómo lograr que la ciudad se contamine de naturaleza, y no al contrario? ¿Cómo instilar en el espíritu materialista de la moderna burguesía algo de la fineza y de la sensibilidad artística de la burguesía de antaño, y no al revés? *"Only connect"*, es la exclamación preferida de Margaret, la protagonista de *Howard's End*. Esa exclamación, esa pequeña frase que asoma, discreta, pero con sintomática frecuencia y leves gradaciones, a lo largo del texto, es una de las creadoras, precisamente, de sutil ritmo narrativo que tanto alaba Forster y que dice encontrar en Proust: *"Easy rythm in fiction [...] may be defined as repetition plus variation"* [El ritmo fácil y fluyente de un texto narrativo puede definirse como repetición más variación] (115). No es casualidad que la responsabilidad del ritmo recaiga sobre un personaje femenino, de la misma forma que no lo es el que Margaret, con su frase y su comportamiento, se convierta en el agente principal para la conciliación de dos mundos contrapuestos. En efecto, Margaret, fiel a su lema ("es necesario conectar"), mediante su matrimonio con Henry conecta con la nueva burguesía urbana (representada por la familia Wilcox, de quien su marido es el patriarca) con la vieja burguesía rural (representada por ella y por su familia, los Schlegel). La unificación de los dos principios opuestos (materialismo/ciudad/hombre *versus* espiritualismo/naturaleza/mujer) tiene lugar en el entorno idealizado de la villa campestre. *Howard's End* constituye el símbolo central y primigenio, sin el cual la conciliación de los extremos no hubiera sido posible. La domesticación de la ciudad es completa, precisamente porque se lleva a cabo entre las paredes de un hogar, porque éste lo gobierna y administra una figura femenina y porque el espacio en que ambos —mujer y casa— se insertan es la naturaleza. Ruth, la primera mujer de Henri Wilcox, simboliza esa sabiduría, esa espiritualidad profunda que nace de la comunión intensa y sin resquicios con el ámbito doméstico (Howard's End) y con la naturaleza (el jardín de la villa). Margaret, la segunda mujer del adinerado burgués, se convertirá en fiel continuadora de esa comunión y rendirá pleitesía al conocimiento verdadero que cree descubrir en su antecesora: *"I feel that you and I [Margaret] and Henri are only fragments of that woman's [Ruth] mind. She knows everything. She is everything. She is the house, and the tree that leans over it. [...] I cannot believe that knowledge such as hers will perish with knowledge such as mine. She knew about realities. She knew when people were in love"* [Siento como si tú y yo (Margaret) y Henry no fuéramos sino simples fragmentos de la mente de Ruth. Ella lo sabe todo. Lo es todo. Es la casa, y el árbol que sobre la casa se inclina. No puedo creer que un conocimiento como el suyo vaya a perecer como va a hacerlo el mío. Ella sabía de las distintas realidades. Ella sabía cuándo las personas estaban enamoradas] (248).

La trinidad semántica que proponemos está construida con piezas idénticas e intercambiables: casa, mujer y naturaleza se transforman, una vez más, en sinónimos exactos. Tanto es así que el lector se halla rodeado, como estipula con frecuencia la novela realista, de espacios redundantes, y esa redundancia ha de cumplir, en este caso, con la misión "moral" de domesticar la ciudad. La mujer, en efecto, es espacio, es cronotopo. La cosificación del personaje femenino, su identificación y superposición, sin fisuras ni sombras, con dos espacios mellizos (el entorno doméstico y la naturaleza) inevitablemente la espacializan. Ello explica que a la hora de hablar de estrategias y mecanismos espaciales de reducción y de domesticación asome la figura femenina —una cosa, un espacio más— entre vistas panorámicas, jardines, ventanas y catalejos.

Cosificación y espacialización no son sustantivos halagadores ni beneficiosos para los personajes femeninos, si se tiene en cuenta que ambos designan procesos que excluyen a las mujeres de la participación activa en la historia. A lo doméstico, a lo natural y a lo femenino les está vedado, por igual, el ámbito público y, por ello mismo, toda experiencia directa, mediata, de la ciudad. Relegados a un espacio ahistórico —el del ámbito doméstico, el de la naturaleza— los personajes femeninos tampoco pueden participar del tiempo lineal. Piénsese que el personaje novelesco se construye, precisamente, con la ayuda de ese tiempo lineal, se construye gracias a la cronología y a la sucesión. Sin éste no hay evolución, y sin evolución difícilmente podrá un personaje dejar de ser "plano" y convertirse en "redondo". No obstante, Forster, inventor precisamente de esa categorización, parece, en *Howard's End*, haber reservado la redondez a los personajes masculinos. Los personajes femeninos, alejados de la historia y de la cronología, han de conformarse con el tiempo mítico —circular y medieval— atribuido a la naturaleza y a sus ciclos. Su sabiduría, como la de la naturaleza, es a la vez instintiva y divina, y no brota, como la del hombre, del aprendizaje gradual y de su instrumento, el tiempo.

En una de las escenas iniciales de la novela, Ruth aparece inhalando con deleite el aroma del heno, mientras que los personajes masculinos han de abandonar el paseo por el jardín presos de una sucesión de estornudos alérgicos (2). A partir de esta imagen primera, el patrón se mantiene inalterable: Ruth, en perfecta comunión con la naturaleza y con su entorno doméstico; los hombres de la familia Wilcox, inmersos en el tráfago urbano, y alérgicos, en un sentido tanto literal como figurado, a la casa (demasiado húmeda) y al campo (demasiado fértil en la época de su floración). No obstante, son los personajes masculinos, en especial Henri, los que evolucionan y los que se hacen acreedores a cierta profundidad psicológica. Ruth, por el contrario, conserva, hasta el día de su muerte, un rostro hermético. Su elevación a figura emblemática, tan típica del esencialismo masculinista, tiene como consecuencia una excesiva simplificación e inmovilidad del personaje. A Ruth, encerrada en la doble cárcel del espacio natural y doméstico y de la recurrencia cíclica del tiempo, no le está dado evolucionar. Ello explica que su silueta tienda extrañamente a difuminarse: *"Mrs. Wilcox was sitting in bed, writing letters on an invalid table that spanned her knees*

[...] The light of the fire, the light from the window, and the light of the candle-lamp, which threw a quivering halo round her hands, combined to create a strange atmosphere of dissolution" [Mrs. Wilcox estaba sentada en la cama, escribiendo cartas en una mesita auxiliar apoyada sobre las rodillas. La luz del fuego, la luz de la ventana y la luz de la vela, que proyectaba un halo tembloroso alrededor de sus manos, se juntaban y combinaban hasta crear una extraña atmósfera de disolución] (52). *"Yet [Mrs. Wilcox] and daily life were out of focus: one or the other must show blurred"* [Sin embargo, Mrs. Wilcox y la vida cotidiana estaban desenfocadas: una u otra tenían necesariamente que ofrecer una imagen borrosa] (59). La propia Margaret, como ha señalado la crítica (Wilde, Churchill), a medida que crece su semejanza con Ruth, va perdiendo profundidad y originalidad. La suya es una evolución inversa a la de Henri Wilcox, porque, mientras que éste se humaniza y redondea, aquélla se "aplana", se espacializa, por la sola fuerza de su creciente asimilación a Ruth (personaje alegórico e inmóvil), a la naturaleza (regida por el tiempo giratorio de los ciclos y de las estaciones) y al entorno doméstico (intrahistórico, acronológico). Margaret, heredera espiritual de Ruth, habrá de heredar también Howard's End, otra forma de cerrar el círculo, de paralizar el tiempo, de devolverla a la naturaleza y, a la postre, de alejarla definitivamente de la experiencia de la ciudad: *"To them [the men] Howard's End was a house: they could not know that to [Ruth] it had been a spirit, for which she sought a spiritual heir"* [Para ellos (los hombres) Howard's End era una casa: no podían saber que, para Ruth, había sido un espíritu, un espíritu para el que buscaba un heredero espiritual] (77).

También *Santa,* de Federico Gamboa, ensaya la manera de depurar a la protagonista de la dañina influencia urbana. Los espacios que, a lo largo del texto, habitan los personajes son, en su gran mayoría, crudamente urbanos y, por ello mismo, desguarnecidos. El idílico paisaje campestre de Chimalistac sirve, en esencia, para resaltar la podredumbre moral y física de la metrópoli. Desde la ciudad, desde las brumas del alcoholismo y de la prostitución, Santa sueña con "su pueblecito de Chimalistac, su casita blanca con naranjos y gallinas, el regazo de su madre, el honesto querer de sus dos hermanos honorables" (315). El modo de efectuar el contraste espacial se mantiene, pues, dentro de la más severa ortodoxia, sobre todo porque hace coincidir el entorno rural con la infancia y el ámbito urbano con la adolescencia, con el despertar de los instintos y con el intenso cultivo de la sexualidad.

Santa, la bella prostituta, gusta, primero involuntariamente, de los placeres mercenarios de su oficio. No obstante, el aprendizaje forzado muy pronto se volverá voluntario. Empujada por la enfermedad, en la primera fase de su decadencia, al comienzo de ese viacrucis que la llevará de burdel en burdel, le confiesa a Hipólito, el amigo ciego: "Realizaré un deseo que ya se me enmohecía de puro viejo [...], conocer cómo viven las prostitutas pobres. Si no me agrada, siempre habrá tiempo de desandar lo andado y de volvernos atrás. [...] Pero ahora no me contraríe usted, no me vaticine desgracias, déjeme probar esto, unos días, ¡vamos! Acabaré de asquearme, me regeneraré de veras, y seré luego la mujer más constante con usted" (316). Importa notar que el acto intencional de Santa en cierta forma la libera del determinismo, ese determinismo naturalista que en el caso de los personajes femeninos suele ser especialmente cruel y exigente. Santa se mueve impulsada, no solamente por el vicio, como insiste con cierto énfasis el narrador, sino por las normas del credo naturalista y por la fáustica voluntad de saber. En ese sentido, el viaje de Santa es viaje de conocimiento, novela de aprendizaje que ostenta su característica estructura circular. Esta circularidad encuentra refuerzo en la organización cronotópica del relato. La "casita blanca" de la familia (la madre y dos hermanos varones) de Santa es espacio inserto en la naturaleza, entorno domesticado y sometido a la estilización estética, el cual se espeja en ese otro cronotopo engarzado que es la humilde vivienda-palomar de Hipólito, el pianista ciego del burdel y el único que profesa a Santa un amor verdadero y hondísimo. El hogar de Santa tiene "por todas partes aire puro, fragancias de las rosas que asoman por encima de las tapias, rumor de árboles y del agua que se despeña en las dos presas…" y, en ese cuadro, destaca Santa de niña, y de joven más tarde. "Dueña de la blanca casita; hija mimada de la anciana Agustina, a cuyo calor duerme noche tras noche; ídolo de sus hermanos Esteban y Fabián, que la celan y la vigilan" (39-40). Las flores sólo aparecen dos veces en la novela. Adornan, en el segundo capítulo, el ranchito de Chimalistac y más tarde perfumarán en las páginas finales la pobre casa de Hipólito:

En la azotehuela de la vivienda licenció [Jenaro] al cargador, luego de volcado en el enjuto lavadero el contenido del gran canasto, contenido que resultó ser un cargamento de flores fresquísimas, con todos los perfumes y todos los colores. Un capricho de Hipólito, que como nunca veía nada, no encontró obsequio más a propósito para Santa que cubrirle de flores su mezquina casita. […] [Jenaro] púsose a decorar azotehuela y dormitorio, sin orden ni concierto, a impulsos de su fantasía desordenada y turbulenta. El caso es que la habitación quedó quizás mejor que si un horticultor de oficio la hubiera engalanado; recreaba la vista y halagaba el olfato; tenía algo de jardín y algo de iglesia, bastante de fiesta y bastante de campo [345, 346].

En la casa que vio nacer a Santa se oye el canto de un "clarín, un zenzontle y un jilguero" (41); en la vivienda de Hipólito, habita

> un palomo que llegó de donde nunca se supo, por los aires, y domesticado al extremo de atender por su nombre, escoltar a los inquilinos lo mismo que un perro, comer posado en el hombro de un músico o en la boca de Jenaro, alegrando a los moradores con su cucurrear [...], con el arrastrar de su cola abanicada por los pisos y su volar confianzudo por las estancias [336].

Finalmente, el paralelismo se afianza con el hecho de que, así como Santa fue el ídolo de sus hermanos, lo es ahora de Hipólito y de Jenaro, el lazarillo. No obstante, la firme elocuencia de esta simetría entre dos ambientes se refuerza con un segundo paralelismo espacial. Empecemos diciendo que ambos *cronotopoi* son espacios insertos y que, por tanto, encuentran cabida en un entorno más amplio. La "casita blanca" de Chimalistac aparece engastada en el entorno englobante de la naturaleza, mientras que la humilde vivienda de Hipólito se inserta en el ambiente de la gran ciudad. Naturaleza y ciudad son, en la novela de Gamboa, extremos que se tocan, espacios que, lejos de relacionarse por oposición, como suele dictar la tradición cultural, se comunican a través del lenguaje de las similitudes. Recordemos que algo muy parecido ocurría en *La Regenta*. Por de pronto, ambos espacios presencian y simbolizan la irrupción de la sexualidad y la muerte de la inocencia. Sobre la gran metrópoli caen, a lo largo de toda la novela, los denuestos del narrador. México es "la enorme ciudad corrompida" y "por las lobregueces de sus simas sin fondo" echa a rodar Santa, "bajando, siempre más abajo, siempre más" (300). Sin embargo, la decadencia moral no se inicia en la metrópoli, sino en medio del paisaje a la vez imponente y siniestro del Pedregal, escenario natural de los primeros amores y de la seducción de la protagonista:

> Inexplorado todavía en más de lo que se supone su mitad, volcánico, inmenso, salpicado de grupos de arbustos, de monolitos colosales, de piedras en declive tan lisas, que ni las cabras se detienen en ellas, posee arroyos clarísimos, de ignorados orígenes, que serpean y se ocultan y aparecen a distancia, o sin ruido se despeñan en oquedades y abras que la yerba disimula criminalmente; cavernas y grutas profundas, negras, llenas de zarzas, de misterio, de plantas de hojas disformes, heráldicas casi, por su forma; simas muy hondas, hondísimas, en cuyas paredes laterales se adhieren y retuercen cactus fantásticos, y de cuyos fatídicos interiores, cuando a ellos se arroja una piedra que jamás toca el fondo verdegueante y florido, tienden el vuelo pájaros siniestros, corpulentos, que se remontan por los aires, muy alto, en amplias espirales lentas [46].

Ambos paisajes, el urbano y el campestre, abundan en epítetos negativos. En los dos escenarios hay "simas muy hondas, hondísimas" (46), "simas sin fondo" (300), que el lector en seguida identifica con las profundidades del instinto y de una sexualidad que, una vez despierta, no conoce restricciones. Pero el juego de las simetrías aún va más allá: tanto el cronotopo de la naturaleza como el de la ciudad toleran la domesticación y se someten, obedientes, a estrategias reductoras y neutralizadoras. La "casita blanca" de Chimalistac impone al instinto poderoso de la naturaleza el freno domesticador de la moral. De forma parecida, la vivienda-palomar de Hipólito neutraliza y hasta santifica el efecto destructor de "la concupiscencia bestial de toda una metrópoli viciosa" (2). A la elocuente simetría doble de los espacios insertos y de los paisajes englobantes hay que añadirle el paralelismo temporal: la vejez prematura y el acabamiento sexual de Santa hallan su reflejo en la infancia luminosa de la protagonista. Ambos extremos vitales, el nacimiento y la infancia, la muerte y la vejez, ambos espacios, el refugio del rincón rural y ese otro hogar volandero y humilde que es la vivienda de Hipólito, tienen como denominador común la castidad y la purificación a través de la inocencia, ya sea ésta primigenia o recuperada. El cronotopo del agua es, a lo largo de toda la novela, el encargado de enfatizar ese complicado juego de simetrías y de desencuentros espaciales en los que se materializa el mensaje moral del texto. Los "arroyos clarísimos" del Pedregal son, con todo, misteriosos, traicioneros: "Serpean, se ocultan", "sin ruido se despeñan en oquedades y abras que la yerba disimula criminalmente" (46). En el rincón idílico del rancho de Chimalistac, los instintos se apaciguan y, como era de esperar, también el agua se amansa, se transforma en caricia ingenua y se adapta a la amable rutina doméstica:

Como [a Santa] le sobran contento y tranquilidad y salud, se levanta cantando, muy de mañana, y limpia las jaulas de sus pájaros; en persona saca del pozo un cántaro del agua fresquísima, y con ella y un jabón se lava la cara, el cuello, los brazos y las manos; agua y jabón la acarician, resbalándole lentamente, acaban de alegrarla. Y su sangre joven corretea por sus venas, le tiñe las mejillas, se le acumula en los labios color de granada, cual si quisiera, golosamente, darle los buenos días besándoselos mucho [43].

Las inocentes abluciones de la muchacha se transforman, en el burdel, en práctica mezquina y vergonzante:

Van a traerte [le dice la patrona a Santa] una bata de seda y medias de seda también, y una camisa finísima, y unas zapatillas bordadas [...] ¿Se ha bañado ya? [...] ¡Magnífico! No importa, al vestirte esta noche para bajar a la sala, volverás a lavarte; mucha agua, hija, mucha agua [...] Y siguió, entre regañona y consejera, enumerándole a Santa la indispensable higiene a que se tiene que apelar con objeto de correr los menos riesgos en la profesión [18].

Una sola vez más, el agua recuperará su pureza y sus virtudes mágicas y regeneradoras:

La lluvia desatóse iracunda, rabiosa, azotando paredes, vidrios y suelos [...] Santa miró a la calle, por cuyo centro, el agua imitaba una cortina de gasa interminable que se desenrollara desde muy alto, inclinándose a un lado, y a la que la luz eléctrica de los focos que el viento mecía, entretejiera, mágicamente, hilos de plata que se desvanecían dentro de los charcos bullidores y sombríos del adoquinado [24-25].

Entre "ese fondo fantástico, al resplandor de uno de tantos relámpagos que surcaban el cielo" (25) surge, de pronto, la estrafalaria silueta de Hipólito, el ciego, acompañado de su lazarillo. Los hilos de plata lo envuelven mágicamente y, de alguna forma, lo alejan, lo salvan, aunque sólo sea momentáneamente, de diluirse en las aguas sombrías de los charcos. Recuérdese que Hipólito va a ser el único amor casto de Santa, y que, gracias a la fuerza de esa pasión espiritual, también la prostituta se redimirá y regresará a la inocencia primera.

No obstante, el símbolo espacial, a partir de la escena citada, se oscurece y se ensucia, renunciando ya para siempre a su inicial limpidez:

En ellas [en las lobregueces de la enorme ciudad corrompida] rodaba Santa, en los sótanos pestilenciales y negros del vicio inferior,

a la manera en que las aguas sucias e impuras de los albañales sub-
terráneos galopan enfurecidas por los obscuros intestinos de las
calles, con siniestro glú glú, de líquido aprisionado que en inva-
riable dirección ha de correr aunque se oponga, aunque se arre-
moline en ángulos y oquedades sospechosos y hediondos, que los
de arriba no conocen, aunque brame y espumajee en las curvas y
en los codos de su cárcel. Allá van, a escape, por las cloacas y letri-
nas, más turbias, más ciegas y más inconscientes conforme engrosan
más y más caminan [...] allá van, sin saber a dónde, golpeándose
contra insensibles paredes tapizadas de barro y limo que las es-
trangulan, deforman y encauzan, que casi han de contemplarlas
con las cicatrices que las inmundicias han grabado y esculpido
tenaz y pacientemente, y que en el antro, simularán ojos conde-
nados a perpetua fijeza, a nunca parpadear, a ver la fuga de las
aguas impuras, con sus iris de lepra y sus pupilas de cieno [...]
Allá va el agua, incognoscible, sin cristales en su lomo, sin frescor
en sus linfas; conduciendo detritus y microbios, lo que apesta y
lo que mata; retratando lo negro, lo escondido, lo innombrable
que no debe mostrarse; arrojando por cada respiradero de reja, un
vaho pesado, un rumor congojoso y ronco de cansancio, de tristeza, de duelo [...] allá va, expulsada de la ciudad y de las gentes, a
golpearse contra los hierros de la salida, a morir en el mar, que la
amortaja y guarda, que quizá sea el único que recuerde que nació
pura, en la montaña; que apagó la sed y fecundó los campos; que
fue rocío, perfume, vida [...] ¡Así Santa! [300-301].

En el retrato de las aguas siempre turbias (ejemplo especialmente ajustado del vigoroso naturalismo modernista de
Gamboa) se materializa la depravación de la gran metrópoli, la
depravación, también, de la mujer "caída". La identificación de
Santa con la cloaca no es casual. Señala esa otra identificación, siempre convencional y estereotipada, de la mujer con
la ciudad, normalmente, con los aspectos menos positivos de

ésta, con sus profundidades abyectas y sus misterios amenazadores: *"The woman and the city are conflated. [...] In the novels
where a woman guides the protagonist through the maze of [a
city], it is suggested that she can do so because intuitively and
metonymically she embodies the city; she cannot see the city because she is the city"* [La mujer y la ciudad se solapan. En las novelas donde una mujer guía al protagonista a través del laberinto de la ciudad, se sugiere que lo puede hacer precisamente
porque intuitiva y metonímicamente encarna la ciudad; no
puede ver la ciudad porque ella es la ciudad] (Jones, 20, 22).
Esta identificación, ciertamente, obliga al lector a una lectura
siempre redundante. Leer a Santa (hacer el recorrido de su biografía) es leer la ciudad (seguir el itinerario físico y moral de la
cartografía urbana) y viceversa. Con ello, el personaje femenino, como ya ocurría en *Howard's End* y en tantas otras novelas del realismo, se espacializa, se transforma en sinónimo y en
prolongación metafórica del entorno que habita. La mujer no
ve la ciudad, porque es espacio, porque es, precisamente, esa
ciudad que los hombres contemplan y recorren. Al igual que
el entorno urbano (al igual que Margaret y Ruth, en la novela
de Forster), el personaje femenino adquiere un significado fijo,
estático. Y, a la vez que la ciudad, Santa se transforma en alegoría medieval, tremendista e inmutable, del vicio.

La ciudad como sistema: cartografía, muchedumbre, "flâneurs"

Pocos espacios han provocado, en la vida real, y también en las
manifestaciones artísticas y literarias, tantas reacciones de hostilidad y de rechazo como el espacio de la gran ciudad. La rápida

constitución, en la Europa decimonónica, de las metrópolis como nuevo fenómeno demográfico va acompañada con sintomática persistencia de un intenso sentimiento de temor y de nostalgia.

Die Metropole ist das monströse Haupt, das wie eine Krebsgeschwulst auf dem Körper des Landes sitzt, welches von ihr aus regiert wird. Das Verhältnis zwischen Stadt und Land ist parasitär und oppositionell zugleich: in der Stadt konzentrieren sich Luxus und Korruption, Macht und Ausbeutung, kulturelle Leistung und von ihr ununterscheidbare Charlatanerie; das umliegende Land wird ausgezehrt, aber es bietet zugleich Raum für kleine Bereiche der Ordnung, die der ungeordneten Dynamik des städtischen Lebens nicht ausgeliefert sind. Die Stadt ist ein Chaos der Unregierbarkeit und Vernichtung, das Land bedrohter Zufluchtsort, an dem in aller Stille und ganz unauffällig vielleicht etwas Sinnvolles geschaffen werden kann [Isernhagen, 81].

[La metrópoli es la monstruosa cabeza que, como un tumor canceroso, se asienta en el cuerpo del campo, gobernado desde aquélla. La relación entre ciudad y campo resulta a la vez parasitaria y antagónica: en la ciudad se concentran el lujo y la corrupción, el poder y la explotación, los logros culturales y la charlatanería, que se mezclan confusamente. El campo circundante se se expolia, pero, a la vez, hay en él lugar para pequeños reductos en donde reina un orden y que no están expuestos a la desordenada dinámica de la existencia urbana. En la ciudad se materializan el caos de la anarquía y la destrucción; el campo, en cambio, es el refugio amenazado en el que, silenciosamente y de forma imperceptible, puede, quizá, crearse algo que tenga sentido.]

El párrafo citado con que Isernhagen encabeza su estudio sobre la crisis de la modernidad y la experiencia de la ciudad como laberinto no hace sino resumir la opinión pesimista y, cuando menos, cautelosa sobre la realidad urbana como fenómeno sociohistórico que, ya desde el realismo, se refleja de forma generalizada en la literatura occidental, sobre todo en la alemana y en la anglosajona. Las referencias a lo que Freisfeld ha bautizado como *"Grosstadtfeindschaft und Agrarromantik"*, en su volumen de título significativo *Das Leiden an der Stadt* (1982), son numerosísimas entre los estudiosos alemanes y compiten en abundancia con los comentarios de los críticos británicos y norteamericanos (Pike, Jaye).

Perels señala que la metrópoli como motivo literario aparece con llamativo retraso en la literatura alemana:

Auch noch die zweite Hälfte des 19. Jahrhunderts hat in Deutschland lange Zeit keine Grosstadtliteratur von einiger Bedeutung hervorgebracht. Erst im letzten Jahrzehnt dreht darin ein Wandel ein. [...] Gleichzeitig oder doch im Abstand von nur wenigen Jahren erscheinen Theodor Fontanes Berliner Gesellschaftsromane, die Dramen der Naturalisten und die ersten Zeugnisse eines literarirschen Ästhetizismus. In allen drei Erscheinungen, so unterschiedlich sie sind, hat die Grosstadt aufgehört, gleichgültig zu sein [58].

[Ni siquiera la segunda mitad del siglo XIX logró producir, en Alemania, una literatura urbana de cierta importancia. Con la última década de ese siglo, no obstante, se produce una transformación. De forma simultánea o con unos pocos años de diferencia aparecen las novelas sobre la sociedad berlinesa de Theodor Fontane, los dramas de los naturalistas y los primeros testimonios de un esteticismo literario. En los tres casos, y aun a pesar de evidentes disparidades, el fenómeno de la metrópoli ha dejado de resultar indiferente.]

Y, sin embargo, cada uno de estos tres modos literarios (el realista, el naturalista y el simbolista) coinciden en su actitud negativa ante la existencia urbana:

Die Stadt stört, ja verstört das Ich. In ihr selbst kann es sich nicht mehr behaupten, und so sucht es den Rand als Ort, an dem Besinnung noch möglich ist. Gewiss besucht man die Stadt, aufgeschlossen, neugierig; sie zieht an, aber sie bedroht auch. [...] So wird die Grosstadt ein von Wünschen und Befürchtungen umzogenes Gebilde, das selbst undurchschaubar und unberechenbar sich in der Ferne und in der Zukunft erhebt [61].

[La ciudad incomoda, altera el yo. La identidad ya no puede manifestarse en ella, y por eso se refugia en los márgenes, como el único lugar donde todavía se hace posible el ejercicio de la reflexión. Es cierto que la ciudad se visita con espíritu abierto, con curiosidad. La ciudad atrae, pero también amenaza. La metrópoli se convierte, por tanto, en una hechura envuelta en ilusiones y temores que se levanta, enigmática e imprevisible, ante el futuro y la lejanía.]

Posiblemente, las literaturas francesas y española se muestren menos pesimistas ante el fenómeno urbano y avancen con más rapidez y seguridad en la mitificación y poetización de la gran ciudad. Aun así, las novelas de Balzac, por ejemplo, están sembradas de comentarios sobre París que revelan una actitud ambivalente, una fascinación acompañada de repulsa, ante la capital francesa. París es, como se dice al comienzo de *Ferragus,* "el más delicioso de los monstruos". Éste es, durante el realismo, el sentimiento que va a prevalecer en las novelas: la ciudad es fuerza que atrae y repele a la vez.

El espacio urbano simboliza con rara exactitud, en el seno de la literatura moderna y contemporánea, esa desorientación del individuo ante un universo caótico. La realidad moderna —metaforizada, encarnada en la ciudad— ya no puede contemplarse como totalidad, ya no admite la visión panorámica y abarcadora, sino que se presenta como espacio fragmentado e inconexo. El espacio urbano decimonónico, en cambio, si bien esconde ya algo de amenazador, todavía es considerado descriptible o reproducible por el narrador realista. Nótese que la novela decimonónica persigue objetivos muy distintos a los de la novela moderna y contemporánea: aquélla no sólo quiere dar fe de la realidad y retratarla fidedignamente, sino que pretende, sobre todo, ordenarla y sentir de esa manera que todavía es dueña del mundo:

> *Trotz aller Bedrohlichkeit für das Individuum gestaltet sich aber die Grosstadt im Roman des späten achtzehnten und des neunzehnten Jahrhunderts noch nicht wirklich als Labyrinth. Für die Betrachter —auch dort wo sie am weitesgehenden desorientiert werden— bleibt die geographisch-räumliche Ordnung der Stadt erhalten, und das chaotische Gewimmel ihrer vermassten Einwohner hat eher kaleidoskopische als labyrinthische Züge: es zieht vorbei am Betrachter, dessen Blickpunkt für ihn selbst in ganz naiver Weise zentral und ordnungsstiftend ist* [Isernhagen, 82].

[A pesar de lo que tiene de fuerza amenazante para el individuo, la gran ciudad todavía no se retrata, en la novela de los siglos dieciocho y diecinueve, como laberinto. Para los espectadores —incluso para aquellos situados en los lugares más confusos— el orden geográfico y espacial de la ciudad se conserva. El ajetreo caótico de sus habitantes masificados posee rasgos antes caleidoscópicos que laberínticos. Pasa de largo ante el observador, cuyo punto de mira es para él mismo, de modo enteramente ingenuo, punto central y creador de orden.]

Aborda Isernhagen en esta cita tres aspectos de fundamental importancia. La realidad urbana, entendida o no como caos, se manifiesta en tres niveles distintos: su geografía o callejero, sus habitantes, contemplados como fenómeno conjunto (la multitud humana), y sus individuos, a los que la tradición literaria asigna el cometido de paseantes solitarios —la figura del *flâneur*— y, por tanto, de espectador, más o menos dotado, más o menos imparcial. El callejero de la novela realista, como acertadamente apunta Isernhagen, no sugiere todavía la idea de laberinto. Es cierto que el mapa urbano a menudo se diseña como confuso dédalo de callejas, como entramado de oscuros pasadizos. Pero hasta la cartografía más intrincada presenta hasta un trazado legible, un espacio sometido al sistema organizativo y clasificatorio del callejero, de la usual guía urbana. Los personajes se pierden, ocasionalmente, en las calles de las grandes ciudades, pero siempre logran orientarse de nuevo. La famosa niebla que en las páginas iniciales de *Bleak House* cubre la ciudad de Londres acabará disipándose; la desorientación de Frédéric al comienzo de *L'Éducation sentimentale* dará paso muy pronto a un exacto conocimiento de la capital francesa:

> *Il est normal que le provincial [Frédéric] traversant Paris, au début du roman, ne perçoive que confusément la capitale: grouillement et encombrement du quai Saint-Bernard, "clochers", "édifices" inconnus, et, seuls lieux reconnaissables, la Cité, l'île Saint-Louis, Notre-Dame. Mais bientôt Frédéric connaît Paris, et le connaît d'autant mieux qu'il s'agit d'un périmètre restreint, à l'intérieur duquel ont est amené à refaire sans cesse les mêmes trajets* [Bancquart, 146].

[Es normal que el provinciano (Frédéric) que atraviesa París al comienzo de la novela sólo perciba confusamente la capital: el bullicio y la aglomeración del muelle de San Bernardo, "campanarios", "edificios" desconocidos y, como únicos lugares reconocibles, la Cité, La isla de San Luis, Notre-Dame. Pero, muy pronto, Frédéric conoce París, sobre todo porque se trata siempre de un perímetro reducido, dentro del cual uno está forzado a realizar constantemente los mismos trayectos.]

En la metrópoli de la novela realista todavía es posible el aprendizaje. La ciudad llega incluso a convertirse en metáfora del conocimiento, en instrumento destinado a la educación espiritual del protagonista. La ciudad, por tanto, tiene un sentido no solamente espacial —el entorno urbano se organiza, se compartimenta, se acota— sino también temporal. El paisaje urbano no se da como hecho, sino paulatinamente y a través de la percepción del personaje —una percepción que en la novela decimonónica todavía no se pone en duda— va constituyéndose en totalidad: *Der Erkenntnisanspruch des Romans war stets verknüpft mit dem Gebot der Totalitätsdarstellung. Im traditionellen Roman liefert die individuelle Lebensgeschichte das Muster für die Erfassung der Gesamtwirklichkeit"* [La aspiración al conocimiento que caracteriza a la novela siempre estuvo vinculada con el precepto de la representación de la totalidad. En la novela tradicional y ortodoxa, la historia de la existencia individual proporciona el modelo para la captación y representación de la realidad total] (Stühler, 109). El relato decimonónico, pues, funciona en gran medida como una novela policiaca, que, además de un enigma de índole transitoria, propone siempre una solución, en este caso, la de organizar el espacio urbano en un todo coherente, gracias a la labor perceptiva, analítica y discernidora de una sensibilidad individual (el detective).

Pero la totalidad urbana no se limita a su cartografía. La observación de Wetherill en su comentario a *L'Éducation sentimentale* (*"Paris n'est donc pas une ville innocente de cartographe"* [París no es una ciudad inocente de cartógrafo]) (131) puede aplicarse legítimamente a toda metrópoli descrita en la novela decimonónica. Así, Balzac, escritor, como apunta Baudelaire, antes visionario que realista, sobrepone a esta primera clasificación geográfica una segunda, relativa al orden moral. El famoso retrato de la geografía de París con que se inicia *Ferragus* no se conforma con una rigurosa distribución de la ciudad por barrios y zonas residenciales, al modo de *La Regenta*. El lector, antes bien, se orienta por la novela francesa como se orientaría pensando en *Fortunata y Jacinta:* poco a poco, buscando en el texto los nombres diseminados de avenidas y plazas. La novela de Galdós transcurre en "un sector urbano [...] indiscutiblemente reducido. [...] El narrador mismo lo llama 'ese riñón de Madrid'" (López-Landy, 104). A medida que avanza la lectura, va perfilándose el exiguo espacio madrileño en el que transcurre la acción, y que "va de una tienda de aves y huevos, otra de bayetas y paños del Reina, en los soportales de la Plaza Mayor, a la casa de don Baldomero Santa Cruz, en la plaza de Pontejos, del Arco de Cuchilleros, en la Cava de San Miguel, al Arco de San Ginés, las calles de Hileras, Mayor y San Cristóbal, hasta la Puerta del Sol y sus aledaños" (López-Landy, 104-105).

Menos interesado que Galdós en el retrato empírico y exacto de la geografía urbana, ofrece Balzac de forma condensada esa otra geografía espiritual de París, donde las calles se personifican y se agrupan en distintas categorías éticas:

Au debout de Ferragus, [Balzac] donne de la capitale une sorte de portrait lyrique et physiognomique. Il s'attache à définir la person-

nalité de chaque rue, les unes deshonorées, infames, les autres nobles ou simplement respectables. Il donne des exemples de rues assassines, travailleuses, mercantiles. A toutes il découvre des "cualités humaines" [Sigaux, prólogo a *Ferragus*, 6].

[Al comienzo de *Ferragus*, Balzac ofrece de la capital una suerte de retrato lírico y fisonómico. Se dedica a definir la personalidad de las diferentes calles, unas deshonradas, infames, otras nobles o, simplemente, respetables. Pone ejemplos de calles asesinas, trabajadoras, mercantiles. En todas encuentra "cualidades humanas".]

Para Balzac, como para muchos de los escritores realistas, la ciudad es un ser que respira y se mueve, un complejo organismo viviente: *"Paris est une créature; chaque homme, chaque fraction de maison est un lobe de tissu cellulaire"* (*Ferragus*, 64) [París es una criatura; cada hombre, cada fracción de casa es un lóbulo de tejido celular]. La materia orgánica, no obstante, no está tan sólo hecha de arquitectura y de geografía urbana. Sus habitantes forman igualmente parte de ella. Por eso, el retrato que Caillois llama "lírico y fisonómico" del espacio parisino esbozado en las páginas iniciales de *Ferragus* no se completa sino con esas otras páginas con que comienza *La Fille aux yeux d'or*. En ellas, Balzac diseña con trazo violento y apasionado la vasta geografía, ya no espacial, sino social de la capital francesa, "el alma de París" (p. 175), dominada por la ley implacable "del oro y del placer" (p. 177):

[La Fille aux yeux d'or] *contient une partie non romanesque [...] particulièrement importante. [...] Les pages du début [...] nous offrent por la première fois une vision d'ensemble, un sociologie parisienne. [...] [La] classification des sphères parisiennes va du prolétaire, du peuple, au petit bourgeois, puis aux bourgeois possédants,*

au monde des affairs, [...] au monde des artistes [...], a l'aristocra-
tie enfin [Sigaux, prólogo *a La Fille aux yeux d'or,* 46].

[*La Fille aux yeux d'or* contiene una sección no novelesca que encierra especial importancia. Las páginas iniciales nos ofrecen, por
primera vez, una visión de conjunto, una sociología de París. La
clasificación de los distintos ambientes parisienses va desde el
proletariado y el pueblo hasta el pequeño burgués, va también
desde los burgueses adinerados hasta el mundo de los negocios y
el de los artistas y, finalmente, hasta la aristocracia.]

Balzac, a quien deja insatisfecho el sistema de clasificación
territorial (aquel que hace del entorno urbano callejero preciso
y verídico), lo completa con una curiosa geografía de carácter
ético (las calles se personifican, aceptan una nueva distribución
moral) y aun añade al paisaje urbano ese otro espacio, severamente estructurado, de los diferentes estratos sociales. *"Grosstadt*
—observa Wuthenow—, *das ist nicht mehr Architektur und*
landschaftlicher Hintergrund, sondern vor allem: politisches
Geschehen und soziale Situation" [La gran ciudad ya no es arquitectura o trasfondo paisajístico. Ahora es, sobre todo, acontecimiento político y situación social] (10). El lector, pues, cuenta con tres modos distintos y complementarios de orientación
(el orden cartográfico, el orden moral, el orden social) destinados a convertir la ciudad en un terreno familiar y de casi
doméstica mansedumbre para quien lo recorre y conoce, y, por
ello mismo, muy alejado todavía de los laberintos (hostiles,
atemorizadores, "punitivos", como los llama Ronse) que la ficción moderna instala en las metrópolis.

El segundo aspecto destacado por Isernhagen, a saber, el fenómeno, verdadera "invención" de la ciudad, de la muchedumbre,
ya se incluye en las páginas de la narrativa decimonónica. No

obstante, tanto este nuevo estereotipo como el espacio que lo hace posible, no son, en el seno de la narrativa realista, manifestaciones gratuitas ni incontrolables. Hay ciertos barrios y, sobre todo, ciertas horas, en que las calles, atadas, como sus habitantes, a determinadas convenciones sociales, se llenan habitualmente de transeúntes. En *La Regenta,* Ana Ozores, a la vuelta de su solitario paseo campestre, atraviesa un barrio popular en su hora punta, cuando los obreros salen del trabajo. Con ello se justifica el bullicio, que el lector sabe pasajero (restricción temporal), sujeto a una zona determinada de la ciudad (restricción espacial) y consecuencia de una norma y horario sociales:

> Al anochecer, hora en que dejaban el trabajo los obreros, se convertía […] la acera [de "El boulevard"] en paseo donde era difícil andar sin pararse a cada tres pasos. Costureras, chalequeras, planchadoras, ribeteadoras, cigarreras, fosforeras, y armeros, zapateros, sastres, carpinteros y hasta albañiles y canteros, sin contar otras muchas clases de industriales, se daban cita bajo las acacias del Triunfo y paseaban allí una hora, arrastrando los pies sobre las piedras con estridente sonsonete [349-350].

Aunque "Ana se [vea] envuelta, sin pensarlo, por aquella multitud", aunque "el estrépito [sea] infernal [todos hablaban a gritos, todos reían, unos silbaban, otros cantaban]" (351), el narrador no llega nunca a soltar la mano de la protagonista. Tanto ella como el espacio urbano escapan muy pronto a una confusión que es tan sólo momentánea, que tiene una justificación (social, espacial, temporal) y que, por ello mismo, difícilmente constituye una amenaza para la identidad del personaje. También en *Fortunata y Jacinta,* el fenómeno urbano de la muchedumbre conserva todavía un talante inofensivo, y hasta pintoresco y costumbrista. Como en la novela de Clarín, son las precisas indicaciones temporales (nos encontramos en vísperas de Navidad y, al igual que en *La Regenta,* a la hora del regreso del trabajo), espaciales (Jacinta, Guillermina y Rafaela se encaminan hacia la calle de Pontejos) y sociales. López-Landy habla de la "atmósfera comercial, popular y callejera, que hace de la muchedumbre experiencia controlada, realidad todavía digerible y con sentido:

> Érales difícil a las tres mujeres andar deprisa, por la mucha gente que venía calle abajo, caminando presurosa con la querencia del hogar próximo. Los obreros llevaban el saquito con el jornal; las mujeres, algún comistrajo recién comprado; los chicos, con sus bufandas enroscadas en el cuello, cargaban rabeles, nacimientos de una tosquedad prehistórica o tambores que ya iban bien baqueteados antes de llegar a casa. Las niñas iban en grupos de dos o tres, envuelta la cabeza en toquillas, hablando cada una por siete [1, 240].

La ruidosa muchedumbre obrera en *La Regenta* y en *Fortunata y Jacinta* en nada se distingue de esa otra multitud multicolor e igualmente bulliciosa, retratada por Flaubert en *L'Éducation sentimentale.* Como aquélla, ésta tiene asignado un tiempo (la media mañana), un espacio *("les Champs-Élysées")* y una justificación o imposición social (el obligado paseo de los domingos, costumbre a la que se someten todos los estratos de la sociedad, los cuales, por unas horas, comparten amistosamente un mismo espacio):

> *La berline se lança vers les Champs-Élysées au milieu des autres voitures, calèches, briskas, wurts, tandems, tilburys, dog-carts, tapissières à ridaux de cuir où chantaient des ouvriers en goguette, demi-fortunes que dirigeaient avec prudence des pères de famille eux-mêmes. Dans des victorias bourrées du monde, quelque garçon, assis sur les pieds des autres, laissait pendre en dehors ses deux jambes. De grands*

coupés à siège de drap promenaient des douairiès qui sommeillaient:
ou bien un stepper magnifique passait, emportant une chaise, simple
et coquette commme l'habit noir d'un dandy. L'averse cependent
redoublait. On tirait les parapluies, les parasols, les mackintosh; on se
criait de loin: "Bonjour! —ca va bien? —oui! -Non! —A tantot!" Et
les figures se succédaient avec une vitesse d'ombres chinoises. Frédéric
et Rosanette ne se parlaient pas, éprouvant une sorte d'hébétude à
voir auprés d'eux, continuellement, toutes ces roues tourner [232].

[La berlina se lanzó hacia los Campos Elíseos, en medio de los
otros coches, calesas, briskas, wurts, tándems, tílburys, dog carts,
carruajes con cortinillas de cuero, en los que unos obreros iban
cantando alegremente, mediafortunas prudentemente conducidos
por padres de familia. En los victorias llenos de gente, algún
muchacho sentado sobre los pies de los demás dejaba colgar sus
piernas por fuera. Viudas rentistas se paseaban somnolientas en
grandes cupés con asientos tapizados de paño; o bien pasaba un
caballo, un *stepper,* tirando de una silla volante tan simple y co-
queta como el frac de un *dandy.* Se hizo más intenso el chaparrón
y se recurrió a los paraguas, a las sombrillas, a los impermeables.
De uno a otro coche se gritaba: "¡Hola! —¿Qué tal? —¿Todos
bien? —¡Sí!-¡No! —¡Hasta pronto!", y los rostros desfilaban con la
rapidez de las sombras chinescas. Frédéric y Rosanette iban si-
lenciosos, sumidos en una especie de aturdimiento al ver junto a
ellos el continuo girar de las ruedas (278-279).][1]

Incluso la muchedumbre más caótica y menos disciplinada,
responsable y principal ejecutora de las revueltas políticas,
tiene, en la novela de Flaubert, su razón de ser, su justificación
histórica (en este caso, la Revolución de febrero de 1848) y se
desarrolla, por tanto, dentro de un lapso temporal y espacial

---

[1] Traducción de Miguel Salabert.

perfectamente acotado. Se vuelve, de hecho, acontecimiento inofensivo, espectáculo pintoresco y ameno (*"C'était un mouvement, un spectacle des plus drôles"* [Fue todo un movimiento, un espectáculo de lo más chusco]), apto incluso para solaz de las señoras: "—*Comme toute cela, dit Martinon, aurait amusé Mlle Cécile!*" [Cuánto habría divertido todo esto a la señorita Cécile! —dijo Martinon (414)] (347).[2]

On criait de temps en temps: "Vive Napoleon! Vive Barbés! À bas Marie!" La foule innombrable parlait très haut; —et toutes ces voix, répercutées par les maisons, faisaient comme le bruit continuel des vagues dans un port. A ces certains moments, elles se tasaient, alors, la Marseillaise s'élevait. Sous les portes cochères, des hommes d'allures mystérieuses proposaient des cannes à dard. Quelquefois, deux individus, passant l'un devant l'autre, cligaient de l'oeil, et s'eloignaient prestement. Des groups de badauds accupaient les trottoirs; une multitude compacte s'agitait sur le pavé. Des bandes entières d'agents de police, sortant des ruelles, y disparaissaient à peine entrés. De petits drapeaux rouges, cà et là, semblaient des flammes; les cochers, du haut de leur siège, faisaient de grand gestes, puis s'en retournaient. C'était un mouvement, un spectacle des plus drôles [347].

[De vez en cuando se oía gritar: "¡Viva Napoleón! Viva Barbés! ¡Abajo Marie!" La innumerable muchedumbre hablaba muy alto; y todas esas voces, repercutidas por las casas, formaban un continuo rumor, como el de las olas de un puerto. En algunos momentos se callaban, y se elevaba entonces La Marsellesa. Bajo las puertas cocheras, hombres de extraña y misteriosa condición ofrecían bastones con estoque. A veces, dos individuos se guiñaban el ojo al pasar uno junto a otro, y se alejaban con presteza. Grupos de mirones ocupaban las aceras; una multitud compacta se agitaba en las ca-

[2] Traducción de Miguel Salabert.

lles. Bandas enteras de agentes de policía salían de las callejuelas y desaparecían apenas llegadas. Llamaradas parecían las banderitas rojas que se veían acá y allá; los cocheros, desde lo alto de sus pescantes, hacían grandes gestos y se volvían. Fue todo un movimiento, un espectáculo de lo más chusco (414).][3]

En la narrativa moderna y contemporánea, el fenómeno de la muchedumbre interesa sobre todo en relación con el individuo solitario (el *flâneur)* que recorre el paisaje urbano y lucha por conservar, rodeado de la multitud anónima, su identidad. Ésta ya no se erige en reguladora de sensaciones, ni confía en la infalibilidad de sus órganos perceptivos. El *flâneur* moderno, verdadero antihéroe de la novela de aprendizaje, se declara impotente ante la confusa aglomeración urbana. Su actitud es defensiva, antes que ofensiva, su instinto lo empuja hacia la huida (hacia un retraimiento tanto físico como espiritual) antes que a la conquista. El sentimiento predominante es de desorientación, de irrealidad:

Oft gehe ich auf die Strasse, und da meine ich, in einem ganz wild anmutenden Märchen zu leben. Welch ein Geschiebe und Gedränge, welch ein Rasseln und Prasseln! Welch ein Geschrei, Gestampf, Gesurr und Gesumme! Und alles so eng zusammengepfercht. [...] In den vorhandenen Mengen schieben sich neue, und es geht, kommt, erscheint und verläuft sich in einem fort. Pferde trampeln. [...] Und die Sonne blitzt noch auf dem allem. Dem einen beglänzt sie die Nase, dem anderen die Fusspitze. Spitzen treten an Röcken zum glitzernden und sinnverwirrenden Vorschein. Hündchen fahren in Wagen, auf dem Schoss alter, vornehmer Frauen spazieren. Brüste prallen einem entgegen, in Kleider und Fassonen eingepresste, weibliche Brüste. Und dann sind wieder die dummen vielen Zigarren

[3] Traducción de Miguel Salabert.

in den vielen Schlitzen von männlichen Mundteilen. Und unge-
ahnte Strassen denkt man sich, unsichtbare neue und ebenso sehr
menschenwimmelnde Gegenden. [...] Was ist man eigentlich in
dieser Flut, in diesem bunten, nicht endenwollenden Strom von
Menschen? [Robert Walser, *Jakob von Gunten*, 34 ss.].

[Muchas veces salgo a la calle y me da la sensación de estar viviendo
en medio de un cuento salvaje. ¡Qué cantidad de gente movién-
dose y empujándose, cuánto ruido, cuánto chirrido y estrépito!
¡Cuánto griterío, cuántos silbidos, qué forma de retumbar el suelo!
Y todo ello, en muy poco espacio, entre gentes apretujadas. Nuevas muchedumbres embisten contra las primeras, el movimiento,
el ajetreo, el ir y venir son constantes. Los caballos golpean los
cascos contra el pavimento. Encima, el sol brilla y refulge y lanza
sus rayos contra todos. A uno, le saca brillo de la nariz, al otro,
de la punta del zapato. Debajo de las faldas, asoman puntillas bri-
llantes y perturbadoras. En los carruajes, viajan perritos, en el regazo de ancianas y elegantes damas. Nos salen al encuentro pechos
turgentes, pechos de mujer, oprimidos bajo la tela de los vestidos.
Y luego, otra vez los muchos cigarros, asomando tontamente de
las muchas rajas que son las bocas masculinas. Y uno se imagina
calles insospechadas, y parajes nuevos e invisibles, hormigueantes,
también, de gentío. ¿Qué somos en medio de ese torrente, en medio
de esa riada, interminable y colorida, de la muchedumbre?]

Falta, en el fragmento citado, toda referencia o acotación de
índole espacial, temporal, social o moral. El fenómeno de la muchedumbre no se justifica ni se encuadra en un marco de realidad.
El propio protagonista, cada vez que se enfrenta con la aglomeración humana, se siente inmerso en un mundo de fábula.
Tanto es así, que nada le cuesta inventarse otras calles, otros
entornos imaginarios en los que reina el bullicio de las gentes.
La muchedumbre une, a su carácter alucinatorio, ese parecido

que guarda con las grandes fuerzas naturales, con los grandes movimientos de aguas: *"Was ist man eigentlich in dieser Flut, in diesem bunten, nicht endenwollenden Strom von Menschen?"* [¿Qué somos en medio de ese torrente, en medio de esa riada, interminable y colorida, de la muchedumbre?]. Nos hallamos ante una segunda metáfora, esta vez de uso generalizado, que expresa el temor del individuo a perderse y a que su identidad se disuelva para siempre en medio de la multitud: *"Die Erfahrungen mit der Menge rufen scheinbar unwillkürlich Vergleiche mit der Flut, Strom oder dem Ozean hervor. Inhärent ist solchen Metaphern ein Gefühl des Preisgegebenseins und des Verschwindens angesichts einer unfassbaren Grösse"* [La experiencia de la muchedumbre inmediatamente suscita comparaciones con la marea, con la corriente fluvial o con el océano. Inherente a estas metáforas es la sensación de estar a merced de una inmensidad inabarcable en la que el individuo irremisiblemente se pierde] (Stühler, 22). En la novela de Rilke, *Die Aufzeichnungen des Malte Laurids Brigge,* la muchedumbre adquiere igualmente las características de una marea o de una caudalosa corriente de agua. Si bien las referencias no son explícitas, el fragmento que vamos a reproducir deja, sin embargo, en el lector esa sensación de potente oleaje, de torbellino que arrastra consigo al protagonista. Esta vez, el texto se ayuda de referencias espacio-temporales y aun hace mención de un acontecimiento social: la acción se desarrolla en París, durante una noche de carnaval. No obstante, el extremo grado de alienación y de indefensión del protagonista, así como el ángulo distorsionado de su perspectiva, anulan la eficacia de los indicadores espaciotemporales. La escena traslada al lector a ese mundo irreal, situado fuera del tiempo y del espacio, de las alucinaciones y de los malos sueños:

[Es] trieb mich wieder hinaus in die Strassen, die ganz dickflüssig von Menschen mir entgegenrannten. Denn es war Fasching und Abend, und die Leute hatten alle Zeit und trieben umher und rieben sich einer am andern. Und ihre Gesichter waren voll von dem Licht, das aus den Schaubuden kam, und das Lachen quoll aus ihren Munden wie Eiter aus offenen Stellen. Sie lachten immer mehr und drängten sich immer enger zusammen, je ungeduldiger ich versuchte vorwärts zu kommen. Das Tuch eines Frauenzimmers hakte sich irgendwie an mir fest, ich zog sie hinter mir her, und die Leute hielten mich auf und lachten, und ich fühlte, dass ich auch lachen sollte, aber ich konnte es nicht. Jemand warf mir eine Hand Konfetti in die Augen, und es brannte wie eine Peitsche. An den Ecken waren die Menschen festgekeilt, einer in den andern geschoben, und es war keine Weiterbewegung in ihnen, nur ein leises, weiches Auf und Ab, als ob sie sich stehend paarten. Aber obwohl sie standen und ich am Rande der Fahrbahn, wo es Risse im Gedränge gab, hinlief wie en Rasender, war es in Wirklichkeit doch so, dass sie sich bewegten und ich mich nicht rührte. Denn es veränderte sich nichts; wenn ich aufsah, gewahrte ich immer noch dieselben Häuser auf der einen Seite und auf der anderen die Schaubuden. Vielleicht auch stand alles fest, und es war nur ein Schwindel in mir und ihnen, der alles zu drehen schien. Ich hatte keine Zeit, darüber nachzudenken, ich war schwer von Schweiss, und es kreiste ein betäubender Schmerz in mir, als ob in meinem Blute etwas zu Grosses mittriebe, das die Adern ausdehnte, wohin es kam. Und dabei fühlte ich, dass die Luft längst zu Ende war und dass ich nur mehr Ausgeatmetes einzog, das meine Lungen stehen liessen [49].

[Me sentí de nuevo empujado a las calles que fluían hacia mí, espesas de gente. Pues era carnaval y atardecía, y las gentes que disponían de tiempo, flotaban y se rozaban unas con otras. Y sus rostros estaban llenos de la luz de las barracas, y la risa rezumaba de sus bocas como de heridas purulentas. Reían cada vez más y se aglomeraban tanto más cuanto más impacientemente intentaba yo avanzar. Se me había enganchado, no sé cómo, el chal de una mujer a la que iba arrastrando; las gentes me detenían riendo; y sentí que debería yo también haber reído; pero no pude. Alguien me lanzó a los ojos un puñado de confeti, que me quemó como un latigazo. En las encrucijadas, las gentes estaban metidas a cuña, incrustadas unas en otras. No había avance posible, nada más que un blando y silencioso movimiento de vaivén entre ellas, como si se acoplasen de pie. Pero aunque estaban estacionadas, mientras que sobre la acera, a través de un desgarrón de la muchedumbre, yo corría como un loco, eran ellas sin embargo las que se movían, y yo el que me quedaba en mi sitio. Pues nada cambió; cuando levanté la cabeza continué viendo a un lado las mismas casas, y al otro, las barracas. Quizá, también, estaba todo fijo, y no había en mí, como en ellos, más que un vértigo, que parecía hacer girar todo. Pero yo no tenía tiempo para reflexionar; estaba pesado de sudor, y un dolor que me ensordecía circulaba en mí, como si mi sangre arrastrase no sé qué demasiado grande, que al pasar distendiese mis venas. Y al mismo tiempo sentía que el aire se había agotado desde hacía mucho tiempo, y que no quedaban más que emanaciones viciadas, que paralizaban mis pulmones.]

La reacción temerosa y de franco rechazo de un Rilke o de un Walser ante la muchedumbre urbana (reacción no compartida por Poe o por Baudelaire, representantes de esa otra corriente positiva ante el fenómeno de la ciudad) no se inaugura con la narrativa de nuestro siglo, sino que encuentra ya notables antecedentes en la novela realista y en la prosa del romanticismo alemán:

Wenn E. T. A. Hoffmann in einer seiner letzten Prosastücke den Blick aus Des Vetters Eckfenster *(1822) über die Menschenmenge schweifen lässt, dann entsteht aus diesem "Anblick eines schrecklichen, sinnverwirrenden Gewühls des in bedeutungsloser Tätigkeit beweg-ten Volks" zwar eine der ersten Beschreibungen grosstädtischer Mas-senszenen überhaupt, doch es ist bereits ein Stück Literatur, das unverkennbar deutsche Züge trägt. Denn im Gegensatz etwa zu Edgar Allan Poe, der fünfzehn Jahre später einem ähnlichen Fensterschauer dem Reiz der Strasse verfallen lässt und den Zwang beschreibt, als "Man of the Crowd" im Strudel der Menge unterzu-tauchen, bleibt Hoffmanns Vetter unbeirrbar von dem was sich "in der Tat seltsam und überraschend" als altberliner Marktgeschehen vor seinen Augen ereignet, in die Sicherheit seiner vier Wände ein-gebunden. [...] Auch Wilhelm Raabe [lässt] in der* Chronik der Sperlingsgasse *seinen Protagonisten vor solcher Sinnesverwirrung die Augen verschliessen und, wie Klotz sehr treffend formuliert, die "Stadtflucht nach innen" antreten, ins behaglich verkapselte Zimmer: "Wohin führt uns das? Kehren wir schnell um und steigen wir die Treppen hinunter in das unterste Stockwerk"* [Freisfeld, 15].

[Cuando E. T. A. Hoffmann, en uno de sus últimos textos en pro-sa, pasea la mirada sobre la muchedumbre *(Des Vetters Eckfenster,* 1822) surge, de ese "espectáculo del pueblo que se mueve en un frenesí sin sentido, de ese gentío horrible y perturbador de los sentidos", una de las primeras descripciones literarias de la mu-chedumbre urbana. No obstante, se trata de un pedazo de litera-tura que ostenta rasgos inequívocamente alemanes. Edgar Allan Poe, quince años más tarde, permite que uno de sus personajes se asome de forma parecida a una ventana y que, víctima de la fas-cinación que sobre él ejerce la calle, describa el impulso que, "como hombre de la muchedumbre", le lleva a desaparecer en el torbellino humano. Y, sin embargo, el personaje de E. T. A. Hoffmann es diferente del de Edgar Allan Poe: ante el espectácu-lo, "sorprendente y extraño" del mercado berlinés y de la aglo-meración humana, reacciona con perfecta serenidad, y se siente seguro rodeado de sus cuatro paredes. También Wilhelm Raabe, en *Die Chronik der Sperlingsgasse,* deja que su protagonista cierre los ojos ante parecido espectáculo aturdidor. Como señala Klotz muy acertadamente, el personaje de Raabe inicia una "huida de la ciudad hacia dentro", hacia el interior confortable y clausurado del cuarto: "¿A dónde nos lleva todo eso? Demos rápidamente la vuelta y bajemos las escaleras, hasta llegar al piso más bajo".]

La diferencia, sin embargo, entre estos dos ejemplos tomados de la narrativa decimonónica y el posterior desarrollo de la novela moderna es considerable. Tanto E. T. A. Hoffmann como Raabe conceden a sus personajes la libertad y el poder de distanciarse voluntariamente de la muchedumbre, de contemplarla con ánimo tranquilo desde el recinto resguardado de sus hogares. Los protagonistas de las citadas novelas de Rilke y de Walser, en cambio, se sienten impotentes ante la fuerza arrolladora de la muchedumbre urbana y pierden, cuando están inmersos en ella, su propia identidad. Jakob se pregunta *"Was ist man eigentlich in dieser Flut, in diesem bunten, nicht endenwollenden Strom von Menschen?"* [¿Qué somos en medio de ese torrente, en medio de esa riada, en esa interminable y colorida corriente de la muchedumbre?] Malte, por otro lado, escapa de la traumática experiencia sin una conciencia exacta de lo que ocurrió. Repentinamente, se halla de nuevo en su habitación, como quien despertara de una pesadilla: *"Aber nun ist es vorbei; ich habe es überstanden. Ich sitze in meinem Zimmer bei der Lampe"* [Pero, por fin, ya pasó, lo he superado. Estoy en mi cuarto, sentado junto a la lámpara] (49).

El paseante solitario que se enfrenta con la multitud y, en general, con todas las nuevas sensaciones que brotan del entorno urbano, conserva intacta, en la ficción decimonónica, su identidad, frente a la sintomática disolución del yo retratada una y otra vez en la narrativa moderna y contemporánea. Si bien el *flâneur* no ignora, en la novela realista, lo que la ciudad tiene de confuso, de desorientador, esa confusión nunca llegará a paralizarlo del todo. Puede, siempre, alejarse de un lugar, de una circunstancia, es libre de distanciarse —física y psicológicamente— de todo fenómeno inquietante. Así, Frédéric, en *L'Éducation sentimentale*, abandona París cuando la ciudad le abruma y regresa a ella cada vez que el campo, con su monotonía, le hace extrañar la electrizante vitalidad de la capital francesa. Más aún, su identidad, la conciencia de su valía personal, en vez de atenuarse, se afianza cuando se ve sometida a la inmediata experiencia del gentío urbano:

Mais les charrettes, les boutiques recommençaient, et la foule l'étourdissait —le dimanche surtout— quand, depuis la Bastille jusqu'à la Madeleine, c'était un immense flot ondulant sur l'asphalte, au milieu de la poussière, dans une rumeur continue; il se sentait tout éccueré par la bassesse des figures, la niaiserie des propos, la satisfaction imbécile transpirant sur les fronts de sueur! Cependant, la conscience de mieux valoir que ces hommes atténuait la fatigue de les regarder [85].

[Pero las carretas y los comercios reaparecían, y la muchedumbre lo aturdía —los domingos, sobre todo— cuando, desde la Bastilla hasta la Madeleine, era una inmensa oleada sobre el asfalto, en medio del polvo, un rumor continuo; se sentía asqueado por la bajeza de los rostros, la inanidad de las conversaciones, la imbécil satisfacción que transpiraban las sudorosas frentes. Sólo la conciencia de valer más que esos hombres atenuaba la fatiga de mirarlos (114).][4]

[4] Traducción de Miguel Salabert.

La metrópoli como espacio invisible:
"L'Éducation sentimentale" y "Die Aufzeichnungen
des Malte Laurids Brigge"

El capítulo anterior presenta un aspecto tan sólo parcial del espacio urbano. Éste aparece como pura exterioridad, circunstancia que difícilmente puede conciliarse con lo que constituye la verdadera originalidad espacial de la novela decimonónica, a saber: la capital importancia que se concede, por primera vez en la historia de la narrativa occidental, a la descripción de los interiores y de sus objetos. La ficción realista es la gran inventora y creadora del espacio doméstico.

Asegurar, como hace el título, que el paisaje urbano es, en la ficción decimonónica, "invisible", resulta, quizá, demasiado aventurado, sobre todo, si no se ofrece una aclaración. Maticemos, pues, y digamos que el espacio exterior se subordina al ámbito doméstico y sirve fundamentalmente de mirador, de emplazamiento estratégico destinado a la minuciosa observación de los interiores. Las paredes, las puertas, las ventanas demasiado altas o de cristales ahumados, todos aquellos obstáculos físicos presentes en un entorno urbano, actúan sobre el escritor realista como desafío, como ampliación del horizonte, como invitación a internarse en esos espacios recatados y de difícil acceso.

El espacio exterior, por tanto, queda con frecuencia condenado a un cierto grado de opacidad. Al igual que la torre de la catedral, en *La Regenta,* el entorno urbano sirve fundamentalmente de atalaya y su descripción, por ello mismo, se resuelve con unos pocos y rápidos trazos. Recuérdese que no sólo la descripción de la torre sino la de la propia Vetusta es esquemática —enumerativa, distributiva— y hace sobre todo de mapa orientador para la adecuada localización de los espacios interiores. En su categoría, pues, de mirador o de mero recipiente que contiene y organiza los distintos espacios domésticos, el paisaje urbano de *La Regenta* apenas sufre alteraciones: los cambios de luz, las diferentes coloraciones, las peculiaridades climáticas sólo dejan huella en los espacios naturales. Los matices de la iluminación, por otra parte, el dramatismo de los claroscuros se manifiestan en el interior de la catedral y nunca en su fachada.

Algo muy parecido ocurre en *L'Éducation sentimentale*. Tras una primera visión panorámica y abarcadora, la ciudad de París se materializa en la suma de sus interiores, en el espectáculo de sus distintos espacios domésticos. Objetarán los lectores que a través de los ojos de Frédéric, *flâneur*, por demás, incansable, recrea poéticamente el narrador el paisaje urbano. A tal objeción puede responderse diciendo que esas evocaciones poéticas realzan siempre algún "aspecto natural" de París, algún rincón de naturaleza. El Sena, sobre todo, se vuelve objeto predilecto de tales descripciones. Éstas, por otra parte, son siempre "cuadros fijos", imágenes poéticas que reflejan un estado de ánimo y a las que su lirismo y convencional intención significativa eximen de toda temporalidad. Una vez más, el paso del tiempo se manifiesta, no tanto en la metáfora del agua fluyente, como aseguran algunos críticos, sino en los interiores. Los espacios domésticos son el reloj, el verdadero indicador temporal de la novela. El espacio exterior, pues, organiza y distribuye los espacios interiores y es, en muchas novelas del siglo XIX, recipiente a ratos traslúcido en el que se alojan y vislumbran los diferentes entornos domésticos. Importa notar, sin embargo, que a medida que la novela se interna en el siglo XX, el paisaje urbano comienza paulatinamente a ganar en protagonismo y en visibilidad. Las ciudades fictivas van renunciando a su estructura caleidoscópica. Antes que suma y combinación de espacios interiores, quieren ser ahora laberinto exterior, intrincada topografía.

El análisis contrastado de *L'Éducation sentimentale* y *Die Aufzeichnungen des Malte Laurids Brigge* ayudará a comprender la naturaleza de esa evolución y verterá luz igualmente sobre el funcionamiento e importancia del espacio urbano decimonónico, en su doble vertiente interior y exterior. Para Wetherhill, *L'Éducation sentimentale* constituye la gran novela parisiense de Flaubert, por una serie de razones que no se limitan al hecho de que la acción transcurre en la capital francesa. Buena parte de la novela fue escrita en París, pero además, ésta se nutre de datos biográficos del autor y de sus diversas estancias en la ciudad. *L'Éducation sentimentale,* finalmente, demuestra una clara preocupación por la topografía y la historia "reales" de la metrópoli francesa. *"Cette préocupation citadine relève d'une tradition qui, pour des raisons sociologiques évidentes, fait coïncider, au XIX siècle, l'essor des villes et le développement, la suprématie du roman - l'expérience romanesque devient forcément une expérience de ville"* [Esa preocupación urbana proviene de una tradición que, por razones sociológicas evidentes, hace coincidir, en el siglo XIX, el florecimiento de las ciudades con el desarrollo y supremacía de la novela; la experiencia novelesca pasa a ser, forzosamente, una experiencia de ciudad] (Wetherhill, 123).

A las evidentes razones sociológicas se suma una importante razón literaria. La novela de aprendizaje está muy lejos de agotarse en la segunda mitad del siglo XIX. Lo que cambia, empero, son los paisajes del *Entwicklungsroman.* La larga cadena de espacios urbanos y cuadros rurales distintos, el recorrido lineal y nunca repetitivo de entornos novedosos, es sustituido, en la novela decimonónica, por el espacio, único y circular, de la metrópoli. Ésta, ciertamente, es cronotopo tridimensional que llama a la profundización, frente al carácter plano de los paisajes naturales y de las idílicas estampas urbanas. La distancia y la falta de hondura invitan a proseguir el viaje (patrón característico del *Entwicklungsroman* más ortodoxo); mientras que la profundidad espacial y los juegos perspectivos propios de toda metrópoli reclaman ese adentramiento espacial tan característico en la ficción del siglo XIX. No olvidemos que el narrador decimonónico está interesado fundamentalmente en la psicología de los personajes, que supone tortuosa y de difícil interpretación, y ese interés por los complejos motivos psicológicos condiciona el espacio novelesco y se refleja en él. La interiorización en el alma del personaje viene irremediablemente acompañada de una interiorización en los espacios habitados. El entorno urbano (fundamentalmente sus espacios interiores) se constituye en metáfora, en prolongación metonímica del personaje: *"Paris n'est donc pas une ville innocente de cartographe. C'est un lieu de mètonymies et de métaphores, d'échos et d'anticipations"* [París no es, pues, una inocente ciudad de cartógrafo. Es un lugar de metonimias y de metáforas, de ecos y de anticipaciones] (Wetherhill, 131).

El ingenuo optimismo de un *Wilhelm Meister,* la sólida confianza del siglo XVIII en la diafanidad del comportamiento humano y en el progreso y formación del espíritu han quedado atrás. El sencillo recorrido lineal, el concepto del viaje "ilustrado", ya no sirve como medio de expresión de la realidad física y espiritual de la segunda mitad del siglo XIX. Ha de recurrirse, por ello mismo, a esa otra trayectoria circular, introspectiva y obsesiva que tan bien se simboliza con el espacio urbano.

No sorprende, tras lo dicho, que Flaubert escoja, para la "educación sentimental" de su personaje, el espacio de la ciudad. Y menos asombra que tal educación, que es ahondamiento en el espíritu, análisis de una conciencia, se materialice en los espacios interiores. La mirada de Frédéric —verdadero estribillo o *ritornello* que crea, a lo largo de la novela, una rítmica cadencia de gestos y de símbolos— buscará obsesivamente la manera de adentrarse en los aposentos de Mme. Arnoux. El comienzo de *L'Éducation sentimentale* es bien conocido. Frédéric contempla, desde la cubierta del barco que le lleva a Nogent, la huidiza silueta de un París difuminado por la niebla: *"A travers le brouillard, il contemplait des clochers, des édifices dont il ne savait pas les noms; puis il embrassa, dans un dernier coup d'œil, l'île Saint-Louis, la Cité, Notre-Dame; et bientôt, Paris disparaissant, il poussa un grand soupir"* [A través de la niebla, contemplaba campanarios, edificios cuyos nombres desconocía; luego, en una última mirada, se despidió de la isla de Saint-Louis, de la Cité, de Notre-Dame; y, al desvanecerse prontamente París, exhaló un profundo suspiro (37-38)] (19).[5] La niebla no es simple accidente meteorológico, sino símbolo preconizador de lo que, a lo largo de la novela, va a significar París. Para Frédéric, antes de conocer a Mme. Arnoux, la capital francesa es mera exterioridad, imagen plana, sin volumen y sin recuerdos, imagen pintada y no vivida. Ciertamente, la ciudad como espacio exterior no existe ni le importa al protagonista: por eso, la esclarecedora metáfora de la niebla; por eso, la escasez de visiones panorámicas y la casi completa reducción de la exterioridad urbana a ciertos reductos presuntamente naturales, como son el Sena y los varios jardines que con estratégica fre-

[5] Traducción de Miguel Salabert.

cuencia aparecen en el texto. Los temas espaciales del jardín y del río, no obstante, establecen una relación de simetría con lo que constituye la interioridad urbana y, en cierta forma, se vuelven ellos también espacio interior. Del Sena se ha sostenido que metaforiza, en *L'Éducation sentimentale,* el paso del tiempo. Hace falta añadir que comparte esa función con los espacios domésticos, notables indicadores temporales de la novela. La imagen del jardín, por otra parte, conserva en el texto de Flaubert su tradicional significado. Antes que espacio exterior, pues, es espacio interno y recoleto, animado por ese otro índice de interioridad que es la presencia femenina.

A la primera visión panorámica y exterior que de forma ortodoxa introduce la ciudad, le seguirá muchas páginas adelante un segundo y último panorama urbano:

[Frédéric] passait des heures à regarder, du haut de son balcon, la rivière que coulait entre les quais grisâtres, noircis, de place en place, par la bavure des égouts, avec un ponton de blanchisseuses amarré contre le bord, où des gamins quelquefois s'amusaient, dans la vase, à faire baigner un caniche. Ses yeux délaissant à gauche le pont de pierre de Notre-Dame et trois ponts suspendus, se dirigeaient toujours vers le quai aux Ormes, sur un massif de vieux arbres, pareils aux tilleuls du port de Montereau. La tour Saint-Jacques, l'Hôtel de Ville, Saint-Gervais, Saint-Louis, Saint-Paul se levaient en face, parmi les toits confondus, et le génie de la colonne de Juillet resplendissait à l'orient comme une large étoile d'or, tandis qu'à l'autre extrémité le dôme des Tuileries arrondissait, sur le ciel, sa lourde masse bleue. C'était par-derrière, de ce côté-là, que devait être la maison de Mme Arnoux [84].

[Se pasaba las horas mirando, desde la altura de su balcón, el río que corría entre las riberas grisáceas, ennegrecidas a trechos por los desbordamientos de las alcantarillas, con un pontón de lavanderas amarrado a la orilla, donde a veces se divertían los niños chapoteando en el fango para bañar a un perrillo de aguas. Sus ojos dejaban a la izquierda el puente de piedra de Notre-Dame y tres puentes colgantes, para dirigirse siempre hacia la ribera de Ormes, sobre un macizo de viejos árboles parecidos a los tilos del puerto de Montereau. La torre de Saint-Jacques, el Hôtel de Ville, Saint-Gervais, Saint-Louis, Saint-Paul se levantaban en frente, entre los confundidos tejados, y el genio de la libertad de la columna de Julio resplandecía a oriente como una gran estrella de oro, mientras que al otro extremo la cúpula de Tullerías redondeaba contra el cielo su pesada masa azul. Era hacia ese lado, por detrás, donde debía de estar la casa de la señora Arnoux (113).][6]

Esta segunda visión panorámica es muy distinta de la primera. Frédéric ya ha conocido a Mme. Arnoux, y con el paulatino conocimiento de la mujer se inicia también el lento conocimiento de la ciudad, el adentramiento en sus espacios domésticos. La atracción femenina es causa fundamental de la nueva atracción urbana, así como de una nueva riqueza detallista. La minuciosidad con que el narrador describe el gabinete femenino y enumera cada uno de sus objetos, la delicadeza y concreción del trazo, se extiende también a la descripción panorámica del espacio exterior.

Lo verdaderamente notable, no obstante, es que, esta vez, la estampa panorámica de la ciudad conduce con infalible precisión hacia el interior. La mirada de Frédéric va sorteando obstáculos, va trazando en el aire una línea recta e imaginaria que le lleva hasta la casa de Mme. Arnoux. Esa mirada, como anticipamos, se va a repetir con rítmica frecuencia a lo largo del texto:

[6] Traducción de Miguel Salabert.

Au-dessus de la boutique d'Arnoux, il y avait au premier étage trois fenêtres, éclairées chaque soir. Des ombres circulaient par derrière, une surtout: c'était la sienne; et il se dérangeait de très loin pour regarder ces fenêtres et contempler cette ombre [41].

Au coin de la rue Montmartre, il se retourna; il regarda les fenêtres du premier étage; il rit intérieurement de pitié sur lui-même, en se rappelant avec quel amour il les avait si souvent contemplées! Où donc vivait-elle? Comment la rencontrer maintenant? [59].

Aucune des fenêtres extérieures ne dépendait de son logement. Cependant, il restait les yeux collés sur la façade, —comme s'il avait cru, par cette contemplation, pouvoir fendre les murs. Maintenant, sans doute, elle reposait, tranquille comme une fleur endormie, avec ses beaux cheveux noirs parmi les dentelles de l'oreiller, les lèvres entre-closes, la tête sur un bras [96].

Dix minutes après, Frédéric ne songeait plus à Deslauriers. Il était sur le trottoir de la rue Paradis, devant une maison; il regardait au second étage, derrière des rideaux, la lueur d'une lampe [386].

[Encima de la tienda de Arnoux había en el primer piso tres ventanas, iluminadas cada noche. Sombras circulaban por detrás; una sobre todo, era la suya; y él venía desde muy lejos para mirar esas ventanas y contemplar esa sombra (63). Se volvió en la esquina de la calle Montmartre y miró las ventanas del primer piso; recordó con cuánto amor las había contemplado tan a menudo y se rió conmiserativamente de sí mismo. ¿Dónde vivía ella, pues? ¿Cómo encontrarla ahora? (84). Ninguna de las ventanas exteriores correspondía a su alojamiento. Pese a ello no despegaba los ojos de la fachada, como si creyera poder, mediante su contemplación, atravesar los muros. En ese momento, sin duda, ella reposaba, tranquila como una flor dormida, con sus hermosos cabellos negros entre los encajes de la almohada, con los labios entreabiertos, la cabeza apoyada en un brazo (126). Diez minutos después, Frédéric no pensaba ya en Deslauriers. Se encontraba en la acera de la calle Paradis, ante una casa; y miraba al segundo piso, cuyas ventanas aparecían iluminadas, tras los visillos, por la luz de una lámpara (458).][7]

La aparición, en el texto, de la figura idealizada de la mujer activa toda una serie de resortes. En primer lugar, es el personaje femenino quien arrastra al protagonista hasta el interior de las viviendas, quien le descubre esa otra dimensión del espacio urbano y marca la dirección de las miradas y de los recorridos. No es ésta, sin embargo, característica exclusiva de *L'Éducation sentimentale, Ferragus* y *La Maison du chat qui pelote,* por escoger tres ejemplos ilustres, se ayudan de parecido mecanismo narrativo y argumental. Curiosamente, la morosa exploración de los espacios domésticos metaforiza la lenta exploración de los sentimientos y psicología del protagonista y no, como cabría suponer, de los sentimientos de Mme. Arnoux. Nótese que tanto los objetos como la figura femenina que con ellos se rodea se convierten en piezas intercambiables, en pistas decepcionantes, porque nunca conducen a la definitiva revelación del misterio, a saber, la verdadera identidad espiritual de la mujer. Los negros cabellos de Mme. Arnoux, "el esplendor de su piel morena", "la delicada transparencia de sus dedos", incluso su sonrisa, su mirada, no añaden más información sobre su persona que los muebles de su gabinete, el bastidor o la cesta de costura. Hablan, a cambio, de los sentimientos de Frédéric, de su exaltada pasión. Mme. Arnoux encarna un ideal, una entelequia y, por ello, es personaje plano, superficie impenetrable y opaca (superficie misteriosa) sobre la que el protagonista proyecta sus ensoñaciones.

El personaje femenino, pues, al igual que los objetos, no tie-

[7] Traducción de Miguel Salabert.

ne importancia en sí, sino tan sólo en la medida en que contribuye a definir y enriquecer la personalidad de Frédéric. La esencial función del personaje femenino se reduce, en esta como en tantas otras novelas, a "poner en movimiento" al protagonista, a obligarlo a iniciar ese doble proceso de interiorización espacial y sentimental. Simultáneamente, alrededor de Mme. Arnoux va constituyéndose la ciudad —entendida ahora como espacio exterior— y va apoderándose de la sensibilidad del protagonista. Sin la constante referencia de su amada, el espacio físico y social de la metrópoli escaparía a los sentidos y a la comprensión de Frédéric:

Les prostituées qu'il rencontrait aux feux du gas, les cantatrices poussant leurs roulades, les écuyères sur leurs chevaux au galop, les bourgeoises à pied, les grisettes à leur fenêtre, toutes les femmes lui rappelaient celle-là, par des similitudes ou par des contrastes violents. Il regardait, le long des boutiques, les cachemires, les dentelles et les pendeloques de pierreries, en les imaginant drapés autour de ses reins, cousues à son corsage, faisant des feux dans sa chevelure noire. A l'eventaire des marchandes, les fleurs s'épanouissaient pour qu'elle les choisît en passant; dans la montre des cordonniers, les petites pantoufles de satin à bordure de cygne semblaient attendre son pied; toutes les rues conduisaient vers sa maison: les voitures ne stationaient sur le places que pour y mener plus vite; Paris se rapportait à sa personne, et la grande ville avec toutes ses voix, bruissiat, comme un immense orchestre, autour d'elle [87-88].

[Las prostitutas que encontraba bajo las farolas de gas, las cantantes cuando lanzaban sus trinados, las amazonas sobre sus caballos al galope, las burguesas a pie, las modistillas en sus ventanas, todas las mujeres le rebotaban a ella, ya fuese por similitudes, ya por violentos contrastes. Miraba los escaparates de los comercios,

y los chales de cachemira, los encajes y los pendientes de pedre-
ría que veía se los imaginaba envolviendo su talle, cosidos a su
corpiño y resplandeciendo fulgurantemente entre sus negros cabellos. En los azafates de las floristas, las flores se abrían para que
ella las cogiera al paso; en las vitrinas de las zapaterías, las pantuflas
de raso con orlas de plumas parecían esperar su pie; todas las calles conducían a su casa y los coches sólo se hallaban estacionados
en las plazas para ir hacia ella más rápidamente; París se refería
sólo a su persona, y la gran ciudad resonaba con todas sus voces,
como una inmensa orquesta, en torno a ella (117).][8]

La figura femenina es, en *L'Éducation sentimentale,* instrumento epistemológico y espacializado. Al igual que la metrópolis,
constituye ese espacio cuya exploración y conocimiento pretende conducir al conocimiento y al desarrollo de la identidad del
protagonista.

La novela de Flaubert señala intencionadamente hacia el futuro. En la novela de aprendizaje, la mirada no sólo busca,
inquisidora, los interiores, sino que se proyecta hacia un tiempo
venidero. Esa doble dimensión de la mirada se fundamenta en
la creencia en el progreso espiritual del individuo, una creencia
que, sin embargo, ya comienza a tambalearse en *L'Éducation
sentimentale.* Nótese que la interiorización espacial no conduce
a una verdadera interiorización en el alma de los personajes.
Mme. Arnoux es invento enamorado, sueño exaltado de Frédéric y, por ello mismo, carece de solidez psicológica. Pero Mme.
Arnoux es un personaje femenino, y los personajes femeninos
de la novela realista, como venimos observando, con frecuencia sólo interesan porque significan otra cosa, porque, como el
espacio, son metalenguaje. Ambos —la mujer y el espacio—

---

[8] Traducción de Miguel Salabert.

hablan del personaje masculino, de sus ambiciones y de su personalidad. Más sorprendente, por tanto, es que también la identidad de Frédéric siga siendo, al final de la novela, un mero boceto, una incierta promesa. Como observa Thibaudet en su introducción a la novela de Flaubert, *"[Frédéric] est l'homme qui rêve sa vie; ses rêves cristallisent autour de Marie [Arnoux], et Marie demeure un chose de rêve. Et puis, Frédéric est l'homme de toutes les faiblesses"* [Frédéric es el hombre que sueña su vida; sus sueños cristalizan alrededor de Marie Arnoux, y Marie sigue siendo cosa de sueño. Frédéric, ciertamente, es víctima de todas las debilidades] (introducción a *L'Éducation sentimentale*, 9).

Die Aufzeichnungen des Malte Laurids Brigge comienza donde acaba *L'Éducation sentimentale:* ésta desemboca en el desengaño, aquella parte de él; la primera vuelve la mirada hacia el pasado, la segunda se proyecta hacia el futuro; la novela francesa se adentra en los espacios como modo de internarse en el espíritu, la novela alemana propone, desde su mismo comienzo, la disolución de la identidad y ofrece de ella una imagen desguarnecida, a merced de toda inclemencia. Así es el París de Rilke, desguarnecido también, convertido en pura exterioridad. La mirada de Malte, al revés que la mirada de Frédéric, se dirige siempre hacia fuera, se interna en las calles y no en los espacios domésticos:

So, also hierher kommen die Leute, um zu leben, ich würde eher meinen, es stürbe sich hier. Ich bin ausgewesen. Ich habe gesehen: Hospitäler. Ich habe eine Menschen gesehen, welcher schwankte und umsank. Die Leute versammelten sich um ihn, ich ersparte mir den Rest. Ich habe eire schwangere Frau gesehen. Sie schob sich schwer an einer hohen, warmen Mauer entlang, nach der sie manchmal tas-

tete, wie um sich zu überzeugen, ob sie noch da sei. Ja, sie war noch da. Dahinter? Ich suchte auf meinem Plan: Maison d'Accouchement. Gut. Man wird sie entbinden—man kann das. Weiter, rue Saint-Jacques, ein grosses Gebäude mit einer Kuppel. Der Plan gab an Val-de-grâce, Hôpital militaire. Das brauchte ich eigentlich nicht zu wissen, aber es schadet nicht. Die Gasse begann von allen Seiten zu riechen. Es roch, soviel sich unterscheiden lässt, nach Jodoform, nach dem Fett von pommes frites, nach Angst. Alle Städte riechen im Sommer [7].

[¿De modo que aquí vienen las gentes para seguir viviendo? Más bien hubiera pensado que aquí se muere. He salido. He visto hospitales. He visto a un hombre tambalearse y caer. Las gentes se agolparon a su alrededor y me ahorré así de ver el resto. He visto a una mujer encinta. Se arrastraba pesadamente a lo largo de un muro alto y cálido y lo palpaba de vez en cuando, como para convencerse de que aún estaba allí. Sí, allí estaba. ¿Y detrás del muro? Busqué en mi plano: Maison d'accouchement. Bien. Dará a luz, eso es natural. Más lejos, rue Saint-Jacques, un gran edificio con una cúpula. El plano indicaba: Val de Grâce, Hôpital militaire. Ciertamente, no necesitaba saberlo, pero no está de más. La calle empezaba a desprender olores por todas partes. En lo que cabía distinguir, olía a yodoformo, a grasa de "pommes frites", a angustia. Todas las ciudades huelen en verano (7).][9]

El exterior urbano se convierte en espacio complejo que necesita, para su captación, no sólo del sentido de la vista, sino también del tacto (*"Sie tastete manchmal nach der hohen, warmen Mauer"* [Se arrastraba pesadamente a lo largo de un muro alto y cálido y lo palpaba de vez en cuando]) y del olfato: *"Die Gasse begann von allen Seiten zu riechen"* [La calle empezó a

---

[9] Traducción de Francisco Ayala.

desprender olores por todas partes]. Es, sin duda, espacio que se basta a sí mismo y que reclama toda la atención del paseante, el cual ya no se siente empujado a escudriñar los interiores. Ni siquiera la presencia de ventanas y su mención en el texto sirve como excusa para la descripción de los espacios domésticos. Es más, la luz, en la cita que sigue, no penetra los cristales, sino que éstos sirven precisamente para proyectarla hacia la calle: *"Der Boulevard St-Michel war leer und weit, und es ging sich leicht auf seiner leisen Neigung. Fensterflügel oben öffneten sich mit gläsernem Aufklang, und ihr Glänzen flog wie ein weisser Vogel über die Strasse. Ein Wagen mit hellroten Rädern kam vorüber, und weiter unten trug jemand etwas Lichtgrünes"* [El boulevard Saint-Michel estaba vacío y amplio, y se andaba fácilmente por su suave pendiente. Muy arriba se abrían los batientes de las ventanas con un claro sonido de vidrio, y sus reflejos volaban como pájaros blancos por encima de la calle. Pasó un coche con ruedas de un rojo vivo, y, más abajo, alguien llevaba un objeto de verde luminoso (48)] (64).[10]

En otra página de la novela, la ciudad llega incluso a apoderarse violentamente de la habitación del protagonista:

Dass ich nicht lassen kann, bei offenem Fenster zu schlafen. Elektrische Bahnen rasen läutend durch meine Stube. Automobile gehen über mich hin. Eine Tür fällt zu. Irgendwo klirrt eine Scheibe herunter, ich höre ihre grossen Scherben lachen, die kleinen Splitter kichern. Dann plötzlich dumpfer, eingeschlossener Lärm von der anderen Seite, innen im Hause. Jemand steigt die Treppe. Kommt, kommt unaufhörlich. Ist da, ist lange da, geht vorbei. Und wieder die Strasse. Ein Mädchen kreischt: Ah tais-toi, je ne veux plus. Die Elektrische rennt ganz erregt heran, darüber fort, fort über alles.

[10] Traducción de Francisco Ayala.

Jemand ruft. Leute laufen, überholen sich. Ein Hund bellt. Was für eine Erleichterung; ein Hund. Gegen Morgen kräht sogar ein Hahn, und das ist Wohltun ohne Grenzen. Dann schlafe ich plötzlich ein [8].

[No puedo dormir sin la ventana abierta. Los tranvías ruedan estrepitosamente a través de mi habitación. Los autos pasan por encima de mí. Suena una puerta. En algún sitio cae un vidrio chasqueando. Oigo la risa de los trozos grandes de cristal y la leve risilla de las esquirlas. Después, de pronto, un ruido sordo, ahogado, al otro lado, en el interior de la casa. Alguien sube la escalera. Se acerca, se acerca sin detenerse. Está ahí, mucho tiempo ahí, pasa. Otra vez la calle. Una chica grita: *"Ah! tais-toi, je ne veux plus!"* El tranvía eléctrico acude, todo agitado, pasa por encima, más allá de todo. Alguien llama. Hay gentes que corren, se agolpan. Un perro ladra. ¡Qué alivio! Un perro. Hacia la madrugada hay hasta un gallo que canta, y es una infinita delicia. Después, de pronto, me duermo (8).][11]

En el gran alivio sentido con el ladrido del perro y con el canto del gallo se manifiesta, una vez más, la crítica implícita al nuevo modo de vida urbano y la inevitable añoranza de una existencia más "humana", más cercana a la naturaleza. A lo largo del texto se repiten, con la regularidad e insistencia de un estribillo, breves frases hechas de nostalgia, comentarios líricos sobre un pasado y un espacio irrecuperables. El tiempo de la infancia y los espacios de la naturaleza y del hogar son tres categorías que forman, en la novela de Rilke, compacta trinidad y que, como el yo del protagonista, aparecen retratados en el instante de su disolución:

So wie ich (das Haus meines Grossvaters) in meiner kindlichen Erinnerung wiederfinde, ist es kein Gebäude; es ist ganz aufgeteilt in

---

[11] Traducción de Francisco Ayala.

mir; da ein Raum, dort ein Raum und hier ein Stück Gang, das
diese beiden Räume nicht verbindet, sondern für sich, als Fragment,
aufbewahrt ist. In dieser Weise ist alles in mir verstreut [...]. Es ist,
als wäre das Bild dieses Hauses aus unendlicher Höhe in mich
hineingestürzt und auf meinem Grunde zerschlagen [27].

[Tal como encuentro (la casa de mi abuelo) en mi recuerdo infan-
tilmente modificado no es un edificio; está toda ella rota y repar-
tida en mí; aquí una pieza, allá una pieza, y acá un extremo de pa-
sillo que no reúne a estas dos piezas, sino que está conservado en
cuanto que fragmento. Así es como todo está desparramado en mí.
Es como si la imagen de esta casa hubiese caído en mí desde alturas infinitas y se hubiese roto en mi fondo (21-22).][12]

Die Aufzeichnungen... quiere ser, además de un diario que
recoge las impresiones del momento, memoria nostálgica de
un pasado, estudio comparativo de un antes y de un ahora. El
antes son los sueños, los espacios anhelados, la calidez de una
habitación en el campo; el ahora es el desolado paisaje de París,
la lluvia, la falta de techumbre, la ausencia de una interioridad
espacial y espiritual verdaderas:

Und zu denken, dass ich auch so ein Dichter geworden wäre, wenn
ich irgendwo hätte wohnen dürfen, irgendwo auf dér Welt, in einem
von den vielen verschlossenen Landhäusern, um die sich niemand
kümmert. Ich hätte ein einziges Zimmen gebraucht (das lichte
Zimmer im Giebel). Da hätte ich drinnen gelebt mit meinen alten
Dingen, den Familienbildern, den Büchern. Und einen Lehnstuhl
hätte ich gehabt und Blumen und Hunde und einen starken Stock
für die steinigen Wege. [...] Ich hätte viel geschrieben, denn ich hätte
viele Gedanken gehabt und Erinnerungen von Vielen. Aber es ist

---

[12] Traducción de Francisco Ayala.

anders gekommen, Gott wird wissen, warum. Meine alten Möbel
faulen in einer Scheune, in die ich sie habe stellen dürfen, und ich
selbst, ja, mein Gott, ich habe kein Dach über mir, und es regnet mir
in die Augen [43].

[Y pensar que yo podría haber llegado a ser un poeta así, si hubiese podido habitar en algún sitio, en algún sitio de este mundo, en
una de esas casas de campo cerradas, de las que nadie se ocupa.
Sólo hubiese necesitado una habitación (el cuarto claro debajo
del hastial). Hubiese vivido con mis cosas antiguas, retratos de familia, libros y habría tenido una butaca, flores y perros, y un bas-
tón fuerte para los caminos pedregosos. Habría escrito mucho,
pues habría tenido muchos pensamientos y recuerdos de muchas
gentes. Pero la vida lo ha dispuesto de otro modo, Dios sabe por
qué. Mis muebles viejos se pudren en una granja donde me han
permitido colocarlos, y yo mismo, sí, Dios mío, carezco de techo
que me abrigue, y me llueve en los ojos (33).][13]

La ausencia de interioridad se metaforiza en *Die Aufzeich-*
nungen... con la poderosa imagen de una casa derruida a la
que le falta la fachada:

Um genau zu sein, es waren Häuser, die nicht mehr da waren.
Häuser, die man abgebrochen hatte von oben bis unten. [...] Man
sah ihre Innenseite. Man sah in den verschiedenen Stockwerken
Zimmerwände, an denen noch die Tapeten klebten, da und dort den
Ansatz des Fussbodens oder der Decke. Neben den Zimmerwänden
blieb die ganze Mauer entlang noch ein schmutzig-weisser Raum,
und durch diesen kroch in unsäglich widerlichen, wurmweichen,
gleichsam verdauenden Bewegungen die offene, rostfleckige Rinne
der Abortröhre. Von den Wegen, die das Leuchtgas gegangen war,

---

[13] Traducción de Francisco Ayala.

waren graue, staubige Spuren am Rande der Decken geblieben, und
sie bogen da und dort, ganz unerwartet, rund um und kamen in die
farbige Wand hineingelaufen und in ein Loch hinein, das schwarz
und rücksichtslos ausgerissen war [46].

[¿Casas? Pero, para ser más exacto, eran casas que ya no estaban
allí. Casas que habían demolido de arriba abajo. Se veía su cara
interna. Se veían, en los diversos pisos, las paredes de habitaciones en las que los papeles estaban pegados todavía; y aquí y allá,
la unión del suelo o del techo. Cerca de los muros de las habitaciones, a lo largo de toda la pared, subsistía aún un espacio blanco, sucio, por donde se insinuaba, en espirales vermiculares que
parecían servir para alguna digestión repugnante, el conducto
descubierto y herrumbroso de la bajada de los retretes. Los tubos
de gas habían dejado en el borde de los techos surcos grises y pol-
vorientos, que se reflejaban aquí y allá, bruscamente, y se hun-
dían en negros agujeros (35).][14]

Compárese esta cita con el siguiente párrafo extraído de
L'Éducation sentimentale:

L'insurrection avait laissé dans ce quartier-là des traces formidables.
Le sol des rues se trouvait, d'un bout à l'autre, inégalement bosselé
[...]. Les maisons étaient criblés de projectiles, et leur charpente se
montrait sous les écaillures de plâtre. Des jalousies, tenant par un clou,
pendaient comme des haillons. Les escaliers ayant croulé, des portes
s'ouvraient sur le vide. On apercevait l'intérieur des chambres avec
leurs papiers en lambeaux [364].

[La insurrección había dejado en ese barrio huellas formidables.
El suelo de las calles se había llenado de baches desiguales. Las

[14] Traducción de Francisco Ayala.

casas estaban acribilladas de proyectiles, y sus armaduras asomaban por los desconchones del yeso. Había celosías que, sujetas únicamente por un clavo, pendían como andrajos. Había puertas que se abrían al vacío, por haberse derrumbado las escaleras. Se veía el interior de los cuartos con sus papeles en girones (432).][15]

Ambas novelas escogen la misma metáfora para señalar esa irrupción del espacio exterior y del ámbito público en la intimidad del entorno doméstico. Ello no sorprende, si se tiene en cuenta que los dos textos relatan el doloroso proceso de la lenta disolución de una identidad. El resultado final es muy similar, el comienzo, el punto de partida, en cambio, muy distinto. Ya señalamos que *L'Éducation sentimentale* —novela de aprendizaje "fracasada"— se inicia con un sincero propósito de acceder a esa formación de los sentimientos, mientras que *Die Aufzeichnungen...* —que es parodia consciente y metafictiva del *Bildungsroman,* que es novela de "antiaprendizaje"— se inicia ya con el desengaño. La interioridad, la intimidad de Malte aparecen dañadas desde el comienzo, mientras que la de Frédéric sucumbirá a una lenta desintegración a medida que avanza el argumento. El espacio, en la novela alemana, es, desde sus comienzos, exterioridad, entorno urbano que desdeña toda imagen interior. En la novela francesa, en cambio, el paisaje de la ciudad se supedita a los espacios domésticos. La mirada de Frédéric, aun cuando desengañada, escudriñará siempre los interiores. Éstos, sin embargo, simbolizados en los aposentos de Mme. Arnoux, vistos (entrevistos) por Frédéric y, más adelante, completados en la imaginación y adornados con todas las sutilezas del espíritu, acabarán volviéndose públicos y de una grosera materialidad. La violación del espacio privado,

[15] Traducción de Miguel Salabert.

su transformación en espacio público, se inicia con la escena, grandiosa en su violencia y colorismo, de la toma del Palacio Real por el pueblo:

Le peuple [...] brisa, lacéra les glaces et les rideaux, les lustres, les flambeaux, les tables, les chaises, les tabourets, tous les meubles [...]. La canaille s'affubla ironiquement de dentelles et de cachemires. Des crépines d'or s'enroulèrent aux manches des blouses, des chapeaux à plumes d'autruche ornaient la tête des forgerons, des rubans de la Légion d'honneur firent des ceintures aux prostituées [318].

[El pueblo rompió y desgarró espejos y cortinas, arañas y candelabros, mesas, sillas, taburetes, todos los muebles. La canalla se adornó irónicamente con encajes y cachemiras. Faralaes de oro se enrollaron en las mangas de los blusones, sombreros con plumas de avestruz coronaron las cabezas de los herreros, las cintas de la Legión de Honor sirvieron de cinturones a las prostitutas (378-379).][16]

Este acontecimiento de dimensiones históricas se verá en seguida reflejado en las circunstancias y espacios personales de Frédéric. La irrupción de Rosanette —mujer "pública"— en la intimidad de la *rue Paradis* inaugura una larga cadena de intromisiones y de promiscuidades espaciales que culmina en el embargo y subasta pública de los enseres de Mme. Arnoux:

Quand Frédéric entra, les jupons, les fichus, les mouchoirs, et jusqu'aux chemises étaient passés de main en main, retournés; quelquefois, on les jetait de loin, et des blancheurs traversaient l'air tout à coup. Ensuite, on vendit ses robes, puis un de ses chapeaux dont la plume cassée retombait, puis ses fourrures, puis trois paires de bottines; et le partage de ces reliques, où il trouvait confusément les for-

---

[16] Traducción de Miguel Salabert.

mes de ses membres, lui semblait une atrocité, comme s'il avait vu des corbeaux déchiquetant son cadavre [445].

[Cuando entró Frédéric, enaguas, pañoletas, pañuelos y hasta los camisones pasaban de mano en mano; a veces se lanzaban esas prendas desde lejos y una ráfaga de blanco atravesaba el aire. Luego se vendieron sus vestidos, y uno de sus sombreros cuya pluma rota se cayó, después sus pieles y tres pares de botines; y el reparto de esas reliquias, en las que él reencontraba confusamente las formas de sus miembros, le parecía una atrocidad, como si hubiera visto a los cuervos despedazando su cadáver (522-523).][17]

"Le symbole de cette promiscuité est naturellement le coffret Renaissance à fermoirs d'argent, passé de chez Mme Arnoux à l'appartement de Rosanette, repris par Arnoux, enfin vendu à l'encan et acheté pour Mme Dambreuse" [El símbolo de esta promiscuidad es naturalmente el cofre Renacimiento con herrajes de plata que pasa de casa de Mme. Arnoux al departamento de Rosanette, que vuelve a ser adquirido por Arnoux y que Mme. Dambreuse adquiere en la almoneda] (Bancquart, 150).

EL MITO DE PARÍS: CIUDAD, "FEMME TENTACULAIRE" Y DECADENCIA NACIONAL EN "ÍDOLOS ROTOS"

La metrópolis, en la novela decimonónica y finisecular, acumula con frecuencia una serie de rasgos presuntamente femeninos. Mujer y entorno urbano, como ya ocurría en *Santa,* en *L'Éducation sentimentale,* en *Cecilia Valdés* y en tantas otras novelas, se convierten en espacios intercambiables y redundantes.

[17] Traducción de Miguel Salabert.

En el caso de *Ídolos rotos,* según Meyer-Minnemann la "primera gran obra del escritor venezolano Manuel Díaz Rodríguez" (228), esta estrategia espacial y simbólica se enriquece, complica y consolida. Alberto Soria, el protagonista, viaja a París para completar sus estudios de ingeniero. Como dicta el estereotipo literario y cultural, la ciudad que le seduce y que conquista es aquella que armónicamente entremezcla la experiencia artística con la amorosa. En la capital francesa, Alberto conoce a Julieta, combinación igualmente convencional de compañera, amante y musa. Ayudado de esa doble figura femenina que son la ciudad y Julieta, y que con idéntica generosidad se le entregan, Alberto abandona su plan inicial, se hace escultor y, con una de sus obras ("Fauno robador de ninfas"), gana una medalla en la exposición anual del Salón. Hasta aquí, el argumento se adapta sin resquicios al más ortodoxo de los moldes literarios. Sin embargo, Díaz Rodríguez se permite una audaz licencia poética, al contravenir con su comportamiento las maledicencias de sus compatriotas y oponer, a la imagen estereotipada de París como capital del vicio, como "bella atroz" o *femme tentaculaire* (Schorske, 234), esa otra estampa de la ciudad pequeñoburguesa, trabajadora y de costumbres sobrias. Efectivamente, Alberto trabaja con ahínco y metódica regularidad, a escondidas siempre, simulando, con sus recorridos por los ambientes bohemios, un ocio alejado diametralmente de la realidad: "Mientras provocaba las murmuraciones malévolas de los otros, exhibiéndose en todas partes como perfecto holgazán, y siempre en compañía de Julieta, Soria trabajaba con ahínco y con ardor de fanático. [...] Se adiestraba en imprimir las líneas y las formas del modelo desnudo en el barro a un tiempo esquivo y dócil" (64). El narrador insiste en que Alberto "no halló clemencia ni perdón ante la malévola curiosidad burlada de algunos de sus compatriotas desocupados, probadores de malas noticias y amigos de chismes y calumnias" (60). Precisamente, uno de esos "amigos inoportunos" extrae, del misterioso comportamiento de Alberto Soria, las siguientes deducciones:

> Cuanto a ese pobre muchacho de Soria, me parece perdido, perdido, perdido sin remedio...[...] Tiene más de dos años aquí, sin ocuparse de nada. En nada, en nada se ocupa. Es decir, no se ocupa sino en venir al café, en vagar sin objeto, en visitar museos, en hacerse de relaciones vagas en el fondo de todos los cuchitriles de clientela dudosa de Montparnasse y de Montmartre. Y todo eso en la compañía de Julieta [...]. Nunca lo he visto sin ella. ¿No crees perdido al que cae en las garras del monstruo? El monstruo es la mujer. Ella es la perdición de muchos de los nuestros, y va a ser la de Soria. ¡Cuántos pobres tontos de por allá, recién llegados aquí, no sucumben al eterno hechizo amoroso y van a la mujer como iban los jóvenes de Atenas a la boca del Minotauro! [...] Para mí es una nueva víctima agregada a las innumerables víctimas de París [...], de la vida libre y halagadora de este París, que es lo infinito de la seducción, sobre lo infinito del desastre [63].

El premio que orgullosamente recompensa el esfuerzo y el talento del protagonista desmiente categórico esa imagen convencional del París depredador, transformado en vampiresa, en monstruo de seducción. Pero... ¿quiere decir ello que el tenaz cronotopo y estereotipo literario, por el simple hecho de quedar desmentido, se esfuma sin dejar rastro? Lo cierto es que no se trata tanto de una desaparición, como de un intrigante fenómeno de trasplante: el lector reencontrará en Caracas la imagen familiar de ese París que creyó perdido para siempre, o cuando menos desprovisto de sus rasgos de mujer. Por de pronto, en el mismo instante en que Alberto regresa a su patria y se acerca, en tren, a la capital venezolana, París, desde la perspectiva del recuerdo, principia por recuperar el sexo que la tradición cultural le atribuye. En consecuencia, la ciudad, una vez más, se vuelve invisible, oscurecida, eclipsada por la silueta luminosa y cegadora de una mujer:

Como tantos otros viajeros que, al llegar al término, se complacen en recordar su punto de partida, Alberto evocaba con lucidez maravillosa la ciudad europea abandonada por él quizá para siempre. Los recuerdos de los últimos días vividos en esta ciudad fueron pasando por su memoria deslumbrada; pero uno solo de estos recuerdos triunfó al cabo de la esplendidez y la fuerza de los otros. En los largos mediodías y en las tristes noches de a bordo, en alta mar, le había perseguido sin tregua. Y ahora, cuando tal vez iḃa a extinguirse completamente, se le representaba doloroso y bello como nunca. Era el recuerdo de un adiós todo besos y lágrimas. Era la visión de un cuerpo de mujer, lleno de temblores, enlazado a su cuerpo; era la visión de un rostro de mujer inclinado sobre su rostro; la visión de unos ojos rebosantes de lágrimas, inclinados sobre sus ojos, húmedos de llorar; la visión de unos labios tendidos hacia sus labios en demanda del último beso; la visión radiante de una hermosa cabellera rubia, llamarada de sol cuajada en finísimas hebras áureas, caída, durante los espasmos del dolor, en cascadas de trenzas y lluvia de rizos alrededor de dos frentes, hasta vestir de suave seda y perfume las mejillas de dos rostros, hasta ocultar a la vez dos cabezas, cubriéndolas y amparándolas con toda su magia de luz y de oro, como una tienda real, perfumada y rica, protectora del amor de dos novios augustos [49].

En *L'Éducation sentimentale,* se dice que "las prostitutas que [Frédéric] encontraba bajo las farolas de gas, las cantantes [...], las amazonas sobre sus caballos al galope, las burguesas a pie, las modistillas en sus ventanas" (117), todas ellas le recordaban a Mme. Arnoux, por similitud o por violento contraste. Pues bien, ese proceso mental o de ensoñación, que, en el entorno visto o rememorado de la ciudad, lleva de una mujer a otra, de un extremo moral a otro, queda igualmente representado en *Ídolos rotos*. El recuerdo idealizado de Julieta, de su belleza rubia y transida de dolor, invade a Alberto tras el disgusto que le produce la presencia, en el compartimento, de una prostituta. El protagonista está contemplando, desde el tren, la "belleza fuerte y salvaje" del paisaje venezolano, cuando:

> La voz de una mujer rompió su éxtasis contemplativo. [Era] una mujer bastante joven, rubia, con labios rojos, frescos, sensuales, lujosamente vestida y sentada entre una multitud de cachivaches: abanicos, abrigos y cajas de cartón de varios estilos y dimensiones. [En ella, reconoció] a una vendedora de caricias, antaño muy de moda en la capital, por cuyos paseos y calles arrastraba, como nuncios de su impudor, trajes llamativos y escandalosos [47].

Otra vez, el lector se halla ante un violento contraste (el amor legítimo de Julieta, compañera y musa del escultor, los amoríos escandalosos de una meretriz de alto postín) y ante uno de esos juegos de simetría ya explorados en el capítulo dedicado al jardín criollo. También aquí, la mujer "pecaminosa" se opone a la mujer "virtuosa" y recatada. También aquí, la prostituta forma parte del paisaje —moral y físico— de una gran metrópoli, hasta confundirse con ella. No obstante, lo llamativo de esta imagen sólo presuntamente convencional es que no es París la gran ciudad licenciosa: ese papel lo desempeñará, más adelante, la capital venezolana. La capital francesa es, contra todo pronóstico literario, la sede de un amor honesto, a cuyo calor fructifica el ideal artístico y la vida metódica, de una sobriedad casi puritana, del escultor:

> Conocimientos, en su ocasión adquiridos, de anatomía plástica y dibujo facilitaron (a Alberto) reduciéndolas un poco, sus enojosas tareas de principiante. Y el exceso de trabajo no le daba, como en el curso de sus estudios de ingeniero, la sensación de vacío, la sensación del desierto desolado y monótono, que le ponía de humor áspero y triste. Al contrario, hallaba en la fatiga como un desmayo delicioso y a veces verdadero júbilo. A este fin contribuía Julieta, sirviéndole de auxiliar inteligente aunque humilde. Desde los comienzos de sus amores, ella había sido para él toda abnegación y ternura. Los menores escrúpulos y caprichos del amante los respetaba ella, de modo que nadie hubiera podido, por causa de ella, conocer la vida ni adivinar los proyectos de Soria. Removiendo, ejercitando y afinando la sensibilidad más recóndita y oscura del amante, contribuía, sin ella saberlo, a despertar en el amante la fuerza creadora del artista [65].

Alberto, cuando regresa a Caracas, intenta continuar con el equilibrado *modus vivendi* del artista iniciado en París. Como en la ciudad europea, busca, en la capital latinoamericana, a la musa que lo inspire, que lo "inicie por el Amor en los misterios de la Belleza" (65).

> Creyendo capaz [a María] de [una] comprensión clara y absoluta, fuente de la abnegación y la fidelidad supremas, indispensables en la compañera de un artista; él, entonces, la adoraba, no tan sólo como novia o amante, sino como una fuerza más, necesaria a la fuerza creadora de su genio, como una armonía más, necesaria a la perfecta armonía de su glorioso mundo de estatuas. Pero lo que duraba aquella luz fugaz en los ojos de María, duraba la divina ilusión de Alberto. Pronto, mil pequeñeces de la vida real

venían como a decirle: te engañas. No de otra suerte le hablaba la
actitud asumida por María, después de la exposición de su última obra. A Alberto le chocó su aparente indiferencia y despego.
María afectaba ignorar la exposición de su última obra [251].

La indiferencia y despego de María son la indiferencia y despego de la ciudad de Caracas. Nuevamente, mujer y ciudad se
solapan y se convierten en sinónimos. La simbología de los
espacios y de los personajes femeninos no hace sino reforzar con
imágenes y metáforas lo que el texto no se guarda de declarar
explícitamente, a saber, que Caracas es enemiga del arte, funesta aniquiladora de talentos: "Lo que no hizo el odio al extranjero,
de artistas envidiosos menos afortunados, en una ciudad como
París, en donde la lucha por la vida es cruel y sin piedad, en
donde un triunfo de artista representa fortuna y bienestar venideros, pan y oro, lo hacían sus compatriotas en una ciudad
pequeña, en donde el culto de la belleza y del arte es promesa
de dolor, desamparo y olvido" (125).

El París glorificador del arte no se encarna en Caracas, de la
misma forma que Julieta, musa parisina y compañera abnegada,
encuentra en María, la novia venezolana, tan sólo un espejo
roto, el reflejo distorsionado e irreconocible de su propia imagen.
Alberto, desde París, evoca una imagen de la patria que "finge
la de un rincón primitivo y sano, en cuyo suelo abren las virtudes espontáneamente como flores y en donde las vírgenes son
almas cándidas, como brillar de linos, en cuerpos impolutos de
ninfas montañesas" (186). Paradójicamente, lo que encuentra
cuando regresa a Caracas, no es ese rincón "primitivo y sano",
sino precisamente ese París de los libros y de la literatura del
que supo sustraerse, con éxito, en Francia, un París de mítica
podredumbre, "capital de los vicios, donde el adulterio, la pros-

tituta y la *demi-vierge* son la moneda admitida de salones y calles, el argumento único de dramas y comedias, el asunto indispensable de cuentos y de libros, como si la infamia sexual fuese la sola expresión y el solo fin del hombre" (186). Las "ninfas montañesas" se han transformado en *demi-vierges,* sus cuerpos, lejos de ser impolutos, ostentan la mancilla indeleble de los placeres mercenarios. En una ciudad en donde las mujeres, tanto las virtuosas como las deshonestas, hacen gala de la ignorancia y viven siempre ajenas a la política, pero también al arte y a la cultura, circula, sin embargo, con avidez entre la población femenina la obra de Marcel Prévost, *Les demi-Vierges.* Pedro le dice a su hermano Alberto que "de los libros que presté a Matildita, ninguno mereció tantos honores como éste: fue el más leído, el más gustado, y recibió en su lomo, en su cubierta amarilla y en sus páginas blancas los apretones, halagos y caricias de muchas, pero de muchas manos bellas" (182). La lectura del libro llegado de París y lleno de amores a la parisina se transforma, en realidad, en la lectura de la biografía amorosa de las propias lectoras: "No creas que el libro —comenta con fina ironía Pedro— ha emponzoñado el alma de ninguna de ellas. Éstas, en la historia impresa a lo largo de las páginas del libro, han visto una glosa pálida, inexacta, más o menos imperfecta [...] de la historia de su propia virginidad, que, como diría tu amigo Romero en su lenguaje primoroso, voló bajo muchas bocas y entre muchas manos con un gran deshojamiento de lirios" (183).

Las doncellas caraqueñas aprenden de las doncellas parisinas las picardías y vericuetos de la sensualidad y encuentran en los amores de las francesas el reflejo de sus propios amores. Pero, no contentas con eso, glosan el texto, añaden, a las peripecias, biografías y reflexiones de las *demi-vierges* galas, sus propios comentarios y avatares de semivírgenes: "Así, ese libro, que cuando lo tomé de entre los demás libros valdría a lo sumo tres pesetas, hoy es estimable. Como documento, vale un tesoro. El texto, como lo puedes ver, se ha enriquecido y aumentado con notas llenas de fineza y donaire, escritas al margen de las páginas, y de puño y letra de Elisa Riguera y Enriqueta Uribe" (182). El hecho de que, dentro de la novela, París y sus amores se conviertan en materia de lectura, enfatiza lo que la ciudad francesa tiene de mito literario, de realidad inventada. Por otra parte, el efecto de este artilugio de la imaginación no es ficticio sino real, amén de nocivo. Se repite aquí el estereotipo de que la lectura es dañina para la virtud femenina. Las consecuencias para la moral se agravan, si a los libros se les suma el cronotopo de la ciudad, otro de los tradicionales corruptores de doncellas.

La influencia del París mítico, convertido en cliché cultural, se manifiesta igualmente en la figura de Teresa Farías. Ésta, como señala Meyer-Minnemann, "encarna, desde antes de la irrupción de los bárbaros al término del libro, la realidad que Alberto Soria, insospechadamente, encuentra en su país" (230). Caracas, sobre todo, se halla bajo la perniciosa influencia de la cultura europea, una cultura mal asimilada, no entendida: "La realidad de la 'tierruca' representa una desfiguración de las circunstancias europeas" (Meyer-Minnemann, 232), y esa desfiguración se condensa en la figura decadente —esfinge, sirena, arpía— de Teresa, "con su ambigüedad turbadora" (245), cuyo comportamiento obedece siempre a una intensa mezcla de voluptuosidad y de misticismo:

Teresa hallaba su más alto gozo en sentirse deslizar y caer en la culpa, después que la oración y las penitencias limpiaban su alma de inmundicias. Creyente, angustiosos conflictos morales y mil

oscuros temores la sobrecogían, cuando en medio de sus prácticas devotas la rozaba el pecado con sus alas de fuego; pero conflictos y temores, en realidad aumentaban su deleite enfermizo,
haciéndola ver el pecado mayor y más dulce [192].

La reacción de Alberto ante Caracas es contradictoria, sufriente: "Para él, entonces, la patria era como dos grandes brazos
ávidos de estrecharle tiernos y amorosos y dos labios tendidos
a besar su boca y su frente con amor inflamado de orgullo.
Pero los brazos empezaban a ceñir su garganta como un dogal
de hierro y los labios a besarle humedecidos en un brebaje ve-
nenoso. ¿Por qué? ¿Por qué?" (125). Esa misma vacilación, esas
mismas contradicciones invaden a Alberto cuando ve a su
futura amante: "Así como Teresa era ambigua en su persona,
por sus aires devotos y el prestigio fluente de las aventuras de
amor que le atribuían, así era de ambigua la sensación que en
Alberto despertaba. Parecía hecha de atracción y de grima.
Teresa le inspiraba la repugnancia que inspiran las culebras y
al mismo tiempo le atraía, como el vaso colmo atrae al labio
sitibundo" (246). Ciudad y mujer, una vez más, se hermanan:
ambas están hechas de atracción y de grima, ambas son ambiguas, pérfidamente engañosas.

La primera ocasión en que Alberto vislumbra a Teresa, él la
compara con "una turca de Estambul", cuya belleza se esconde
tras un "negro velo impenetrable" (90). En la misma página, y
ante el espectáculo desaseado de las calles de Caracas, ante su
"tierra árida color de ocre", dentro de Alberto "relampaguea la
visión de la ciudad nativa como una visión de ciudad oriental,
inmunda y bella" (90). Pero el misterio de Teresa no sólo se
confunde con el de Caracas. En la amante reverbera el París imaginario e "importado", símbolo exacto de esa cultura europea

que, lejos de ayudar a la reconstrucción nacional de Venezuela, contribuye a su creciente decadencia: "Con los daños cada vez mayores del cosmopolitismo en [Venezuela] y quizás en todos los pueblos de la tierra latinoamericana, era posible hacer un gran volumen, al cual se diese por solo título 'París' […], grande influencia nociva en el desarrollo y costumbres de aquellos pueblos" (222). Dos factores foráneos entran con fuerza destructora en la ciudad y en la mujer, corrompiéndola y debilitándola por igual: el catolicismo, tan rígido como sensual, de los españoles y "la inagotable seducción y hechizo de un París imaginario", equiparado, con estereotipada frecuencia, a una prostituta, a una "pindonga vestida de gemas, encajes y tules" (223):

> Teresa, igual a tantos otros que no traspusieron jamás los límites de su patria, se representaba a París como el más acabado resumen de cuantas delicias y primores abarca el Universo. De tal manera que de representarse a París provenía el soberano prestigio que realzaba a sus ojos la persona trivial de Urrutia. A través de la amiga admiraba la gran ciudad hermosa. Y por el solo hecho de haber vivido largos años en esta ciudad, consideraba a la amiga como un ser privilegiado […]. En Teresa, las palabras de la Urrutia eran como semillas en un campo fértil: completaban la múltiple acción enervante del rigorismo devoto, de los tibios olores de incienso, de la semioscuridad soñolienta de templos y capillas y de los muelles baños de leche y de perfumes. E indudablemente la inagotable seducción y hechizo de su París imaginario, cuyo solo reflejo la mareaba y se le imponía en la persona de la Urrutia, fue una de las tantas fuerzas que la empujaron a los brazos de Alberto Soria [297].

La bella camelia venida de Europa se malogra en los jardines caraqueños. Rosa, la hermana de Alberto, "logra tan sólo una mata, que da una flor, feúca y ruin" (70). La hermosa camelia es París y es Julieta, amantes y musas ambas del escultor. De la misma forma, en la flor que no se aclimata, en esa "limosna de planta con una lástima de flor" (71) el lector identifica el símbolo, esta vez triple, de Caracas, "caricatura de Europa" (71), de Teresa, versión criolla y malograda de la *femme tentaculaire*, y de María, semivirgen, semimusa y amante sólo a medias.

Ensoñación y desorden: el espacio doméstico en "La de Bringas" y en "La Peau de Chagrin"

Una de las principales virtudes de los espacios interiores en la novela decimonónica es su capacidad de ampliar, tanto geográfica como narrativamente, el horizonte. En efecto, con la ciudad, cronotopo que evoca la circularidad espacial, se pone término a la línea recta, al viaje (como escuela, como aprendizaje) en su sentido más ortodoxo. La metrópoli propone un nuevo modo de descubrimiento y conquista del entorno físico, un nuevo modo también de enriquecimiento y de exploración espirituales. La palabra clave ya no es expansión, sino profundización, adentramiento en los espacios domésticos. No se trata de descubrir nuevos espacios exteriores (trayectoria lineal), sino de insistir en los interiores ya conocidos (trayectoria circular), de hacer de la repetición espacial eficaz procedimiento epistemológico.

Esta nueva forma de exploración territorial engendra nuevos argumentos e inaugura una serie de posibilidades narrativas que ahora nos parecen poco novedosas y aun convencionales, pero que en el periodo que nos ocupa marcan, sin duda, el comienzo de la sensibilidad moderna.

La novela realista muestra especial predilección por la acotación de los espacios. De la oposición entre los distintos entornos se derivan una serie de significados, y con ellos se construye, al modo más ortodoxamente estructuralista, todo un complejo sistema semántico. La oposición interior-exterior no es invento, claro está, de la novela realista. Lo que sí es nuevo, no obstante, es el llamativo desplazamiento que sufren estas polaridades espaciales. Nótese que por espacio exterior se entiende, en el caso de la novela decimonónica, el paisaje urbano y no tanto el paisaje natural. La ciudad fictiva del siglo XIX —aun a pesar de su proverbial nostalgia de campo— deja paulatinamente de ser espacio engarzado y, por ello mismo, interior, que necesita como imprescindible complemento la presencia exterior de la naturaleza (Fisher, 106). Ahora es en sí misma "espacio total", unidad semántica completa: *"Jede grosse Stadt* —cita Brüggemann de una revista de la época— *ist eine kleine Welt"* [Toda metrópoli es un pequeño mundo]. Un pequeño y poderoso universo, capaz incluso de domesticar el paisaje natural y de conferir carácter de interioridad a un espacio que tradicionalmente ha sido concebido como exterioridad. No nos referimos tan sólo al tema espacial del jardín, que constituye, sin duda, el ejemplo más evidente de naturaleza podada y modelada al gusto de la época, convertida en armónica prolongación del entorno doméstico. En *La Curée,* de Zola, es un lago el que —al no atreverse a contravenir la etiqueta parisina— aparece decorado como un lujoso salón adornado con esbeltas columnas y aislado del exterior gracias a la artística colocación de los cortinajes:

A gauche, au bas des étroites pelouses qui descendent, coupées et de massifs, le lac dormait, d'une propreté de cristal, sans une écume, comme taillé nettement sur ses bord par la bêche des jardiniers; et, de l'autre côté de ce miroir clair, les deux îles, entre lesquelles le pont qui

*les joint faisait une barre grise, dressaient leurs falaises aimables,
alignaient sur le ciel pâle les lignes théatrales de leurs sapins, de leurs
arbres aux feuillages persistants dont l'eau reflétait les verdures noi-
res, pareilles à des franges de rideaux savamment drapées au bord de
l'horizon* [322].

[A la izquierda, al pie de las estrechas zonas de césped que descienden, cortadas por canastillos y macizos, el lago dormía con
una limpidez de cristal, sin una espuma, como tallado directamente en los bordes por la azada de los jardineros; y, del otro lado
de ese espejo claro, las dos islas, entre las cuales el puente que las
une formaba un segmento gris, erguían sus acantilados graciosos,
recortaban sobre el cielo pálido las líneas teatrales de sus abetos,
de sus árboles de follaje perenne, cuyas negras hojas reflejaba el
agua como franjas de cortinas hábilmente drapeadas al borde
del horizonte (9-10).][18]

La presencia, en el mapa de la ciudad, de un entorno natural domesticado contribuye, por una parte, a la definitiva
consagración de la metrópoli como espacio exterior y no inserto. Pero, por otro lado, se da la curiosa paradoja de que tales
espacios, al ser concebidos y descritos como interiores, restan
exterioridad a un paisaje urbano ya de por sí empobrecido e
interiorizado. Recuérdense esas miradas del protagonista de
L'Éducation sentimentale que, al horadar con metódica insistencia los interiores, convierten la cartografía urbana en paisaje invisible y proponen, a cambio, una ampliación "hacia
dentro" del espacio novelesco.

En las páginas dedicadas a la visión panorámica como tema
espacial característico de la novela decimonónica se anticipa ya

[18] Traducción de Fina Wharshaver.

que los interiores ofrecen con frecuencia un rico muestrario de detalles, de recortes escénicos con los que el narrador decimonónico sacia su sed literaria y pictórica de lo concreto y contrapesa eficazmente esa otra tendencia complementaria que lo empuja hacia lo general y abarcador. La novela realista está llena de cosas y, por tanto, está llena también de los espacios interiores que las alojan. Pero además, sirven éstos como apropiada excusa para ese afán de exploración psicológica que caracteriza a la novela realista. La interiorización espacial, ciertamente, tan potenciada y tan fructífera en un entorno urbano, es requisito fundamental para la interiorización espiritual o estudio de la psique de los personajes.

La ensoñación y evocación poéticas tienen como escenarios más frecuentes bien un panorama natural, bien un espacio cerrado, a resguardo del bullicio y banalidad urbanas. Los interiores, en su soledad y recogimiento, son, tanto para el lector como para el personaje que los habita, salida, puerta que conduce a otros mundos, ampliación, a la postre, del universo real con otros universos imaginarios. Señalamos en el primer parágrafo que con el adentramiento en los espacios domésticos se concede nueva magnitud al horizonte urbano. La dirección de dentro afuera se complementa, en la novela decimonónica, con ese otro trayecto que conduce hasta el interior. En tal caso, es el propio entorno doméstico el que, sin necesidad de actuar a modo de catapulta hacia esos otros mundos espirituales, se convierte en materia de ensoñación. El personaje, casi sin excepción masculino, cuya mirada se adentra en un espacio, espera hallar en éste un nuevo universo, una nueva realidad poética. Es importante insistir en que la ficción realista adscribe a cada dirección espacial un género, un sexo determinado. La mirada que desde el resguardado ámbito de lo doméstico se pierde en la lejanía (lejanías antes espirituales que físicas) es, en la gran mayoría de los casos, femenina. El personaje, por el contrario, que, al contemplar un interior, al adivinarlo, quizá, tras unos cristales, inmediatamente lo sueña y lo traslada a un mundo imaginario, tiende a ser, con raras excepciones, masculino. A la mirada femenina (aquella que se dirige, por regla general, de dentro afuera) dedicaremos un capítulo aparte. Adelantaremos tan sólo que suele caracterizarse por su pasividad y que el símbolo espacial del que se ayuda con más frecuencia, la ventana, pocas veces cumple esa libertad que promete: *"La fenêtre ouverte peut signifier un espoir mais il se révèle toujours illusoire"* [La ventana abierta puede significar esperanza, mas esa esperanza se revela siempre como ilusoria] (Czyba, 79). El espacio interior, al ser contemplado por un personaje masculino, es, además, el espacio del misterio (nótese que también en el personaje femenino suele encarnarse el enigma, la atracción misteriosa), el espacio intrigante que, al espolear la curiosidad del personaje y del lector, hace avanzar el argumento.

A las dos funciones que atribuimos al espacio exterior —éste organiza los espacios domésticos y hace a su vez de atalaya desde la cual se contemplan los interiores— hay que añadirles, por tanto, una tercera: el espacio exterior —la dialéctica que se crea entre éste y los espacios domésticos— es engendrador inevitable de argumentos. La mirada (masculina) que penetra los interiores posee una inevitable pujanza narrativa. La mirada (femenina) que se asoma al exterior no precipita los acontecimientos, pero, a cambio, llena la novela de paisajes oníricos, de esos espacios que engendra la esperanza y el recuerdo.

Son muchas las novelas que se nutren de esa tensión entre el exterior (nombrado, catalogado, antes que conocido o descrito) y el interior (desconocido, tentador, sediento de descripción).

Ambas coordenadas espaciales se ayudan de un tercer componente, representado por el personaje femenino. La mayoría de las veces, éste se solapa con el espacio interior y comparte con él sus rasgos distintivos, lo que tiene de fuerza tentadora y misteriosa. En *La Curée,* de Zola se dice que París se llena de "promesas doradas y voluptuosas", y esas promesas las compara más adelante el narrador con *"ces petites maisons dont les rideaux soigneusement tirés ne laissent voir que des ombres de femmes"* [esas pequeñas viviendas donde las cortinas cuidadosamente corridas sólo dejan entrever sombras de mujeres] (367). *Ferragus,* sobre todo, constituye uno de los ejemplos más elocuentes de la estrategia espacial de la ficción decimonónica, basada en esa tensión semántica entre el exterior y el interior. *Ferragus* se inicia con el mapa moral, antes que físico, de las calles de París: *"Il est dans Paris certaines rues deshonorées [...], puis il existe des rues nobles, puis de rues simplement honnêtes [...], puis de rues assassines..."*, etc. [Hay, en París, ciertas calles deshonradas. Hay también calles nobles, y calles de una sencilla honradez, y también calles asesinas] (61). A la descripción moral le siguen ciertas referencias a la "fisiología" de las calles: *"Quelques rues [...] ont une belle tête et finissent en queue de poisson"* [Algunas calles tienen una hermosa cabeza y acaban en cola de pez] (61). Otras veces, se recurre a la comparación —estereotipada, sin el sabor de lo concreto y específico— con otros lugares, otras realidades: *"L'île Saint-Louis [...] est comme la Venice de Paris. [...] La place de la Bourse [...] pendant la nuit, c'est comme une rêverie de la Grece"* [La isla de San Luis es como la Venecia de París. La Plaza de la Bolsa, durante la noche, es como un sueño de Grecia] (62). Al diseño convencional de un paisaje urbano, de un París que Balzac llama, con poética grandilocuencia, *"cette mouvante reine des cités"* [esa cambiante reina de las ciudades] (64) le sigue —con parecidas características de abstracción y de generalidad— el esbozo de un "argumento tipo", de una trama que es cliché y producto inevitable de la combinación de un espacio —la casa misteriosa y de pésima fama— y de un personaje: la mujer joven y hermosa:

> *Oui donc, il est des rues, ou des fin de rue, il est certaines maisons, inconnues pour la plupart aux personnes du grand monde, dans lesquelles une femme appartenant à ce monde ne saurait aller sans faire penser d'elle les choses les plus cruellement blessantes. Si cette femme est riche, si elle a voiture, si elle se trouve à pied ou déguisée, en qelques-uns de ces défilés du pays parisien, elle y compromet sa réputation d'honnête femme. [...] Enfin, si cette femme est jeune et jolie; si elle entre dans quelque maison d'une de ces rues; si la maison a une allée longue et sombre, humide et puante; [...]; en verité, disons-le [...] cette femme est perdue [...] [65].*

[Hay, pues, calles o fondos de calle, hay ciertas casas desconocidas para la mayor parte del gran mundo a las cuales una mujer perteneciente a ese mundo no podría ir sin que de ella se pensaran las cosas más crueles e hirientes. Si tal mujer es rica, si va en coche, si llega a pie, o si se esconde tras un disfraz, en cualquiera de esos desfiles del ambiente parisiense, ella compromete su reputación. Es más: si esta mujer es joven y hermosa; si entra en cualquier casa de una de esas calles; si a la casa se llega a través de un pasadizo largo y sombrío, húmedo y hediondo, entonces, en verdad, digámoslo, esa mujer está perdida.]

Añade más adelante el escritor francés, iniciando lentamente una trayectoria que lo llevará a lo concreto: *"Mais il y a telle rue de Paris où cette rencontre peut devenir le drame le plus effroya-*

*blement terrible, un drame plein de sang et d'amour, un drame
d'école moderne"* [Pero hay calle de París donde un encuentro
así puede convertirse en la tragedia más angustiosa y terrible,
un drama lleno de sangre y de amor, un drama de escuela
moderna] (65). El "drama moderno" comienza con la fortuita
aparición, ante los atónitos ojos de un joven oficial, de la
mujer que ama secretamente, en el momento en que ésta se
adentra por una calleja de dudoso renombre. Auguste se dispone a seguirla, poniéndose, con ello, en el lugar del lector;
como éste, altera la realidad y la observa con los ojos de la imaginación:

> *Il se rencontre dans Paris des effets de nuit singuliers, bizarres, incon-
> cevables. Ceux-là seulement qui se sont amusés à les observer savent
> combien la femme y devient fantastique à la brune. Tantôt la créa-
> ture que vous y suivez, par hasard ou à dessein, vous paraît svelte;
> tantôt le bas s'il est bien blanc, vous fait croire à des jambes fines et
> élégantes; puis la taille, quoique enveloppée d'un châle, d'une pelis-
> se, se révèle jeune et voluptueuse dans l'ombre; enfin les clartés incer-
> taines d'une boutique ou d'un réverbère donnent à l'inconnue un
> éclat fugitif, presque toujours trompeur, que réveille, allume l'imagi-
> nation et la lance au-delà du vrai* [69].

[París tiene efectos nocturnos singulares, extraños, inconcebibles.
Sólo aquellos que se han dedicado a observarlos saben del aspecto
fantástico y misterioso que adquiere la mujer a la anochecida.
A veces, la criatura a la que seguís, por azar o a propósito, se os
aparece como esbelta; otras veces, si la medias son muy blancas,
pensáis que tiene piernas finas y elegantes; el talle, aunque envuelto en un chal o en una pelliza, se insinúa joven y voluptuoso
en medio de las sombras; por fin, la claridad incierta de una tienda
o de un farol ofrecen al desconocido una revelación fugitiva, casi

siempre engañosa, que despierta, ilumina la imaginación y la lanza más allá de lo real.]

Balzac hábilmente atribuye tal alteración al efecto hechizante del París nocturno. Pero lo cierto es que no es París, sino la naturaleza del cliché literario el que imprime ese aire fantástico a la escena. De la combinación de las tres coordenadas (exterior-interior-mujer) brota automáticamente el *suspense*. Basta el ejemplo genérico, la referencia general y abstracta a una constelación tan elocuente como ortodoxa para suscitar la curiosidad del lector. Sin embargo, ésta sólo quedará enteramente satisfecha una vez que se añada al esquema general el detalle concreto. Concreción y particularización, en la ficción decimonónica, han de entenderse como sinónimo de "interiorización", tanto en su sentido espacial —las descripciones tienen por objeto predilecto el interior hogareño— como psicológico. El adentramiento en los espacios domésticos no sucede nunca sin ese otro adentramiento paralelo en la psique femenina. Auguste, nos dice Balzac, *"regarda, le malheureux, tous les étages de la maison avec l'attention d'un agent de police cherchant son conspirateur"* [el desafortunado miró todos los pisos de la casa con la atención de un agente de policía que busca al conspirador] (70). Con la misma atención intentará el protagonista explicarse más adelante la escandalosa presencia de su amada en la calle de reputación pésima, con avidez parecida buscará la manera de adentrarse en los escondidos pensamientos de Madame Joules.

Al igual que Flaubert, en *L'Éducation sentimentale*, inicia Balzac su novela con una imagen idealizada de la protagonista. Esa idealización, como se observa en la cita, se hace extensiva a toda figura femenina que recorre, misteriosa, las oscuras calles del París nocturno. El ideal femenino (la idealización masculina, a la postre, de la mujer) es, dado su carácter general y estereotipado, pura exterioridad. A medida que se adentra el protagonista en los espacios domésticos, a medida que el mundo, el espacio, de la novela se vuelve más concreto y se llena de cosas, pierde también la psicología femenina ese barniz idealizador. La mujer se vuelve de carne y hueso, sus pensamientos se interiorizan y se despojan de todo convencionalismo impuesto desde "fuera". *L'Éducation sentimentale* comparte, pues, con *Ferragus* esa idealización, por parte del joven protagonista, de un personaje femenino. Pero aún más relevante es la segunda similitud: en ambas novelas, se inicia, de mano de ese personaje femenino, un acelerado proceso de interiorización, tanto espacial como psicológica. Esta interiorización psicológica es, a su vez, doble y descompensada. Aparentemente, nos lleva al conocimiento espiritual tanto del personaje femenino como del masculino, pero, en realidad, sólo de este último averiguaremos los datos necesarios. El personaje femenino será, nuevamente, instrumento epistemológico que ayuda a entender, pero que no necesita ser entendido. Tanto, pues, en *Ferragus* como en *L'Éducation sentimentale,* la curiosidad del protagonista (y del lector) se despierta con una figura de mujer situada en un espacio exterior. En la novela de Balzac, el espacio marco es una calle de París; en el texto de Flaubert, la acción se sitúa en la cubierta de un barco, a la que sirve de telón de fondo la silueta de la capital francesa. A partir de este primer encuentro en un ámbito exterior, no obstante, el espacio tiende con fuerza hacia la interiorización, y es precisamente la figura femenina la que, tras una primera aparición pública, se rodea de un halo de misterio y obliga a los protagonistas masculinos a adentrarse aventureramente en los espacios domésticos.

Otras veces, el personaje femenino, en vez de abandonar el espacio doméstico, se conforma con sentarse frente a una ventana, a la vista de los transeúntes. El grado de visibilidad, por otra parte, puede ser variable. En *La Maison du chat qui pelote,* la misteriosa figura femenina se esconde tras los gruesos cristales verdes de un tercer piso: *"Ces croisées avaient de petites verres d'une couleur si verte, que, sans son excellente vue, le jeune homme n'aurait pu apercevoir les rideaux de toile à carreaux bleus qui cachaient les mystères de cet appartement aux yeux des profanes"* [Estas ventanas tenían unos vidrios pequeños de un color tan verde, que, a no ser por su vista excelente, no habría podido percibir el joven las cortinas hechas con una tela a cuadros azules, que ocultaban a los ojos de los profanos los misterios del cuarto (73)] (37). Al asomarse al ventanuco y descubrir la presencia del hombre, *"elle se retira vivement en arrière, le tourniquet tout usé tourna, la croisée redescendit avec […] rapidité"* ["se retiró vivamente hacia atrás, dio la vuelta al torniquete usado, la ventana descendió con rapidez (77)] (37).[19]

En *Une Double famille,* en cambio, novela que hace empleo profuso de la mirada indiscreta, la ventana se encuentra a ras del suelo, como si de un escaparate se tratara: *"Cette vielle femme demeurait dans […] la dernier croisée, en face d'une jeune fille. A toute heure du jour les passants apercevaient cette jeune ouvrière, assise dans un vieux fauteuil de velours rouge, le cou penché sur un métier à broder, travaillant avec ardeur"* [La anciana permanecía tras la última ventana, frente a una muchacha. A todas horas del día los peatones veían a la joven obrera, sentada en un viejo sillón de terciopelo rojo, la cabeza inclinada sobre su labor de bordado, trabajando con ardor] (19).

[19] Traducción de Aurelio Garzón del Camino.

La mujer habita el entorno doméstico y, con su presencia, lo vuelve enigmático. Pocos espacios hay tan evocadores, tan prometedores de sorpresas y de descubrimientos insospechados como los que enmarcan las ventanas de *Une Double famille* y *La Maison du chat qui pelote*. La sorpresa, el misterio, el enigma sugieren con facilidad la idea de peligro, de una realidad nueva que peligrosamente desordena el mundo. Y lo cierto es que el desorden constituye otra de las libertades, otro de los misterios del ámbito doméstico, así como una de las más notorias elipsis del paisaje urbano. La curiosa distribución y diferente significación de los "espacios desordenados", su presencia y ausencia en el seno de la novela decimonónica merece la importante observación de que ese caos que el escritor realista no admite nunca en la calle (recuérdese cómo toda manifestación potencialmente desorganizada —muchedumbre, laberinto urbano— se somete, obligadamente, a un principio estructurador), está, no obstante, permitido en el entorno doméstico y se justifica, las más de las veces, con la presencia femenina. Ello no significa, sin embargo, que quede exento de un enjuiciamiento de orden moral. Basta que el responsable de ese desorden, de esa caprichosa acumulación de objetos (y de comportamientos) sea —como suele, de hecho, ocurrir— un personaje femenino para que sobre éste caiga, fulminante, la mirada acusadora del narrador. El ejemplo más representativo, seguramente, en la historia del realismo europeo es el del personaje de Rosalía, en *La de Bringas,* que, en palabras del narrador, se encuentra, con alarmante asiduidad, "bajo la acción intoxicante de una embriaguez de trapos" (104):

Había allí como unas veinticuatro varas de Mozambique, del de a dos pesetas vara, a cuadros, bonita y vaporosa tela que la Piapón, en sueños, veía todas las noches sobre sus carnes. La enorme tira de trapo se arrastraba por la habitación, se encaramaba a las sillas, se colgaba de los brazos del sofá y se extendía en el suelo, para ser dividida en pedazos por la tijera de la oficiala, que, de rodillas, consultaba con patrones de papel antes de cortar. Tiras y recortes de glasé, de las más extrañas secciones geométricas, cortados al bies, veíanse sobre el baúl, esperando la mano hábil que los combinase con el Mozambique. Trozos de brillante raso, de colores vivos, eran los toques calientes, aún no salidos de la paleta, que el bueno de Bringas vio diseminados por toda la pieza, entre mal enroscadas cintas y fragmentos de encaje. Las dos mujeres no podían andar por allí sin que sus faldas se enredaran en el Mozambique y en unas veinte varas de poplín azul marino que se había caído de una silla y se entrelazaba con las cintas de foulard. De aquel bonito desorden salía ese olor especialísimo de tienda de ropas, mezclado con los del papel y la madera de los embalajes [120].

La afición a los trapos, lejos de ser inofensiva, tendrá funestas consecuencias en el orden moral y económico de la familia Bringas. El "caos textil" acabará con los exiguos ahorros de don Víctor, y Rosalía se convertirá, como sus retales, en materia comprable, en víctima definitiva de lo que Montesinos tildó de "locura crematística": "Desde el principio todo es en esta novela cuestión de dinero, de comprar y pagar o no poder pagar. [...] En el contexto de la evolución del problema monetario de Rosalía y de su voluntad de "emanciparse" o liberarse, ¿puede haber un término mejor que "venderse" (sin venderse) para expresar la relación que piensa establecer con Pez?" (Blanco Aguinaga, 38).

El desorden (físico y moral) de Rosalía contrasta violentamente con la pedante meticulosidad de don Víctor y con el fastidioso esmero que éste pone en la administración de su modesta renta. Sin embargo, el personaje que nos ocupa no saldrá bien parado de la comparación. El amor de don Víctor al orden es un síntoma más de la chata mezquindad de su espíritu. Esa pobreza espiritual se refleja con particular agudeza y sarcasmo en el disparatado "cenotafio de pelo o en pelo, género de arte que tuvo cierta boga" (56) y del cual se resaltan (en tono indiscutiblemente irónico), amén de su carácter de "bella obra de arte", "la habilidad, paciencia y pulcritud" del "capilífice", la increíble sutileza del material empleado (a saber, el cabello humano), la ingeniosa ocurrencia de "hacer puntos de pelo, picando éste con tijeras hasta obtener cuerpecillos que parecían moléculas". "En las tintas muy finas —concluye el narrador— Bringas había extremado y sutilizado su arte hasta llegar a lo microscópico" (63-64). La detalladísima descripción de esa "obra del ingenio" (64), por fin, se cierra con una burlona exclamación admirativa: "¡Qué diablo de hombre! Habría sido capaz de hacer un rosario de granos de arena, si se pone a ello, o de reproducir la catedral de Toledo en una cáscara de avellana" (64).

La absurda miniatura de don Víctor no es, en el contexto de la novela, episodio aislado ni simple anécdota con la que ilustrar el carácter del "eximio artista" (64). Constituye, antes bien, una nueva gradación, un nuevo matiz en todo un proceso de miniaturización y trivialización de la realidad, particularmente de la realidad histórica y política por la que atraviesa la España decimonónica. Recordemos que el Palacio Real se presenta ya con aspiraciones a microcosmos, destinado a reproducir, en pequeño, una situación general, un espacio más amplio, a saber, la cartografía no sólo urbanística sino sobre todo social y moral de un Madrid que es corte y domicilio de la realeza. Pero la *mise en abîme* esta vez no se aplica con la sola intención de, mediante un espacio reducido, hacer abarcable y comprensible un entorno más vasto. El principal propósito es metaforizar "la frivolidad, la inmoralidad, la mediocridad" (Blanco Aguinaga, 18), la pequeñez, en definitiva, de una sociedad —la de la Restauración— "de la cual puede decirse, en términos generales, que funcionaba por su dedicación al culto de las apariencias" (Blanco Aguinaga, 25). Compárese este uso de la *mise en âbime* con ese otro mecanismo reductorio, con esa otra miniatura espacial contenida en *La Conquête de Plassans*. Aquí, el espacio exiguo e inofensivo del jardín se desborda —gracias a la violenta ambición del abate Faujas— en peligrosas ondas expansivas y actúa a modo de catapulta para la conquista de ese espacio más amplio —la ciudad de Plassans— al que sirve de símbolo y de condensación. El estrambótico cenotafio de don Víctor, en cambio, sugiere el movimiento opuesto. Con él, la voluntad de su hacedor se empequeñece, se "interioriza" y refugia en la regularidad de una existencia tan ordenada como mezquina. El movimiento, pues, no es ya de dentro afuera (del jardín a la ciudad) sino de fuera adentro (de la ciudad a los desabridos aposentos que el Palacio Real tiene reservados a sus más humildes funcionarios).

El desorden y caos del espacio y sus objetos (que, en la novela de Galdós, se materializa en el gabinete atestado de retales, cintas y demás artilugios de costura) se refleja con aguda nitidez en el comportamiento femenino. "Esa pasión mujeril [por los trapos] que hace en el mundo más estragos que las revoluciones" (94) merma también la inteligencia e integridad moral de Rosalía y le "desordena" la conducta. Una vez más, la novela decimonónica se sirve de una superposición sin resquicios de la mujer y de su espacio. Ambos se convierten en componentes narrativos intercambiables a los que —cuando en ellos se instaura el caos— tanto los personajes masculinos como el público lector se enfrentan siempre con sentimientos encontrados. Así, la descripción del *boudoir* de Rosanette, en *L'Éducation sentimentale*, refleja los sentimientos ambivalentes de Frédéric. Las infantiles ocupaciones domésticas de Rosanette, la caótica acumulación, transacción y trasiego de *bibelots* y fruslerías *("une foule de petits cadeaux, des écrans, des boîtes, des éventails")* [una gran cantidad de regalitos, pantallas, cajitas, abanicos] divierten al protagonista *("la maison [...] de Rosanette l'amusai")* [la casa de Rosanette le divertía], le fascinan pero, a la vez, le irritan y fustigan su sistema nervioso:

On venait le soir [a la maison de Rosanette], en sortant du club ou du spectacle; on prenait une tasse de thé, on faisait une partie de loto; le dimanche, on jouiait des charades; Rosanette, plus turbulente que les autres, se distinguait par des inventions drolatiques, comme de courir à quatre pattes, ou de s'affubler d'un bonnet de coton. Pour regarder les passants par la croisée, elle avait un chapeau de cuir bouilli; elle fumait des chibouques, elle chantait des tyroliennes. L'après-midi, par désœuvrement, elle découpait des fleurs dans un morceau de toile perse, les collait elle-même sur ses carreaux, barbouillait de fard ses deux petits chiens, faisait brûler des pastilles, ou se tirait la bonne aventure. Incapable de résister à une envie, elle s'engouait d'un bibelot qu'elle avait vu, n'en dormait pas, courait l'acheter, le troquait contre un autre, et gâchait les étoffes, pardait ses bijoux, gaspillait l'argent, aurait vendu sa chemise pour une loge d'avant-scéne. Souvent, elle demandait à Frédéric l'explication d'un mot qu'elle avait lu, mais n'écoutait pas sa réponse, car elle sautait vite à une autre idée, en multipliant les questions. Après des spasmes de gaieté, c'etaient des colères enfantines; ou bien elle rêvait, assise par terre, devant le feu, la tête basse et le genou dans ses deux mains, plus inerte qu'une couleuvre engourdie. Sans y prendre garde, elle s'habillait

devant lui, tirait avec lenteur ses bas de soie, puis se lavait à grande
eau le visage, en se renversant la taille comme une naïade qui frisso-
ne; et le rire de ses dents blanches, les étincelles de ses yeux, sa beauté,
sa gaieté eblouissaient Frédéric, et lui fouettaient les nerfs [165].

[Se iba (a casa de Rosanette) por la noche, al salir del club o del
teatro, a tomar una taza de té o a jugar una partida de lotería; los
domingos jugaban a las charadas; Rosanette, más turbulenta que
las demás, se distinguía por divertidas fantasías como la de correr
a gatas o encasquetarse un gorro de algodón. Para mirar a los transeúntes por la ventana se ponía un sombrero de cuero; fumaba
pipas turcas de largo tubo y cantaba canciones tirolesas. Durante
la tarde, y por aburrimiento, recortaba flores en una tela persa y las
pegaba ella misma sobre los cristales de las ventanas, embadurnaba
de cosméticos a sus dos perrillos, hacía quemar pastillas aromáticas
o se echaba la buenaventura. Incapaz de resistir a un capricho, se en-
tusiasmaba por cualquier chuchería que viera y no dormía hasta
que la hubiera comprado, para luego trocarla por otra, y malvendía
las telas, perdía sus joyas, despilfarraba el dinero y habría vendido
hasta la camisa por un palco de proscenio. A menudo pedía a
Frédéric que le explicara una palabra que había leído, pero no es-
cuchaba su respuesta, pues saltaba rápidamente de una idea a otra
y multiplicaba las preguntas. A los espasmos de alegría sucedían
los infantiles ataques de cólera, o bien se sumía en una ensoñación, sentada en el suelo, ante el fuego, con la cabeza baja y la
rodilla en sus dos manos, más inerte que una culebra dormida.
Despreocupadamente se vestía ante él, estiraba con lentitud sus
medias de seda, se lavaba la cara a chapuzones y enarcaba el cuerpo
como una náyade estremecida; y la risa de sus dientes blancos, sus
chispeantes ojos, su belleza, su alegría, deslumbraban a Frédéric,
y le flagelaban los nervios (206-207).][20]

[20] Traducción de Miguel Salabert.

Ante la alegría infantil y las alocadas expansiones de Rosanette destacan, en la novela, la melancolía, la dulce serenidad de Mme. Arnoux, la "tranquila majestad" de sus movimientos, la sobriedad del decorado. El narrador tan sólo menciona el piano, la labor de costura, las tijeras que Frédéric alcanza a Marie, frente a las telas, las joyas, las enaguas de seda, los extravagantes sombreros de Rosanette. Las dos mujeres y sus distintos ritmos vitales son, en la vida de Frédéric, dos melodías que se mezclan y funden en una sola composición musical: *"La fréquentation de ces deux femmes faisait dans sa vie comme deux musiques: L'une folâtre, emportée, divertissante, l'autre grave et presque religieuse; et, vibrant à la fois, elles augmentaient toujours, et peu à peu se mêlaient"* [La frecuentación de esas dos mujeres ponía en su vida como dos músicas: una retozona, divertida y llena de movimiento, la otra grave y casi religiosa: ambas vibraban a la vez, aumentaban y poco a poco se mezclaban (207)] (166).[21] De las dos músicas, la primera, la "profana", se tiñe, ya desde el comienzo de la novela, de un claro matiz peyorativo y en ella resuena la denuncia moral. Pero no solamente la vida desordenada de Rosanette y sus caóticos espacios se convierten, para Frédéric, en experiencia decepcionante. La propia Mme. Arnoux, en uno de los capítulos finales, se revela como misterio vacío, como melodía incoherente y de profundidades falsas, como laberinto que no lleva a ninguna parte:

Cependant, il avait découvert dans son cabinet de toilette la miniature d'un monsieur à longues moustaches: était-ce le même sur lequel on lui avait conté autrefois une vague histoire de suicide? Mais il n'existait aucun moyen d'en savoir davantage! A quoi bon, du

[21] Traducción de Miguel Salabert.

reste? Les coeurs des femmes sont comme ces petits meubles à secret,
pleins de tiroirs emboîtés les uns dans les autres; on se donne du mal,
on se casse les ongles, et on trouve au fond quelque fleur desséchée, des
brins de poussière-ou le vide! [420].

[Había descubierto, sin embargo, en su tocador la miniatura de
un caballero con grandes bigotes; ¿sería el mismo de quien hacía
tiempo le habían contado una vaga historia de suicidio? ¡Pero no
había medio de saber más! ¿Y para qué? Los corazones de las mujeres son como esos pequeños muebles secretos, llenos de cajon-
citos dentro unos de otros, que uno se esfuerza por abrir a costa
de romperse las uñas, para no hallar sino una flor seca, unas mo-
tas de polvo o el vacío (496).][22]

El desorden femenino posee, pues, en la novela decimonónica, el infalible poder de provocar un profundo desasosiego en los
personajes masculinos. Los sentimientos de Frédéric ante el carácter y el espacio de Rosanette podrían expresarse con la deso-
lada exclamación de don Víctor ("pero, mujer ¿qué es esto?"
[120]) ante el caos "trapístico" en el gabinete de Rosalía. El orden
femenino, por el contrario, ejerce sobre los personajes masculinos un efecto apaciguador. Charles, en *Madame Bovary*, del
mismo modo que Frédéric en *L'Éducation sentimentale*, gusta de
soñar con esos momentos de armonía y "felicidad" domésticas:

Il se levait. Elle se mettait à la fenêtre pour le voir partir; et elle res-
tait accoudée sur le bord, entre deux pots de géraniums, vêtue de son
peignoir, qui était lâche autour d'elle. Charles, dans la rue, bouclait
ses éperons sur la borne; et elle continuait à lui parler en haut. [...]
Charles, à cheval, lui envoyait un baiser; elle répondait par un signe,

[22] Traducción de Miguel Salabert.

elle refermait la fenêtre, il partait. Et alors, sur la grande route qui étendait sans finir son long ruban de poussière, par les chemins creux où les arbres se courbaient en berceaux, dans les sentiers dont les blés lui montaient jusqu'aux genoux, avec le soleil sur ses épaules et l'air du matin à ses narines, le cœur plein des félicités de la nuit, l'esprit tranquille, la chair contente, il s'en allait ruminant son bonheur, comme ceux quie mâchent encore, après dîner, le goût des truffes qu'ils digèrent [68].

[Levantábase; ella se dirigía a la ventana para verle marchar, permaneciendo allí, acodada en el alféizar, entre dos macetas de geranios y envuelta en su holgado peinador. Charles, ya en la calle, se calzaba las espuelas en el guardacantón, en tanto que Emma continuaba hablándole desde arriba. Carlos, a caballo ya, le enviaba un beso; respondía ella con un ademán, cerraba la ventana y él partía. Y entonces, por las carreteras que se extendían interminablemente como largas y polvorientas cintas, por los profundos caminos de curvados árboles, por los senderos con trigales que le llegaban hasta las rodillas, bajo la caricia del sol y aspirando la brisa mañanera, lleno el corazón de los nocturnos placeres, calmado el espíritu, satisfecha la carne, caminaba rumiando su felicidad, al modo de aquellos que, después de comer, paladean aún el gusto de las trufas que están digiriendo (29-30).][23]

He aquí otro ejemplo, tomado esta vez de *Effi Briest*, novela de Fontane que ahonda —como *Anna Karenina*, *La Regenta*, *Madame Bovary* y *O Primo Basilio*— en el adulterio femenino: "*Instetten, unbefangen und heiter, schien sich seines häuslichen Glücks zu freuen und beschäftigte sich viel mit dem Kinde. [...] Auch Effi sprach viel und lachte viel, aber es kam ihr nicht aus innerster Seele. Sie fühlte sich bedrückt und wusste nur nicht,*

[23] Traductor desconocido.

wen sie dafür verantwortlich machen sollte, Innstetten oder sich selber" [Innstetten, sereno y eufórico, parecía satisfecho de su felicidad doméstica, y consagraba muchos ratos a estar con la niña. También Effi hablaba y reía mucho, pero ello no le salía de lo más hondo del alma. Se sentía agobiada y no sabía a quién hacer responsable de su agobio, si a Instetten o a sí misma (187)].[24] Y es que, en la novela decimonónica, ese orden y esa felicidad suelen ser engañosos. Tras la armonía aparente anida el "enigma" de la insatisfacción femenina, ese misterio que obliga a Charles Bovary a consolarse con el famoso *"C'est la faute de la fatalité"*, que lleva a Gert Innstetten a repudiar a su mujer y que arranca de Frédéric Moreau la desengañada comparación del corazón de la mujer con ese mueble que es desilusionante galimatías de cajones vacíos.

Pero tanto éste como el *boudoir* atestado de *bibelots,* que sirve de escenario al caprichoso comportamiento femenino, guardan poca relación con ese otro laberinto, ese otro desordenado universo de objetos de vario origen retratado en *La Peau de Chagrin.* El almacén de antigüedades de la *rive gauche* es caos sólo en apariencia, y bastan unas sencillas instrucciones para que pierda su aspecto laberíntico: *"Nous n'avons pas en bas que des choses assez ordinaires; mais si vous voulez prendre la peine de monter au premier étage, je pourrai vous montrer de fort belles momies du Caire, plusieurs poteries incrustées, quelques ébènes sculptés"* [En los pisos bajos no tenemos más que objetos bastante corrientes, pero si se quiere tomar la molestia de subir a la primera planta, le podría mostrar las más hermosas momias de El Cairo, muchas cerámicas incrustadas, algunas esculturas de ébano] (12). La ascensión continúa hasta el tercer

---

[24] Traducción de Pablo Sorozábal Serrano.

piso y con ella aumenta también el valor artístico de los objetos almacenados. Como observa Ayoun (1990),

le parcours de la boutique est lui-même symbolique. Au lieu de mon-
ter directement vers les galeries supérieures où sont conservées des
œuvres d'art d'une haute spiritualité, Raphaël se laisse étourdir par
les objets de faible valeur entassés dans le pièces du bas: arrivé dans
la dernière salle, il est donc prêt à accepter le pacte avec la Peau,
pacte qui lui permettra d'acquérir toutes les richesses matérielles par
les-quelles il a été ébloui. La figure du Christ peint par Raphaël
d'Urbino sur le tableau qui fait face à la Peau se révèle incapable de
le détourner de celle-ci [73].

[El recorrido de la tienda es, ya de por sí, simbólico. En vez de
ascender directamente hasta las galerías superiores donde se conservan las obras de arte de mayor espiritualidad, Rafael se deja
aturdir por los objetos de escaso valor amontonados en las piezas
del sótano: alcanzada la última sala, está dispuesto a aceptar el
pacto con la Piel, pacto que le permitirá adquirir todas esas riquezas materiales que tanto lo fascinan. La figura de Cristo pintada
por Rafael de Urbino sobre el lienzo colocado frente a la Piel se
revela incapaz de hacerle olvidar ésta.]

La organización jerárquica de los objetos y su simbólica disposición ascendente desmienten la primera sensación de caos
que produce el almacén de antigüedades. Pero la simbología
de este espacio "desordenado" va aún más lejos. Al fin y al cabo,
es entorno en el que se refleja con rara nitidez la existencia del
protagonista y que está, por tanto, regido por las circunstancias de su trayectoria vital. Tres años de su vida, pertenecientes
ya a un pasado, dedicó Raphaël al ejercicio intelectual y a la
redacción de un denso tratado filosófico intitulado sintomáti-

camente *La Théorie de la volonté*. Estos tres años de espiritualidad pretérita reverberan aún en las obras de arte que ocupan
la tercera planta. Sin embargo, la elección del protagonista, la
Piel de zapa, lo devuelven al primer piso, lugar en el que se
amontonan bienes puramente materiales, carentes de todo valor
artístico. El presente y el futuro en la vida del protagonista estarán dominados por esa materialidad, por el vivo deseo de las
cosas, de la adquisición de riquezas y de placeres. Desde el instante funesto del pacto, Raphaël renuncia al ejercicio de la voluntad: las riendas de su propia existencia se le escurren de las
manos. No obstante, hay un momento en que el almacén de
antigüedades se transforma en símbolo poderoso, no tanto
de la realidad verdadera, como de una realidad "alternativa": la de
una existencia que anhela resucitar del pasado y quiere nuevamente someterse con humildad a la voluntariosa imaginación
de su dueño: *"Cet océan de meubles, d'inventions, de modes,*
d'œuvres, de ruines, lui composait un poème sans fin. Formes,
couleurs, pensées, tout revivait là; mais rien de complet ne s'offrait
à l'âme. Le poète devait achever les croquis du grand peintre qui
avait fait cette immense palette où les innombrables accidents de
la vie humaine étaient jetés à profusion, avec dédain" [Aquel
océano de muebles, de invenciones, de modas, de obras, de
ruinas, le sugería un poema interminable. Formas, colores,
pensamientos, todo revivía allí; sin embargo, nada completo
se ofrecía al alma. El poeta debía acabar el esbozo del gran pintor que había diseñado esa inmensa paleta donde los innumerables accidentes de la existencia humana habían sido lanzados
con profusión, pero también con desprecio] (15). En el gigantesco almacén de antigüedades no solamente se materializa la
trayectoria vital elegida por el protagonista con la adquisición
de la piel de zapa (a saber, la de la materia, la del deseo tirá-

nico), sino también esa otra posible existencia (la del espíritu, la de la libre voluntad, representada en el Cristo) a la que renuncia y de la que sería "coautor": *Le poète devait achever les croquis du gran peintre…"* [El poeta debía acabar los esbozos del gran pintor].

Una almoneda que resume y simboliza vidas y sus alternativas, que habla del deseo y lo opone a la voluntad, que condena a ésta al fracaso y le concede a aquél la victoria, que, en definitiva, le narra al lector toda una historia, no puede contener el caos, sino tan sólo darle apariencia de desorden. El orden, en efecto, se restablece automáticamente ante la presencia de dos severos conjuntos de normas, a saber: el que rige la trayectoria y destino de una vida, y el que regula el transcurso de una narración. El desorden femenino, por el contrario, simboliza sólo una existencia, la actual (antes que una existencia, pues, tan sólo un momento dentro de ella, el instante presente, sin pasado y sin futuro) para la que no hay otras opciones. Mucho menos, propone el ejercicio de la voluntad como alternativa al sometimiento al deseo (en este caso, no propio, sino ajeno: el deseo del hombre). El desorden femenino, pues, es, en el ámbito de la novela decimonónica, el único desorden verdadero (sin leyes, caprichoso, desbordante, "misterioso"), así como el único desorden posible —puesto que no constituye nunca una verdadera amenaza ni una sorpresa— en la narrativa del siglo XIX. La irreflexión, la inconsistencia *("das bewegliche Gemüt"* [el ánimo cambiante] [98]) de Effi, los pasajeros fervores místicos de Ana, los súbitos cambios de humor de Rosanette son rasgos estereotípicos e inofensivos, por lo que tienen de previsibles, que la tradición atribuye a la mujer y que, en la ficción realista, se extienden aun a los espacios presuntamente ordenados. En las novelas que hemos comentado, la felicidad doméstica, la ordenada vida familiar anuncia —con la certeza del cliché, con la infalibilidad de lo ya conocido y leído— el desorden moral y la tragedia.

El desorden masculino, en cambio, es, en el seno de la ficción decimonónica, tan impensable y tan "peligroso" como el laberinto urbano de la ficción contemporánea. Y es que en el caso de la novela realista, la tradición atribuye al personaje masculino consistencia moral, firmeza y coherencia en su comportamiento, amén de obsequiarle con una existencia "redonda" y no "plana", a la que la cronología dota de profundidad y la cual se va moldeando según las leyes de la voluntad o del deseo. Bajo el desorden moral, pues, de la existencia de Raphäel y de ese otro orden físico de la almoneda en *La Peau de Chagrin,* late un firme principio estructurador. Puede ocurrir, no obstante, que del orden, de la masculina afición a la exacta regulación de la existencia, se haga despiadada burla. Comparado con el mezquino y metódico espectáculo diario de la tacañería de don Víctor, de su pequeñez de ánimo y falta de imaginación (defectos todos ellos que se materializan en la risible "obra en pelo") casi se hace simpático al lector el desaforado derroche de Rosalía y su exaltada pasión textil. Otras veces, la burla da paso a la más sombría denuncia. La febril fantasía de Effi, sus temores de mujer aún niña son utilizados por Innstetten —gran defensor del orden, como se señala frecuente y explícitamente a lo largo de la novela— a modo de eficaces instrumentos de control y de regulación moral. Effi cree vivir en una casa encantada y visitada por los espíritus, y Geert, lejos de desmentir tal creencia y devolverle el sosiego, simula ser víctima también de la misma superstición. La siguiente cita se hace eco de la censura del narrador ante la vacía arrogancia y calculadora crueldad de Innstetten, así como de la simpatía y compasión que, sin embargo, le inspira Effi:

Dass Innstetten sich seinen Spuk parat hielt, um nicht ein ganz
gewöhnliches Haus zu bewohnen, das mochte hingehen, das stimm-
te zu seinem Hange, sich von der grossen Menge zu unterscheiden;
aber das andere, dass er den Spuk als Erziehungsmittel brauchte, das
war doch arg und beinahe beleidigend. Und "Erziehungsmittel",
darüber war sie sich klar, sagte nur die kleinere Hälfte; was Crampas
gemeint hatte, war viel, viel mehr, war eine Art Angstapparat aus
Kalkül. Es fehlte jede Herzensgüte darin und grenzte schon fast an
Grausamkeit. Das Blut stieg ihr zu Kopf, und sie ballte ihre kleine
Hand und wollte Pläne schmieden [150].

[El que Innstetten estuviera presto a servirse de su fantasma para
no habitar en una casa demasiado corriente, podía pasar, era algo
que respondía a su proclividad a diferenciarse de la muchedumbre;
pero lo otro, el que utilizara el fantasma como método educativo,
resultaba verdaderamente grave, poco menos que una ofensa.
Además, aquello de "medio de educación" (a tal respecto Effi
estaba muy segura) no llegaba a explicar ni de lejos el asunto; lo
que Crampas había querido significar era más, mucho más, era
una especie de aparato intimidatorio movido por el cálculo. En
semejante cosa faltaba toda bondad de corazón, rayaba casi en la
crueldad. La sangre se le subió a la cabeza, se le crisparon sus
pequeños puños y se puso a forjar planes (171).][25]

EL ESPACIO DOMÉSTICO Y EL TIEMPO: INFANCIA Y ESPERA EN "LA CURÉE" Y EN "THE MILL ON THE FLOSS"

De la misma forma que hay, en la narrativa decimonónica, espacios "pasivos" (aquellos que crea la ensoñación femenina:

[25] Traducción de Pablo Sorozábal Serrano.

movimiento de dentro afuera) y espacios "activos" (los engendrados por la fantasía masculina: trayectoria de fuera adentro), hay también un tiempo estático (materializado en la espera y en el recuerdo como actividades típicamente femeninas) y un tiempo que, desde el punto de vista de la narración y su progreso, ha de considerarse dinámico. En este último caso, el espacio doméstico se convierte en indicador temporal de la novela. Así, un mismo interior, al aparecer varias veces a lo largo del transcurso narrativo, señala, con sutiles transformaciones, el paso del tiempo. No pocas veces, es indicador igualmente de la evolución psicológica de un personaje, de la dirección que toman, a lo largo del texto fictivo, circunstancias y sentimientos. Ello se manifiesta sobre todo en aquellas novelas que pretenden retratar la trayectoria de una vida. En *L'Éducation sentimentale,* el aprendizaje del protagonista no depende, como ya señalamos, del descubrimiento de nuevos espacios, sino del regreso obsesivo al domicilio de la mujer amada. Los objetos y los espacios (se trata, casi sin excepción, de espacios interiores), pero también ciertos personajes se supeditan al protagonista y se convierten en eficaces termómetros de su temperatura afectiva. Es el caso de los aposentos de Mme. Arnoux y de la propia Marie en *L'Éducation sentimentale.* Ésta, por otra parte, habita, como ocurre también con Emma Bovary y con Ana Ozores (así como con otras muchas heroínas de la novela decimonónica), un espacio doméstico que es mudo escenario de la espera. *"Le jour où le Dr. Canivet doit amputer la jambe d'Hippolyte* —observa Czyba a propósito de *Madame Bovary*—, *Mme Tuvache, la femme du maire, ne bouge pas de la fenêtre, 'par imatience où elle était de voir venir l'operateur'. Cette position clef résume la situation des femmes, réduites à 'attendre' un événement, si minime soit-il"* [El día en que el Dr. Canivet debía amputar la pierna de

Hipólito, Mme. Tuvache, la mujer del alcalde, no se movió de la ventana, llevada "por la impaciencia de ver llegar al cirujano". Esta posición clave resume la situación de las mujeres, reducidas a esperar la llegada de los acontecimientos, por intrascendentes que éstos sean] (78). El presente ejemplo, no obstante, dota de un acento de trivialidad a un patrón de comportamiento que en la narrativa que nos ocupa suele obedecer a causas más profundas. La mirada de la mujer que espera habla con frecuencia de melancolías y vaguedades, del deseo y de la imposibilidad de un cambio en su monótona existencia. Ese cambio se hace depender, las más de las veces, bien de la aparición de la figura masculina, bien de la esperanzadora promesa de un viaje a lejanos lugares. No es tampoco infrecuente que ambos conceptos —viaje e idilio— se vuelvan, en ese contexto, en ese espacio de la espera, en términos intercambiables y que incluso compartan en el texto las mismas páginas. Recordemos que Eugénie Grandet —ilustre prototipo de la mujer que aguarda— se entretiene con las imaginarias travesías que sugiere el mapamundi. Effi Briest, desde la angosta prisión de su matrimonio y de su casa, contempla con irreprimible nostalgia el paso del tren: *"Ich sehe so gern Züge…"* [Me encanta ver pasar los trenes] (97), le confiesa a Innstetten. Emma Bovary, finalmente, desde cárcel muy parecida, sigue con el dedo las calles y bulevares dibujados en un mapa de París: *"Elle s'acheta un plan de Paris, et, du bout de son doigt, sur la carte, elle faisait des courses dans la capitale. Elle remontait les boulevards, s'arrêtant à chaque angle, entre les lignes des rues, devant les carrés blancs que figurent les maisons"* [Se compró un plano de París, y sobre él con la punta del dedo, hacía correrías por la capital. Subía por los bulevares, deteniéndose en todos los ángulos, en las líneas que simulan las calles y en los cuadraditos que representan los edificios (53)] (92).[26] Pero nótese, sobre todo, que la repentina afición a los viajes y a la lejanía va acompañada de esa otra arriesgada aventura que son los amores ilícitos. Eugénie se encapricha con el mapamundi porque éste le "acerca" a su primo; el tren, en *Effi Briest*, es siempre imagen maléfica, que anuncia, o recuerda, el adulterio; Flaubert, finalmente, "junta" con fina maestría dos símbolos: la pitillera de seda verde del vizconde casi se solapa, en el texto, con el callejero que compra Emma Bovary.

El instante y el espacio de la espera femenina constituyen el cronotopo en el que suelen converger dos viajes. En primer lugar, un viaje "hacia delante", que proyecta la imaginación hacia lejanías desconocidas e imposibles. Por esa razón, los sueños geográficos y expansivos de Emma Bovary acaban siempre diluyéndose: *"La nuit, quand les mareyeurs, dans leurs charrettes, passaient sous ses fenêtres en chantant la 'Marjolaine', elle s'eveillait; [...] Et elle les suivait dans sa pensée, montant et descendant les côtes, traversant les villages, filant sur la grande route à la clarté des étoiles. Au bout d'une distance indéterminée, il se trouvait toujours une place confuse où expirait son rêve"* [Llegada la noche, cuando los pescaderos, en sus carretas, pasaban cantando bajo sus ventanas, se despertaba. Y les seguía con la imaginación, subiendo y bajando cuestas, atravesando pueblos, marchando por los caminos a la luz de las estrellas. Tras de recorrer una distancia determinada, al final de su sueño, se encontraba siempre en una plaza vagarosa (53)] (91).[27] Y, en segundo lugar, un viaje "hacia atrás" que invariablemente desemboca en la infancia (ese espacio irrecuperable) y se detiene amorosamente en todos sus rincones. Los dos viajes se pare-

---

[26] Traductor desconocido.
[27] Traductor desconocido.

cen: ambos son estériles, ya que no conducen a ninguna parte. En ambos, el tiempo se paraliza. Pero además, los dos extremos espaciotemporales (el pasado, el futuro) se tocan, porque eluden el presente. Al fin y al cabo, sólo la infancia contiene el germen de esas existencias posibles con las que todavía se sueña y que el presente, con su chato prosaísmo, con la angostura de sus horizontes, siempre destruye. Ello explica que las páginas dedicadas a los recuerdos de infancia sean páginas de rara intensidad poética y de gran concentración simbólica. Entre los novelistas del siglo XIX, Zola y Clarín son probablemente los que han demostrado mayor talento y una veta lírica más pronunciada en la representación de la infancia y la magia de sus espacios. A la infancia de Ana Ozores, tan indisolublemente vinculada a la naturaleza, ya nos referimos en otro capítulo, y mencionamos igualmente ese otro paraíso natural del Paradou, en *La Faute de l'abbé Mouret*, habitado por la mujerniña. Pero con *La Curée*, el novelista francés ha sabido diseñar, además de una infancia campestre y firmemente enraizada a la tierra, una infancia urbana y volandera que, rodeada de tiestos de flores y de jaulas de pájaros, se llena los pulmones del aire de París y bebe con la vista el caprichoso paisaje de sus tejados y, muy abajo, la banda plateada del Sena, *"la rivière vivante"*:

Mais dans cette maison morte, dans ce cloître, il y avait un nid chaud et vibrant, un trou de soleil et de gaieté, un coin d'adorable enfance, de grand air, de lumière large. Il fallait monter une foule de petits escaliers, filer le long de dix à douze corridors, redescendre, remonter encore, faire un véritable voyage, et l'on arrivait enfin à une vaste chambre, à une sorte de belvédère bâti sur le toit, derrière l'hôtel, au-dessus du quai de Béthune. Elle était en plein midi. La fenêtre s'ouvrait si grande, que le ciel, avec tous ses rayons, tout son air, tout son bleu, semblait y entrer. Perchée comme un pigeonnier, elle avait de longues caisses de fleurs, une immense volière, et pas un meuble. On avait simplement etalé une natte sur le carreau. C'etait la "chambre des enfants". Dans tout l'hôtel, on la conaissait, on la désignait sous ce nom. La maison était si froide, la cour si humide, que la tante Elisabeth avait redouté pour Christine et Renée ce souffle frais qui tombait des murs. [...] Alors, l'idée lui était venue de faire disposer pour elles ce grenier perdu, le seul coin où le soleil entrât et se réjouît, solitaire, depuis tantôt deux siècles, au milieu des toiles d'araignée. Elle leur donna une natte, des oiseaux, des fleurs. Les gamines furent enthousisasmées. Pendant les vacances, Renée vivait là, dans le bain jaune de ce bon soleil, qui semblait heureux de la toilette qu'on avait faite à sa retraite et des deux têtes blondes qu'on lui envoyait. La chambre devint un paradis, toute résonante du chant des oiseaux et du babil des petites. [...] Et la grande joie de la chambre des enfants était encore le vaste horizon [401-402].

[Pero, en esa casa muerta, en ese claustro, había un nido cálido y vibrante, un hueco de sol y alegría, un rincón adorable de infancia, de aire libre, de ancha luz. Había que subir una cantidad de pequeñas escaleras, deslizarse a lo largo de diez o doce corredores, volver a bajar, subir de nuevo, hacer un verdadero viaje, y se llegaba por fin a una vasta habitación, a una especie de mirador edificado sobre el techo, detrás del hotel, encima del muelle de Béthune. Era pleno mediodía. La ventana se abría tan grande que el cielo, con todos sus rayos, todo su aire, todo su azul, parecía entrar en ella. Colgada como un palomar, tenía largas macetas de flores, una inmensa pajarera y ningún mueble. Simplemente habían extendido una estera sobre las baldosas. Era la "pieza de los niños". En todo el hotel se la conocía y designaba con este nombre. La casa era tan fría, el patio tan húmedo, que la tía Isabel había temido ese aire fresco que caía de las paredes, por Cristina y Renée; muchas veces, había retado a las chiquillas que corrían bajo las arcadas y que sentían placer en mojar sus pequeños brazos en el agua helada de la fuente. Entonces, había tenido la idea de disponer para ellas ese granero perdido, el único rincón donde entraba el sol y se regocijaba solitario, desde hacía dos siglos en medio de las telas de araña. Les dio una estera, pájaros, flores. Las pequeñas quedaron entusiasmadas. Durante las vacaciones, Renée vivía allí en el baño amarillo de ese buen sol que parecía dichoso del arreglo que habían dado a su refugio y de las dos cabezas rubias que veía en él. La pieza se convirtió en un paraíso todo sonoro por el canto de los pájaros y la charla de las pequeñas. Y la gran alegría de la pieza de las niñas era también el vasto horizonte (81-82).][28]

Importa notar que el espacio de la infancia, sobre todo cuando es descrito con esa sensualidad, con ese intenso lirismo, no sólo permanece en la memoria de la protagonista, sino que se afinca con igual firmeza en la imaginación del lector. El palomar ebrio de sol que resuena con el canto de los pájaros y el timbre de las voces infantiles se convierte en obligado punto de referencia espacial, tanto para el lector como para Renée y su presente. Los paralelismos, la lejana familiaridad de ciertos espacios, por otra parte, sirven de hilo conductor. Con ellos, la novela crea una compleja retórica espacial. Así, el dorado de los cabellos infantiles, la amarilla lluvia de los rayos del sol, reverberan en esa "sinfonía en amarillo menor" del salón favorito de Renée, una Renée ya adulta y convertida en gran dama:

Il y avait, à l'autre extrémité de la galerie [...] une pièce ronde dont on avait fait un adorable petit salon. Ce salon, avec ses tentures, ses rideaux et ses portières de satin bouton d'or, avait un charme volup-

[28] Traducción de Fina Wharshaver.

tueux, d'une saveur originale et exquise. Les clartés du lustre, très
délicatement fouillé, chantaient une symphonie en jaune mineur, au
milieu de toutes ces étoffes couleur de soleil. C'etait comme un ruis-
sellement de rayons adoucis, un coucher d'astre s'endormant sur une
nappe de blés mûrs. A terre la lumière se mourait sur un tapis
d'Aubusson semé de feuilles sèches. Un piano d'ébène marqueté d'i-
voire, deux petits meubles dont les glaces laissaient voir un monde de
bibelots, une table Louis XVI, une console jardinière surmontée
d'une enorme gerbe de fleurs, sufisaient à meubler la pièce. Les cau-
seuses, les fauteuils, les poufs, étaient recouverts de satin bouton d'or
capitonné, coupé par de larges bandes de satin noir brodé de tulipes
voyantes. Et il y avait encore des sièges bas, de sièges volants, toutes
les variétés élégantes et bizarres du tabouret. On ne voyait pas le bois
de ces meubles; le satin, le capiton couvrait tout. [...] Renée aimat
ce petit salon, dont une des portes-fenêtres s'ouvrait sur la magnifi-
que serre chaude scellée au flanc de l'hôtel. Dans la journée, elle y
passait ses heures d'oisiveté. Les tentures jaunes, au lieu d'éteindre sa
chevelure pâle, la doraient de flammes étranges; sa tête se détachait
au milieu d'une lueur d'aurore, toute rose et blanche, comme celle
d'une Diane blonde s'eveillant dans la lumière du matin; et c'était
pourquoi, sans doute, elle aimait cette pièce qui mettait sa beauté en
relief [350-351].

[Al otro extremo de la galería, había una pieza redonda, forman-
do pareja con la sala de fumar, en la cual habían instalado un adorable saloncito. Este salón, con sus colgaduras, sus cortinados y
sus portezuelas de satín botón de oro, tenía un encanto voluptuoso, un sabor original y exquisito. Los fulgores de la araña muy
delicadamente pulida, cantaban una sinfonía en amarillo menor
en medio de todas esas telas color de sol. Era como un destilar de
rayos suaves, la puesta de un astro durmiéndose en una napa de tri-
gos maduros. En el suelo, la luz moría sobre una alfombra de
Aubusson sembrada de hojas secas. Un piano de ébano incrusta-

do de marfil, dos pequeños muebles cuyos vidrios dejaban ver un mundo de *bibelots,* una mesa Luis XVI, una consola jardinera cubierta por un enorme ramo de flores, bastaban como moblaje de la habitación. Los confidentes, los sillones, los *pufs,* estaban recubiertos de satín botón de oro acolchado cortado por anchas franjas de satín negro bordeado por tulipanes vistosos. Y había aun sillas bajas, sillas volantes, todas las variedades elegantes y raras del taburete. No se veía la madera de esos muebles; el satín, el acolchado, los cubrían por entero. Renée amaba el saloncito, una de cuyas vidrieras se abría sobre el magnífico invernadero adjunto al flanco del hotel. Durante el día, pasaba sus horas de ocio allí. Las colgaduras amarillas en lugar de apagar su cabellera pálida la doraban con extrañas llamaradas; su cabeza se destacaba en medio de un resplandor de aurora, toda rosa y blanca como la de una Diana rubia despertando en la luz del amanecer; y era por eso, sin duda, que amaba esa pieza que hacía resaltar su belleza (35-36).][29]

Sin embargo, y a pesar de la innegable similitud de los dos espacios, que se acercan el uno al otro gracias al poder igualador de los amarillos y los dorados, las diferencias son notables:

Del palomar, en primera instancia, sorprende la límpida austeridad de su interior (*"elle avait de longues caisses de fleurs, une immense volière, et pas une meuble"* [colgada como un palomar, tenía largos maceteros de flores, una inmensa pajarera y ningún mueble]). El saloncito, en cambio, produce el asombro con la riqueza y variedad de la decoración. El espacio de la infancia, simbólicamente desprovisto de muebles, ha de interpretarse como *tabula rasa,* como superficie aún no escrita, como existencia virgen que puede, todavía, soñar con todas las

[29] Traducción de Fina Wharshaver.

vidas. El *boudoir* repleto de muebles y de adornos, en cambio (y dada la irremediable "metonimia, en la novela decimonónica, del cuerpo y de la casa", como lo expresa Brüggemann [11]), representa una existencia femenina ya configurada y vivida. El mundo ya no se sueña, sino que se posee y, una vez poseído, el horizonte de la imaginación y de los sueños inevitablemente se cierra. Nótese que la puerta-ventana del saloncito da a la tupida vegetación del vivero, muro vegetal que devuelve la mirada hacia el interior. Los objetos, las actitudes todas, ciertamente, tienen esa virtud refractaria: los cortinajes amarillos doran la cabellera de Renée, el conjunto de la decoración pone de relieve su belleza. La protagonista, que es consciente de ello, emplea su ocio en contemplarse y en ver su imagen reflejada en los objetos que la rodean. Una vez más, la figura femenina y su espacio se funden en una sola entidad. El espacio de la infancia, a medida que deja paso a la adolescencia y a la madurez, se va angostando en estrechos círculos concéntricos y se acumulan, en el texto, los signos que lo evidencian: frente al amplísimo panorama de París (402-403), frente a la inmensidad del cielo *("avec tout ses rayons, tout son air, tout son bleu"* [con todos sus rayos, todo su aire, todo su azul]) destaca la angostura del *boudoir,* así como la ventana que se abre a otro espacio interior. El espacio vacío del palomar es sustituido por el espacio repleto del salón. Las paredes de la habitación infantil, que se erigen, transparentes, sobre la azotea, se hacen tupidas, se cubren de ropajes en el suntuoso palacio habitado por Renée. La alegre inconsciencia de la infancia, el olvido, en medio de los juegos, de uno mismo, se trueca en el desaforado narcisismo de la mujer adulta. El relato, la descripción se vuelven monotemáticos. El tema, ahora, es la belleza femenina, y todos los objetos, el espacio entero, hablan de ella.

Recordemos otra vez que el París descrito desde el palomar-infancia es tan rico en detalles, tan exacto en su minuciosidad, como lo será más tarde el *boudoir* de Renée, y que el exterior, en cambio, que se vislumbra desde la ventana del lujoso salón, parece tan vacío, en su verde uniformidad vegetal, como el cuarto infantil instalado en la azotea. Con este sencillo mecanismo espacial se metaforiza, por un lado, la libertad de la infancia, la pujanza todopoderosa de la imaginación, y por otro, el lento desvanecerse de los sueños. El ansia de posesión, la configuración, alrededor de la protagonista, de un universo material —representado en la profusión y riqueza de los objetos domésticos que invaden el salón, en ese *"monde de bibelots"*, como dice el narrador— convierten el espacio doméstico en cárcel y provocan en Renée el hastío y la añoranza del espacio libre del pasado, lleno tan sólo de aire y de sol.

"In writing the history of unfashionable families…" [Cuando se escribe la historia de familias que no están de moda…]. Así inicia George Eliot una de sus frases en *The Mill on the Floss*. El lector en seguida recuerda el famosísimo comienzo de *Anna Karenina*. *"For the happiest women, like the happiest nations, have no history"* [Porque las mujeres más dichosas, como las naciones más afortunadas, no tienen historia] es otra de las máximas que la gran autora británica inserta en las páginas de su novela. El lector, a esas alturas, ya sabe que Maggie, la protagonista, pertenece a una familia desgraciada, como la que Tolstoi retrata en su novela, y sabe también que el propio personaje femenino no ha sabido conquistar la felicidad (como tampoco la supo conquistar Anna) y que, por ello mismo, sí tiene historia. No obstante, como ocurre con sistemática frecuencia en la novela realista, esa infelicidad de la mujer adulta se apoya en el recuerdo obsesivo de una infancia dichosa. Y, al

igual que en *La Curée,* también en *The Mill on the Floss* la felicidad de los primeros años se condensa en una escena de fuerza epifánica.

*Maggie loved to linger in the great spaces of the mill, and often came
out with her black hair powdered to a soft whiteness that made her
dark eyes flash out with new fire. The resolute din, the unresting
motion of the great stones, giving her a dim delicious awe as at the
presence of an incontrollable force —the meal for ever pouring, pouring— the fine white powder softening all surfaces, and making the
very spider-nets look like fairy lace-work —the pure sweet scent of
the meal— all helped Maggie feel that the mill was a little world
apart from her outside everyday life* [41].

[A Maggie le gustaba demorarse en los extensos espacios del
molino, y muchas veces salía con su negra cabellera empolvada
con una suave blancura que hacía que sus ojos oscuros brillaran con
fuego nuevo. El enérgico estrépito, el movimiento incesante de las
grandes piedras de moler, que le inspiraban un temor apagado y
delicioso como ante la presencia de una fuerza incontrolable, la
harina, esparciéndose sin parar, esparciendo el polvo blanco y fi-
nísimo que suavizaba todas las superficies y hacía que las telas de
araña parecieran encajes salidos de un cuento de hadas, el aroma
puro y dulce de la harina, todo ello contribuía a que Maggie sin-
tiera que el molino era un pequeño universo apartado de su vida
cotidiana.]

A partir de aquí, a partir de ese pequeño mundo blanco de
harina y de una armonía no por mecánica (recuérdese el movimiento rítmico e incansable de las ruedas de moler) menos
perfecta, la edad adulta transcurre en un inútil esfuerzo por
recuperar algo de la magia, de la libertad perdidas. El espacio,
nuevamente, es el de la infancia, y el tiempo, otra vez, el de la

espera, la espera de que la realidad se ordene de nuevo con el orden inmaculado de los primeros años. En el caso de la protagonista de *The Mill on the Floss,* esta espera habrá de ser, en muchos sentidos, dinámica, como se demostrará más adelante. Pero antes, importa notar que lo que a los ojos del personaje infantil se presenta como redondo y armónico, contiene, para los adultos, todos los ingredientes del caos y del desorden. La historia de la infancia femenina, aunque se presenta adornada las más de las veces con un halo romántico, sabe ser también desapasionada y veraz. La propia Maggie sospechará en seguida que ese mundo, pequeño y perfecto, del molino, muy pronto ha de chocar con otras realidades adversas:

> *The spiders were especially a subject of speculation with her. She wondered if they had any relatives outside the mill, for in that case there must be a painful difficulty in their family intercourse —a fat and floury spider, accustomed to take his fly well dusted with meal, must suffer a little at a cousin's table where the fly was au naturel, and the lady-spiders must be mutually shocked at each other's appearance* [41].

[Las arañas, sobre todo, se convertían, para ella, en materia de especulación. Se preguntaba si tendrían familiares fuera del molino, porque en ese caso, las relaciones habían de ser necesariamente dolorosas y difíciles: una araña gorda y empolvada, acostumbrada a comerse su mosca bien cubierta de harina, sin duda tiene que sufrir un poco al sentarse a la mesa del primo, donde las moscas se sirven al natural. Las señoras arañas, por otra parte, seguro que se escandalizarían ante el aspecto de la otra.]

Las hipotéticas desavenencias entre las arañas reproducen, en pequeño, los conflictos que afectan a la propia Maggie: morena de piel, con los cabellos negrísimos, su madre y un amplio círculo de parientes, amigos y conocidos lamentan que no haya salido con el cutis blanco y los ojos claros de su familia. Maggie es "distinta", tanto por el tono de su epidermis como por la viveza de su inteligencia. Ambos rasgos, en una mujer, son amenazadores. También lo es el hecho de que Maggie juegue libremente junto al río, que se moje y se embadurne con el barro de las riveras. En pocas palabras: lo que para la protagonista constituye precisamente el orden, la armonía de una infancia despreocupada, aparece ante la severa mirada de los adultos como comportamiento censurable y desestabilizador.

La espera femenina, en la novela de George Eliot, se vuelve activa, impaciente. Por eso, una vez que el paso del tiempo y la incomprensión de los adultos desbaratan el orden mágico de la infancia, los esfuerzos de Maggie se dirigen, incansables, hacia su restablecimiento. El punto de partida, no obstante, es una realidad inapelable y poco prometedora, que se apoya con firmeza en la historia y en la tradición cultural y que la propia narradora se encarga de reseñar:

So it has been since the days of Hecuba, and of Hector, tamer of horses: inside the gates, the women with streaming hair and uplifted hands offering prayers, watching the world's combat from afar, filling their long, empty days with memories and fears; outside, the men, in fierce struggle with things divine and human, quenching memory in the stronger light of purpose, losing the sense of dread and even of wounds in the hurrying ardour of action [308].

[Así ha sido desde los días de Hécuba y de Héctor, domador de caballos: dentro, tras los muros, las mujeres de cabellos chorreantes levantando las manos mientras rezan, contemplando, desde lejos, la batalla del mundo, llenando las horas, vacías y larguísimas, con recuerdos y temores. Fuera, los hombres, enzarzándose en fiera lucha con las cosas divinas y humanas, ahogando todo recuerdo con la luz, más potente, de los propósitos y de las empresas, perdiendo el sentido del miedo y hasta de las heridas en el apresurado ardor de la acción.]

El cronotopo que acompaña a Maggie —la inevitable Hécuba de *The Mill on the Floss*— es el de la ventana. En sus cristales, en combinación siempre con algún elemento líquido (la lluvia, el agua del río, las lágrimas), se refleja tediosamente el tiempo de la espera, del recuerdo y de las ensoñaciones:

The sweet fresh garden-scent came through the open window, and the birds were busy flitting and alighting, gurgling and singing. Yet Maggie's eyes began to fill with tears. The sight of the old scenes had made the rush of memories so painful [...] Memory and imagination urged upon her a sense of privation too keen to let her taste what was offered in the transient present [370].

She sat without a candle in the twilight, with the window wide open towards the river; [...] Seated on a chair against the window, with her arm on the window-sill, she was looking blankly at the flowing river, swift with the backward-rushing tide-struggling to see still the sweet face [Lucy's] in its unreproaching sadness" [497-498].

All the next day she sat in her lonely room, with a window darkened by the cloud and the driving rain, thinking of that future, and wrestling for patience: for what repose could poor Maggie ever win except by wrestling? [501].

[El dulce y refrescante aroma del jardín se coló por la ventana abierta, entre el canto y el gorjeo de los pájaros. Los ojos de Maggie, empero, comenzaron a llenarse de lágrimas. La contemplación de los paisajes de antaño había hecho que los recuerdos acudieran dolorosamente a su memoria. Los recuerdos y la imaginación produjeron en ella una sensación de privación demasiado aguda como para permitirle disfrutar de lo que le brindaba un presente transitorio.

Permaneció sentada en la semioscuridad, sin la luz de una vela y con la ventana de par en par abierta sobre el río. Sentada en una silla frente a la ventana, con el brazo sobre el alféizar, contemplaba con mirada vacía el río fluyente y veloz, empujado por la marea que retrocedía, y se esforzaba por seguir viendo el dulce rostro de Lucy, bañado de una tristeza sin reproches.

Todo el día siguiente lo pasó en la soledad de su aposento, con la ventana oscurecida por las nubes y la lluvia, pensando en el futuro, y luchando por tener paciencia; porque, ¿qué reposo podía conquistar para sí la pobre Maggie, si no era luchando?]

Es importante señalar que, en los tres casos, la ventana se vuelve opaca y se transforma en una superficie refractaria. La mirada del personaje y de los lectores abandona los paisajes reales y se adentra en los espacios del alma. En la primera cita, los ojos de Maggie se llenan de lágrimas (hemos de suponer, pues, que la visión se hace borrosa) e, inmediatamente, la atención del personaje se desvía hacia los paisajes del recuerdo y de la memoria. En el segundo párrafo, la mirada se fija, ausente, en el incesante correr de las aguas del río. Otra vez, las imágenes del recuerdo (el rostro dulce y sufriente de Lucy) desplazan a las imágenes reales. También la tercera cita insiste en lo que la ventana tiene de opaco, de impenetrable: oscurecida por las nubes y por la lluvia, resulta imposible vislumbrar el espacio exterior. Nuevamente, el lector se ve obligado a adentrarse en el pensamiento de la protagonista y a convertirse en el mudo espectador de agitadas luchas internas. La opacidad de la ventana, cuando ante ella se sienta un personaje femenino, constituye uno de los más notables convencionalismos espaciales de la novela realista. Remitimos al capítulo que estudia detenidamente este aspecto, así como a las páginas dedicadas a la visión panorámica en *Cecilia Valdés*. En *The Mill on the Floss*, el cronotopo de la ventana resulta un mecanismo narrativo especialmente eficaz, ya que se trata de resaltar lo que la existencia femenina, forzada por las circunstancias, tiene de puramente imaginaria, frente a la vida, mucho más real y palpable, de los personajes masculinos.

Esa tendencia a vivir una realidad tan sólo existente en la imaginación o en la memoria, se materializa, a lo largo de la novela, en los viajes metafóricos emprendidos por la protagonista, a saber: el viaje del conocimiento, a través de los libros y de los mentores masculinos, y el viaje de la resignación, con la ayuda de la religión y de las lecturas edificantes. A estas dos aventuras imaginarias les sirven de marco dos viajes reales, pero igualmente truncados. El primero lo protagoniza la niña Maggie, recién cumplidos los nueve años. En un arranque de desesperación ante la incomprensión general y los crueles desaires de su hermano, decide escaparse de casa e irse a vivir con los gitanos. ¿No decían de ella que parecía, efectivamente, una gitana, con sus cabellos tan oscuros y esa pasión por el campo y el aire libre? La protagonista quiere, con la escapatoria infantil (en la que reverbera el recuerdo de esa otra ilustre escapatoria literaria relatada y protagonizada por Teresa de Jesús), ensayar el "regreso a los orígenes" destinado a restablecer la armonía. Sin embargo, ésta es imposible, porque Maggie representa precisamente la mezcla de razas. Su sangre es mestiza (McDonagh) y ese mestizaje, en la novela, se traslada igualmente al ámbito espiritual. Maggie reúne, de acuerdo con el pensar de la época, rasgos tanto femeninos (los excesos sentimentales, la distracción, el talante ensoñador), como masculinos (la inteligencia, la firmeza y originalidad de las opiniones, la falta de coquetería). El segundo viaje real lo emprende la mujer adulta y enamorada. Pero la sensación de derrota sobreviene con parecida celeridad. Incapaz de cometer una vileza, Maggie abandona toda idea de prolongar la travesía y de casarse con su enamorado, que es a la vez el prometido de su amiga.

Las causas que justifican el fracaso de ambos viajes parecen claras. En el primer caso, la protagonista niña no encajaba, simplemente, en un entorno que (tampoco) era el suyo. En el segundo caso, la entereza moral de la protagonista adulta impide la consumación de un acto traicionero. No obstante, tras estos motivos explícitos, se esconde una razón menos transparente, pero tanto más poderosa, a saber: que a los personajes femeninos les está vedada toda posibilidad de acción real. Esa imposiblidad de actuar, por otra parte, es la que impide que el pensamiento fructifique, porque éste, si no puede materializarse, de nada sirve cuando le es negado todo impacto sobre la realidad. Por ello, el fracaso de los viajes reales viene acompañado, inevitablemente, de otra derrota: la de los viajes imaginarios. La crítica ha señalado con frecuencia que *The Mill on the Floss* es una novela de aprendizaje "por partida doble", porque en ella las lecciones de la vida las aprenden tanto Maggie como su hermano Tom. Ahora, el modo de asimilación de la realidad es diametralmente opuesto para uno y para otra, y el motivo de esa diferencia radica en que, como señala Eliot, Hécuba contempla, recuerda y espera, mientras que Héctor lucha, guerrea y se olvida, arrastrado por el "ardor de la acción". Esta circunstancia no cambia, aunque Maggie se atreva a adentrarse por el camino, en principio reservado a los hombres, del conocimiento. De hecho, Maggie aprende con una rapidez y un entusiasmo que le son vedados a Tom. Donde éste no ve sino el paisaje embrollado de letras y números, la selva abigarrada de ideas que se enredan y se confunden, aquélla contempla, por primera vez desde su infancia, el orden, los mundos que muestran, tentadores, su embriagadora armonía, el sentido profundo y límpido de las cosas. Pero... tampoco este viaje, que es peripecia espiritual y de exploración del intelecto, va a devolver a Maggie la dicha de sus primeros años. Los conocimientos almacenados lentamente se pudren, porque no se airean y porque no se convierten en acción, en ese movimiento libre que es, precisamente, la impronta de una infancia todavía asexuada. La trayectoria de Tom refuerza esa hipótesis: sabiendo, entendiendo mucho menos que Maggie, sus pocos conocimientos, no obstante, le lanzan al mundo del trabajo y de las empresas masculinas. Con la acción decidida, a la que el pensamiento deficiente no parece nunca perjudicar, saca a su familia de la ruina y lava el honor de su padre. El sueño infantil, el relato en que él mismo se describe como héroe y libertador de los suyos, se ha hecho realidad para Tom, pero no para Maggie. Se esconde, en esta organización de los hechos y distribución de los papeles, la crítica, tan convencional y repetida entre los escritores realistas europeos, del creciente materialismo burgués, ese materialismo que desconfía del conocimiento abstracto, que se burla, por ello mismo, de los latines y de las filosofías y que erige, en cambio, un monumento a lo que se le antoja práctico y útil, porque hace crecer el capital.

Eliot establece un paralelismo igualmente convencional entre el temperamento artístico y la sensibilidad femenina, los dos grandes perdedores en el mundo ruidoso y con los pies en la tierra de la burguesía. Tanto a los artistas como a las mujeres les está vedada la actuación y la intervención eficaz en el ámbito público. Y llega un momento en que Maggie, efectivamente, se da cuenta de esa imposibilidad de actuar, de esa prohibición tácita que el mundo de los hombres ha impuesto sobre el universo de las mujeres, por muy cultas y versadas que éstas sean. Por eso, el estudio, la lectura, la profundización en el pensamiento, todo aquello que en los personajes masculinos se transforma en empresa seria y de trascendencia, en los personajes femeninos se reduce extrañamente a pasatiempo ocioso. El conocimiento masculino se transformará en acción. El conocimiento femenino llorará, desesperanzado, tras los cristales de una ventana que, como esas otras ventanas ya descritas en páginas anteriores, conserva, intacta, su opacidad:

In one of these meditations it occurred to her that she had forgotten Tom's school-books, which had been sent home in his trunk. But she found the stock inaccountably shrunk down to the few old ones which had been well thumbed —the Latin Dictionary and Grammar, a Delectus, a torn Eutropius, the well-worn Virgil, Aldrich's Logic, and the exasperating Euclid. Still, Latin, Euclid, and Logic would surely be a considerable step in masculine wisdom —in that knowledge which made men contented, and even glad to live. […] And so the poor child, with her soul's hunger and her illusions of self-flattery, began to nibble at this thicked-rinded fruit of the tree of knowledge, filling her vacant hours with Latin, geometry, and the forms of the syllogism, and feeling a gleam of triumph now and then that her understanding whas quite equal to these peculiarly masculine studies. For a week or two she went resolutely enough, though with an occasional sinking of heart, as if she had set outward the Promised Land alone, and found it a thirsty, trackless, uncertain journey. […] Somehow, when she sat at the window with her book, her eyes would fix themselves blankly on the outdoor sunshine; then they would fill with tears, and sometimes, if her mother was not in the room, the studies would all end in sobbing [286].

[Durante una de esas meditaciones pensó de pronto que se había olvidado de los libros de texto de Tom, los cuales habían sido enviados a casa junto con el baúl de su hermano. Pero encontró que el número de volúmenes había disminuido inexplicablemente, quedando reducido a los pocos y viejos libros que habían sido utilizados con profusión: el diccionario y la gramática de latín, un Delectus, un Eutropius maltrecho, el Virgilio, muy gastado, la lógica de Aldrich y el exasperante Euclides. Aun así, el latín, Euclides y la lógica constituían sin duda un paso importante hacia la sabiduría masculina, hacia esa sabiduría que contentaba a los hombres y les hacía incluso alegrarse de estar vivos. La desdichada muchacha, con el hambre en el alma y la ilusión de la autoalabanza, comenzó, pues, a roer la fruta de áspera corteza que da el árbol del conocimiento. Llenaba las horas vacantes con el latín, la geometría y las formas del silogismo, y sentía de vez en vez un destello de triunfo, al apercibirse de que su inteligencia era muy similar a la de esos estudios peculiarmente masculinos. Durante una semana o dos prosiguió con resolución en su empeño, aunque con momentos de desánimo, como si hubiera emprendido sola el camino hacia la tierra prometida, y éste se le presentara como viaje incierto, desnortado y sediento. Por alguna razón, cuando se sentaba frente a la ventana con el libro en la mano, sus ojos se fijaban, vacíos de expresión, en el brillo del sol; en seguida, se le llenaban de lágrimas, y si la madre no estaba en la habitación, la sesión de estudio acababa entre sollozos (286).]

En medio de esta crisis espiritual, en la que el conocimiento masculino, como lo llama ella, la deja insatisfecha y sin el necesario consuelo, sus ojos tropiezan de pronto con la biblia de Thomas Kempis: *"A strange thrill of awe passed through Maggie while she read, as if she had been wakened in the night by a strain of solemn music, telling of beings whose souls had been astir while hers was in stupor"* [Maggie sintió un extraño estremecimiento de reverente admiración mientras leía, como si en medio de la noche la hubiera despertado un acorde de música solemne, hablándole de seres cuya alma estaba viva, mientras que la suya permanecía sumida en el estupor] (289). Con el Kempis, penetra en la conciencia de Maggie esa nueva pasión, que es la pasión de la renuncia y del ascetismo religiosos. No obstante, como ocurre con Ana, en *La Regenta,* con Teresa, en *Ídolos rotos,* y hasta con Emma en *Madame Bovary,* el fuego místico es intenso pero poco duradero. En los tres personajes, por otra parte, el fervor religioso adquiere fuertes tonalidades eróticas y, cuando se apaga, deja el ánimo predispuesto para el amor terreno. Tanto en *La Regenta* y en *Ídolos rotos* como en *Madame Bovary* y en *The Mill on the Floss,* al episodio de la religiosidad extrema le sigue un nuevo capítulo dedicado al amor y al deseo sexual.

Maggie ha ensayado el orden masculino, que es el que impone a la realidad el rigor del pensamiento. Sin embargo, ese orden se le ha vuelto a desordenar entre los dedos, porque no le está dado transformarlo en acción. Maggie ha visto, también, el orden femenino, que se persigue vanamente en el misticismo y en una religiosidad marcadamente erótica. Existe, no obstante, en el ideario de la novela realista, un segundo principio de ordenación femenina, aquel que gira con frecuencia alrededor de la organización y acumulación de los utensilios y enseres domésticos. La vida de la madre de Maggie, su precaria felicidad, se basa precisamente en ver crecer su patrimonio en porcelanas, cuberterías y manteles de hilo. En consecuencia, la dicha se desbarata en el momento en que las cosas, que son las que fueron escribiendo su apacible biografía doméstica, amenazan con abandonarla:

Mrs. Tulliver was [in] the store-room, where [she] kept all her linen and all the precious 'best things' that were only unwrapped and brought out on special occasions. [...] [She] was seated there with all her laid-up treasures. One of the linen-chests was open: the silver tea-pot was unwrapped from its many folds of paper, and the best china was laid out on the top of the closed linen-chest; spoons and skewers and ladles were spread in rows on the shelves; and the poor woman was shaking her head and weeping, with a bitter tension of the mouth, over the mark, "Elisabeth Dodson", on the corner of some table-cloths she held in her lap [206].

[Mrs. Tulliver estaba en el desván, donde guardaba la ropa blanca y todos aquellos objetos preciosos, sus "mejores cosas" que sólo se desempaquetaban y sacaban para las ocasiones especiales. Permanecía sentada, con todos sus tesoros expuestos. Uno de los arcones de la ropa blanca estaba abierto: la tetera de plata había sido liberada de sus muchas capas de papel, y la mejor vajilla de porcelana descansaba sobre una de las arcas de ropa blanca que permanecía cerrada. Las cucharas, los tenedores, los cucharones de servir formaban filas ordenadas sobre los estantes; y la pobre mujer sacudía la cabeza, sollozando, la boca contraída en un ric-tus, mientras leía su nombre, "Elisabeth Dodson", bordado en las esquinas de algunos de los manteles que sostenía en su regazo.]

Con ninguno de los dos modos de estructuración de la reali-dad puede, efectivamente, identificarse Maggie. Ni el orden femenino (limitado a las cosas, reducido, en numerosas oca-siones, al ámbito de las creencias y de la ensoñación místico-erótica) ni el orden masculino (restringido a un plano pura-mente intelectual), son capaces de trasladarla al espacio-tiempo de la infancia, donde todo, las cosas, las creencias y el pensa-miento actúan, mágicamente se ordenan, regresan a la vida y son libres.

La protagonista femenina de *The Mill on the Floss* ciertamente adquiere, en todo, las inquietantes formas de la hibridez, del mestizaje y de la más desoladora orfandad. Sin embargo, la literatura nos dice que, dentro del género novelesco, es genuinamente auténtica, libre de mezclas y nada huérfana: al fin y al cabo, Maggie Tulliver se suma sin titubeos ni rasgos particulizadores a la generosa lista de figuras femeninas que, tras los cristales opacos de una ventana, esperan, esperan a que algo (un milagro, quizás) les devuelva el orden, la acción y la libertad de la infancia.

VII. LA VENTANA: INTERSECCIONES, MIRADAS, PERSPECTIVAS

El tema espacial de la ventana y sus funciones

Hasta aquí, hemos analizado ciertos aspectos de dos modalidades espaciales: el paisaje urbano como espacio exterior y el entorno doméstico. La retórica espacial de la novela decimonónica se nutre precisamente de la interrelación de estas dos facetas, tal y como se materializa en el cronotopo de la ventana. Importa notar que la división espacial y social en un ámbito público y en uno de carácter privado o doméstico es acontecimiento histórico de origen reciente. Hasta bien entrado el siglo XVIII, trabajo y ocio se cobijan bajo el mismo techo:

> *Economic historians seem to be in general agreement that through the Middle Ages and into the eighteenth century, including the beginning of a capitalist economy, most of European society was organized in the structure of the "whole house" or "das ganze Haus". The "house" often included several generations of related persons as well as servants and farm hands [...], assistants in merchant trade or apprentices in the crafts. Since these individuals all lived and worked together, there was no separation between the household und the enterprise ("Haushalt" and "Betrieb")* [Belgum, 16].

[Los historiadores de la economía parecen coincidir en que durante la Edad Media y hasta el siglo XVIII, incluyendo el comienzo de la economía capitalista, gran parte de la sociedad europea estaba organizada según la estructura de "la casa total" o *ganzes Haus*. La "casa" solía incluir a varias generaciones de familiares, así como a la servidumbre, a los campesinos asalariados, a los ayudantes en las labores comerciales y a los aprendices. Dado que estos individuos trabajaban y vivían juntos, no había separación entre el ámbito doméstico y el laboral *(Haushalt und Betrieb)*.]

Con la llegada del siglo XIX, el rápido crecimiento de la población urbana y las profundas transformaciones económicas y laborales, el concepto y realidad del *ganzes Haus* va perdiendo protagonismo. El lugar del trabajo y la fuente económica se trasladan fuera de las fronteras domésticas. El hogar adquiere, en palabras de Belgum, "los atributos de un espacio no político, no económico, y, por ello mismo, personal, y privado" (17). Esta nueva distribución del espacio y de las funciones sociales trae consigo una reorganización también del papel desempeñado por mujeres y hombres en el siglo de la burguesía:

Inseparable from the desintegration of the whole house and the eventual rise of the private nuclear family was the new relationship between bourgeois men and women and their new roles within society. The historian Karin Hausen has described this development as the polarization of the sexes in the course of the late eighteenth and early nineteenth centuries. Hausen argues that both the change in place of production and the physical dissociation of earning from family life resulted in the specialization of the man in work outside the home and the woman in the care of the home. By the end of the nineteenth century the gender characteristics of man as active and rational and explicitly qualified for the world of work and trade and woman as passive and emotional and, thus, exclusively qualified for the nurturing tasks of domestic life had become commonly accepted [Belgum, 18-19].

[Una de las consecuencias directas de la desintegración de la "casa total" y del posterior surgimiento de la familia nuclear fue la nueva relación entre los hombres y las mujeres de la burguesía y el nuevo papel que habían de desempeñar en la sociedad. La historiadora Karin Hausen ha definido esta evolución como la polarización de los sexos durante las últimas décadas del siglo XVIII y el comienzo del siglo XIX. Hausen argumenta que tanto el cambio de lugar de producción como la separación de la fuente de ingresos de la vida familiar desembocó en la especialización del hombre en un trabajo ajeno al ámbito doméstico, y de la mujer en el cuidado de la casa. A finales del siglo XIX, ya era comúnmente aceptada la creencia de que el hombre es activo y racional y que está expresamente calificado para el mundo del trabajo y del comercio, mientras que la mujer es pasiva y emocional y, por tanto, resulta especialmente apropiada para labores domésticas y de crianza.]

La información recogida en esta cita pertenece al conocimiento más elemental de las circunstancias históricas del siglo XIX. Pero sigue siendo útil para comprender las distintas reacciones literarias. Es cierto que la polarización de los sexos, tal y como la define Hausen, sólo se da, en su forma menos adulterada, en la burguesía. Pero también es verdad, como se apresura a indicar la historiadora, que tal polarización y distribución de las funciones públicas y domésticas sirve de modelo idealizado al que aspiran la pequeña burguesía y el proletariado. Esta circunstancia permea también la narrativa decimonónica. El hogar —como esfera ajena al ámbito público y laboral— se afianza en la imaginación antropológica y literaria como tema espacial de signo positivo, elevado, con frecuencia, a la categoría de santuario. Por ello mismo es también espacio frágil, amenazado constantemente en su intimidad. La narrativa del siglo XIX propone dos modos fundamentales de comportamiento y reacción ante el espacio doméstico. En ciertas novelas, éste va cediendo paulatina y explícitamente al impulso invasor de la esfera pública. La violación del espacio interior se manifiesta, en el texto, como lento proceso, durante el cual se acentúan las virtudes domésticas, concebidas ahora como ausencia, y se lamenta de forma subliminal su pérdida. En otros textos, en cambio, el ámbito privado se resiste con variable éxito a la invasión, pretendiendo ignorar la presencia de un espacio exterior. Al intentar erigirse en única realidad, busca la manera de constituirse en nostálgica utopía. Es cierto que rara vez consigue plenamente su objetivo, ya que el espacio doméstico es, a su pesar, de consistencia porosa. En este caso, no obstante, el éxito o fracaso de la empresa no tiene gran relevancia literaria. Lo que importa, desde un punto de vista narrativo, lo que verdaderamente genera y garantiza la eficacia de una retórica espacial, es precisamente esa tenaz resistencia de un entorno ante el ánimo invasor de otro espacio. Esa resistencia es, en ocasiones, tan violenta que se transforma en contraataque e invade, a su vez, el espacio público, como ocurre en *Die Chronik der Sperlingsgasse*.

Ambas variantes (un espacio doméstico que se somete a la esfera pública, un entorno exterior domesticado) derivan, no obstante, de un sustrato común, de una misma creencia y valoración de la realidad. El entorno doméstico es concebido, en los dos casos, como espacio positivo (como "espacio feliz", si preferimos el término empleado por Bachelard) frente a la explícita negatividad del ámbito público.

Ciertamente, el entorno doméstico encierra, literariamente hablando, grandes virtudes. No olvidemos que con él se introduce el ocio en la novela, y sin el ocio y su espacio ésta no podría existir; al menos, no en su modalidad decimonónica. El ocio hace posible esas actividades que tradicionalmente se atribuyen a los personajes femeninos (contemplación, ensoñación, rememoración), gracias a las cuales el espacio adquiere nueva profundidad física y psicológica. Si del espacio "masculino" del trabajo y de la vida pública puede decirse que amplía el entorno en un sentido horizontal (gracias a la suma o retahíla de distintas actividades, de distintos lugares de acción), del espacio "femenino" del recreo habremos de asegurar que, dada su cualidad profundizadora, agranda el universo novelesco en un sentido vertical. Gracias, por otra parte, a la presencia, en el texto, del tiempo libre, de esos momentos "vacíos" de acción, se puebla el espacio de objetos, reales e imaginarios, presentes y rememorados. La famosa pitillera del vizconde, en *Madame Bovary*, debe su existencia al ocio femenino. También le debe esa capacidad de generar otros objetos y de traerlos a la memoria de la protagonista. Pero el espacio no hace distinciones ni tiene preferencias. Para llenarse, no necesita de la presencia real de las cosas, sino que se conforma con su recuerdo, incluso con su invención:

> *Souvent, lorsque Charles était sorti, elle allait prendre dans l'armoire, entre les plis du linge où elle l'avait laissé, le porte-cigarres en soie verte.*
>
> *Elle le regardait, l'ouvrait, et même elle flairait l'odeur de sa doublure, mêlée de verveine et de tabac. [...] On avait brodé cela sur quelque métier de palissandre, meuble mignon que l'on cachait à tous les yeux, qui avait occupé bien des heures et où s'étaient penchées les boucles molles de la travailleuse pensive. Un souffle d'amour avait passé parmi les mailles du canevas; chaque coup d'aiguille avait fixé là une espérance ou un souvenir, et tout ces fils de soie entrelacés n'étaient que la continuité de la même passion silencieuse. Et puis le vicomte, un matin, l'avait emporté avec lui. De quoi avait-on parlé, lorsqu'il restait sur les cheminées à large chambranle, entre les vases de fleurs et les pendules Pompadour? [Madame Bovary, 91].*

[Con frecuencia, cuando Charles salía, se dirigía al armario y sacaba de él la petaca de seda verde, oculta entre los pliegues de la ropa blanca. La contemplaba, la abría, e incluso aspiraba su perfume, mezcla de verbena y tabaco. Tal vez fuese un regalo de su querida. Habríala bordado en algún bastidor de palisandro, lindo mueble que ocultaría a todas las miradas, ante el que pasó seguramente horas y horas y en el que reposaron quizá los suaves bucles de la pensativa bordadora. Un amoroso hálito habría pasado por entre el tejido de la seda; cada puntada de la aguja fijaría una esperanza o un recuerdo, y toda aquella urdimbre de sedosos hilos quizás no fuera otra cosa que la continuidad de la misma callada pasión. Luego, una mañana, el vizconde se la llevaría con él. ¿De qué habían hablado junto a las chimeneas de los amplios jambajes, entre floreros y relojes Pompadour? (53).][1]

El "talismán" de Emma llena el espacio del presente con una nostálgica colección de objetos y sensaciones pretéritos: el aroma de la ropa blanca guardada en el armario, un delicado bastidor de palisandro, los suaves rizos de la costurera, una aguja, un pedazo de tela, hilos de seda, jarrones de flores, relojes Pompadour, etc. Pero el ocio aún posee otra notable cualidad: en combinación con el tema espacial de la ventana hará de mediador entre la esfera pública y el ámbito doméstico y explorará todas las posibilidades espaciales y narrativas que brotan de la intersección de ambos entornos. La principal cualidad de la ventana radica, en apariencia, en su carácter intersectivo y mediador entre dos espacios: *Was ist ein Fenster?* —se pregunta Hillebrand—. *Einfach definiert, die Vermittlungsstelle zwischen Innen- und Aussenraum*" [¿Qué es una ventana? Dicho simplemente, un punto de contacto entre el espacio exterior y el interior] (256).

---

[1] Traductor desconocido.

"Das Fenster —completa Daemmrich— *stellt eine Koordinatenaxe her. Es setzt die Zuordnung fest einerseits zwischen offenem Raum und umschlossener Behausung, zwischen Innen und Aussen der horizontalen Linie, andererseits in der vertikalen Dimension, zwischen dem Einzelnen und Gott"*[2] [La ventana representa un eje donde se cruzan varias coordenadas. Por una parte, regula la oposición entre espacio abierto y alojamiento cerrado, entre el interior y el exterior de la línea horizontal. Por otro lado, y en lo que a su dimensión vertical se refiere, establece el contacto entre Dios y el individuo] (140). La ventana, en su dimensión horizontal, puede aceptar ese papel de mediadora (puede abrirse hacia el exterior) o puede optar por el hermetismo y el encapsulamiento, dos opciones que Hillebrand vincula a las estaciones del año. La apertura le corresponde al verano, la clausura, al invierno. Éstas son cualidades positivas de la ventana. Pero su simbología admite igualmente un lado negativo. Así, la ventana abierta, en *Die Aufzeichnungen des Malte Laurids Brigge,* simboliza la desorientación y desguarnecimiento anímico del individuo, la esencial soledad y desprotección de éste en el ámbito de la gran ciudad. Por otra parte, la ventana con las persianas bajadas, en *La Jalousie,* preconiza la tragedia, la radical incomunicación entre un hombre y una mujer. Puede afirmarse, en líneas generales, que la novela moderna y contemporánea tiende a una "negativización" del símbolo espacial de la ventana, frente al talante más optimista y sonriente de este mismo símbolo en la ficción decimonónica. La ventana, al estar abierta, actúa como mediadora entre un exterior y un

---

[2] La "dimensión vertical", la cual destaca lo que la ventana tiene de símbolo religioso, encierra escaso interés para nuestros propósitos, ya que la novela realista muestra clara preferencia por esa otra "dimensión horizontal" que caracteriza a la ventana "seglar". Para un estudio de la ventana como símbolo religioso y su progresiva secularización remitimos al trabajo de Frühsorge, citado en la bibliografía.

interior. Sin embargo, cabe aducir que esa virtud la comparte con otros temas espaciales. Más mediadora incluso, más intersectiva, parece la puerta, que es vínculo real y no tan sólo visual, que se abre "de verdad" al exterior. Pero también al cerrarse, se cierra "de verdad" y excluye, repentinamente, toda comunicación. La ventana no limita su lenguaje a esa rotunda radicalidad de la puerta. Su retórica es, sin duda, más compleja, más rica en matices. Así, la ventana, a pesar de estar cerrada, permite, no obstante, contemplar el paisaje, lo cual no quiere decir que el personaje realmente lo "vea": puede, al mirarlo, estar viendo, a cambio, otros espacios, como demostraremos más adelante. Pero, sobre todo, la presencia de una ventana siempre invita a que la mirada del curioso traspase los cristales y se dirija hacia el interior. Los interiores vislumbrados desde una ventana irremediablemente se vuelven incitantes, misteriosos. Una ventana con las cortinas echadas, con las persianas bajadas del todo se vuelve aún más enigmática. Y es que esa perfecta opacidad no es, en la novela, su condición natural y hace sospechar, por ello mismo, que algo anormal está ocurriendo.

Los ejemplos y las observaciones podrían multiplicarse hasta crear, alrededor de la ventana, todo un sistema de significación. Sin embargo, el lenguaje espacial del cronotopo de la ventana no es en sí mismo complejo. El grado de su complejidad depende, en gran medida, del entorno y llega a su máximo exponente cuando se halla inserto en un espacio urbano. Recuérdese que "mirar" constituye una de las fundamentales actividades del urbanícola y una de sus enfermedades crónicas, en la tradicional terminología peyorativa de la crítica. Brüggemann señala que, para Simmel, el fenómeno urbano da prioridad al sentido de la vista y descuida, por ejemplo, el del oído.

Obsesionados con "mirar", y olvidados de oír, los transeúntes se desorientan ante la vertiginosa cantidad de imágenes visuales que ofrece la ciudad, de tal forma que el individuo, perdido, abrumado y solo, tiene la sensación de "estar rodeado de puertas cerradas y de muros de cristal" (9). El tono pesimista de Simmel, secundado por la opinión de Susan Sontag (para quien el ciudadano de la modernidad se convierte definitivamente en un "vicioso de las imágenes visuales") no acaba de definir la actitud decimonónica ante el fenómeno urbano. Así como la ciudad no es, todavía, laberinto, espacio de la soledad y de la desorientación del individuo, la ventana literaria del siglo XIX tampoco se transforma, con esa facilidad que le presuponen los críticos, en un "muro de cristal". Todo lo contrario: precisamente por ese énfasis puesto en el sentido de la vista (ahí sí coincidimos con Simmel y sus seguidores), la ventana, lejos de convertirse en pared opaca e impenetrable, adquiere, en la ficción decimonónica, una profundidad y ductilidad hasta entonces desconocidas. Por de pronto, contribuye a ampliar el horizonte, al permitir que la mirada se adentre en los espacios domésticos, con todas las consecuencias y "profundizaciones" (de índole descriptiva, narrativa, de análisis psicológico y sociológico, etc.) que ello implica.

A las dos propiedades, pues, que la ventana comparte con la puerta (la de una comunicación o separación absolutas) hay que añadirle otra serie de cualidades "intermedias", de cambiante significado. No es sólo que la ventana esté cerrada o abierta, o entrecerrada, o entreabierta, con las cortinas corridas, adornada con visillos, sin cortinas, con los cristales rotos, con los cristales sucios, etc. Todas estas circunstancias y accidentes tendrán necesariamente un significado dentro de la narración. Pero ese significado, gracias a la riqueza de posibilidades perceptivas que ofrece el espacio urbano, se presentará siempre en combinación con otros significados. Importa establecer, en primer lugar, el punto de mira, la perspectiva desde la cual se contempla la ventana o se traspasan, con la mirada, los cristales. Mirar de dentro afuera, eso es seguro, vendrá a significar algo distinto que mirar de fuera adentro. Pero incluso ese detalle necesita complementarse, para poder significar, con un dato adicional. Hemos de saber, si queremos aventurar una interpretación acertada de lo que leemos, quién es el que mira, mejor dicho, si se trata de un personaje femenino o masculino. El sexo, en este caso, es determinante. En la novela en general, pero sobre todo en la decimonónica, los personajes femeninos nunca miran como los personajes masculinos. Además de ver, con frecuencia, otras cosas, las ven de manera distinta y desde otra perspectiva o ángulo visual.

El tema espacial que nos ocupa se enriquece con estos dos importantes aspectos de la perspectiva o ángulo de visión y el distinto modo de ver de los personajes, según al sexo al que pertenezcan. Pero la semántica de la ventana depende también del diálogo que establece con otros símbolos espaciales. Con frecuencia, la ventana aparece, en el texto, en combinación con ciertos espacios y ese juego combinatorio afecta igualmente a su significado. Basta recordar la trascendencia simbólica que en *Eugénie Grandet* se deriva del binomio ventana-jardín, o de la fijación de Fontane con ese curioso oxímoron espacial, hecho de movilidad (el ferrocarril) y de estatismo (la ventana). La ventana, al igual que el jardín, puede, con sus sucesivas apariciones a lo largo del texto, crear un verdadero lenguaje, una gramática del espacio. A veces, el argumento gira alrededor de una misma ventana y muestra, con la puntualidad del estribillo, idéntica escena tras los cristales, o una imagen, si acaso, con ligeras variantes.

En otras ocasiones, las ventanas son varias y distintas, y diversos son también sus significados.

La mirada masculina: ventanas y "voyeurs" en "Die Chronik der Sperlingsgasse" y en "La Maison du chat qui pelote"

Hay ciertos espacios, ciertas imágenes cronotópicas que, una vez insertos en el texto fictivo, se convierten, con su sola presencia, en potentes generadores de peripecias y argumentos. Una de estas imágenes la constituye la ventana —misteriosa, prometedora— en el momento, sobre todo, en que, inevitablemente, atrae la atención de la mirada masculina: *"C'est un schéma fréquent du roman moderne —observa Raimond— que l'errance du héros autour du logis de la femme aimée. [...] Combien de pièces éclairées, de chambres allumées, vues du trottoir par le héros, sont comme des écrins contentant un inaccessible trésor!"* [Es un frecuente esquema de la novela moderna el del vagar del héroe en torno a la casa de la mujer amada. ¡Cuántas piezas iluminadas, cuántos aposentos con luz, cuando contemplados desde la acera por el héroe, son como cofres que contienen un tesoro inaccesible!] (167). Hace falta insistir en que la eficacia dramática del tema espacial de la ventana depende de la dirección de la mirada. Ésta, si quiere verdaderamente crear *suspense,* ha de dirigirse de fuera adentro. El interior doméstico, contemplado desde esa perspectiva, espoleará siempre la curiosidad del lector y se convertirá en promesa de acción. *Ferragus,* como pudimos observar en páginas anteriores, se ayuda elocuentemente de esa dirección de fuera adentro para garantizar la tensión narrativa y el consiguiente interés del lector.

La segunda perspectiva posible, en cambio, aquella que asegura, desde el interior, la contemplación del espacio de fuera, se reduce, casi sin excepción, precisamente a eso, a un acto meramente contemplativo, generador, si acaso, de reflexiones y recuerdos, creador, todo lo más, de poéticos espacios de ensueño. La mirada desde el interior engendra, paradójicamente, nuevos espacios interiores, vastos "paisajes del alma". Lejos, pues, de promover la acción, lejos de tentar con la promesa de un nuevo argumento, el espacio exterior así contemplado se vuelve superficie pasiva e impenetrable, espejo en el que se reflejan los pensamientos. Ello explica que la mirada femenina recaiga con notable frecuencia sobre espacios "sin perspectiva" (jardines, huertas amuralladas) o sobre esos otros espacios a los que la costumbre ha robado de toda novedad. El personaje femenino mira, no para ver (no para descubrir espacios nuevos o para descubrírselos, en definitiva, al lector), sino para soñar y para recordar. Para la ideología masculinista de la novela decimonónica, sueño y recuerdo están, en la mente femenina, indisolublemente unidos. La infancia (recuerdo) contiene ya ese germen de futuro (sueño) que el presente ha hecho imposible. El tren, en *Effi Briest,* es metáfora doble de la infancia (porque conduce de regreso al lugar natal) y de esas otras vidas futuras, de esos otros espacios lejanos e inaccesibles que en los sueños de la protagonista sustituyen la existencia y el entorno presentes.

El espacio novelesco, particularmente el de la novela decimonónica, es espacio severamente acotado y reservado para uno u otro sexo. No sorprende, pues, que cada una de las dos perspectivas (de fuera adentro/de dentro afuera) o emplazamientos espaciales (a un lado u otro de la ventana) esté, de antemano, asignado a un determinado sexo. Así como abundan en la ficción decimonónica las siluetas femeninas orladas por el marco

de una ventana, son igualmente numerosos los personajes masculinos que, desde el exterior, buscan la manera de traspasar con la
mirada unos cristales misteriosos.

> *Die Spannung zwischen Innen-und Aussenraum, die sich im Fenster*
> *verkörpert, kommt überein mit der Spannung zwischen Einblick und*
> *Ausblick, in der sich zwei elementare Lebenshaltungen veranschauli-*
> *chen; und zwar —je nach Blickrichtung— das Hinausstreben und*
> *das Eindringen. Die Blickrichtung des Einblicks, der der Frau als*
> *Objekt des Begehrens gilt, ist [...] die des jungen Mannes. [...] Die*
> *Blickrichtung des Ausblicks, das Fenster als Zeichen für den 'Blick in*
> *die Welt, als lockende Öffnung nach einem grösseren und weiteren*
> *Aussen', ist die des jungen Mädchens* [Brüggemann, 160-161].

[La tensión entre el espacio exterior y el ámbito interior que se
materializa en la ventana viene a coincidir con la tensión que brota entre la mirada que se dirige hacia el exterior y aquella que escudriña los interiores. Ambas perspectivas representan dos actitudes vitales elementales, es decir —según la dirección de la mirada—,
el afán de penetración y el de expansión hacia fuera. La dirección
visual que busca penetrar los interiores, una dirección que señala
a la mujer como objeto de deseo, es la perspectiva característica
del hombre joven. La dirección de la mirada que señala hacia el
exterior (la ventana como símbolo de la 'visión hacia el mundo,
como abertura tentadora que conduce a un exterior más amplio')
es la de la muchacha.]

Propone aquí el crítico alemán una relación dinámica (una
movilidad que va en las dos direcciones) y presupone una igual-
dad —inexistente, en nuestra opinión— de las dos perspectivas.
La mirada masculina es poderosa, poética, porque crea nuevos
espacios y amplía el mundo. La mirada femenina es engendra-

dora igualmente de espacios, pero de esos espacios que, lejos de ampliar el universo real, se alejan de él y se instalan en un mundo de ensueño. El cronotopo de la ventana y de la mujer, tal y como aparece representado en *The Mill on the Floss,* constituye un ejemplo tan sólo entre los numerosísimos que pueblan la narrativa. Hasta nuestros días (hasta la literatura de hoy) la mirada femenina ha permanecido pasiva. Pocas son las ventanas, en la ficción occidental, que, a la vez que sirven de marco a una silueta femenina, se abren con agresividad, con voluntariosa intención de conquista, a un paisaje "real". Sí se da, en cambio, el caso del personaje masculino que con ojos soñadores se asoma a una ventana y, a través de ella, al pasado, a un paisaje hermoseado por el recuerdo. Sin embargo, la mirada masculina que se asemeja, en su impotencia y exasperante esterilidad, a la de la mujer, suele pertenecer a un anciano o a un enfermo, pobres "ventaneros" los dos, que, como el personaje femenino, lo son porque no les queda otro remedio. A esos ventaneros por triste necesidad se les suman a lo largo de la literatura occidental dos prototipos de ventanero voluntario, el del enamorado y el del poeta. Dentro de los realismos europeos, probablemente sea el alemán, por su acentuado talante poético y nostálgico (tan vinculado, por otra parte, al espíritu del *Biedermeier)* el más proclive a la ensoñación masculina (Meyer, 245-246).

El protagonista de *Die Chronik der Sperlingsgasse,* hombre ya viejo, habita una buhardilla en una calle de Berlín y desde ella, con el solo paisaje de la estrecha *Sperlingsgasse,* una franja de cielo y el edificio de enfrente, va hilvanando de manera inconexa sus recuerdos. El tiempo fluye, las circunstancias cambian, el espacio, por el contrario, es siempre el mismo y permanece inalterable.

Además de inalterable, se presenta como extremadamente limitado. La acción de la novela transcurre en Berlín y, sin embargo, el lector se olvida con facilidad de que se halla en el centro mismo de una gran urbe: *"Der Raum wirkt als in sich gerundet, ja abgekapselt, um so mehr dadurch, dass der grössere umgebende Raum der Grosstadt höchst schattenhaft bleibt. [...] Die Sperlingsgasse ist eine kleine Insel in einem Nebelmeer"* [El espacio parece un reducto cerrado sobre sí mismo, encapsulado, máxime si se tiene en cuenta que el "macroespacio" que lo contiene, el de la ciudad, aparece dibujado con contornos sumamente borrosos. La Calleja del Gorrión es una pequeña isla en un mar de niebla] (Meyer, 243).

El espacio de la novela, pues, además de ese entorno apenas esbozado de la gran ciudad, es, casi en su totalidad, espacio interior. La mirada del narrador, durante toda la novela, en los momentos presentes y en los evocados, se dirige desde su ventana a la ventana en que antaño se dibujaba la silueta de la amada. El narrador llama a su crónica *"ein Fenster- und Gassenstudium"* [un estudio o esbozo de una ventana y de una calle] (58). Pero también el espacio de "fuera", limitado, en realidad, a una calle, es (por sus reducidas dimensiones, el trato familiar de sus habitantes, la capacidad embellecedora de la nostalgia y el recuerdo), antes que ámbito público, espacio doma. Ello no sorprende, si tenemos en cuenta que la doma del espacio público resulta un fenómeno corriente en la "novela idilio" del realismo poético alemán. El que la mirada a través de los cristales suscite el recuerdo, el hecho mismo de la dirección de la mirada (de dentro afuera) y hasta la presencia del tema espacial de la ventana, el hecho también de que el tiempo transcurra, y que el espacio sea, en cambio, el mismo (la otra circunstancia, por otro lado, de que el texto recoja detalles nimios, ideas deshilvanadas) son todos factores que inevitablemente conectan el texto con la sensibilidad femenina, con su peculiar perspectiva "ventanera" y el modo de ver y de recordar que la tradición literaria atribuye a la mujer.

Sin embargo, hemos de recordar que el protagonista del relato que nos ocupa, lejos de contemplar el espacio exterior —ya apuntamos que éste, como tal, no existe sino en versión "domesticada"— busca la manera de internarse en el espacio hogareño. La mirada del narrador, por tanto, atraviesa dos cristales, se dirige de un interior a otro y aun halla una manera ingeniosa (aprovechando una pequeña imperfección del cristal que hace las veces de lupa) para "acercar" y concentrar el espacio doméstico:

Damals war ich jung, und Marie, die niedliche kleine Putzmacherin, wohnte mir gegenüber und nähte gewöhnlich am Fenster, während ich, Kants Kritik der reinen Vernunft vor der Nase, die Augen —nur bei ihr hatte. Sehr kurzsichtig und zu arm, mir für diese Fensterstudien eine Brille, ein Fernglas oder einen Operngucker zuzulegen, war ich in Verzweiflung. Ich begriff, was es heisst: Alles liegt ins Unendliche auseinander. [...] Auf einmal fiel mein Blick auf eines jener kleinen Bläschen, die sich oft in Glasscheiben finden. Zufällig schaute ich hindurch nach meiner kleinen Putzmacherin, und —ich begriff, dass das Universum sich in einem Punkt konzentrieren könne [15-16].

[Por aquel entonces era joven, y Marie, la menuda y graciosa sombrerera, vivía enfrente de mí y normalmente permanecía sentada a la ventana, cosiendo. Yo, entre tanto, con la *Crítica de la razón pura* de Kant ante mis narices, no tenía ojos, sin embargo, más que para ella. Muy miope y demasiado pobre como para agenciarme, para mis estudios de ventana, unas gafas, unos prismáticos o unos simples gemelos de teatro, me encontraba al borde de la desesperación. Comprendí lo que significaba eso de que "todo se encuentra diseminado en el infinito". Hasta que, de pronto, mi mirada se distrajo con una de esas pequeñas burbujas de aire que con frecuencia se encuentran en los cristales. Por casualidad, miré a través de ella en busca nuevamente de mi querida sombrerera y... comprendí que el universo puede concentrarse en un punto.]

Este afán de adentrarse en los espacios domésticos, ciertamente, supone una clara desviación de la perspectiva femenina (tan ansiosa de exteriores) y un modo de comportamiento visual más propio de los personajes y *voyeurs* masculinos y de la curiosidad que suscita en ellos el atrayente misterio de los recoletos espacios habitados por la mujer.

La terminología siempre positiva aplicada al entorno doméstico, por otra parte, el énfasis que se pone en la calidez y protección del hogar (Meyer, 247) desentona de esa imagen estereotipada del hogar como cárcel con la que, en la novela decimonónica, se contribuye al retrato de la mujer insatisfecha y "ventanera".[3] En este último contexto, apunta Frühsorge, "*[muss] das Fenstermotiv als eine Form des sinnlichen Heraustretens aus der subjektiven Enge des Hauses verstanden werden*" [el motivo de la ventana ha de interpretarse como una forma de escapar, mediante los sentidos, de la estrechez subjetiva de la casa] (352).

"Ventaneras" (aunque no necesariamente ventaneras insatisfechas) son también Augustine Gillaume, en *La Maison du chat qui pelote,* y Caroline Crochard, en *Une Double famille.* Ambas novelas hacen de ese otro ángulo de visión —de esa perspectiva

[3] Para un análisis más detallado del concepto de "ventanera" y su vinculación con la insatisfacción femenina, remitimos a la sugestiva aportación de Carmen Martín-Gaite.

que va de fuera adentro y que hemos de considerar masculina por excelencia— pivote central alrededor del cual gira la trama. Analicemos, a modo de ejemplo, la escena matriz, generadora de la acción con la que se inicia *La Maison du chat qui pelote*:

Par une matinée pluvieuse, au mois de mars, un jeune homme [...] se tenait sous l'auvent d'une boutique en face de ce vieux logis, qu'il examinait avec un entousiasme d'archéologue. A la verité ce débris de bourgeoisie du seizième siècle offrait à l'observateur plus d'un problème à résoudre. A chaque étage, une singularité: au premier, quatre fenêtres longues, étroites, rapprochées l'une de l'autre [...]. Les fenêtres du second étage, dont les jalousies relevées laissaient voir [...] de petits rideaux de mousseline rousse, ne l'interessaient pas davantage. Son attention se portait particulièrement au troisième, sur d'humbles croisées [...]. Ces croisées avaient de petites vitres d'une coleur si verte, que, sans son excellente vue, le jeune homme n'aurait pu apercevoir les rideaux de toile à carreaux bleus qui cachaient les mystères de cet appartement aux yeux des profanes. [...] En ce moment, une main blanche et délicate fit remonter vers l'imposte la partie inférieure d'une des grossières croisées du troisième étage, au moyen de ces coulisses dont le tourniquet laisse souvent tomber à l'improviste le lourd vitrage qu'il doit retenir. Le passant fut alors récompensé de sa longue attente. La figure d'une jeune fille, fraîche comme un de ces blanc calices que freurissent au sein des eaux, se montra couronnée d'une rouche en mousseline froissée qui donnait à sa tête un air d'innocence admirable. Quoique couverts d'une éttofe brune, son cou, ses épaules s'apercevaient, grâce à de légers interstices menagés par les mouvements du sommeil. Aucune expression de contrainte n'altérait ni l'ingénuité ce ce visage, ni le calme de ces yeux immortalisés par avence dans les sublimes compositions de Raphaël: c'était la même grâce, la même tranquillité de ces vierges devenues proverbiales [34-37].

[En una mañana lluviosa del mes de marzo, un joven permanecía bajo la marquesina de una tienda que se encontraba enfrente de la vieja mansión, y parecía examinarla con entusiasmo de arqueólogo. En verdad, esta reliquia de la burguesía del siglo XVI podía ofrecer al observador más de un problema por resolver. Cada piso poseía su peculiaridad. En el primero, cuatro ventanas largas, estrechas y muy cercanas la una a la otra. Las ventanas del segundo piso, cuyas celosías levantadas permitían ver, a través de grandes piezas de vidrio de Bohemia, unas cortinillas de muselina rosa, no parecían interesar al joven. Su atención se dirigía especialmente a las humildes ventanas del tercero. Estas ventanas tenían unos vidrios pequeños de un color tan verde, que, a no ser por su vista excelente, no habría podido percibir el joven las cortinas hechas con una tela a cuadros azules, que ocultaban a los ojos de los profanos los misterios del cuarto. En aquel momento, una mano blanca y delicada hizo subir hacia la imposta la parte inferior de una de esas groseras ventanas del tercer piso, por medio de esas correderas cuyo torniquete deja a menudo caer de improviso la pesada vidriera que debe retener. El transeúnte fue recompensado entonces de su larga espera. La cara de una joven, fresca como esos blancos cálices que florecen en el seno de las aguas, apareció coronada por una papalina encañonada de muselina, que daba a su cabeza un aire de inocencia admirable. Aunque cubiertos por una tela parda, percibíanse su cuello y sus hombros, merced al desarreglo producido por los movimientos del sueño. Ninguna expresión de violencia alteraba la ingenuidad de aquel rostro, ni la tranquilidad de aquellos ojos inmortalizados anticipadamente en las sublimes composiciones de Rafael: había en ella la misma gracia, la misma tranquilidad ya proverbial de estas vírgenes (73-77).][4]

[4] Traducción de Aurelio Garzón del Camino.

A nadie escapa la acusada cualidad pictórica de la escena citada. La ventana parece, antes que ventana, un cuadro extraído del pincel de un Vermeer. Diríase, pues, que la mirada del protagonista choca con el lienzo, profundiza en la imagen, en sus cualidades estéticas, en lo que tiene de promesa erótica, pero no busca averiguar lo que hay detrás del cuadro. En un sentido figurado, esa falta de profundización preconiza lo que más adelante ocurrirá en la novela. El matrimonio entre Theodóre y Augustine está condenado, de antemano, al fracaso por esa ceguera del pintor, por ese grave error de considerar cuadro *(ergo,* superficie refractaria y autosuficiente) lo que es, en realidad, ventana, espacio intermediario que conduce a otros espacios. Los otros espacios, en el caso de la presente novela, son espacios sociales, ámbito público antes que privado. Las memorables escenas que retratan la doméstica rutina del comerciante en telas, su familia y sus criados constituyen una hábil estrategia de generalización y de fijación estereotipada de toda una clase social. Tras la mujer asomada a la ventana no se esconde el caso particular, los matices de una psicología, los misterios de la subjetividad femenina (como ocurre, hasta cierto punto, en *L'Éducation sentimentale)* sino los patrones de conducta de un gremio (el del comercio textil), de una posición (la del bienestar económico) y de un estrato de la sociedad (la pequeña burguesía). La propia Augustine no es mucho más que representación alegórica de la mujer que obedece a tales patrones.

En *Die Chronik der Sperlingsgasse* el paisaje urbano se reduce a una sombra borrosa. Lo poco que en la novela se vislumbra del ámbito público y del espacio exterior (o sea, el reducido y familiar entorno de la *Sperlingsgasse)* es, en realidad, tanto en el pasado como en el momento presente, idílica prolongación del espacio doméstico. No menos notable, por otra parte, resulta el proceso inverso, tal y como se manifiesta en *La Maison du chat qui pelote*. Aquí, tanto la figura de la mujer como el ámbito del hogar renuncian a todo detalle particulizador. Personaje femenino y espacio son el *everyman,* el *everyspace* de la pequeña burguesía en la época de la Restauración.

Pero la neutralización e invasión del espacio (el ámbito público invade la esfera privada, el entorno doméstico neutraliza, con sus idílicos encantos, toda influencia venida del exterior) no son las únicas alternativas que la ficción decimonónica ofrece a la compleja dialéctica entre ámbito público y esfera privada. En *La de Bringas,* ambos espacios transcurren paralelos y se sirven de mutuo espejo:

> Lo acontecido en el plano imaginario (y doméstico) se corresponde con los sucesos históricos, no directamente narrados, pero con frecuencia aludidos en el relato y las conversaciones de los personajes. Don Francisco de Bringas se llama como el rey consorte, Francisco de Asís, y Rosalía se conduce en el matrimonio con la misma libertad que la desenvuelta Isabel II, la "Señora" a quien Bringas sirve. La revolución en los pisos altos de Palacio ocurre paralelamente a la que va fermentando fuera, y el estallido final es coincidente. Rosalía cede a don Manuel Pez el 8 de setiembre, diez días antes de pronunciarse los enemigos de la reina, y cuando el nuevo orden se instala en el poder, ella toma el doméstico en sus manos, etc. [Gullón, 1970, 108]. [El paréntesis es mío.]

La Curée, por último, propone una cuarta variante. Como en *L'Éducation sentimentale,* el espacio (en su doble faceta pública y privada) no es fenómeno estático, sino categoría en continuo movimiento. Y, al igual que la novela de Flaubert, la novela de Zola no retrata el resultado, sino el proceso, no representa un espacio doméstico hecho público, sino que aplica

todo su talento narrativo a la representación de esa lenta transformación de lo privado en materia adquisitiva y a la vista y
acceso de todos. Los símbolos con los que en *La Curée* se señala esa apertura hacia el exterior de los espacios domésticos son
muchos. Uno de los más expresivos probablemente sea el invernadero, como espacio destinado a las citas amorosas. La discreta intimidad del *boudoir* cede ante la desnudez exhibicionis-
ta de ese "interior hecho de hierro y de cristal" (Stierle, 287).

LA MIRADA FEMENINA: "VENTANAS DEL TEDIO Y DEL ENSUEÑO" EN "EFFI BRIEST" Y "MADAME BOVARY"

Con la introducción de esta nueva perspectiva o ángulo de visión que es una ventana señalando hacia fuera, el espacio exterior
revela otra de sus facetas. Visto a través de la mirada de la
mujer, se convierte en espacio invisible sobre el que el tedio femenino levanta otros espacios brotados de la imaginación y
del recuerdo. El paisaje exterior, pues, como ventana que se
abre a la ensoñación y a sus quiméricos espacios.

Las normas que determinan el significado de la ventana son,
en la narrativa realista y en lo que al sexo de sus personajes se
refiere, de una notable rigidez y, por ello mismo, fácilmente
predecibles. Por tanto, no ha de extrañar que decir ventana,
decir mujer en una misma frase, sea recomponer, a grandes trazos, una imagen leída o, mejor dicho, contemplada —dado su
acusado talante pictórico— hasta la saciedad: el de una silueta
femenina recortándose ante los cristales y rodeada con nitidez
por el marco de la ventana. Sirvan de ejemplo más representativo las protagonistas de *Une Double famille* y *La Maison du
chat qui pelote*. Recordemos, además, la rítmica frecuencia con

que la silueta de Mme. Arnoux se adivina tras los cristales (visión desde fuera), la sistemática regularidad también con que Frédéric la encuentra, durante sus visitas, bordando frente a la ventana (visión desde dentro). En todos estos casos y otros muchos que no citamos, el personaje del cliché espacial no aparece dibujado y evocado en dinámica actitud de ver, sino en pasiva actitud de ser visto. Por otro lado, el cronotopo al que nos referimos dice más del personaje masculino que lo contempla, de sus sentimientos, y, claro está, de los gustos estéticos y de los condicionamientos sociales de la época, que de la psicología o estado de ánimo de la mujer retratada frente a la ventana. Remitimos a nuestras reflexiones sobre *L'Éducation sentimentale*.

Hay veces, no obstante, en que el personaje femenino parece abandonar su pasividad y diríase, en efecto, que dirige la mirada hacia el exterior. Pero ¿qué es lo que ve realmente, cuánto de ello es verdaderanente exploración activa, ejercicio decidido de la voluntad, al modo de Faujas, en *La Conquête de Plassans,* a la manera, tan parecida, del magistral, en *La Regenta?* En seguida se llega a la conclusión de que esa forma de ver es, en la novela decimonónica, exclusivamente masculina. Pero incluso las variantes menos "agresivas" de la mirada suelen ser patrimonio de los hombres. La escena de Emma Bovary y Rodolphe asomados a la ventana, esa otra escena, en *La Curée,* de Renée contemplando, desde lo alto y en compañía de su hijastro la agitada vida nocturna de París, la imagen, en fin, de Isabel y de su pretendiente, en *Cecilia Valdés,* ante el panorama del ingenio de azúcar, son variantes cronotópicas pertenecientes a un mismo patrón. Cuando interesa al narrador introducir nuevos espacios y ampliar el horizonte, recurre casi sin excepción a personajes masculinos, para que, como explica Hamon, hagan de convincentes transmisores de un conocimiento. El personaje femenino

LA VENTANA: INTERSECCIONES, MIRADAS, PERSPECTIVAS   377

que los acompaña ve, al igual que el lector, a través de sus ojos y queda reducido, como nosotros, a la categoría pasiva de alumno que escucha, respetuoso, las enseñanzas de su maestro.

Nos vemos, pues, obligados a repetir la pregunta: ¿qué ve, entonces, el personaje femenino que se asoma, solitario, a la ventana, si no le es dado descubrir nuevos espacios y mucho menos conquistarlos? La respuesta más convincente es que del paisaje exterior, probablemente, ve muy poco. Por de pronto, le está vedado explorar espacios vírgenes. Eugénie Grandet, en la novela llamada como ella, contempla una y otra vez el jardín de siempre, teñido, eso sí, con las distintas coloraciones de su estado de ánimo; la mirada de Maggie se describe siempre como opaca o vacía cuando se pierde, absorta, en las aguas de la corriente; Effi Briest se entretiene durante horas con la contemplación del mismo paisaje invernal (la lenta caída de las hojas, los rayos del sol sacando brillos a la superficie helada del estanque), pensando, recordando, pero sobre todo, invocando el olvido:

> [Effi] bildete [...] die Kunst aus, still und entzückt auf die Natur zu blicken, und wenn das Laub von den Platanen fiel, wenn die Sonnenstrahlen auf dem Eis des kleinen Teiches blitzten oder die ersten Krokus aus dem noch halb winterlichen Rondell aufblühten —das tat ihr wohl, und auf all das konnte sie stundenlang blicken und dabei vergessen, was ihr das Leben versagt, oder richtiger wohl, um was sie sich selbst gebracht hatte [318].

[Mas como contrapartida desarrolló el arte de contemplar en silencio y con arrobo la naturaleza, de manera que al ver cómo caían las hojas de los plátanos, cómo los rayos del sol iluminaban el hielo del pequeño estanque, o cómo florecían los primeros crocos en la aún semiinvernal rotonda, era algo que le hacía bien, hasta el punto de que era capaz de pasarse horas y horas contemplándolo y olvidarse de aquello de lo que la vida le había privado, o, sin duda más exactamente, de lo que ella se había privado a sí misma (349).][5]

Emma Bovary, por último, camino de Rouen y de su nuevo amante, contempla desde la ventana del carruaje un paisaje conocido hasta el último detalle: *"Emma connaissait [la route] d'un bout à l'autre; elle savait qu'après un herbage il y avait un poteau, ensuite un orme, une grange ou une cahute de cantonnier; quelquefois même, afin de se faire des surprises, elle fermait les yeux. Mais elle ne perdait jamais le sentiment net de la distance à parcourir"* [Emma conocía (el trayecto) de punta a punta; sabía que tras el herbazal había un poste, a continuación, un olmo, y una troje o caseta de peón caminero después. E incluso algunas veces, a fin de darse una sorpresa cerraba los ojos; pero nunca dejaba de tener la sensación de la distancia que quedaba por recorrer (247-280)] (287).[6]

El lector sabe que el personaje femenino asomado a la ventana no es buen introductor de nuevos temas o de espacios desconocidos y sorprendentes. Pero sabe también que las estampas de siempre, esos monótonos espacios "con marco", se abren, con frecuencia, al otro paisaje, panorama vastísimo, del alma, del ensueño y del recuerdo. *The Mill on the Floss* hace de la mujer sentada frente a la ventana, y de esta última como catapulta a regiones espirituales, cronotopo repetitivo y elocuente. La ventana, nos dice Rousset, *"est l'illimité dans le circonscrit, [...] [le] point limitrophe où l'on peut se fuir en demeurant; [...] [elle est] le site idéal de la rêverie"* [es lo ilimitado en lo circuns-

---

[5] Traduccción de Pablo Sorozábal Serrano.
[6] Traductor desconocido.

crito, el punto limítrofe en el que puede uno escapar permaneciendo, el paraje ideal de la ensoñación] (123). *"La fenêtre* —continúa reflexionando Rousset a propósito de *Madame Bovary*— *est un poste priviligié pour ces personnages flaubertiens à la fois immobiles et portés à la dérive, enlués dans leur inertie et livrés au vagabondage de leur pensée"* [La ventana constituye un puesto privilegiado para esos personajes flaubertianos a la vez inmóviles y a la deriva, presos en su inercia y abandonados al vagabundeo de su pensamiento] (123).

La fuerza evocadora de la ventana es tal que, a veces, basta un sonido para resucitar en la protagonista el recuerdo:

> *Un soir que la fenêtre était ouverte et que, assise au bord, elle [Emma] venait de regarder Lestiboudois, le bedeau, qui taillait le buis, elle entendit tout à coup sonner l'Angelus. [...] A ce tintement répété, la pensée de la jeune femme s'égarait dans ses vieux souvenirs de jeunesse et de pension. Elle se rappela les grands chandeliers, qui dépassaient sur l'autel les vases pleins de fleurs et le tabernacle à colonnettes. Elle aurait voulu, comme autrefois, être encore confondue dans la longue ligne des voiles blancs, que marquaient de noir cà et là les capouchons raides des bonnes sœurs incinées sur leur prie-Dieu; le dimanche, à la messe, quand elle relevait sa tête, elle apercevait le doux visage de la Vierge, parmi les tourbillons bleuâtres de l'encens qui montait. Alors un attendrissement la saisit: elle se sentit molle et tout abandonnée comme un duvet d'oiseau qui tournoie dans la tempête; et ce fut sans en avoir conscience qu'elle s'achemina vers l'église, disposée à n'importe quelle dévotion* [Madame Bovary, 143-144].

[Una tarde, sentada junto al alféizar de la ventana abierta, y a poco de ver a Lestiboudois, el sacristán, que podaba un boj, Emma oyó de pronto el toque del Ángelus. En la mente de Emma, ante la persistencia de aquellos sones, se desperezaron los viejos recuerdos de su juventud y del colegio. Se acordó de los grandes candelabros erguidos sobre el altar, dominando los jarrones rebosantes de flores y el tabernáculo de columnitas. Hubiera querido, como otras veces, formar parte de la larga hilera de velos blancos, acá y allá interrumpida por negras y rígidas tocas de las buenas hermanas, de hinojos en sendos reclinatorios; los domingos, durante la misa, cuando levantaba la cabeza, vislumbraba el dulce semblante de la Virgen, entre las azuladas espirales del incienso. En tal punto, la ternura se apoderó de ella; se sintió débil y abandonada, como pluma de pájaro que la tempestad arrastra, y así, sin conciencia de lo que hacía, se dirigió a la iglesia, dispuesta a hundirse en cualquier éxtasis devoto (104).][7]

La presente cita reúne de forma condensada todas las características de la personalidad y accidentes del destino que la novela decimonónica atribuye tradicionalmente a la heroína burguesa. Todo ello, acompañado, claro está, de esos clichés espaciales que cumplen la misión de significar sin rodeos y le ahorran al narrador el circunloquio. Analicemos con cierto detalle este importante *mise en abîme*. El párrafo se inicia con una imagen poderosa del ocio femenino *(un soir que la fenêtre était ouverte, et que, assise au bord, elle venait de regarder Lestiboudois...* " [una tarde, sentada junto al alféizar de la ventana abierta, y a poco de ver a Lestiboudois...]. La mujer permanece sentada frente a la ventana abierta, sin nada que hacer, mirando tan sólo. Esta inactividad contrasta violentamente con esa otra imagen del trabajo masculino: *"Lestiboudois [...] taillait le buis"* [Lestiboudois [...] podaba el boj]. Le sigue, a esta oposición reveladora, una descripción detallada del paisaje rural, que no incluimos en la cita para no alargarla innece-

---

[7] Traductor desconocido.

sariamente. Digamos, no obstante, que la estampa paisajística se adorna de todos esos rasgos que la convierten en episodio pasajero, en el cual se refleja la fugacidad e inconsistencia de los impulsos femeninos: la brisa es tibia, los jardines se preparan para el verano, las brumas de la tarde se enredan en las ramas de los álamos sin hojas, y tiñen las ramas de un matiz violeta, etc. (143). A los estereotipos del ocio (que es tedio), de la ventana y de la estampa campestre (el paisaje de siempre teñido de los colores del verano) se le suma ese otro cliché de la naturaleza como propulsora de la ensoñación: *"Fenêtres — como dice Rousset— de l'ennui et de la rêverie"* [Ventanas del tedio y del ensueño] (124).

Una vez más, el espacio "real" contemplado desde la ventana y enmarcado por ella, lejos de contener un significado propio, se convierte en mediador y en espacio puente que conduce a esos otros paisajes de la imaginación y del recuerdo. La mirada femenina —curiosa paradoja ésta—, cuando se vierte hacia el exterior, inaugura un proceso de interiorización espiritual que implica a su vez ampliación del espacio y dilatación del horizonte, aunque, como ya apuntamos, en un sentido muy distinto al de la perspectiva masculina. Ésta lo amplía "de verdad", porque al pensamiento le sigue la acción. La ensoñación femenina, en cambio, construye tan sólo espacios imaginarios, encerrados para siempre en la fantasía.

Hay en *Effi Briest,* no obstante, un ejemplo de interiorización que parece diferir del modo ortodoxo. La protagonista contempla, a través de la ventana, el solitario paisaje. A partir de su descripción, sin embargo, el pensamiento de Effi no se traslada hasta el pasado ni se consuela tampoco con espacios inventados. El espacio evocado es el entorno doméstico, el interior "real" de su hogar presente: *"Effi aber empfand nichts von dieser Einsamkeit, denn ihre Phantasie war noch immer bei den wunderlichen Dingen, die sie, kurz vorher, während ihrer Umschau haltenden Musterung im Hause gesehen hatte"* [Sin embargo, Effi no experimentaba sensación alguna de soledad, pues su mente seguía rumiando las curiosidades que hacía poco había visto en el curso de la visita de inspección por la casa (84)] (63-64).[8] Esta dirección del pensamiento hacia un espacio concreto y presente y no hacia esos difusos espacios del recuerdo sugiere que, por una vez, nos hallamos ante el enérgico modo masculino de internarse en un espacio y de ampliar sus horizontes. Pero un análisis más detenido roba toda validez a tan apresurada deducción. Al fin y al cabo, el espacio contemplado es entorno doméstico y, por tanto, reflejo convencional —porque así lo postula la estrategia narrativa del siglo XIX— del cuerpo y del alma femeninos. Repasando con la memoria el misterioso paisaje interior de su nuevo hogar, se contempla Effi en realidad a sí misma y pasea una mirada temerosa por esa nueva etapa de su existencia. El símbolo, ciertamente, tiene mucho de profético. El maleficio que se le atribuye a la casa (corre el rumor de que está encantada) recaerá más adelante sobre la propia Effi y destruirá su dicha.

El proceso de interiorización —de cuya ortodoxia tampoco escapa, aunque en un principio así parezca, la versión alemana del adulterio— admite, por otro lado, diferentes grados de explicitud. Hay casos —como el citado de *Madame Bovary*— en que el narrador describe profusamente los pensamientos de la protagonista, su monólogo interior; otras novelas, en cambio, se conforman con hacer hablar exclusivamente al entorno. La combinación de la mirada femenina, de la ventana y de lo que

---

[8] Traducción de Pablo Sorozábal Serrano.

se "ve" a través de los cristales es, muchas veces, suficientemente expresiva y decidora. Particularmente Fontane hace de
las ventanas que delimitan el espacio en *Effi Briest* símbolo tan
escueto como eficaz.

Pero, regresemos antes a los estereotipos observados en ese
importante párrafo-*mise en abîme* contenido en la novela de
Flaubert. La funesta combinación, en toda literaria existencia
femenina, del ocio, del aburrimiento que de él brota, de la
ventana como remedio tan sólo ilusorio de la monotonía, de
la naturaleza como trampolín hacia espacios estériles, es causa
y consecuencia del alma errática de la mujer y de la proverbial
debilidad de espíritu que le atribuye la tradición androcéntrica. De esta debilidad de espíritu nace el impulso, la decisión
disparatada y repentina. Nótese que en el tipo de novela que
nos ocupa, este impulso suele degenerar con sintomática insistencia en religiosos fervores de índole mística o en eróticos
delirios y apasionamientos. En la cita mencionada, Emma
abandona su lugar frente a la ventana abierta y se dirige apre-
suradamente y sin verdadera conciencia de ello hacia la iglesia.
A través de la ventana, contempla varias veces a Léon (120,
130) y se deja contemplar por él. Una ventana abierta será,
igualmente, la que le mostrará, por primera vez, la imagen de
Rodolphe. A esta escena última le seguirá muy pronto un parecido arranque, esta vez de índole amorosa:

Un matin que Charles était sorti dès avant l'aube, elle fut prise par
la fantaisie de voir Rodolphe à l'instant. On pouvait arriver promp-
tement à la Huchette, y rester une heure et être rentré dans Yonville
que tout le monde encore serait endormi. Cette idée la fit haleter de
convoitise; elle se trouva bientôt au milieu de la prairie, où elle mar-
chait à pas rapides, sans regarder derrière elle [192].

[Una mañana en que Charles había salido antes del amanecer, Emma experimentó el capricho de ver inmediatamente a Rodolphe. En muy poco tiempo podía llegarse a la Huchette, permanecer ahí una hora y regresar a Yonville cuando aún estuviese dormido todo el mundo. Semejante idea la hizo jadear de deseo, y pocos momentos después se hallaba en la pradera, por donde avanzaba rápidamente y sin mirar hacia atrás (155).][9]

Como en *La Regenta* y en *Ídolos rotos,* también en *Madame Bovary* se recurre a ese paralelismo convencional entre la pasión erótica y el fervor religioso.

Observábamos en el capítulo dedicado a las funciones de la ventana que con ésta y sus diversas variantes se construye, en ciertas novelas, toda una retórica espacial que sirve de apoyatura al argumento, le añade un acento redundante y dice, con la condensada brevedad del símbolo, lo que, de lo contrario, habría que expresar en muchas palabras. Así, la numerosa colección de ventanas abiertas en *Madame Bovary* mantiene, a lo largo del texto, un silencioso diálogo con esas otras ventanas que se defienden contra el exterior. Al instante del ensueño y de la interiorización espiritual, instante simbolizado en la ventana abierta, le siguen raros y felices momentos de exteriorización de los sentimientos y de apasionadas confesiones amorosas:

Il y a d'autre part les fenêtres closes et les rideaux tirés, réservés aux rares moments oú Emma, coïncidant avec elle-même et avec le lieu de son existence, n'a plus besoin de se diffuser dans l'illimité de la rêverie, mais se ramasse sur elle-même, dans la phase initiale et heureuse de ses passions: à Rouen, avec Léon, dans "la voiture à stores tendus [...], plus close qu'un tombeau", puis dans la chambre d'hô-

---

[9] Traductor desconocido.

tel où ils vivent enfermés toute la journée, "volets fermés, portes clo-
ses"; "atmosphère de serre chaude", dit un des scénarios. Il en avait
été de même avec Rodolphe, lorsqu'Emma, au début de leur liaison,
allait le surprendre à la Huchette, dans la pénombre que mettait en
sa chambre "les rideaux jaunes, le long des fenêtres" [Rousset, 124].

[Están, por otra parte, las ventanas cerradas y los visillos corridos,
reservados a los escasos momentos en que Emma, al coincidir con
ella misma y con el lugar de su existencia, ya no siente la necesidad de difuminarse en el espacio ilimitado de sus ensueños. Todo lo
contrario, se recoge dentro de sí misma, en la fase inicial y dichosa
de sus pasiones: en Rouen, con Léon, en "el carruaje oscurecido
por las cortinas, más cerrado que una tumba"; en el cuarto del hotel donde permanecen recluidos el día entero, "las contraventanas
y las puertas cerradas"; "atmósfera cálida de invernadero", se dice de uno de los escenarios. Y lo mismo había sucedido con
Rodolphe, cuando Emma, al comienzo de su relación, corre a
sorprenderlo a la Huchette, en la penumbra que, en su habitación, crean "las cortinas amarillas, a lo largo de las ventanas".]

Effi Briest se nutre igualmente de la sutil retórica espacial de
la ventana para el relato del adulterio femenino. Tanto la novela
alemana como la francesa se distinguen por su talante rítmico,
por esa constante alternancia de las emociones y de los espacios.
Y es que el tema de la novela, de alguna manera, exige ese ritmo.
Las dos protagonistas llegan al matrimonio sin saber. Ambas,
poco a poco —la morosidad es otra de las principales características en ambas novelas— irán formándose una opinión de
sus maridos y acabarán adivinando su mediocridad. Este proceso inicial, que lleva de la ilusión al desencanto y de la ignorancia feliz a la sabiduría desdichada, se repite una y otra vez a
lo largo de las novelas. A cada episodio epifánico —ya se deba

éste a un encuentro amoroso, al éxtasis religioso o a la exaltación onírica y erótica— le sigue un descorazonador regreso a la cotidianidad. No obstante, la manera de expresar esta rítmica sucesión de ascensos y de descensos es distinta en los dos relatos. En la novela de Fontane, antes que esos contrastes entre símbolos espaciales distintos (como es el caso de la ventana abierta *versus* la ventana cerrada), se hace empleo de un mismo cronotopo inserto, sin embargo, en espacios diferentes. Así, el luminoso salón, de ventanas abiertas y cortinas que se mueven al viento, en la casa del matrimonio (el único recinto, por cierto, que irradia cierta amabilidad) recuerda a Effi la luminosidad del domicilio paterno. Paradójicamente, ese salón le está vedado, porque en él habita el misterioso fantasma que la llena de terror. Tras establecer, con la ayuda del símbolo de la ventana abierta, un vínculo espacial entre las dos existencias de Effi —su pasada y feliz existencia de soltera, su actual y tristísima vida de casada—, el narrador pone especial empeño en deshacerlo.

Algo muy parecido ocurre con los espacios al aire libre. El jardín de Hohen-Cremmen, la ciudad natal de Effi, es escenario de sus inocentes juegos de niña. En la terraza de Kessin, esa especie de cuadrilátero protegido en tres de sus lados por gruesos lienzos de lona, de tal forma que el lado desguarnecido se abre, como una ventana gigantesca, hacia el mar y la playa, conoce Effi a Crampas, su futuro amante, y se inicia el ilícito intercambio de miradas y de gestos: *"Das war der erste Tag* —recuerda más adelante la protagonista—, *da fing es an"* [Ése fue el primer día, ahí empezó todo]. Los amores adúlteros de Effi se consuman, como la primera aventura de Emma, al aire libre: *"Mais cette première passion* —comenta Rousset— *est habituellement une passion de plein air, forêt ou jardin; ici, pas*

de fenêtres du tout" [Pero esta primera pasión es, habitualmente, una pasión al aire libre, un amor de bosque o de jardín.
Y, en tal caso, no hay ventanas] (124). Así es: la pasión prohi-
bida de Effi —que el narrador tiene cuidado de no referir explícitamente— tiene lugar fuera de la casa. Se nos habla de los largos y solitarios paseos de Effi, de la dificultad que tiene la
criada para encontrar a su dueña. Pero los paseos, insistimos,
están, en el texto, vacíos. El escenario —dada la parquedad
narrativa— lo pone el lector, ayudándose del conocimiento
que, gracias a preliminares descripciones, tiene del paisaje de
la comarca. Es un amor, pues, sin paisaje y sin ventanas. Y, sin
embargo, las funestas consecuencias de la aventura amorosa se
expresarán a través de este símbolo espacial. La noticia del tras-
lado a Berlín es para Effi una gran liberación. Atrás queda
Kessin, sus vientos llenos de salitre, el mar desatado, atrás queda el adulterio, ese amor desguarnecido que le pesa, atrás queda
también la casa embrujada que siempre le infundió temor y en
la que nunca llegó a sentirse a gusto. No es de extrañar, por
tanto, que el nuevo domicilio berlinés se describa siempre
lleno de luz y con la puerta de la terraza siempre abierta. A esta
tendencia ascendente del ánimo de Effi, a este sonriente episodio de su vida, le sigue un nuevo descenso, como era de
esperar de la cadencia rítmica de la narración y de sus espacios.
A Innstetten le llegan noticias de la pasada infidelidad de su
mujer, y ésta, a partir de ahí, vivirá sola, en un pequeño piso
sin jardín, sin balcón, de ventanas siempre cerradas.

El ritmo ascendente y descendente —símbolo vertical— de
espacios luminosos y sombríos, de ventanas que se abren y se
cierran, irá acompañado, en *Effi Briest,* de la tenaz imagen (símbolo esta vez horizontal) del paso del tren. Según Hamann, el
ferrocarril sirve de medio de locomoción y, sobre todo, de esla-

bón vinculante entre los distintos espacios y las distintas etapas vitales de la protagonista (142). El interés narrativo, no obstante, la verdadera fuerza simbólica del tren radica en lo que tiene de imagen que se contempla, de paisaje que activa el dispositivo de las emociones femeninas. El paso del tren, contemplado desde la estación de Kessin, suscita en Effi la nostalgia y las ganas de aventura. Pareciera que estas dos sensaciones son contradictorias. Al fin y al cabo, la nostalgia, en este caso, remite a la protagonista al pasado y al lugar de su infancia, mientras que la sed de aventura señala hacia el futuro, hacia el excitante misterio de los espacios desconocidos. Sin embargo, ya observamos a la luz de *La Curée* que, en la novela decimonónica y en la imaginación de sus personajes femeninos, infancia y aventura, pasado y futuro, existen en estrecha convivencia y esquivan, con asombrosa agilidad, ese instante presente desde el cual sueñan, anticipan y recuerdan. El paso del tren por la estación de Kessin es, en *Effi Briest,* símbolo introductorio, encargado de preconizar la llegada de unos amores ilícitos. Nótese que la presencia en el ánimo femenino de ese indomable anhelo de aventura va indisolublemente unido a la figura masculina y al amor pasional como epifánica revelación de un nuevo espacio menos vacío y monótono que el de todos los días.

El tren y la ventana abierta son, pues, símbolos paralelos, que expresan con parecida eficacia esas dos ansias, intercambiables y sinónimas, de amor y de excitante novedad. Cuando los dos símbolos se superponen, su efecto, lógicamente, es redundante y de semántica intensificación. Los aposentos de las hermanas Barby, en *Der Stechlin,* tienen un pequeño mirador con un balcón, desde el cual se contempla, a lo lejos, el paso del tren:

Wenn ich in unserer Nische sitze —dice Melusine, la más aventurera y audaz de las dos hermanas— *die lange Reihe der herankommenden Stadtbahnwaggons vor mir, nicht zu nah und nicht zu weit, und sehe dabei, wie das Abendrot den Lokomotivenrauch durchglüht [...], was will Ihre grüne Tiergartenwand dagegen? Und dabei wies die Gräfin auf einen gerade vorüberdampfenden Zug, und die Baronin gab sich zufrieden* [113].

[Cuando estoy sentada en el mirador, y tengo ante mí, no demasiado cerca, pero tampoco demasiado lejos, la larga fila de los vagones del tren que va aproximándose, cuando contemplo cómo la luz del atardecer tiñe de rojo violento el humo de la locomotora... ¡Qué poco vale, a cambio, la vista de usted, ese muro de verdor que rodea al *Tiergarten!* A la vez que decía esto, la condesa señaló un tren que pasaba en aquel momento, echando nubes de vapor, y la baronesa tuvo que darse por vencida (124).][10]

De acuerdo con la convención al uso, le sucede inmediatamente a esta descripción ese otro evocador retrato de una Armgard soñadora y enamorada:

Ein solcher Abend war auch heute; die Balkontür stand auf, und ein kleines Feuer im Kamin warf seine Lichter auf den schweren Teppich, der durch das ganze Zimmer hin lag. [...] Ganz in der Nähe des Kamins sass Armgard [...] in ihrem Stuhl zurückgelehnt, die linke Fusspitze leicht auf den Ständer gestemmt. Die Stickerei, daran sie bis dahin gearbeitet, hatte sie [...] aus der Hand gelegt und spielte statt dessen mit einem Ballbecher, zu dem sie regelmässig griff, wenn es galt, leere Minuten auszufüllen [113].

[La tarde de hoy era parecida a aquélla; la puerta del balcón permanecía abierta, y la pequeña lumbre que ardía en la chimenea

[10] Traducción de María Teresa Zubiaurre.

iluminaba la pesada alfombra que cubría el suelo de la estancia. Armgard se hallaba reclinada en su silla, muy cerca de la chimenea; la punta del pie izquierdo descansaba levemente sobre el guarda-fuego. Interrumpió la labor de bordado, con la que habíase entretenido hasta entonces y se dispuso, a cambio, a jugar con un vaso, de cuyo fondo pendía un hilo, sujeto a su vez a una pequeña pelota. Recurría siempre a ello cuando se trataba de llenar minutos vacíos (124-125).][11]

Esos minutos no son vacíos, porque los rellena el pensamiento: *"Du sitzt so märchenhaft da"* [Pareces como sacada de un cuento (125)] (113),[12] le dice Melusine a su hermana, mientras la contempla con pícara sonrisa. Amor y aventura, pues, representados de forma separada por cada una de las hermanas —Melusine es la aventura, el espíritu audaz, Armgard, el amor, el espíritu receptivo—, se juntan y superponen en el doble símbolo espacial del balcón (de la ventana abierta) y del ferrocarril.

Pero, regresemos a *Effi Briest*. La novela, que en sus páginas iniciales incluye la mencionada visita a la estación de Kessin, recoge, ya hacia el final del relato, esa otra imagen clausuradora del tren contemplado desde la ventana del "destierro". Obsérvese igualmente cómo se repite el cliché "didáctico" de un personaje masculino mostrándole el paisaje a un personaje femenino, debilitado, en este caso, por la enfermedad:

Erlauben sie mir, dass ich sie bis an das Fenster führe. Wieder ganz herrlich heute. Sehen sie doch nur die verschiedenen Bahndämme, drei, nein vier, und wie es beständig darauf hin und her gleitet [...] und nun verschwindet der Zug da wieder hinter einer Baumgruppe.

[11] Traducción de María Teresa Zubiaurre.
[12] Traducción de María Teresa Zubiaurre.

Wirklich herrlich. Und wie die Sonne den weissen Rauch durchleuchtet! Wäre der Matthäikirchhof nicht unmittelbar dahinter, so wäre es ideal [295].

[Permítame que la lleve hasta la ventana. Una vez más, hoy tenemos una vista espléndida. Fíjese en las vías del ferrocarril, tres, no cuatro, y cómo por ellas pasan los trenes constantemente. Ahora aquel tren desaparece detrás de aquellos árboles. Realmente espléndido. ¡Y el sol, cómo ilumina el humo blanco! Si no fuera porque inmediatamente detrás está el cementerio de San Mateo, sería un sitio ideal (326).][13]

También aquí, como ocurría en *Der Stechlin,* la ventana y el tren se transforman en ese símbolo doble que promete vanamente la aventura y el amor, que más tarde se retracta de la promesa y, ayudado del cementerio como tercer símbolo espacial, acaba, en *Effi Briest,* diciéndole adiós a los sueños y a la vida (Hamann, 143).

LA VENTANA EN "LA JALOUSIE" Y EN "LA QUINTA DE PALMYRA": SUBVERSIÓN Y CONFIRMACIÓN DEL CLICHÉ

La ventana, dada la riqueza y complejidad de sus significados, es un cronotopo especialmente capacitado para generar, a lo largo de un relato, una retórica compleja. Por ello mismo, no se agota con la novela decimonónica. El estudio de este cronotopo en el seno de la narrativa moderna y contemporánea muestra cómo la literatura de nuestro siglo, bien subvierte, bien confirma el estereotipo. Bastarán, para demostrarlo, dos novelas, *La*

---

[13] Traduccción de Pablo Sorozábal Serrano.

Jalousie, de Robbe-Grillet, y *La quinta de Palmyra,* de Gómez de la Serna.

El caso de Robbe-Grillet tiene un interés especial, puesto que no sólo su creación literaria sino también sus reflexiones teóricas critican abiertamente la ficción realista, a la vez que de forma consciente intentan ofrecer una alternativa literaria a la novela decimonónica. Según el escritor francés, *"les formes vivent et meurent, dans tous le domaines de l'art, et de tout temps, if faut continuellement les renouveler: la composition romanesque du type XIX siècle, qui était la vie meme il y a cent ans, n'est plus qu'une formule vide, bonne seulement pour servir a d'ennuyeuses parodies"* [dentro del ámbito artístico, las formas viven y mueren, razón por la cual se hace necesaria una renovación constante. La composición novelesca al estilo del siglo XIX, que era la vida misma hace cien años, ahora no es sino una fórmula vacía, que sólo sirve para construir con ella tediosas parodias] (114). No obstante, esta cita ha de leerse con cierto grado de escepticismo. Aunque es cierto que Robbe-Grillet ataca abiertamente el modo realista, no es menos verdad que sus propias novelas constituyen un comentario incesante a la novela decimonónica. Muchos de los mecanismos narrativos empleados por los autores realistas sufren alteraciones y subversiones, pero son numerosos igualmente los que permanecen y de esta forma vinculan la novela moderna con su antepasado literario. Como apunta Jost,

For Robbe-Grillet, as for the other New Novelists, discourse has always served a double purpose: that of both "proscribing" a certain practice of literature —in short, the nineteenth century— and "describing" the paths of its creation. In the 1970s [...], theory was invested with a new mission: that of "prescribing" [...] The description of the functioning of the novels acquires the virtue of a prescription, *of a scriptural "edict" which the budding writer is to follow to construct a fiction* [45].

[Para Robbe-Grillet, como para los demás novelistas del Nouveau Roman, todo discurso cumple siempre con un doble propósito, a saber: el de "proscribir" cierta práctica literaria —en este caso, la ejercitada durante el siglo XIX— y el de "describir" los derroteros seguidos por la creación. En los años setenta […] la teoría debía desempeñar una nueva tarea, precisamente la de "prescribir". […] La descripción del funcionamiento de las novelas adquiere el talante de una prescripción, de un "edicto" escritural que el autor inexperto ha de seguir si quiere construir un texto narrativo.]

Robbe-Grillet logra extraer el principio constructor que rige la novela realista. Una vez identificada la existencia de un sistema abstacto, de una suerte de receta narrativa, ciertos elementos o ingredientes de este sistema pueden fácilmente alterarse y sustituirse por otros más innovadores o rupturistas. Pero, por muy audaces y atrevidas que resulten tales innovaciones, siempre queda impresa, en el nuevo texto, la huella indeleble del modo realista. Cada una de las novelas de Robbe-Grillet introduce una nueva alteración de la norma y se entretiene en omitir un ingrediente distinto del menú. Stolzfus observa que "en *Les Gommes* se echa en falta un asesinato, en *Le Voyeur,* un crimen, y en *La Jalousie,* un personaje" (103). Pero el personaje desaparecido del último ejemplo no impedirá al lector seguir el argumento, puesto que hay otros aspectos y pistas narrativas que reconoce y que recuerda haber identificado en las novelas de hechura ortodoxa. El diseño espacial, sobre todo, contribuye en gran medida a la comprensión exacta de *La Jalousie.* La polaridad interior-exterior, a la que con tanta frecuencia recurre la novela realista, es igualmente significativa en el texto de Robbe-

Grillet. Por esa razón, se da especial importancia, en *La Jalousie*, "a esos *cronotopoi* (ojos de cerradura, ventanas, puertas, túneles, etc.) que actúan a modo de agentes mediadores entre dos o más espacios" (Stolzfus, 103). Y, como ocurre en la narrativa decimonónica, tanto la polaridad espacial interior-exterior como los distintos espacios intersectivos se fundamentan en las distinciones de género, en el sexo de los personajes.

En *La Jalousie*, la imagen tradicional de la "ventanera" cede su sitio al "ventanero", marido celoso que a través de las rendijas de la persiana espía a su mujer. Llama la atención, no obstante, que este elemento innovador (acompañado de otra inversión espacial: a lo largo de toda la novela, el hombre permanece dentro, la mujer, fuera de la casa) conviva con una serie de oposiciones binarias de corte perfectamente convencional, las cuales son confirmación rotunda de lo que el estereotipo ha dicho y aún sigue diciendo de la naturaleza femenina: frente al orden masculino, el desorden femenino, frente a la razón, el instinto, frente a la civilización (simbolizada con la casa), la naturaleza, etcétera.

> If the inside of the house is a bastion of order, reason and colonial power [...], then the vegetation outside signifies not only the random disorder of natural phenomena but also the threatening potential of native anticolonial attitudes. [...] The husband's sense of order is in conflict with A...'s propensity towards disorder. Her actions (implied liason with Frank, familiarity with servants, nonjudgmental attitude concerning sex between blacks and whites) menace the husband's equilibrium as well as colonial stability [Stolzfus, 105].

[Si el interior de la casa es un bastión donde reinan el orden, la razón y el poder colonial, entonces la vegetación del exterior no sólo significa el desorden lógico de los fenómenos naturales, sino también el riesgo de que se produzcan reacciones anticolonialistas por parte de los nativos. El sentido del orden que impregna el comportamiento del marido entra en conflicto con la propensión de A... hacia el caos. Sus acciones (presunta relación con Frank, familiaridad con los sirvientes, actitud tolerante para con las relaciones sexuales entre negros y blancos) constituyen una amenaza para el equilibrio del marido, así como para la estabilidad colonial.]

La sospecha de un adulterio, sospecha que, a medida que avanza el argumento, va convirtiéndose en la doble obsesión del marido celoso y del lector contagiado de esos celos, inmediatamente explica el hecho de que la mujer aparezca situada en el exterior y desprovista de la protección hogareña. Ello anula, a su vez, la dimensión aparentemente innovadora y rupturista de la disposición espacial. Basta recordar a Effi Briest que, en las escenas iniciales del adulterio, recibe a su amante en el ámbito desguarnecido de la terraza. La "extraña pasión" que Mme. Roland (personaje de comportamiento sexual igualmente ilegítimo, en *Pierre et Jean)* siente por el mar, señala en la misma dirección. Cada vez que un personaje femenino aparece retratado en contacto directo con la naturaleza o con la ciudad y fuera, en todo caso, de las paredes hogareñas, el lector automáticamente es llevado a sospechar de su integridad moral. Aquí, Robbe-Grillet rinde pleitesía, sin duda, al más ortodoxo patrón realista. Mercier nota que

The character of La Jalousie, *like all of us, sees not only what is objectively present to the open eye but what memory, dream, imagination, or even hallucination present to the "mind's eye". To that extent, we are allowed to penetrate the mind of the jealous husband, but we can never be entirely sure of just which scenes are observed with his outer eye and which by the inner eye, since both types of vision are treated as identical* [167].

[El protagonista de *La Jalousie,* al igual que los lectores, no sólo contempla lo que objetivamente se presenta ante la vista, sino lo que los recuerdos, los sueños, la imaginación e incluso las alucinaciones ofrecen a la percepción mental y subjetiva. De esa forma, podemos penetrar la mente del marido celoso, pero nos es imposible saber con certeza qué escenas ocurren y son vistas de verdad, y qué imágenes brotan, en cambio, de la fantasía y de las cavilaciones, ya que ambos tipos de visión reciben idéntico tratamiento.]

Robbe-Grillet, al borrar los límites que separan el "ojo interno" de la percepción externa, subvierte el sagrado principio realista según el cual debe distinguirse siempre entre lo que objetivamente ocurre y se ve y lo que subjetivamente se piensa, imagina, desea o teme. Esta novedad narrativa y de percepción de la realidad con respecto al modo decimonónico no se hace extensiva, sin embargo, al diseño espacial. Mientras que la frontera entre la percepción interna y la externa se difumina y desaparece, la línea de demarcación entre el interior (la hacienda colonial) y el exterior (la terraza y el paisaje estereotipado de la plantación) conserva, a lo largo de la novela, la nitidez y la precisión iniciales.

La hábil combinación de mecanismos o *cronotopoi* convencionales con una serie de estrategias narrativas innovadoras no termina aquí. Mercier, al referirse a una escena concreta de la novela, en la que A…, la mujer supuestamente infiel, se está cepillando el pelo, señala que "mientras que la situación —una mujer peinando su larga cabellera— es 'convencionalmente evocadora', la descripción no lo es en absoluto". Para Mercier, "tiene

toda la precisión y la frialdad descriptiva de una escena cine-
matográfica", de tal forma que si "uno no hubiera alguna vez
contemplado con emoción (una escena parecida) en la vida
real, en el teatro o en el cine, muy probablemente sería muy
difícil sentir esa misma emoción ante la descripción de *La
Jalousie*" (171).

Lo que Mercier llama con cierta inexactitud una "situación"
merece el calificativo más exacto de "cliché espacial". Y lo que
la estudiosa dice haber observado en la realidad sin duda debe
haberlo leído, incluso con mayor frecuencia, en toda suerte de
novelas. Por ello, no es tanto la frialdad de la descripción objetiva y científica como la naturaleza estereotipada del cronotopo
lo que roba toda emoción a la escena. Nuevamente, la estrategia narrativa es innovadora, mientras que el contenido, el tema
espacial, renuncia deliberadamente a toda subversión audaz.
Los celos del marido presuntamente ultrajado, la pasión salvaje
que le inspira la esposa infiel —un argumento a su vez perfectamente convencional— se materializa literariamente en las imágenes estereotipadas, inagotables, de una mujer peinándose la
cabellera densa y lujuriante, de una mujer leyendo (o escribiendo) una carta de amor en la intimidad de su gabinete, de una
mujer esperando la llegada de su amante, de una mujer sentada
ante un espejo o mirando, con ojos soñadores, a través de los
cristales de una ventana. Hay escenas, incluso, donde varios de
estos *cronotopoi* (una mujer peinándose ante un espejo, una ventana, una mirada masculina) se condensan en una sola estampa.

*L'envers du miroir est une plaque de bois plus grossier, rougeâtre égal-
ement, mais terne, de forme ovale, qui porte une inscription à la craie
effacée aux troix quarts. A droite, le visage de A..., qu'elle penche
maintenant vers sa gauche pour brosser l'autre moitié de la chevelure,*

laisse depasser un œil qui regarde devant soi [...] vers la fenêtre bean-
te et la masse verte des bananiers [La Jalousie, 68].

[El reverso del espejo es una placa de madera más tosca, igualmente rojiza, pero opaca, de forma oval, que lleva una inscripción
en tiza, borrada en sus tres cuartas partes. A la derecha, el rostro
de A…, que ella inclina entre tanto hacia la izquierda, para cepi-
llar la otra mitad de su cabellera, deja pasar una mirada que dirige hacia delante, hacia la ventana abierta y la masa verde de los
plátanos.]

La imagen igualmente ortodoxa de una silueta femenina re-
cortada tras los cristales de una ventana y contemplada desde
el exterior, también está presente en *La Jalousie,* aunque lo cierto es que la perspectiva desde el interior, hacia fuera, es mucho
más frecuente en la novela de Robbe-Grillet.

El personaje femenino, pues, se halla ocupado y preocupado
con empresas "típicamente" femeninas (se cepilla el pelo ante un
espejo, se sienta frente a la ventana, espera a su amante, etc.).
En efecto, al quedar el personaje reducido a un comportamiento ortodoxamente femenino, adquiere la rigidez y la sim-
plicidad semántica de la alegoría. Es una definición esquemática
de la feminidad, tal y como la concibe una percepción masculinista igualmente estereotipada. Representada casi siempre como
figura inmóvil, se acerca más a una pintura, a una ilustración,
que a una entidad viviente. Su hierática inmovilidad, por otra
parte, contrasta fuertemente con los movimientos abruptos, los
gestos vivaces y expresivos del amante. De la misma forma, las
muchas horas vacías, sin ocupaciones visibles, durante las que
la protagonista permanece en la amplia terraza, se oponen (como
ya ocurre en un episodio similar de *Madame Bovary)* a la ardua

labor realizada de sol a sol por los trabajadores negros, en los campos de la plantación.

La rígida ortodoxia de la dicotomía interior-exterior, masculino-femenino llega aún más lejos. El *voyeurismo* del marido, al que el tema espacial de la ventana sirve de elemento intensificador y de oportuna apoyatura semántica, de forma consciente alude a los numerosos actos de *voyeurismo* que aderezan la novela realista. El hecho, por otra parte, de que el *voyeur* sea invisible, añade un comentario enfático a una circunstancia narrativa de sobra conocida, a saber: que el personaje masculino está ahí no para ser visto, sino para capturar visualmente al objeto del deseo, un deseo y una visión que inmediatamente comparten los lectores y que con la misma rapidez los convierte también a ellos en *voyeurs*. El objetivo primordial, pues, del narrador es el placer del lector (masculino) y ello se logra dedicando el mayor número posible de páginas a la descripción "directa" y no mediatizada del personaje femenino, así como las menos páginas posibles al retrato de la entidad masculina. No se nos olvide, sin embargo, que los sentimientos que el protagonista-*voyeur* dedica a la mujer amada, así como la manera en que la ve e idealiza, revelará, a la postre, su propia naturaleza y no la de ella. "Todo lo que, al final, nos es dado contemplar (observa Genette a propósito de *La Jalousie)* es un hombre casero y maniático, un observador fastidioso" (Roudiez, 148).

La ventana en el relato de Robbe-Grillet desempeña, pues, diferentes funciones, todas ellas claramente "sexuadas" y contagiadas de la retórica espacial de la novela realista. La hábil combinación de estas funciones desemboca en lo que Stolzfus acertadamente llama la "topología dialéctica" de *La Jalousie*. El marido celoso se esconde tras la "celosía" (el sustantivo español reproduce parcialmente el doble sentido de la palabra francesa *jalousie,* que significa tanto celos como persiana), mientras que su mujer, con frecuencia, aparece retratada enfrente de una ventana abierta. El espacio clausurado de la hacienda simboliza al personaje masculino y el orden tranquilizador de la razón. Por el contrario, la ventana abierta, los espacios desguarnecidos de la terraza y de la plantación (sinónimo de naturaleza) son prolongación metonímica de la protagonista. Esta última es considerada (por esa doble instancia hecha de celos y de conservadora cautela que son el marido y los lectores) una energía amenazadora y funesta, que se equipara a la fuerza igualmente incontrolable y caótica de la naturaleza. Finalmente, la ventana permite al lector "ver" y, por tanto, "crear" el argumento, ya que es un personaje masculino (instancia siempre activa y creadora) el que mira a través de los cristales. Por otro lado, esa misma ventana es también la que hace soñar, la que interrumpe, provisionalmente, el transcurso de los acontecimientos, cada vez que a través de ella se vislumbra la silueta de la protagonista. Al igual que ocurre en la narrativa del realismo, es la perspectiva masculina la que hace avanzar el argumento; y el punto de vista femenino, en cambio, el que paraliza el tiempo e interrumpe la acción.

La quinta de Palmyra, de Ramón Gómez de la Serna, que ha de leerse igualmente como paródica exageración y confirmación de ese conjunto de clichés sobre la mujer inmortalizados en la novela decimonónica, no puede descuidar un tema espacial tan convencionalmente "femenino" como es el de la ventana. El escritor español, antes que negar o invertir papeles, situaciones y espacios, exagera y añade énfasis al modelo heredado de la tradición. Es la suya una rebeldía que se manifiesta a través de la acumulación, que es suma y no resta y que, como la de Valle-Inclán, se decide por la fuerza expresiva de la exageración y de la desmesura. Así, sabedor de que en la novela realista el sobrecargado gabinete femenino es continuación metonímica de la mujer y redundante esfuerzo por definirla, no sólo abarrota la quinta de objetos, sino que se extiende largamente en describirlos, en personificarlos, como si en ellos —particularmente en el símbolo espacial de la ventana— residiera efectivamente el alma toda y el cuerpo de Palmyra, como si su espíritu se agotara en lo que los objetos dicen de ella:

> Todos los balcones y todas las ventanas tenían visillos blancos de fina batista con ondulada muceta. La ropa blanca de los balcones siempre estaba aseada y se lucían los embozos de la intimidad de la casa encañonados y pulidos como chorrera de blusa blanca. Se presentía detrás de esas muestras un pecho limpio y puro de mujer pulcra que huele al alba angélica de la ropa blanca muy bien lavada y oreada. Iría bien a los senos de la mujer que se asomase detrás de esos visillos su gran presentación rizada y atirabuzonada [161].

El realismo, si bien utiliza la descripción como recurso metonímico y abusa asimismo de la peculiar simbología de la ventana para definir a sus personajes femeninos, nunca se atreve a tan explícita metáfora. Pero éste, ya lo dijimos, es el clásico procedimiento ramoniano: aprovechar el manido recurso en vez de desecharlo y añadirle su buena dosis de exageración. Una exageración con la que no sólo se persigue un fin paródico, sino, sobre todo, poético y de lírica exaltación de la figura femenina. Pero aún avanza más Gómez de la Serna en la bienhumorada acentuación del código realista. Cuando sale Palmyra al campo, vestida de amazona, no le sirve el paisaje de marco, no da realce a su belleza airosa, ni se contagia la naturaleza del estado de ánimo de la protagonista. Todo lo contrario: es la frágil figurita humana, con su sagrado valor de objeto, la que añade al espa-

cio una valiosa nota ornamental: "Quedaba el paisaje dominado, enamorado, saciado con el paseo de la fina amazona de
breve cintura clásica y busto en punta. [...] Día que no sales
—le había dicho Armando— es día que todo parece más hostil y como si algo faltase en la *toilette* del panorama" (187-188).

Tanto insistió el realismo en que el cronotopo femenino es
el espacio doméstico, tanto se empeñó en dibujar como anormal toda situación en que la mujer no se identifica con su
hogar *(Pierre et Jean,* de Maupassant, y *Tinieblas en las cumbres,*
de Pérez de Ayala, ofrecen un admirable retrato de ese otro
estereotipo de la mujer desnaturalizada, así como *Howard's End*
lo es de la mujer fiel a su naturaleza, enamorada instintiva de
su casa-nido), que Gómez de la Serna acaba creyéndoselo y
vuelve a caer, como era de esperar, en la poética desmesura. En
la novela que comentamos, el centro, el verdadero protagonista es siempre la quinta, como lo era la villa en *Howard's End,*
y la mujer, su prolongación y su apéndice. A lo más, son dos
piezas intercambiables. Los amantes se van, no por ella, sino
por la quinta (o por ella y la quinta, es lo mismo, la quinta y
Palmyra son espacios idénticos y gemelos). Los hombres, es-
quinados y duros, no comprenden "el alma de las cosas". Por
ello, al final ha de ser una mujer la que se quede con Palmyra,
porque sólo una mujer sabe mezclarse, confundirse con la
atmósfera del palacete y del campo entero. En esta novela-gre-
guería, no hay contraste entre lo de fuera y lo de dentro. El idílico rincón del paisaje portugués es todo él una gran casa, un
nido acogedor y muelle que se adapta a las formas femeninas:
"Se sentaban los dos en la playa, que tan gran estuche de mujer
es". La playa, la quinta y su jardín, la difuminada verdura del
paisaje van dictando, a medida que avanza la novela, la difícil
lección de quedarse:

¿En qué piensas?… En que te llevaría a un viaje… ¿A un viaje?…
Sí. No sé cómo puedes estar aquí siempre… A un barco parado
se le ponen sucios los fondos… Si pudiésemos empujar hacia la
mar esta Quinta y que navegase… De ningún modo… Me aga-
rraría desde las ventanas a las ramas de los árboles para contener-
la… Son sus cimientos en la tierra lo que más me gusta… No te
comprendo… No te acabo de comprender. Pues es tan fácil…
No quiero perderme fuera de aquí… Más que vivir la vida, la
vamos leyendo, y yo quiero repasarla bien, no distraerme, no perder palabra, no perder ripio… Pero donde más interesante es la
vida es en los viajes —repuso Samuel, siempre poseído por el mal
intrépido de la huida… No… eso es ver láminas, que es lo que te
hace perder más el texto de la vida… Un libro con láminas está
aviado… casi no se lee nunca… lo importante es la letra menuda, monótona, que dice muchas cosas [244].

La presente cita resume la esencia de la novela. Es, ciertamente, su *mise en abîme*. La diferencia no está en el interior y
el exterior simbolizados por la casa y la naturaleza, sino en esa
interioridad y profundización que implica el "quedarse", y la
exterioridad (y superficialidad) del irse y nunca fundirse con el
entorno. Otra cita —otra ventana— que lo confirma: "Estamos como dentro de una pecera, colocados así detrás del cristal y viendo caer agua —dijo Armando". El lector, inmediatamente, adivina detrás del comentario la incipiente inquietud, el
ansia masculina de movimiento. Responde, como no, Palmyra:
"¿Y no es tan bonito estar en el nido de una pecera, los dos jun-
titos?" (182). Otra vez, la percepción, tan radicalmente opuesta,
de una misma realidad. La pecera, que es pecera-cárcel para él,
se transforma en pecera-nido para ella. Nuevamente, la ventana se hace refractaria a los ojos de la protagonista y, en vez de
abrirse a otros mundos, en vez de despertar su sed de aventura,

remite a Palmyra de vuelta a su hogar e intensifica en ella sus ansias de cobijo. Sin embargo, hay aquí una diferencia esencial con respecto a la novela del realismo. Palmyra, lejos de perderse en evocaciones nostálgicas, como harían las heroínas tradicionales, acepta, de buen grado, su destino. En vez de rebelarse contra él, se identifica plena y gustosamente con su entorno.

Gómez de la Serna ha pretendido definir con estas metáforas espaciales y estáticas de la casa, de la ventana y de la pecera, que se oponen a esos otros símbolos dinámicos del barco, del tren y del viaje, las personalidades irreconciliables de los dos sexos: afán de moverse, violencia del poder y de la ambición en el hombre, sedentarismo abismado y contemplativo de la mujer desde el calor del nido, fusión de ésta con lo que le rodea, comunión tan perfecta con las cosas que se vuelve también objeto, inmóvil y profundo (porque para Gómez de la Serna, las cosas son profundas, misteriosas, y tienen alma). La mujer, en definitiva, en estado primitivo y por ende, "auténtico", la mujer que, según Ramón, ha llegado más lejos con su sensibilidad que el hombre con su inteligencia. No debe descuidarse esa idea del primitivismo como cualidad "positiva" atribuida a la mujer y su instinto doméstico. Ya Bachelard había señalado que la relación bienestar-hogar tiene sus raíces en el comportamiento animal. Pero el primitivismo, ese espíritu de lo primitivo y animal, nos interesa aquí sobre todo porque Gómez de la Serna le atribuye fundamental importancia y porque constituye, además, el ingrediente imprescindible de su propia alma de poeta. Como observa Umbral, uno de los mejores lectores que haya tenido el novelista,

circular o no, el ámbito de Ramón es siempre ámbito que él cierra, con mentalidad de primitivo. Seguramente tiene horror, como los primitivos, al espacio abierto. Más que un niño —que es lo que se ha dicho de él— Ramón es un primitivo fundamental, como vemos, por el horror al vacío, por la escritura ideográfica —¿qué otra cosa son las greguerías?— y por el amor a la circunferencia [32].

Novela circular y recoleta (novela-hogar) es también *La quinta de Palmyra,* el hermético ámbito espacial de su palacio, de su jardín, e igualmente circular y concéntrica es, según el realismo y según Ramón, el alma de la mujer. Con todo, Gómez de la Serna ha exagerado su circularidad y ha henchido hasta el absurdo y con evidente afición surrealista por lo exagerado, ese carácter de objeto, de figura ornamental tan característico en numerosos personajes femeninos. Pero además, el propósito ramoniano de representar al personaje femenino como si se tratara de un objeto se solapa, sin fisuras, con los estándares ideológicos y literarios que establece toda cultura androcéntrica. Según tales estándares o paradigmas, cosificar a la mujer es hacer poesía, es devolver al hombre a su estado más primitivo y, por tanto, poético, cuando era posible aún su fusión y hermandad con el universo. Hofmannsthal dijo en alguno de sus más famosos poemas que sólo la mujer, el poeta y el niño se hallan todavía cerca de su origen y, por tanto, de la naturaleza. Ciertamente, Gómez de la Serna comparte esa creencia, esencialista y masculinista, con el simbolista austriaco.

La quinta de Palmyra constituye un cuidadoso ejercicio de erudición, un compendio de citas y de implícitas referencias, de homenaje admirado y respetuoso al realismo, a su modo de narrar y a su ideología. Incluso el giro sorprendente que al final de la novela da el argumento —en las últimas páginas, se introduce el único amor que dura, el que une, para siempre, los corazones de Palmyra y de su amante femenina— viene a ser confirmación del más tenaz de los estereotipos espaciales, a saber: el que retrata una sensibilidad femenina sedienta de la muelle calidez del nido, sedienta siempre de la callada dulzura y apacible belleza de los placeres domésticos. Esos placeres, no obstante, benefician sobre todo a los personajes y los lectores masculinos. Al fin y al cabo, ellos son los que extraen mayor disfrute del espectáculo íntimo y erótico —símbolo extremo y condensado de feminidad y de domesticidad— en el que se representa el amor entre dos mujeres, un amor que es espejo, repetición y reflejo doble del principio femenino. Ese tipo de escenas, amén de placenteras, son tranquilizadoras. Al fin y al cabo, una mujer (dos mujeres) que deliberadamente renuncian a la conquista del espacio público, que encuentran en el ámbito doméstico la dicha y el amor y que sólo abandonan el hogar para servirle provisionalmente de adorno al paisaje son, sin duda, inofensivas en su incitante pasividad, así como objeto de observación ideal para el más exigente y sensual de los *voyeurs*.

NOTA FINAL

El panorama, el jardín, el paisaje urbano y público, el ámbito doméstico, la ventana forman, en la novela realista, un complejo sistema cronotópico destinado a relatar, mediante el lenguaje espacial, la experiencia de la ciudad. La gran metrópolis constituye, sin duda, un auténtico reto a la percepción decimonónica, cosa a veces difícil de entender desde la perspectiva tan "urbanizada" de nuestro siglo. En todo caso, los cinco temas espaciales citados arriba y a los que he dedicado extensas reflexiones a lo largo de este libro dan respuesta al reto y proponen, como sustitución del movimiento expansivo y lineal de la novela en cuanto viaje, el movimiento profundizador e introspectivo de la novela psicológica. Con la metrópolis, el paisaje adquiere una nueva profundidad, sinónimo de la hondura que los escritores realistas vislumbran en la mente y en el corazón de sus personajes. Pero así como muchas veces da miedo asomarse a las simas de la razón y del sentimiento, también asustan las profundidades del espacio urbano, los misterios agazapados tras sus paredes, el caos inscrito en sus cartografías sinuosas. Y así como el narrador decimonónico pretende, con prurito naturalista, explicar la enigmática arbitrariedad del comportamiento humano, describir y clasificar los humores y los actos, también busca la manera de imponer orden al galimatías espacial. La visión panorámica constituye la forma más fácil y directa de imponer ese orden.

Ciertamente, la silueta de una ciudad destacándose contra

el horizonte, la ciudad como estructura redonda y guarecida, dejándose abrazar por la naturaleza, son, a primera vista, imágenes tranquilizadoras. La novela realista está materialmente abarrotada de esas imágenes que recogen ordenadas vistas panorámicas, en las que la ciudad (tantas veces descrita en actitud pasiva, muelle y como "dormida") adquiere inequívocos rasgos de mujer. Una mujer contemplada por un hombre. Una mujer que él desea con fuerza, y a quien con parecida violencia pretende conquistar. Por ello, al movimiento expansivo y abarcador de la mirada le sigue, en su afán colonizador, un continuo esfuerzo de profundización y de adentramiento en la geografía urbana y, sobre todo, en los espacios interiores y femeninos del ámbito doméstico. Dicho esto, se vuelve difícil hallar en el paisaje panorámico, que es el primer paso imperioso hacia la conquista, restos de serenidad o de inocencia. La visión panorámica, ciertamente, enmarca la realidad, y le pone bridas. A su vez, dentro de ese marco que constriñe, van divisándose nuevas cuadraturas, cada vez más reducidas, al modo, más notado en la narrativa contemporánea, pero no menos presente en la novela realista, de las cajas chinas, o de las muñecas rusas.

El panorama, pues, vuelto sospechoso de tiranía masculina y de imponer disciplina por la fuerza, sirve a las novelas realistas, tanto a las más leídas como a las menos famosas, para exhibir con presunta naturalidad la belleza pasiva e intensamente pictórica de sus mujeres, enmarcada (mejor sería decir aprisionada) por el cuadro de una ventana, de un espejo o de los muros de un jardín. En los personajes femeninos el tedio se hace carne (se hace ventana, jardín, espejo), y en esa carne que se aburre y que sueña desde su cárcel ingresan, inevitables, la tentación y el pecado. Las mujeres se tornan peligrosas y seductoras. Las mujeres se metamorfosean en ciudades. El caos urbano es el de su moral desordenada y confusa. Y su cuerpo oferente, tan apetecible a la conquista como el espacio prometedor de las grandes metrópolis.

Sin duda, la visión androcéntrica de la realidad achaca a los personajes femeninos la culpa (y el encanto) del más acuciante peligro de la nueva clase burguesa, a saber: el exceso (de las cosas, de las ideas, de las pasiones) que destruye todo equilibrio, la fiebre de acumular y de "tener" que instaura el caos. Rosalía de Bringas, con sus innumerables trapos, o Rosanette, en *L'Éducation sentimentale,* con sus incontables *bibelots* y fruslerías, son buen ejemplo de ello. Pero el caso es que la propia novela peca de lo que con tanta acrimonia y misoginia censura. (¿Será la novela, en última instancia, mujer, por sus contradicciones, por sus excesos?) El sistema significativo de la narrativa realista se basa tanto en el juego incesante y simplificador de las oposiciones (interior frente a exterior, femenino frente a masculino, etc.), al igual que en el mecanismo, sentido como una necesidad imperiosa e inapelable, de la redundancia. Esta última estrategia, sobre todo, unida a la de la descripción, hace que el texto, inevitablemente, quede, como el más suntuoso y coqueto de los *boudoirs,* abarrotado de objetos, muchos de ellos repetitivos, amén de baladíes. Ni que decir tiene que entre los muchos adornos y cosas ocupa siempre un lugar destacado la figura femenina (que es una flor, que es un jardín, que es una ciudad).

Los símbolos espaciales, en los que se materializa con notable grafismo y expresividad el sustrato ideológico de un sistema cultural tenazmente masculinista, trascienden el ámbito de la literatura y de la novela. Muchas de las reflexiones recogidas en este estudio pueden, por ello mismo, aplicarse a las artes plásticas del siglo XIX, sobre todo a la pintura. Pero además, y dada la naturaleza dinámica de los *cronotopoi* (los cambios son morosos, pero innegables), se hace necesario transgredir no sólo los límites de los diferentes modos de expresión artística, sino también las fronteras de los siglos y de los periodos. Sin duda, con el realismo se inicia verdaderamente y se consolidan la percepción y representación estéticas del espacio en general y de la experiencia urbana en particular. Pero sobre esa firme base, el arte (aquí también el cinematográfico) y la literatura ensayan nuevas piruetas y, muchas veces con ayuda de diferentes mecanismos paródicos, a la vez rupturistas y nostálgicos, dan expresión a los paisajes de la realidad contemporánea. Los comentarios a dos novelas ya no realistas sino experimentales y firmemente asentadas en el siglo XX (*La quinta de Palmyra,* de Gómez de la Serna, y *La Jalousie,* de Robbe-Grillet) sirvieron, en el capítulo dedicado a la ventana, para confirmar el carácter irónico y, por tanto, dinámico de la simbología espacial. Al fin y al cabo, la burla y la parodia sacuden siempre los cimientos de la realidad y aflojan sus "verdades" enquistadas. A otro estudio, pues, le corresponderá verificar si, a partir de la broma y de la metaficción y atenuada ya la sonrisa, la novela contemporánea efectivamente ha sabido persistir en su alejamiento progresivo de los viejos patrones espaciales. Adelantemos tan sólo que la ficción escrita por mujeres, sobre todo la más reciente, avanza con paso enérgico por ese camino. Ella es, en esencia, la que clausura jardines y cierra ventanas (o los abre de verdad), la que, sin miedo, empuja a sus personajes femeninos a moverse libremente por las ciudades, a escalar, con sed de poderío, las torres y a ascender, por primera vez, hasta la misma cima de las montañas.

BIBLIOGRAFÍA

NOVELAS

Altamirano, Ignacio Manuel, *Clemencia,* en *Obras completas,* tomo III, Secretaría de Educación Pública, México, 1986.

Arenas, Reinaldo, *La loma del Ángel,* Ediciones Universal, Miami, 1995.

Balzac, Honoré de, *Histoire de Treize: Ferragus, La duchesse de Langeais, La fille aux yeux d'or,* prólogo de Gilbert Sigaux, A. Michel, París,

————, *Le Cousin Pons,* Le Livre de Poche, París, 1973.

————, *Le Chef-d'œuvre inconnu,* Flammarion, París, 1981.

————, *Eugénie Grandet,* Societé D'Éditions Littéraires et Artistiques, París, 1900.

————, *Eugenia Grandet,* Porrúa, México, 1997.

————, *La Grénadière,* introducción y notas de Anne-Marie Meininger, Gallimard, París, 1976.

————, *Les Illusions perdues,* Flammarion, París, 1990.

————, *La Maison du Chat qui pelote,* Flammarion, París, 1985.

————, *Le Médecin de campagne,* prólogo de Emmanuel Le Roy Laduire, Gallimard, París, 1974.

————, *La Peau de Chagrin,* Furne, Dubochet, Hetzel, París, 1845.

————, *Père Goriot,* prólogo de Felicien Marceau y edición crítica de Thierry Bodin, Gallimard, París, 1991.

Balzac, Honoré de, *Une double famille,* introducción y notas de Anne-Marie Meininger, Gallimard, París, 1976.

Blest Gana, Alberto, *Una escena social,* Empresa Editora Zig-Zag, Santiago de Chile, 1962.

————, *Martín Rivas,* Biblioteca Ayacucho, Caracas, 1977.

Cambaceres, Eugenio, *Sin rumbo,* Servicio Editorial de la Universidad del País Vasco, Bilbao, 1993.

Clarín, Leopoldo Alas, *La Regenta,* edición, introducción y notas de Gonzalo Sobejano, Castalia, Madrid, 1981.

Díaz Rodríguez, Manuel, *Ídolos rotos,* Monte Ávila Editores, Caracas, 1981.

Dickens, Charles, *Bleak House,* Penguin, Harmondsworth, 1971.

————, *Sketches by Boz,* Penguin Classics, Londres, 1996.

Doeblin, Alfred, *Berlin Alexanderplatz,* Walter, Olten, 1961.

Dos Passos, John, *Manhattan Transfer,* Houghton, Boston, 1953.

Eliot, George, *The Mill on the Floss,* Collins, Londres, 1959.

Flaubert, Gustave, *Bouvard et Pécuchet,* Editions du Point du Jour, París, 1947.

————, *L'Éducation sentimentale,* introducción de Albert Thibaudet, Gallimard, París, 1965.

————, *La educación sentimental,* trad. de Miguel Salabert, Alianza, Madrid, 1995.

————, *Madame Bovary,* Garnier-Flammarion, París, 1966.

————, *Madame Bovary,* UNAM, México, 1972.

Fontane, Theodor, *Effi Briest,* Reclam, Stuttgart, 1986.

————, *Effi Briest,* trad. de Pablo Sorozábal Serrano, Alianza, Madrid, 1983.

————, *Frau Jenny Treibel, Obras escogidas* (Band I), Gebrüder Weiss, Berlín, 1964.

————, *Irrungen, Wirrungen, Obras escogidas* (Band II), Gebrüder Weiss, Berlín, 1964.

Fontane, Theodor, *Der Stechlin, Obras escogidas,* Nymphen-
burger Verlagshandlung, Múnich, 1979.

———, *Stine,* Reclam, Stuttgart, 1989.

———, *Vor dem Sturm. Roman aus dem Winter,* Grote, Berlín,
1944.

Forster, E. M., *Howard's End,* Bantam Books, Nueva York, 1985.

Gamboa, Federico, *Santa,* Fontamara, México, 1994.

Garro, Elena, *Los recuerdos del porvenir,* Siruela, Madrid, 1994.

Goethe, Wolfgang von, *Dichtung und Wahrheit,* DTV, Múnich, 1962.

———, *Wilhelm Meisters Wanderjahre,* "Hamburger Ausga-
be", Beck, Múnich, 1973.

Golding, William, *The Lord of the Flies,* Perigee, Nueva York,
1954.

Gómez de la Serna, Ramón, *La quinta de Palmyra,* edición y
estudio crítico de Carolin Richmond, Espasa-Calpe, Madrid, 1982.

Goncourt, Edmond de, *Germinie Lacerteux,* Flammarion, París,
1930.

Güiraldes, Ricardo, *Raucho,* en *Obras completas,* Emecé Editores, Buenos Aires, 1962.

Hoffmann, E. T. A., *Der Sandmann. Des Vetters Eckfenster.
Zwei Erzählungen,* Leipzig, 1923.

Huysmans, J. K., *A Rebours,* Gallimard, París, 1971.

Kafka, Franz, *Das Schloss,* Schocken, Nueva York, 1946.

Keller, Gottfried, *Romeo und Julia auf dem Dorfe,* Insel, Leipzig, 1921.

Lazarillo de Tormes, edición, introducción y notas de Francisco
Rico, Planeta, Barcelona, 1976.

López, Lucio V., *La gran aldea,* Centro Editor de América
Latina, Buenos Aires, 1967.

Martí, José, *Lucía Jerez,* Cátedra, Madrid, 1994.

Maupassant, Guy de, *Pierre et Jean,* Garnier, París, 1959.

Mauriac, François, *Le Mystère Frontenac,* B. Grasset, París, 1933.

Miró, Gabriel, *Nuestro Padre San Daniel,* Cátedra, Madrid, 1988.

Pérez Galdós, Benito, *La de Bringas,* edición de Alda Blanco y Carlos Blanco Aguinaga, Cátedra, Madrid, 1985.

————, *Fortunata y Jacinta,* Taurus, Madrid, 1986.

————, "Miau", *Revista de Occidente,* Madrid, 1957.

Queirós, Eça de, Jose María, *O primo Basilio. Episodio domestico,* Lello & Irmao, Oporto, 1966.

Raabe, Wilhelm, *Die Chronik der Sperlingsgasse,* Winckler, Múnich, 1961.

————, *Prinzessin Fisch,* Vandenhoeck & Ruprecht, Gotinga, 1964.

Rilke, Rainer Maria, *Die Aufzeichnungen des Malte Laurids Brigge,* Suhrkamp Verlag, Francfort, 1980.

————, *Los apuntes de Malte Laurids Brigge,* trad. de Francisco Ayala, Alianza, Madrid, 1981.

Robbe-Grillet, Alain, *La Jalousie,* Les Éditions de Minuit, París, 1957.

Sicardi, Francisco, *Libro extraño,* Secretaría de Cultura de la Nación, Buenos Aires, 1994.

Stendhal, *Le Rouge et le Noir,* Éditions Brocéliande, Estrasburgo, 1961.

————, *Rojo y Negro,* trad. de Emma Calatayud, Bruguera, Madrid, Barcelona, 1981.

Stifter, Adalbert, *Der Nachsommer,* Adam Kraft, Augsburgo, 1954.

Tolstoi, Lev Nikolaevich, *Anna Karenina. Roman in acht Teilen,* Gutenberg, Viena, 1924.

Trollope, Anthony, *The Small House at Allington,* Penguin Books, Londres, 1991.

Villaverde, Cirilo, *Cecilia Valdés o La loma del ángel,* Cátedra, Madrid, 1992.

Walser, Robert, *Jakob von Gunten,* H. Kossodo, Ginebra, 1967.

Zola, Émile, *La Bête humaine,* introducción de Gilles Deleuze, edición crítica y notas de Henri Mitterand, Gallimard, París, 1977.

————, *La Conquête de Plassans,* Gallimard, París, 1960.

————, *La Curée,* en *Les Rougon-Marcquart. Histoire naturelle et sociale d'une famille sous le Second Empire,* introducción y notas de Armand Lanoux y Henri Mitterand, Gallimard, París, 1960.

————, *La Ralea,* trad. de Fina Wharshaver, Centro Editor de América Latina, Buenos Aires, 1979,

————, *La Faute de l'abbé Mouret,* Gallimard, París, 1960.

————, *Une Page d'amour,* Garnier-Flammarion, París, 1973.

ESTUDIOS CRÍTICOS

Alarcos Llorach, Emilio, "Notas remozadas sobre *La Regenta*", *La Regenta de Leopoldo Alas,* Ed. Frank Durand, Gredos, Madrid, 1988.

Albadalejo, Tomás, *Semántica de la narración: la ficción realista,* Taurus, Madrid, 1992.

Auerbach, Erich, *Mimesis. Dargestellte Wirklichkeit in der abendländischen Literatur,* Francke, Berna, 1946.

Ayoun, Pascal, *La Peau de Chagrin. Balzac,* Hatier, París, 1990.

Baak, J. J. van, *The Place of Space in Narration,* Editions Rodolphi B. V., Amsterdam, 1983.

Bachelard, Gaston, *La Poétique de l'espace* (1957), Quadridge/PUF, París, 1983.

Bachelard, Gaston, *La Psychanalyse du feu,* Gallimard, París, 1938.

———, *La Terre et le Rêveries de la volonté: essai sur l'imagination des forces,* Jose Corti, París, 1948.

———, *La Terre et le rêveries du repos. Essai sur les images de l'intimité,* Jose Corti, París, 1948.

Bajtin, M., *Esthétique et théorie du roman,* Gallimard, París, 1978.

———, "The Forms of Time and the Chronotopos in the Novel: From the Greek Novel to Modern Fiction", *PTL* 3:3, 1978.

Bancquart, Marie-Claire, "L'Espace urbain de *L'Éducation sentimentale:* intérieurs, extérieurs", *Flaubert, la femme, la ville,* Journée d'études organisée par l'Institut Français de l'Université de Paris X, PUF, París, 1983.

Barthes, Roland, "The Reality Effect", en Tzvetan Todorov (comp.), *French Literary Theory Today,* pp. 11-17, Cambridge University Press, Cambridge, y Éditions de la Maison des Sciences de l'Homme, París, 1982.

Baudrillard, Jean, *Le système des objects,* Gallimard, París, 1968.

Belgum, Kirsten, *Interior Meaning. Design in the Bourgeois Home in the Realist Novel,* Peter Lang, Nueva York, 1991.

Beser, Sergio, "Espacio y objetos en *La Regenta*", *La Regenta de Leopoldo Alas,* ed. Frank Durand, Taurus, Madrid, 1988.

Blanco Aguinaga, Carlos, *Historia social de la literatura española,* Castalia, Madrid, 1981.

Bobes Naves, María del Carmen, *Teoría general de la novela. Semiología de "La Regenta",* Gredos, Madrid, 1985.

Bornay, Erica, *Las hijas de Lilith,* Cátedra, Madrid, 1995.

Bourneuf, Roland, "L'Organisation de l'espace sur le roman", *Études Littéraires,* Quebec, abril de 1970.

——— y Réal Ouellet, *L'Universe du roman,* Presses Universitaires de France, París, 1975.

Brüggemann, Heinz, *"Aber schickt keinen Poeten nach London!"* *Grosstadt und literarische Wahrnehmung im 18. und 19. Jahrhundert. Texte und Interpretationen,* Rowohlt Verlag, Hamburgo, 1985.

―――, *Das andere Fenster: Einblicke in Häuser und Menschen,* Fischer Verlag, Francfort, 1989.

Brushwood, John S., *Genteel Barbarism. Experiments in Analysis of Nineteenth-Century Spanish-American Novels,* University of Nebraska Press, Lincoln, 1981.

Butor, Michel, "L'Espace du roman", en *Essays sur le roman. Repertoires II,* Gallimard, París, 1963.

Cassirer, E., "Mythischer, ästhetischer und theoretischer Raum", en A. Ritter (comp.), *Landschaft und Raum in der Erzählkunst,* Darmstadt, 1975.

Certeau, Michel de, *The Practice of Everyday Life,* University of California Press, Berkeley, 1988.

Czyba, Lucette, *Mythes et idéologie de la femme dans les romans de Flaubert,* Presses Universitaires de Lyon, Lyon, 1983.

Chevalier, Jean y Alan Geehrbrant (comps.), *Diccionario de los símbolos,* Herder, Barcelona, 1986.

Churchill, Thomas, "Place and Personality in *Howard's End*", *Critique,* v (primavera-verano, 1962).

Daemmrich, Horst S., *Themen und Motive in der Literatur,* Francke Verlag, Tubinga, 1987.

Demetz, Peter, "Zur Definition des Realismus", *Bürgerlicher Realismus. Grundlagen und Interpretationen,* ed. Klaus-Detlef Müller, Athenäum, Königstein, 1981.

Durand, G., *Le Décor mythique de la "Chartreuse de Parme",* Jose Corti, París, 1961.

―――, *Les Structures anthropologiques de l'imaginaire. Introduction a l'archetypologie générale,* PUF, París, 1964.

Eagleton, Terry, *Literary Theory. An Introduction,* University of Minnesota Press, Minneapolis, 1983.

Eng, J. van der, "On the Theory of Descriptive Poetics: Anton P. Chekhov as a Storyteller and Playwriter", en J. van der Eng, J. Meyer y H. Schmidt (comps.), *Dutch Studies in Russian Literature* 4, 1978.

Finney, Gail, "Garden Paradigms in 19-Century Fiction", *Comparative Literature,* 36:1, 1984.

————, *The Counterfeit Idyll. The Garden Ideal and Social Reality in Nineteenth-Century Fiction,* Niemeyer, Tubinga, 1984.

Fisher, Philip, "City Matters: City Minds. Die Poetik der Grossstadt in der modernen Literatur", *Die Unwirklichkeit der Städte. Grosstadtdarstellungen zwischen Moderne und Postmoderne,* ed. Klaus R. Scherpe, Rowohlt Verlag, Hamburgo, 1988.

Forster, E. M., *Aspects of the Novel and Related Writings,* Edward Arnold, Londres, 1974.

Frank, J., "Spatial Form in the Modern Novel", en J. W. Aldridge (comp.), *Critiques and Essays on Modern Fiction,* 1920-1951, The Ronald Press Company, Nueva York, 1952.

Freisfeld, Andreas, *Das Leiden an der Stadt: Spuren der Verstädterung in deutschen Romanen des 20. Jahrhunderts,* Bohlau, Colonia, 1982.

Frenzel, Elisabeth, *Stoff- und Motivgeschichte,* Erich Schmidt Verlag, Berlín, 1966.

Frühsorge, G., "Fenster. Augenblicke der Aufklärung über Leben und Arbeit", *Euphorion* 77, 1983.

Frye, Northrop, *Anatomy of Criticism,* Princeton University Press, Princeton, 1971.

Furst, Lillian R., *Realism,* Longman, Londres y Nueva York, 1992.

Gale, John, "Le Jardin de Grandet", *L'Année Balzacienne*, Nouvelle Série, núm. 2, 1981.

García Berrio, Antonio, "Estructura de la imaginación poética: el diseño espacial", en *Teoría de la literatura*, Castalia, Madrid, 1991.

———— y Teresa Hernández, *Ut poesis pictura. Poética del arte visual*, Tecnos, Madrid, 1988.

Genette, Gérard, "La Littérature et l'espace", *Figures II*, Seuil, París, 1969.

————, "Boundaries of Narrative", *New Literary History* 8, 1976.

————, *Narrative discourse: An Essay in Method*, Cornell University Press, Ithaca, 1980.

————, *Nouveau discours du récit*, Seuil, París, 1983.

Glaser, Hermann, "Psychodrom und Ver-rückter Garten. Zwei Topoi industrieller Umbruchzeit", *Literatur in einer industriellen Kultur*, eds. Klaus Götz Gross y Eberhard Lämmert, Cotta, Stuttgart, 1989.

González, Aníbal, *La novela modernista hispanoamericana*, Gredos, Madrid, 1987.

Grange, Juliette, *Balzac. L'Argent, la prose, les anges*, La Différence, París, 1988.

Greimas, A. J., "Pour une sémiotique topologique", en *Sémiotique et Sciencies Sociales*, Seuil, París, 1976.

————, *Maupassant et la sémiotique du texte*, Seuil, París, 1976.

Guillén, Claudio, *Entre lo uno y lo diverso. Introducción a la literatura comparada*, Crítica, Barcelona, 1985.

————, *Múltiples moradas. Ensayo de literatura comparada*, Tusquets, Barcelona, 1998.

Gullón, Ricardo, *Espacio y novela*, Bosch, Barcelona, 1980.

————, "La de Bringas", *Técnicas de Galdós*, ed. Ricardo Gullón, Taurus, Madrid, 1970.

Habermas, Jürgen, *Strukturwandel der Öffentlichkeit. Untersuchungen zu einer Kategorie der bürgerlichen Gesellschaft*, Luchterhand, Darmstadt, 1962.

Hamann, Elsbeth, *Theodor Fontanes "Effi Briest" aus erzähltheoretisher Sicht*, Bouvier, Bonn, 1984.

Hamon, Philippe, *Introduction a l'analyse du descriptif*, Hachette, París, 1981.

————, "What is a Description?", en Tzvetan Todorov (ed.), *French Literary Theory*, Cambridge University Press, Nueva York, 1982.

————, "Qu'est-ce qu'une description?", *Poétique* 12, 1972.

————, "Un discours contraint", *Poétique* 16, 1973.

————, "Texte et architecture", *Poétique* 73, 1988.

Hauser, Susanne, *Der Blick auf die Stadt. Semiotische Untersuchungen zur literarischen Wahrnehmung bis 1910*, Dietrich Reimer Verlag, Berlín, 1988.

Hillebrand, Bruno, *Mensch und Raum im Roman. Studien zu Keller, Stifter, Fontane*, Winkler Verlag, Múnich, 1971.

Hillis Miller, J., "The Fiction of Realism. *Sketches by Boz, Oliver Twist* and Cruikshank's Illustrations", *Dickens Centennial Essays*, eds. Ada Nisbet y Blake Nevius, University of California Press, Berkeley, 1971.

Hoffmann, Gerhard, *Raum, Situation, erzählte Wirklichkeit. Poetologische und historische Studien zum englischen und amerikanischen Roman*, Metzlerische Verlagsbuchhandlung, Stuttgart, 1978.

Holk, A. G. F. van, "Semiotic Structures in Ostrovskij's Plays", A. G. F. van Holk, ed., *Approaches to Ostrovsky*, Bremen, 1979.

Hynes, Samuel, "E. M. Forster. The Last Englishman", prólogo a *Howard's End*, E. M. Forster, Bantam Books, Nueva York, 1985.

Ingarden, Roman, *Das literarische Kunstwerk,* Max Niemeyer Verlag, Tubinga, 1965.

Iser Wolfgang, "The Play of the Text", *Realism,* ed. Lilian R. Furst, Longman, Nueva York, 1992.

Isernhagen, Hartwig, "Die Bewusstseinskrise der Moderne und die Erfahrung der Stadt als Labyrinth", *Die Stadt in der Literatur,* eds. Cord Meckseper y Elisabeth Schraut, Vandenhoeck & Ruprecht, Gotinga, 1983.

Jackson, Robert M., "The Gardens in Nineteenth Century Spanish Fiction: *La de Bringas",* en *From Dante to García Márquez: Studies in Romance Literature and Linguistics,* Williams College, Williamstown, 1987.

Jakobson, Roman, "On Realism on Art", *Readings in Poetics. Formalist and Structuralist Views,* eds. Matejka, Ladislav y Pomorska, Krystyna, MIT Press, Massachusetts, 1971.

Jaye, Michael C. y Ann Calmers Watts, eds., *Literature and the American Urban Experience. Essays on the City and Literature,* Manchester University Press, Manchester, 1981.

Jones, Julie, *A Common Place. The Representation of Paris in Spanish American Fiction,* Bucknell University Press, Lewisburg, 1998.

Jost, François, "From the 'New Novel' to the 'New Novelist'", *Three Decades of the French New Novel,* ed. Lois Oppenheim, University of Illinois Press, Urbana y Chicago, 1986.

Koschmal, W., "Semantisierung von Raum und Zeit. Dostojevskijs 'Aufzeichungen aus einem Totenhaus' und Tschechovs 'Insel Sachalin'", *Poetica* 12, 1980.

Koschorke, Albrecht, Die Geschichte des Horizonts, *Grenze und Überschreitung in literarischen Landschaftsbildern,* Suhrkamp Verlag, Francfort, 1990.

Labanyi, Jo., "City, Country and Adultery in *La Regenta*", BHS, LXIII, 1986.

Lázaro Carreter, Fernando, "El realismo como concepto crítico-literario", en Lázaro Carreter, *Estudios de poética,* Taurus, Madrid, 1979.

———, "Contra la poética del realismo", *De poética y poéticas,* Cátedra, Madrid, 1990.

Leed, Eric J., *The Mind of the Traveler: from Gilgamesh to Global Tourism,* Basic Books, Nueva York, 1991.

Levin, Harry, *The Gates of Horn,* Oxford University Press, Nueva York, 1963.

Litvak, Lily, *Erotismo fin de siglo,* Antoni Bosch, editor, Barcelona, 1979.

———, *Imágenes y textos. Estudios sobre literatura y pintura 1849-1936,* Editions Rodopi, Amsterdam, 1998.

López-Landy, Ricardo, *El espacio novelesco en la obra de Galdós,* Ediciones Cultura Hispánica, Madrid, 1979.

Lotman, Yuri M., *La Structure du texte artistique,* Gallimard, París, 1978.

———, "On the metalanguage of a Typological Description of Culture", *Semiotica* 14:2 (1975).

Lukács, Georg, *The Theory of the Novel,* MIT Press, Cambridge, 1989.

Lutwack, Leonard, *The Role of Place in Literature,* Syracuse University Press, Syracuse, Nueva York, 1984.

Lyons, J., *Introduction to Theoretical Linguistics,* Cambridge University Press, Cambridge, 1969.

Madrigal, Luis Íñigo (comp.), *Historia de la literatura hispanoamericana. Del neoclasicismo al modernismo,* Cátedra, Madrid, 1987.

Marchese, Angelo y Joaquín Forradellas, *Diccionario de retórica, crítica y terminología literaria,* Ariel, Barcelona, 1986.

Martín-Gaite, Carmen, *Desde la ventana. Enfoque femenino de la literatura española,* Espasa-Calpe, Madrid, 1987.

Martínez-Bonati, Félix, *Fictive Discourse and the Structures of Literature: A Phenomenological Approach,* Cornell University Press, Ithaca, 1981.

————, *Don Quixote and the Poetics of the Novel,* Cornell University Press, Ithaca, 1992.

Martini, Fritz, *Deutsche Literaturgeschichte: von den Anfängen bis zur Gegenwart,* A. Kröner, Stuttgart, 1984.

Matoré, G., *L'Espace human. L'Expression de l'espace dans la vie, la pensée et l'art contemporains,* Nizet, París, 1967.

McDonagh, Josephine, *George Eliot,* Northcote House Publishers, Plymouth, 1997.

McDowell, Frederick P. W., *E. M. Forster,* Twayne Publishers, Boston, 1969.

Medina, Jeremy T., *Spanish Realism. The Theory and Practice of a Concept in the Nineteenth Century,* José Porrúa Torranzas, Potomac, 1979.

Ménage, Corinne, "Balzac paysagiste: *La Grénadière*", *L'Année Balzacienne* 3 (nouvelle série) (1982).

Mercier, Vivian, *The "New Novel". From Queneau to Pinget,* Farrar, Strauss and Giroux, Nueva York, 1971.

Meyer, Hermann, "Raumgestaltung und Raumsymbolik in der Erzählkunst", en A. Ritter (ed.), *Landschaft und Raum in der Erzählkunst,* Darmstadt, 1975.

————, "Raum und Zeit in Wilhelm Raabes Erzählkunst", *Deutsche Vierteljahresschrift für die Literaturwissenschaft und Geistesgeschichte,* 27.

Meyer, Hermann, *La novela hispanoamericana de fin de siglo,* Fondo de Cultura Económica, México, 1997.

Michel, Arlette, "Paysages balzaciens et geographie metaphysique dans *Le médecin de campagne", Espaces romanesques,* ed. Michel Crouzet, PUF, París, 1982.

Mickelsen, David, "Types of Spatial Structure in Narrative", *Spatial Form in Narrative,* eds. Jeffrey R. Smitten y Ann Daghistany, Cornell University Press, Ithaca, 1981.

Mitterand, Henri, *Le discours du roman,* PUF, París, 1980.

———, *Zola et le Naturalisme,* PUF, París, 1986.

———, *Génese, structures et style de* La Curée, SEDES, París, 1987.

———, *Le regard et le signe,* PUF, París, 1987.

———, *Zola, l'histoire et la fiction,* PUF, París, 1990.

———, "Chronotopies romanesques: *Germinal", Poétique* 81, 1990.

———, "Pour une poétique de l'espace romanesque: l'example de Zola", *Zola and the Craft of Fiction,* eds. Robert Lethbridge y Terry Keefe, Leicester University Press, Londres, 1990.

Montesinos, José F., *Costumbrismo y novela: ensayo sobre el redescubrimiento de la realidad española,* Castalia, Madrid, 1960.

Müller, Klaus-Detlef, "Realismus als Provokation", *Bürgerlicher Realismus. Grundlagen und Interpretationen,* ed. Klaus-Detlef Müller, Athenäum, Königstein, 1981.

Müller, Lothar, "Die Grosstadt als Ort der Moderne. Über Georg Simmel", *Die Unwirklichkeit der Städte. Grosstadtdarstellungen zwischen Moderne und Postmoderne,* ed. Klaus Scherpe, Rowohlt, Hamburgo, 1988.

Ortega y Gasset, José, "Ideas sobre la novela", *Teoría de la novela. Aproximaciones hispánicas,* eds. Agnes y Germán Gullón, Taurus, Madrid, 1974.

Ortega y Gasset, José, *Meditaciones del Quijote,* Espasa-Calpe Mexicana, México, 1994.

Perels, Christoph, "Vom Rand der Stadt ins Dickicht der Städte. Wege der deutschen Grosstadtliteratur zwischen Liliencron und Brecht", *Die Stadt in der Literatur,* Vandenhoeck & Ruprecht, Gotinga, 1983.

Pike, Burton, *The Image of the City in Modern Literature,* Princeton University Press, Princeton, 1981.

Pingaud, Bernard, "La Technique de la description dans le jeune roman d'aujourd'hui", *Cahiers de l'Association Internationale d'Études Françaises* 14, 1967.

Pouillon, Jean, *Temps et roman,* Gallimard, París, 1946.

Poulet, Georges, *Les Métamorphoses du cercle,* Plon, París, 1961.

———, *L'Espace proustien,* Gallimard, París, 1963.

Praz, Mario, *Die Inneneinrichtung. Von der Antike bis zum Biedermeier,* Múnich, 1965.

Raimond, Michel, *Le Roman,* Armand Colin, París, 1988.

Reuter, Yves, *Introduction à l'analyse du roman,* Bordas, París, 1991.

Richard, Jean-Pierre, *L'Universe imaginaire de Mallarmé,* Éditions du Seuil, París, 1961.

Rivkin, Laura, "El argumento melodramático de *La Regenta*", *La Regenta de Leopoldo Alas,* ed. Frank Durand, Taurus, Madrid, 1988.

Robbe-Grillet, Alain, *Pour un Nouveau Roman,* Georges Borchardt, Nueva York, 1967.

Rodríguez, Ileana, *House/Garden/Nation. Space, and Ethnicity in Postcolonial Latin American Literatures by Women,* Duke University Press, Durham, 1994.

Ronse, Henri, "Le Labyrinthe, espace significatif", *Cahiers internationaux du symbolisme,* 9, 10.

Roudiez, Leon S., *French Fiction Revisited,* Dalkey Archive Press, Elwood Park, 1991.

Rousset, Jean, "Les Fenêtres ou la vue plongeante", *Forme et signification. Essais sur les structures littéraires de Corneille à Claudel,* ed. Jean Rousset, Jose Corti, París, 1986.

Rueckert, William H., *Kenneth Burke and the Drama of Human Relations,* University of Minnesota Press, Minneapolis, 1963.

Sánchez, Elizabeth, "La dinámica del espacio en *La Regenta* de Clarín", *La Regenta de Leopoldo Alas,* ed. Frank Durand, Taurus, Madrid, 1988.

Schor, Naomi y Henry F. Majewski (eds.), *Flaubert and Postmodernism,* University of Nebraska Press, Lincoln y Londres, 1984.

Schorske, Carl E., *Viena Fin-de-Siécle,* Gustavo Gili, Barcelona, 1981.

Segre, Cesare, "Space and Time of the Text", *20th Century Studies,* 1975.

———, *Principios de análisis del texto literario,* Editorial Crítica, Barcelona, 1985.

Smitten, Jeffrey R. y Ann Daghistany (eds.), *Spatial Form in Narrative,* Cornell University Press, Ithaca y Londres, 1981.

Sobejano, Gonzalo, *Novela española de nuestro tiempo; en busca de un pueblo perdido,* Ed. Prensa Española, Madrid, 1975.

———, "Introducción biográfica y crítica a *La Regenta,* de Clarín", *La Regenta,* Leopoldo Alas, *Clarín,* Castalia, Madrid, 1981.

———, "El lenguaje de la novela naturalista", en Y. Lissorgues, ed., *Realismo y naturalismo,* Anthropos, Barcelona, 1988.

Sobejano, Gonzalo, "La novela poemática y sus alredededores", *Ínsula,* núms. 464-465, julio y agosto de 1989.

Sollors, Werner, ed., *The Return of Thematic Criticism,* Harvard University Press, Cambridge, 1993.

Spencer, Michael, "Spatial Form and Postmodernism", *Poetics Today* 5, 1984.

Spencer, Sharon, *Space, Time and Structure in the Modern Novel,* New York University Press, Nueva York, 1971.

Stanzel, F. K., *A Theory of Narrative,* Cambridge University Press, Nueva York, 1984.

Stierle, Karlheinz, "Imaginäre Räume. Eisenarchitektur in der Literatur des 19. Jahrhunderts", *Art social und art industriel. Funktionen der Kunst im Zeitalter des Industrialismus,* ed. Hans Robert Jauss, Múnich, 1987.

Stolzfus, Ben, *Alain Robbe-Grillet. The Body of the Text,* Associated University Presses, Rutherford, 1985.

Stühler, Friedbert, *Totale Welten: der moderne deutsche Grosstadtroman,* Roderer, Regensburg, 1989.

Tadié, Jean-Yves, *La Critique littéraire au XX siècle,* Belfond, París, 1987.

Thurn, Hans Peter, *Der Mensch im Alltag. Grundrisse einer Anthropologie des Alltagslebens,* Ferdinand Enke, Stuttgart, 1980.

Umbral, Francisco, *Ramón y las vanguardias,* Espasa-Calpe, Madrid, 1978.

Villanueva, Darío, *Teorías del realismo literario,* Espasa-Calpe, Madrid, 1992.

Weisgerber, Jean, *L'Espace romanesque,* Editions l'Âge d'Homme, Lausana, 1978.

Wetherhill, P. M., "Paris dans *L'Éducation sentimentale*", *Flau-*

bert, la femme, la ville, Journée d'études organisée par l'Institut Français de l'Université de Paris X, PUF, París, 1983.

Wheeler, Michael, *English Fiction of the Victorian Period. 1830-1890,* Longman, Nueva York, 1994.

Wilde, Alan, *Art and Order. A Study of E. M. Forster,* New York University Press, Nueva York, 1964.

Williams, Ioan, *The Realist Novel in England. A Study in Development,* University of Pittsburgh Press, Pittsburgh, 1975.

Wuthenow, Ralph-Rainer, "Die Entdeckung der Grosstadt in der Literatur des 18. Jahrhunderts", *Die Stadt in der Literatur,* ed. Cord Meckseper y Elisabeth Schraut, Vandenhoeck & Ruprecht, Gotinga, 1983.

Zoran, Gabriel, "Towards a Theory of Space in Narrative", *Poetics Today* 5, 1984.

Zumthor, Paul, *La medida del mundo. Representación del espacio en la Edad Media,* Cátedra, Madrid, 1994.

ÍNDICE ONOMÁSTICO

ÍNDICE GENERAL

435

Este libro se terminó de imprimir en octubre de 2000 en los talleres de Impresora y Encuadernadora Progreso, S. A. de C. V. (IEPSA), Calz. San Lorenzo, 244; 09830 México, D. F. En su composición, parada en el Taller de Composición Electrónica del FCE, se emplearon tipos AGaramond de 14, 13:15, 12:14 y 9:10 puntos. La edición, que consta de 2 000 ejemplares, estuvo al cuidado de *Isaías Acuña Sánchez.*

03/10/09

Doris. 3:20 pm
Long Distance.
1 800 - 854 - 9 2 / 0